羅光全書

冊廿八

利瑪竇傳

徐光啓傳

聖庇護第十傳

臺灣學生書局印行

冊廿八總目錄

廿八之一 利瑪竇傳

廿八之二 徐光啓傳

廿八之三　聖庇護第十傳

羅光全書

冊廿八之一

利瑪竇傳

臺灣學生書局印行

利瑪竇傳再版序

《利瑪竇傳》出版已十二年了，今年再版。初版由光啓出版社付印，再版由先知出版社發行。

利瑪竇真是一位先知，預先知道中國傳教的途徑，也預先知道中國復興的步驟。他所預先知道中國傳教的途徑，在於文化工作；所預先知道中國復興的步驟是科學和倫理。他便在這個路途上，按著步驟去開路，提倡科學，宣講基督福音和儒家傳統的融洽。

可惜他所開的路，被後來的人堵塞了—清朝皇帝和八股文人堵塞了科學的路，一知半解的外國教士堵塞了文化傳教的路。結果在三百年後，我們今天纔積極提倡科學，纔積極催進儒家思想和基督信仰的結合。

既然現在重開了利瑪竇所首先開闢的路，我便再版《利瑪竇傳》。利氏是一位先知先覺，他的精神常可以鼓舞我們的精神。

我本想把初版的利傳，和前年再版《徐光啓傳》一樣，加以修飾，添補史料。但是教務很忙，不能如願，祇能照原版付印。初版利傳，在教會出版社付印，供教會人士閱讀，筆法和詞句，都求適合他們的心理。再版則供社會一般人士的研究，筆法不大適合，尚望讀者見諒。

民六十一年九月十八日　羅光序於天母牧廬

序

十年前，我寫了《陸徵祥傳》。當時有人批評這種傳記體裁，不合中國文體，中國以往只有行傳和年譜；而且作者對於民國歷史的認識，不夠寫《陸徵祥傳》。

兩種批評，我認爲都對；但是並不能因此便以爲一筆抹殺了我所寫的傳記。我所寫的傳記是今日世界的一種文學體裁。

中國以往的行傳和年譜，當然具有歷史價值：但是行傳過短，年譜過簡，對於一個人的思想和人格不能完全表達出來。歐美的傳記，則以一個人的生平，分章敍述，對於他的性情嗜好，言語行事，思想學識，都有適當的說明，因此這個人的人格，活躍紙上，這個人整個的一生，都爲人所認識。

福音四傳，可以作爲歐美傳記的始祖；後代聖人的傳記，便造成歐美傳記的體裁。但是傳記之成爲文學，則爲近代歐美文學界的新收穫。

文學的傳記與歷史的傳記作法不同，結果也互異。歷史的傳記注重考據，凡是和所傳的人有關係的文獻資料，必徵引無遺。這類的文章，只有志同道合的人纔會感到興趣，一般的讀者必定要覺得枯燥無味。文學的傳記則能引人入勝，而且還具有感召的力量，使人因景仰傳中人的人格，油然生仿效的心情。

一本傳記欲引人入勝，不只是文筆要通順暢達，描寫要活潑生動。而且結構也要嚴謹。爲使結構嚴謹，則在歷史材料方面，要有很精密的選擇。梁任公曾教人寫傳記文的作法：「凡足以表個性之言動，雖小必敘；凡不足以表個性之言動，雖大必棄。做一個人的行傳，將他一生事業胡亂寫出，是不行的。」（梁啓超 中學以上作文教學法 中華書局 民十五年）

在一本文學傳記中，不必包括所傳的人，一生所有的事業。例如於今兩本著名的耶穌基督傳，一本爲義大利文豪巴利尼（Papini）所著；一本爲法國文豪莫里雅克（Mauriac）所著，福音四傳所記的史實，幾乎有三分之一，沒有列入這兩本書內。

寫文學傳記，應以史實爲根據，該盡量收集所傳的人物有關的史料，但是不能和歷史一樣，把這些史料，按照年月先後和性質的種類，都錄入傳內。

寫文學傳記的作者，雖然該愛歷史，該研究歷史；但不能是歷史專家。

然而文學傳記的作者，也不能是小說專家。文學傳記作者，應有小說家的觀察力和描寫力，但是不能和小說家一樣專用想像。文學傳記中所說的，句句都應該有史實作爲根據。文學傳記作者可以剪裁史實，但不能虛構。最近很流行的奧斯勒（Oursler）著的《耶穌傳》

（王家棫王鎮國譯），便不是純粹的傳記，已近於小說。

我以這種體裁寫《利瑪竇傳》，已是第六冊傳記了。

近幾年來，因著每天聽到大陸聖教會所受的摧殘，很使我爲大陸教會同仁提心吊膽；同時也引起我緬懷創立中華傳教事業的先賢。我既作《徐光啓傳》，便不能不寫《利瑪竇傳》。

利瑪竇的偉大，不在於灌輸西學，不在於精通中文，乃是在於他能克己，能勇進，能識時，另外是在於他愛主心切，不求榮己，只求榮主。

希望利子於今在天，垂念中國大陸的聖教會，這是他一生汗血的遺產，祈求天主，不讓共魔把這份珍貴的遺產，像他們挖祖墳一樣都挖光了！

一九五九年二月露德聖母節　羅光序於羅瑪

利瑪竇傳

目錄

一、瑪柴拉達

一九五二年十月，我由羅馬搭火車往瑪柴拉達（Macerata）。瑪柴拉達位於義大利中部之東，火車線途風景非常優美，峰巒重疊，樹木青鬱，麥田和葡萄林相連，青溪蜿蜒如蛇。小城盤結峰端，山路時隱時現。

瑪柴拉達城位居小山之巔，青綠樹林中遙見古式的鐘樓。半山則見新式樓房。抵火車站，再乘汽車登山入城。環城馬路沿城牆而行，城牆古香古色，城門石塊黯黑，一切都是數百年前的舊物。城內大街小巷，隨著山勢上下，沒有一條平坦的直路，城中心區，有省市兩政府，省議會，大學，還有幾座中古式的高樓大廈，城中的居民，現今只有三萬人，然而街市則有都市的氣概，不似鄉間市鎮。

百年前，瑪柴拉達曾為義大利中部的一座名城。城中駐有教皇國馬爾加區（Marche）的行政長官，設有高等法院，有教皇國造幣廠。又有創始於一二九〇年的大學。

但自一八七〇年教皇國義大利國吞併之後，全國各處新興的工商業城市，遠駕農產的都市以上，瑪柴拉達城便成了一座舊式的省會，所出乎眾的是人民尚保存著古代簡樸誠實的遺風。馬爾加區的樸素美風，曾蒙天主聖母的賞識，聖母在納匝肋的聖屋，不是被天神遷在瑪柴拉附近的勞來達（Loreto）嗎？

我那次去瑪柴拉達，是爲紀念利瑪竇誕辰的四百週年。瑪柴拉達全城的大街小巷貼滿了四百週年紀念的傳單。

四百年前，利瑪竇生在這座城裡。他出生的舊屋現今已不在，利氏的後人現今尚住在城內，仍舊是城中的望族，他們所住的房屋，雖是一座古式的高樓，但是，建築在利瑪竇去世以後。

利瑪竇少年時代的遺跡，保留至今的，只有他少年讀書的學校。這座學校當日爲耶穌會士所主辦，如今已充作政府的產業，作爲一個學會的會館。會館裡，設有規模很小的利瑪竇紀念室。室內塑有利子在北平的墓碑。

在城內的省議會廳，我作了三天的講演。大廳四壁，懸掛本省古今名人的畫像。在畫像中有利瑪竇的油畫像。畫像下寫著：「瑪竇，利啓，瑪柴拉達人氏，耶穌會士中第一人傳福音於中國者，逝世於降生後一六一〇年，享年六十。」

翻開瑪柴拉達城的志書，立即可以發現在教皇國未被吞併前，瑪柴拉達城內的宗教事業非常發達。當一八一〇年，拿破崙第二次吞併教皇國時，瑪柴拉達城內有大小教堂五十座，拿破崙軍隊入城，把城內教堂，除本堂外，盡數封閉。一八六一年，義大利軍隊入瑪柴拉達城，又將一些教堂沒收。但是近數十年來，城內新建本堂聖堂十餘座，今全城共有大小教堂三十二座。㈠

瑪柴拉達城內的男女修會在二百年前，會院星羅棋布，然而經過一七九八年和一八一〇年拿破崙兵亂，又經過一八六一年義大利政府的沒收，男修院被毀者共十七所，女修院被毀者共十所。

現在城內所存的修院有男修院三所，女修院七所。㈡

耶穌會士第一位踏進瑪柴拉達城的，爲奧里委神父（P. Oliver Manare），時在一五五四年。後兩年，耶穌會祖聖依納爵選派三位會士來瑪柴拉達城內講道。一五六一年五月十七日，十三位耶穌會士來此，正式創立會院，開設學校。一五六五年，耶穌會士接管聖若翰堂，（這座聖堂至今仍舊存在，作者曾在堂內舉祭，講道）但是當一七七三年耶穌會解散時，耶穌會在瑪柴拉達城內的事業完全停頓。學校成爲大學圖書館，聖堂改爲本堂。瑪城的大學，創立於一二九〇年。同年教宗尼各老第四世，准在瑪柴拉達城設立法律專科學校。一五四〇年教宗保祿第三世准瑪城法律學院改爲正式大學，瑪城大學在歷史上雖不能和義大利著名的波洛尼亞（Bologna）和巴杜瓦（Padua ）二古大學並駕齊驅，然而當時爲義大利中東部唯一的大學，學生頗多，教皇國被義大利政府吞併後，瑪城大學繼續存在，爲義大利國立大學之一。近年義大利中南部成了巴里（Bari）大學，瑪城大學僅保存法學一院，且法學院的教授多在別處大學兼課，瑪城大學的聲價因此大爲降低。

註：

㈠ Otello Gentili, Macerata Sacra, Recanati, 1947, pp. 105-191.

㈡ Otello Gentili, Macerata Sacra, pp. 201-243.

二、少年求學

在瑪柴拉達城內，自十三世紀時，便有一家姓利啓（Ricci）的望族。利啓義大利文意爲一種海蟲名，體大如拳，偏身生刺，蜷伏時有若栗子，稱爲海刺蝟，利啓家族的徽號爲紅地，繪有一黑色海刺蝟。

利啓族中在第十六世紀時，有一名若翰者，業醫，曾任教皇國的市長和省長。利啓若翰娶妻名若翰娜，姓安喬肋里（Giovanna Angiolelli）。生子八人，女四人。長子名瑪竇。利啓瑪竇便是中文稱的利瑪竇。利氏生於一五五二年十月六日，時當聖方濟沙勿略逝世於上川島的前兩月。那時聖沙勿略正謀入我國傳教，但病死上川島，壯志未遂。當聖人病重臨危時，眼望中國大陸，只有一水之隔，竟不能渡海登岸宣傳福音，只好把自己的希望獻於天主。三十一年後，乃有同會修士利瑪竇進入中國，往肇慶建堂，開我國傳教之路，天主冥冥中的安排，每每在人事似乎一切都絕望時，卻正在這時開始。生出了新的希望。

利瑪竇少時，身體強健，卷髮碧眼。性情活潑。幼時從塾師讀書，塾師爲本城一司鐸，名白啓完（Nicolo Bencivegni）。小瑪竇生性聰明，記憶力甚強，讀書過目成誦，頗得塾師喜愛。利瑪竇一生，常記念自己的塾師，後來到了中國，和朋友通信，也提及他。一五九九年從北京致同窗高斯大神父（G. Costa）說：

「關於尼各老神父（白啓完）的消息，今年除仁兄所報告者外，他本人也親筆與弟一函，信中充滿昔日的慈愛。當我們年少無知時，他就以慈愛教訓我們，指導我們，使我們能有今日。」(一)

利瑪竇從學不久，塾師即進耶穌會，瑪竇繼續在家讀書。九歲時，耶穌會士在瑪柴拉達開辦學校，利瑪竇便進學校讀書。讀書用功，進步很快。熊三拔神父（Sabbatino de Ursis）曾記述說：

「利啓瑪竇是這座學校的第一批學生，他讀完高小初中，成績優良，名列前茅。尤其在品行方面，進步很多，恭敬天主，特別熱心。在學校時，他就已經有心修道，想進加布謙會或耶穌會。」(二)

瑪竇的母親若翰娜性情溫和，事主虔誠。瑪竇稟承母教，從小習於誦經，虔望彌撒。他雖生性活潑，母親的一語一言，無不聽從。父親對於長子，抱著很大的希望，希望兒子繼承他的官職，將來作市長，升省長。他督責瑪竇讀書，教導瑪竇接人待物。瑪竇十六歲時，讀完了中學，父親送他往羅瑪，進大學攻讀法律。

為求普通教育，若翰利啓不必送兒子往羅馬，在瑪柴拉達城裡有大學。若為求高等的法學智識，若翰利啓應該送兒子往波洛尼亞或巴杜瓦，那裡有歐洲最著名的法學院，歐洲各國的青年多到那裡去留學。若翰利啓若是要兒子作官，便不能不送兒子到京都讀書，在京城裡可以結識權貴，將來可以有人保薦。

羅馬那時正值一位聖人御極天下。兩年前，聖庇護第五世登基為教宗。前任教宗庇護第四世，因著外甥聖加祿樞機主教的協助，已開始改革文藝復興風潮所造成的奢侈豪華習氣。聖庇護第五世，更是勵精圖治，實行貫徹脫利騰大議會的議案，利瑪竇進羅馬時，羅馬聖職人員正在革新的時期，聖依納爵聖加祿等聖人的德表，有如草上之風，引著羅馬人走向勤儉和規律的生活。

利瑪竇在城中吸收了革新的空氣，後來到了我國，往家中寫信時，也表示這種精神，萬曆二十年，從韶州上書父親，稟告近狀，勸諫父親和母親，好度暮年，預備善終：

「父親大人尊前：往年常上書稟告近狀，以盡子職，兒書既來自遠地，大人視之必心喜也，然兒每年未曾接獲家書，離家後，僅拜讀大人手諭一封，手諭甚長，得悉兒離家後，上主所賜家人之恩惠，兒心甚為欣喜。然自此以後，未獲手諭，亦不接安義弟之書矣。幸高斯大神父自先納城來信，屢告家中無恙，且告祖母去世。兒未嘗忘懷大人教愛之情，自孩提時，蒙大人教訓養育，情同慈母。……兒知母親大人，常往本城本堂，未悉父親大人，亦能如是否。兒目視去世見主之時已近，因返觀兒身，如聞天主之言：『汝之路程已不遠矣。』亟宜善自檢點，以交待平生行為之賬目。兒知雙親大人一生耿耿事奉上主，容易交待一切。然向天主交待終生行為之善惡，關係至大，寧可小心翼翼，唯恐有失；因此一瞬，乃萬古所係也！……兒屢思如得重見大人等，必暢談此端道理。然兒知故鄉亦不乏人可與大人等善論此道，兒心始安，謹日為祈禱天主……」㈢

註：

(一) T. Venturi, Opere storiche del P. Matteo Ricci, Macerata, 1913, vol. II, p. 245.

(二) O. Gentili, P. mMatteo Ricci, Roma, 1953, p. 19.

(三) Opere stoic he del P. Matteo Ricci, vol. II, pp. 96-99

三、進耶穌會

十六世紀的歐洲社會，是一個新舊代謝的社會。在社會思想方面，是文藝復興的思潮，學者們放棄以往的哲學系統和神學系統，大家都想每人自創新說。在社會生活方面，新大陸已發現了，又發現了遠東的航線，東西兩印度的財富，炫耀在歐洲人的心目中。在政治生活方面，歐洲一千多年來的一統政局，已完全瓦解。在羅馬帝國滅亡以後，歐洲的政局雖四分五裂，但是形式上尚有神聖羅馬皇帝，語言上有統一的拉丁話，特別在精神上有天主教一致的信仰，又有羅馬教宗的權威，作爲聯繫。十六世紀時，這種殘餘一統的局面也瓦解了，神聖羅馬皇帝退爲德意志王；羅馬教宗的號令，不受撒克遜人民的服從，各國對立的局面已成，各種民族各用自己的語言，許多國家因著路德的宗教改革，各信自己的國教，歐洲人的精神都凌散了。在宗教方面，路德既已叛教，德國、瑞士、荷蘭大部份人民和羅馬聖座脫離關係，對於聖座且抱有敵視之心。英國王亨利第八荒淫無道，強迫全國人民背棄羅馬公教，自立爲教主。羅馬聖座乃勵精圖治，督責全歐公教人士，改革不良的風俗，整頓不法的組織。十六世紀的歐洲社會，是一個革新的社會。人心傾向自由，趨求新奇，歐洲的藝術，發揮一千多年來的潛勢力，上追希臘羅馬的古風，造成了文藝復興。當時歐洲的外貌，富麗堂皇，好似一座新建的大廈，光彩奪目。然而根基不固，新廈經不住風雨的飄搖。四百年後，歐洲四分五裂，雖經過兩次大戰的教訓，各國仍舊不能合作。歐洲聯邦之夢，尚是渺茫不定。這一切禍根，大家都認爲種於十六世紀。

但是羅馬公教今日四百年來卻蒸蒸日上，和歐洲勢力日趨沒落的情形適成反比。當路德倡宗教改革創誓反教時，羅馬公教自身也發動一種廣泛的革新運動。脫利騰大議會決定了革新方案：整頓教會的紀律，革新聖職人員的生活，提倡神學的研究；另一方面又迎合新大陸和新航線的發現，傳教士向美洲和亞洲宣傳福音。十六世紀時，聖教會的面目煥然一新。致力於這種聖教革新運動的人，當然很多，其中還有好幾位聖人。然而應運而生，一心推廣這種運動的則爲耶穌會。

青年的利瑪竇到了羅馬，入羅馬大學法學院。按照他父親的想望，他後來要踏上仕宦之途或在本省作官，或在京都供職。

利瑪竇在課餘之暇，早晚常到羅馬耶穌會的會院裡，與耶穌會士講話。瑪柴拉達母校的教師們，給他一些介紹信，介紹他給羅馬總會的神父。青年的利瑪竇剛到羅馬，人地生疏，心中樂得結識位朋友。他不單早晚去看耶穌會的神父，而且又加入了耶穌會士所立的聖母會。

耶穌會那時的總長是聖方濟波爾濟亞（P. Francis Borgia）。波爾濟亞出生爲西班牙望族，曾位公爵，身任總督，很得西班牙王的寵任。一天他忽然掛冠棄爵，單身去效法聖依納爵的生活，青衣布帶，一如窮人。依納爵於一五四一年四月二十二日，在羅馬聖保祿大殿正式宣誓爲會士，一五五六佃逝世。當利瑪竇來羅馬時，耶穌會會祖逝世十二年，會祖的遺表，栩栩如生。總會院裡更是充滿會祖的精神。會祖的及門弟子，當時尚多在世。波爾濟亞便是依納爵的一位及門弟子。利瑪竇每次看見這位高而瘦的神父，常是肅然起敬。在依納爵的弟子中，有一位名方濟沙勿略，那時已去世了。然而他往印度日本傳教的故事，大家不斷地傳說，青年人聽到很像探險的小說，大家聽來津津有味。

在這種神秘性的氣氛裡，青年的利瑪竇覺得爲官爲宦，實在是太平凡無味。羅馬法的條文，和聖依納爵的神操書相比較，前者使人向地，後者使人向天。他似乎聽到天上有一聲音，招呼他青年的心靈向天高飛。

一五七一年八月十五日，聖母升天節，利瑪竇登羅馬桂里納小崗（Quirinale），手敲耶穌會總院的大門，請見耶穌會總長。總長波爾濟亞適不在羅馬，代理人納達爾（Natale）出見。利瑪竇說明來意，請求准許進會，終身爲耶穌會士，納達爾神父立即收錄了他。

桂里納小崗上，那時有教宗的宮殿，宮殿側建有耶穌會的總會和初學院。後來義大利王奪了教宗的宮殿作皇宮，也奪了耶穌會的會院，改爲花園。於今所存穌會院的遺跡，有一座小聖堂，有聖波爾濟亞和聖達尼老的住房。聖類思和聖伯爾格滿的住房則在舊羅馬城中。當利瑪竇敲桂里納初學院門時，羅馬耶穌會院瀰漫著聖人們的高雅精神。

若翰利啓聽說兒子進了耶穌會，怒從心起，立即動身往羅馬，預備把兒子訓責一番，勒令退出會院，繼續攻讀法律。車馬行近道冷提諾（Tolentino ）城，若翰利啓突中暑熱，只得返家。利瑪竇的母親乘便勸告丈夫，勿違天主聖意，讓兒子安然修道。

利瑪竇住耶穌會初學院時，初學訓導主任爲法俾奧神父（P. Fabio de Fabi）。法俾奧神父爲羅馬人，先利瑪竇四年入耶穌會，後來歷任耶穌會義大利省長，視察專員，總會參議員。利瑪竇到我國後，和他初學時的訓導主任，尚有信札往來。一五九二年十一月十二日，利瑪竇在韶州初次致書法神父，報告以往的教傳經過。

「以上述說了許多事，生心中也很感快樂，因為是向導師神父報告我自己的經過；但是假使能夠當面口述，生心中的快樂，更當大為增倍，然紙上的死字，有似口中活動的語言也能同樣激動神父，為我代禱天主。生則如上所言，雖少通信，心中固時刻記念不忘，生豈能作忘恩背義之人耶？」㈠

一五七二年五月二十五日，利瑪竇被派往翡冷翠耶穌會院小住。是年九月，再回羅馬，在耶穌會的羅馬學院（Collegio Romano）攻讀哲學神學，五年不輟。

羅馬學院爲聖依納爵所創，成立於一五五一年，當時波爾濟亞尚是西班牙的公爵，一五五〇年聖年時來羅馬，將家產之一部獻與依納爵，爲在羅馬建立學院。五年以前，波爾濟亞已與依納爵在西班牙成立學院，使他的兒子能夠受耶穌會神父的教育。在羅馬他和依納爵所立的學院—羅馬學院，採取當時的大學制；而且一切都求盡善盡美，作爲耶穌會一切學院的模範。

依納爵雖是武官出身，但是他很明瞭自己的時代。他的時代是文藝復興的時代，重視學術和文藝，他便在壯年時，負笈撒拉漫加和巴黎大學。創立耶穌會後，遣發弟子往大學讀書。同時又創學院，用大學的學制教育會士。

羅瑪學院在第一年只有學生四人。三年後增至三十人。一五六九年已增至二百。教宗保祿第四世的侄女維多里亞贈地建造新校，一五八二年教宗額我略第十三世改羅馬學院爲正式大學，以至於今，稱爲額我略大學。當利瑪竇在羅馬學院求學時，學院的數學教授名克拉委奧神父（Cristoforo Clavio），（中文簡稱為丁氏。）克神父國籍，生於一五三七年，和伽里肋以及當時的數學家相友善，著有拉丁文的幾何綱要。利瑪竇後來在韶州，北京與瞿太素，徐光啓等談幾何學，便用這書。在羅馬學院裡，利瑪竇又有一位最著名的神學教授，伯拉爾彌諾。伯氏青年時在比國魯汶大學肄業，畢業後即升母校教授，教宗額我略第十三世調他回羅馬，派在羅馬學院執教。伯氏後來升爲樞機，今則列爲教會的聖師。

青年的利瑪竇，一面求學，一面懷想日後的工作。在義大利的學校內教書，到南美洲去傳教，或是到遼遠的印度和日本呢？他既然宣誓聽命，便沒有所謂前途問題，一切都由上峰定奪。但是青年人都是好幻想的，凡是當時耶穌會所到的地方，他必定都想過。可是中國那時是一大禁域，方濟各沙勿略也只是面對中國而逝，青年的利瑪竇大約沒有想到自己日後要來我國傳教。天主聖意卻使他做他從來未曾想到的事。㈡

註：

㈠ Igino Girodani, Ignazio di Loiola, Firenze, 1942, p. 238.

㈡ Opere storiche del P. Matteo Ricci, vol. II, p. 95.

四、派往臥亞

十五世紀時，發現新航線和新大陸的探險家，都屬於西班牙人和葡萄牙人，也都是由兩國國王所派遣。葡萄牙人向非洲和印度前進，西班牙人向美洲發展。兩國探險家所發現的土地，就視爲兩國國王的領土。葡人丹尼・底亞士（Dinis Diaz）於一四四七年發現威德角，（綠角 Cape Verde）底亞士巴爾多祿茂（Bartholomeu Diaz）於一四八七年發現好望角。兩年後，柯維漢（Pedro de Covisha）繞好望角航行到印度瑪拉巴爾（Malabar）海岸。伽瑪瓦斯各（Vasco da Gama）於一四九八年入印度加里古海港（Calicut），開葡萄牙往印度航線之始。一五一〇年，葡萄牙奪取臥亞，遂建立獨占東亞商業的霸權。西班牙人圖謀打破葡萄牙在東亞的霸權，乃鼓勵探險家改道向印度，不繞非洲而向大西洋直航。一四九二年八月三日，哥倫布由西班牙出發，在大西洋中航行七十天後，發現了新大陸。後來，哥倫布三次再渡大西洋。他的同伴亞美利各（Amerigo Vespucci）又繼續探險。一五〇七年德人瓦爾特生慕肋（M. Waldseemuller）著地理概論，用亞美加的名字稱新大陸爲亞美利加。同時麥哲倫（Ferdinand Magellan）從新大陸繞航到菲律賓。

葡班兩國的船和軍隊，既然由東西兩印度航行，所到之處，樹立自己的國旗和權威。兩國的國王都是公教信徒，而且又有中古時代騎士的氣概。以救弱者為己責，於是各在新領土上，負起傳教救人的責任。向教宗請求以新領土內傳教的職務托他們管理，取得了所謂保教權。

非洲和東亞的航權，獨握在葡萄牙人手裡，非洲和東亞的傳教權，也操在葡萄牙王的掌握之中。凡是往東亞的傳教士，都要有葡王的許可，由葡京里斯本出發，聽保教者的指揮。

當利瑪竇在羅瑪學院攻讀神學時，葡萄牙印度傳教代理人瑪丁・西瓦（Martin da Silva）來羅瑪，向耶穌會總長要求派遣傳教士前往印度。耶穌會總長應允遣派會士，繼續沙勿略的事業。

一五七七年五月十八日，耶穌會總長遣往印度的傳教士從羅馬動身往里斯本。新傳教士共四人，其中有羅明堅（Michele Ruggieri）和利瑪竇。

羅明堅是義大利中南部外諾撒（Venosa）人，長利瑪竇九歲，畢業於拿玻里大學，得有法學博士學位。一五七二年進耶穌會，次年入羅馬書院。後來他從澳門引利瑪竇進入我國。

利瑪竇離義大利時，年方二十五歲，尚未升司鐸；他未曾回家辭行。十六世紀是探險的世界，探險家的新聞，轟傳歐洲各國；利瑪竇的青年熱血，既為了探險而激動，尤其為著在新地域內宣傳福音而沸騰，在他面前的是歐洲人從未到過的地方，是歐洲人素日視爲野蠻的民族；而且將是一去不歸，將來白骨在何處歸土，自己也不能預測。但他欣然就道，還誠心感謝天主；自信能夠出國傳教，乃是天主一種大恩。他到臥亞後給羅馬學院院長寫信說：

「雖然心中很滿意這第二聖召（傳教），認為我進修會後，天主最大的恩惠；但是能在學院內和院長及同會兄弟同處，在我今日看來乃是一樁大幸事。」

利瑪竇隨著同伴們由羅瑪到熱諾亞（Genoa），由熱諾亞直駛里斯本。當時葡萄牙船每年春天由里斯本開往臥亞，利瑪竇到里斯本時，東行的船已經開了。他便往葡萄牙哥因布拉大學（Coimbra）學習葡萄牙語。

次年，一五七八年三月二十四日，利瑪竇、羅明堅和同會會士十四人，由里斯本動身往臥亞。他們所乘的船，名聖路易；同船的耶穌會士中，尙有日後來我國的巴範濟。（Francisco Pasio）

現今東西旅行的人，絕對不能想像十六世界時旅行的痛苦！利瑪竇所乘的「聖路易」，乃是中世紀的帆船。艙頂高不過三尺，長不過一丈，艙中之人，僅可坐臥。船繞好望角，沿著非洲東岸駛入印度洋，有風則行，無風則止。暑氣連月，艙中蒸鬱，人多中暑熱。病了躺在艙中愈臥愈熱，病勢愈重，艙房又緊緊相靠，一人得病，立傳他人。船上便常發生瘟疫，死亡枕藉。在十七世紀中，耶穌會由歐洲到澳門的傳教士，多半死在船上。一六一八年，二十二人動身，生抵澳門者只有八人。後二十六年，六人動身，死者四人；又再過十二年，動身者九人。生抵澳門者四人；後一年，十七人動身，死者竟至十二人。又後十七年，被派者十三人，生者僅三人。㈡

利瑪竇和同船會友，在船上困居半年，嘗盡了船艙的暑熱風味，幸而船上沒有發生瘟疫，他們便在這一年的九月十三日安抵臥亞。達到當時東亞傳教的中心。

註：

㈠ Opere storiche del P. Matteo Ricci, vol. II, p. 13.

㈡ P. Pasquale D'Elia, I grandi Missionari, Ii, Roma, p. 125.

五、傳教司鐸

臥亞位居印度半島的西部，爲葡萄牙人的領土。葡人在一五一〇年選定臥亞作遠東殖民的基地，派方濟會和奧斯定會兩會會士，經營臥亞的傳教事業。一五三三年，教宗格來孟第七世，成立臥亞教區，統轄遠東各國教務，從好望角直到日本。次年，教宗保祿三世頒佈上項御令，准許葡萄牙王享有臥亞教區的保教權。

聖沙勿略於一五四二年抵臥亞，有教宗欽使的特權，往遠東傳教。在上川島逝世後，遺體遷回臥亞，至今仍保存該地。

利瑪竇抵臥亞，身體羸弱，鬢髮叢生。在修院內休息數月，精神漸漸飽滿，開始繼續在羅馬學院未曾讀完的神學。

一年之後，上峰派在臥亞修院教授拉丁和希臘文。在臥亞執教數月，又派往交趾（Cochin）教書半年。

一五八〇年七月，約在二十五日，利瑪竇在交趾晉陞司鐸。次日，舉行第一台彌撒。九月間，奉命調回臥亞，繼續攻讀神學兩年。

讀神學時，利瑪竇看到臥亞修院和羅馬學院相差很遠。羅馬學院是京都大學，教授爲著名的學者；臥亞修院乃是遠在天涯的傳教修院，教員只得從少數的傳教士中遴選。然而臥亞修院的精神，也不足夠陶養修士的傳神。利瑪竇心中擔憂，乃寫信稟告耶穌會總長。

「兩三年以來，省會長給我們會院所派的院長，不受院中人的歡迎，尤其不歡迎他們的現任院長。……大家因此都鬱鬱不樂，院中上下缺少友愛。我乃以此稟告上峰，敬請拔除這種禍根，使院中等人勿對長上竊竊私議。省會長計不出此，必因此處人才缺乏。然近年來到此地的神父自己漸漸加多，其中不無上等人才。此間年老的神父對此事都不寫信，大約都怕己要擔任院長之職，並且怕他人懷疑他們想謀取這種職位。」(一)

利瑪竇個人則沒有這種顧慮；他當時剛陞神父，而且神學尚未卒業，誰也不能想他謀取高位。

臥亞修院本是傳教區的修院，可是拒絕收納印度修生，不許印度青年在修院攻讀。利瑪竇爲此心中憤憤不平。在印度傳教既然該用印度人，他們既然要陞神父，爲什麼不准印度修生接受適當的教育，卻用速成班的方式或用補習班的方式，教育印度修生？如此印度修生陞神父後，學識不足，將來可以做什麼呢？難道終生要做歐洲傳教士的助手？利瑪竇便向總會長稟告一切：

「本年院內新開哲學班，同時規定一新章程，凡是印度人的子弟，都不能在院內隨班聽講。大家雖都不贊成這章程，但今年已照章實行。因此沒有一個印度修生同我們一同讀哲神學。印度修生只能讀些拉丁文，研究一些解決良心問題的方法。這件事關係很重大，所以我敢冒昧進言。規定這種章程人所持的理由，都不是實在的理由。他們說本地人多讀些書，就自大自傲，不願意在小堂口務，又要輕視我們一些不懂神學與哲學的傳教士。但是這些話不是也很可以向我們一切修院的修生說嗎？在印度或在歐洲讀哲學神學的人，不是都可以自大自傲嗎？然而並不因此就不教神學和哲學了。況且這邊的本地人，無論怎樣有學問，在白種人眼裡，都沒有什麼地位。從另一方面說，本會從來沒有偏袒主義；在印度這方面，有許多我們會院的有聖德有作為的老神父們，開辦學校，招收印度學生。再者，若是按照所定的章程作去，豈不是故意使司鐸們成愚人，使他們缺乏需要的學問嗎？無論如何，這些青年將來是預備陞神父的，是要管理教友的；若是在這些外教人中，神父竟不知答覆問難，也不能講出道理來，為堅固人的信德，神父還怎能成為神父呢？除非我們希望天主顯聖跡，依我愚見在這種情形下天主並不會顯聖跡，僅僅學了一點解決良心問題的人，絕對不能應付一切傳教的責任。第三、這方面的人，眞是受人壓迫到極點，這一點很使我傷心。無人願意提拔他們，只有我們本會的會士，因此他們特別愛我們。若是現在使他們知道：我們的神父也不願意他們學習智識，日後在社會上能夠有地位，有職務，我怕他們要變愛為恨，而且要阻止我們本會傳教的大目的，使我們不能勸人進教，也不能使他們保守信德。」㈡

在這第一封上總會長的信裡，利瑪竇表現出來他一生傳教的原則，和傳教的精神。他的傳教原則是我公教大公無私的原則，他的傳教精神是大無畏的精神。在修院求學時，傳教的理想前途常是光明的，一旦踏進了傳教的園地，實際上的環境則多半常是黑暗。不單是在不認識公教教義的人們裡，多有反對福音光明的黑暗；就是在宣傳福音的傳教士裡，也常有反對福音原則的黑暗。利瑪竇仗賴大無畏的精神，向這兩方面的黑暗加以攻擊。

臥亞修院的流弊，不是在利瑪竇求學時初次發生。當聖沙勿略創立了臥亞修院，專爲培植臥亞本地人，但是他自己往遠東傳教以後，葡萄牙人干涉修院行政，招收葡萄牙青年，輕看本地人。沙勿略返回臥亞，重新改革修院，恢復舊觀。然而聖人逝世以後，臥亞修院又失去了原有宗旨。㈢

在臥亞修院裡，他常常想起羅馬學院。在那裡歐洲各國的青年修生，同居共處，同班聽講，長上常是一視同仁。回想起來，他心中不覺感到非常的羨慕。他給羅馬學院院長寫信說：

「雖然心中很滿意這第二聖召（傳教），且認為我進修會後，天主的一種最大的恩惠；但是能在學院內和院長及同會兄弟同居，在生今日看來，乃是一樁大幸事。但是院長請不要因此推想這邊的長上和別的神父們待生不好，不像羅馬學院的會友們一樣愛我。生可以告訴院長一事：看來天主願意賞我一種特恩，在世上另外安慰我，天主使我所到之處，都像在羅馬時受各國會友的愛護，這樣生到處受人的愛護。這一點，當然是他人特別知道原諒生的缺點。」㈣

利瑪竇後來隻身進入我國，在陌生的人裡面，在仇視或懷疑洋人的中國人裡面生活，他竟能博得我國人的愛護，贏得我國士大夫的尊敬，這固然是天主賞賜他的特恩，但也是他個人有博取人心的本領和聖德。

註：

㈠ Opere storiche del P. Matteo Ricci, vol. II; pp. 19-20.

㈡ 同上 pp. 20-21.

㈢ P. Enrico Rose, S. J., I Gesuiti, Roma, 1930, p. 110.

㈣ 同註㈠。

六、調赴澳門

當利瑪竇抵達臥亞時，經過了半年的海上生活，一旦踏上陸地，自己的身體彷彿仍舊覺得常是搖搖不定，他和同伴們便在進城以前，先坐在一塊草地上休息。大家馬上談起將來傳教的工作。羅明堅以年長居上，自充會長，分派利瑪竇、巴範濟和阿掛委瓦（Rudolph Acquaviva）往中國。但是昂首向周圍一看，馬上收住了自己的笑話，嘆惜來我國傳教只是一種美夢而已。㈠

這種美夢，從聖沙勿略以後，成了許多傳教士的夢想，也成了他們的失望。在聖沙勿略去世後的第三年（一五五五年）葡萄牙耶穌會士巴來多（Melchior Nunes Barreto）曾兩度赴廣。一年後（一五五六）巴神父的同國道明會神父克盧斯（Gaspar da Cruz）曾在廣州居住一月，同時耶穌會士白肋（Francis Persz）也請求入中國，未得許可。一五六八年，耶穌會士利柏拉（Ribeira）計劃改著中國服裝赴廣州，卻被同會黎也拉神父（Riera）軟禁於澳門。一五七五年，西班牙奧斯定會士拉達（P. de Rada）和馬里諾（Jeronime Marino）隨同中國剿匪統領王望高在廈門登陸，在泉州小住。一五七九年西班牙方濟會士阿爾法洛

（Pdero de Alfaro）在海中被漂至廣州，因和尚之挑撥而被逐出境。(一)

一面有我國皇帝禁止外人入境的禁令，另一面又有葡萄牙和西班牙兩國政府的互相爭權奪地，來我國宣傳福音的美夢，真難如上青天了。

一五七三年耶穌會總長任命一位有才智有魄力的神父充當遠東教務視察專員，這位專員姓范禮安（Valignani）聖名亞立山（Alessandro），義大利人。一五七四年，率領耶穌會士四十人由葡京赴臥亞。一五七八年，范禮安來澳門，準備赴日本視察，在澳門一年之久，細心研究來我國傳教的計劃。依他看來，要勸化日本人進教，先該勸化我國人進教，日本之視我國有如上國。要來我國傳教，應採取非常方式，不明說傳教，而稱向慕我國文化。傳教士先該精通我國語言這文字，明瞭我國風土人情。范禮安致書耶穌會印度省長神父，令之物色一位適當的神父以便派往澳門，準備中國傳教事宜。這位適當的人選正是羅明堅神父。

羅明堅於一五七九年六月抵澳門，時范禮安已東渡日本。羅明堅遵照視察員的訓令，專心學習我國語言，在讀寫說三方面，同時並進。那時他年已三十六歲，記憶力不甚強，感到進步緩慢。但一有機會能去廣州，他便立即前去。一五八〇年至一五八三年之間，他曾到廣州小住三次，又到肇慶盤桓數月。去肇慶時，有巴範濟作伴，而且在天寧寺住宿，兩人剃髮刮鬚，身穿僧服。

當羅明堅在各方奮鬥，設法久居我國時，感到一個人過於孤單，中國話又不甚純熟，乃請求范禮安神父，自臥亞調利瑪竇來澳門作助手。

當時利瑪竇在臥亞修院攻讀神學。一五八二年四月十五日，按到范禮安之令，命赴澳門，十二天後便和巴範濟起程。海中風浪很大，利瑪竇重病一場，自以爲要和許多同會會士一樣，一命歸天。幸而病勢好轉，終能於八月七日抵達澳門。

利瑪竇抵澳門時，年方二十有八，埋頭書案，一心學習中文。

澳門的風氣，並不優於臥亞，耶穌會修院裡的會士們，對於來我國傳教之事，不但沒有興趣，而且多方阻撓羅明堅。一五八三年二月十三日，利瑪竇上書羅馬總會長，說：

「羅明堅神父在這裡住了三年，同院神父幾乎使他成了殉道義士（百般難爲他）。同院神父固然都是很有聖德的人；然對於傳教一事，只有身當其衝的人，纔能明白傳教的意義。」㈢

那時身當傳教之衝的人，第一是范禮安。他禁止澳門耶穌會修院院長干涉中國傳教事務，又把由臥亞派來澳門的院長撤職，送回臥亞，他又准許羅明堅在澳門耶穌會修院旁，建立一座很小的學校，稱爲「聖馬爾定經院」，在學校內教授我國青年要理。

利瑪竇住在聖爾馬定經院，在羅明堅和巴範濟赴肇慶時，代管學校，一面學習中文，一面實習講要理。他在上總會長的書中說：

「羅明堅神父建造這座經院，設有各種方便，以免萬一和眾人所想像的被逐回澳門，並非前功盡廢。羅明堅神父給我留下了二三人幫我學習中國話。對於中國話，我已稍有成就。」(四)

羅明堅和巴範濟在肇慶天寧寺盤桓數月，正以為前日的美夢可以實現的時候，兩廣總督陳瑞忽然因罪去職，兩人頓時失了保障，馬上退回澳門。巴範濟乃赴日本。

兩廣新總督郭應聘(五)既到任查出前總督曾發給羅明堅入境路照，命海道和香山知縣查驗。香山知縣派人來澳門，查得「路照」封口尚未拆開，便想把「路照」原封收回。羅明堅不願退還，而願親自攜帶「路照」到香山縣署覆驗。知縣批准羅明堅來香山，澳門耶穌會會士也都催促羅明堅親往縣署，要求憑「路照」前來總督駐蹕之地。明堅乃偕利瑪竇赴香山，香山知縣命送出「路照」，明堅要求赴肇慶，知縣不許。正在進退為難時，香山知縣遭父喪，回籍守制，代理知縣鄧思啓准羅明堅往廣州見海道。海道優禮接見羅利兩神父，問明來意，知道他們願意往肇慶，答以無權允許所請，而應由總督或察院作主。乃命明堅和瑪竇回澳門。兩司鐸回歸澳門，垂頭喪氣，想到來我國傳教的美夢，沒有實現的可能。時在一五八三年（萬曆十一年）夏季。

註：

㈠ H. Bernard. 天主教十六世紀在華傳教誌　商務　民二十五年　頁一八三。

㈡ 同上，第五章—第七章。

㈢ Opere storiche del P. M. Ricci, vol. II, p. 35, 一五五三年二月十三日上耶穌會總長書　。

㈣ 同上，P. 34.

㈤ 明史　第二百二十一卷。

七、定居肇慶

羅明堅與利瑪竇方自廣州回至澳門，肇慶知府王泮忽然差人來召兩位神父返回肇慶。是凶是吉？是好心是惡意？知府的差人聲稱兩廣總督有命，在肇慶可建堂久住。羅明堅不顧同院的勸告，不待靜心考慮吉凶，便決定和利瑪竇立即動身，並擬將「聖馬爾定經院」遷往肇慶。

但是，路費不容易籌得。他先後已來中國四次，每次都花費不少，這次又向人勸募，大家都以爲徒勞無功，妄費金錢。澳門的商人，那時又因爲商船在臺灣海峽遇風沉海，大家都手頭空虛，幸而一個葡萄牙富翁威加（Gaspar Viegas）慨然捐資。羅明堅和利瑪竇便在一八五八三年九月初動身，十日抵達肇慶。

當時肇慶是廣東的省會，兩廣總督駐蹕城內，面臨西江，背枕群山，護城河圍繞城牆，碉樓相望。城內街道寬闊，房屋櫛比。

「到了肇慶，立即被引入王知府衙門，知府正在坐堂，按禮延見司鐸。兩司鐸跪叩堂下，行禮如儀。知府問是何人，來自何處，有何事故。兩司鐸用翻譯人回答他們是僧人，事奉天帝，來自天竺國，航海四年，向慕中國政治昌明，願得一塊清靜土，建屋造堂，不問澳門商務，終生事奉天帝。彼等自有勸募之錢，絲毫不會麻煩府台，敢祈府台允如所請，彼等將終生感恩戴德。王知府生性良善，一見之下頗器重兩司鐸，認為有德之人，心中很願成全他們的希望。因此吩咐引導司鐸參觀全城，尋找一處適宜的地點，然後他再呈請總督，給予准許。」㈠

知府王泮，浙江山陰人，字宗魯，萬曆八年（一五八〇）任肇慶知府。後四年，升嶺西道。

肇慶所轄十一縣，那時集資在肇慶城東西江濱「小市石頂」，建造九層高塔，尚未竣工。塔傍有曠地數畝，肇慶居民擬爲王泮知府立一生祠。羅明堅和利瑪竇被引導到塔傍曠地，心喜這處佳木叢蔭，水潔風清，便表示願在這處建屋蓋堂。次日，托人往稟王知府，知府允爲呈請總督批准。

上次羅明堅住在肇慶天寧寺，認識寺傍一陳姓少年。回澳門時，羅明堅以祭壇和祭服托陳姓少年保管。於今再來肇慶，便往找陳姓少年。一進門，看見陳姓少年把祭壇供在一小廳中，壇上置香爐七架，爐中焚香，祭壇中央懸掛一中堂，上書「天主」兩字。羅明堅和利瑪竇大喜，遂暫寓陳家，每天在小廳祭壇上舉行彌撒。

九月十四日，光榮十字架節，知府召見羅、利兩神父，告以總督已批准擇地建堂，次日，知府將親到塔傍，測量土地。兩神父跪地三叩首致謝。

次日，王泮知府率同同知陳丞芳和城中士紳來塔傍勘地，計劃定土地一方，作爲番僧建屋之用。紳士等心中不服，揚言番僧係澳門番人所派，將來必引來多數番人，使地方不寧。知府乃告戒羅明堅不許再召他人來肇慶，但仍許他建屋造堂。

兩位神父認爲時機可乘，不宜錯過，立即動工。先在曠地造木房兩間，以爲臨時住所，又在鄰近租一小房，改爲聖堂。掘深溝，築牆基，正在手忙腳亂之時，城中紳士認爲番僧新房，有礙高塔風水，又恨西僧動工之日，不屬吉日，於是多方阻撓工程。又加天時不利，連日大雨，羅明堅只得和紳士等週旋磋商，挪移地基，離塔稍遠。

一波未平，一波又起，地基雖定，經費短絀。羅明堅只好親身折回澳門，請求輸將之助。澳門商船泛洋未歸，借貸無門，一直等到次年四月，澳門商船由日本獲利而歸，葡商纔大量解囊，羅明堅乃能攜帶巨款返回肇慶。

肇慶居民聽說有番人在塔側造房，都來爭看稀奇。羅明堅和利瑪竇在開始動工造屋時，爲博取一般民眾的歡心，將帶來的西洋物品陳列在木房內，讓民眾們觀看。肇慶人民一見西洋鏡，認爲無價之寶。一人傳十，十人傳百，全城人民都魚貫來看番人番室，連知府本人也乘轎來觀。司鐸等屏去眾人，以西洋鏡出示知府，又以油畫聖母像，及義大利花邊織物贈送知府。王泮不願當眾受禮，但命從人把番寶帶至府內，讓夫人側室和子女等一飽眼福，然後再送還羅明堅司鐸。

羅明堅往澳門籌款時，利瑪竇單身在「小市石頂」監工。紳士連同本城秀才，反對番人造屋。秀才們意欲名塔爲「崇寧塔」，塔傍造屋數楹，一樓一閣，作爲春秋佳日，行觴詠詩之地。於今塔傍建造番僧寺所，寺內居住番僧數人，肇慶人已呼塔爲番塔，將來觴詠之所，一定也不能清淨。

附近居民，尤其怕澳門番人越來越多。他們已經聽到許多奇怪的傳說，傳說碧眼番人拐賣小孩。

一天，一群小孩爬在塔上，用瓦石木片向司鐸住屋投擲。小孩抛石打瓦，本是每天常見之事。那天，因爲小孩眾多，擲的石頭瓦片太重，司鐸住屋的一個僕人，實在忍無可忍，跑上番塔，揮手把小孩們打散，又抓住了一個最頑皮的孩子，把他關在屋內，鄰居人忙來說情，利瑪竇立刻命把小孩放出。

不放猶可，剛一放出；十一個人怒氣衝衝，跑到知府衙門喊冤。王知府擊鼓升堂，責問情由。喊冤的人跪稟：塔傍番僧，拐騙小孩。王知府喝道：胡說！本府明知番僧清明，汝何敢冤枉好人。叫冤的人叩頭再稟，拐孩屬實，請府台差役把番僧和鄰居，一並叫來對證。王知府立即差人傳利瑪竇和鄰居三個年老長者到府對證。對證人既到齊，知府重新升堂，利瑪竇和三個老人跪在階下。知府問三個老人番僧利瑪竇拐騙小孩，是否屬實。三老叩頭跪稟，把小孩投石，番僧僕人抓住小孩，鄰居說情，番僧釋放小孩之事，原原本本，細說一遍，王知府聽罷，拍案大罵：流氓地痞，妄告遠來番人。揮手命左右抓住原告人，剝去下衣，當堂痛打五十板。利瑪竇忙即叩頭，代爲求恕，請知府息怒免罰，知府不允。行刑畢，知府退堂。次日，命人到司鐸住室，張貼告示，曉諭軍民人等，勿得擾亂西僧住所，違者重罰不貸。

羅明堅自澳門攜來巨款，崇寧塔旁的房子便加工建築，一五八四年十二月時，蓋好第一層，次年又完成第二層。又花二十兩紋銀，購買附近幾幢矮屋，拆除後改爲花園，全屋用青磚和石灰築成，外表簡單，頗爲美觀。下層一廳，供設祭壇，壇上供奉聖母像。

司鐸住屋落成之日，王知府遣人送匾兩方，一方上書「僊花寺」，懸掛門首，一方上題「西來淨土」懸掛中堂。城中士紳官長也相繼送匾送香。一時附近居民，成群結隊，來看番僧洋房。(二)

註：

㈠ P. D'Elia, Fonti Ricciane, vol. I, 1942. p.180

㈡ 參看Fonti Ricciane vol. I, cap. III, V. 天主教十六世紀在華傳教誌下編第四章

八、山海輿圖

「僊花寺」遊人初時絡繹不絕，後來漸漸稀少。羅明堅和利瑪竇乃能稍享一刻的靜居。然而叩門來訪的，每天必有數起，兩司鐸開門接見，不分貴賤，引導參觀西洋物品。

西洋物品雖能引來遊客；但是司鐸們所要給人的，不在介紹西洋物品，乃是向人宣講天主教義。而且單單引人參觀西洋物品，將引人誤會想他們是販賣番物的客商。可是當好奇者叩門請見時，又不便闢頭向他們講解敬奉天主的道理。羅明堅乃決定把敬奉天主的要理，刻印書籍，贈與來客。

第一種刻印的天主教要理書籍，是一頁「祖傳天主十誡」。

一、要誠心奉敬天主，不可祭拜別等神像。

二、勿呼請天主名字而虛發誓願。

三、當禮拜之日禁止工夫，謁寺誦經，禮拜天主。

四、當孝親敬長。

五、莫亂法殺人。

六、莫行淫邪穢污等事。

七、戒偷盜諸情。

八、戒毀謗是非。

九、戒戀慕他人妻子。

十、莫冒貪非義財物。

右誡十條係古時天主親書降令普世遵守順者則魂升天堂受福，逆者則墮地獄加刑。」㈠「僊花寺」中廳聖堂祭壇上，供奉聖母像一幅，來客稱呼「天主聖母娘娘」。祖傳十誡第一誡禁止敬拜別種神像，來客又不懂聖母娘娘爲誰，常混爲觀音或另一女菩薩。兩位司鐸後來將聖母像收藏，在祭壇上供奉救世主像。

讀書之人接到「祖傳天主十誡」，大致一目了然，知與佛教的五戒八戒相彷；但對一二三的誡文，不甚明瞭，有人便來請問解釋，羅明堅喜歡得到講授教義的機會，便將他在幾年前所寫之中文要理，刻印成書，稱爲《天主實錄》。

一五八一年羅明堅在澳門，和高麥斯神父（P. Pedro Gromez），編寫了一冊問答式的拉丁文要理。那年冬天，羅明堅請人，把拉丁本譯爲中文，提名爲「西天竺國天主實錄」。次年春，譯本經過幾位神父的審閱，認爲可以刻印，范禮安遂下令使羅明堅印行天主實錄。

羅明堅不甚相信翻譯者，而且有些名詞不能找到適宜的譯名，便把天主實錄擱置不印。如今肇慶有許多學者要求教理書籍，羅明堅便把《西天竺國天主實錄》抄本交與利瑪竇與一福建秀才，加以修改，後來又請津知府閱看一遍，終於在一五八四年十一月下旬，刊印成書，名爲《天主實錄正文》，置爲《天竺國僧書》，印刻一千二百冊。是爲我國天主教第一冊印刷之書籍。不久，這冊要理又印刻第二版，名爲《新編天主實錄》置爲「天竺國僧明堅」。

《天主實錄》開卷有「引」一篇，述說司鐸等身受給地安居之恩，無以爲報，而以講說天主實錄，使人得救，略表謝忱，引文曰：

「僧雖生外國，均人類也，可以不如禽獸，而不思所以報本哉？今蒙給地柔遠，是即罔極之恩也。然欲報之以金玉，報之以犬馬；僧居困乏，而中華亦不少金玉犬馬矣。然將何以報之哉？惟以天主行實，原於天竺，流布四方，得以救拔靈魂升天，免墜地獄，其俯視金玉實馬，徒為玩好而無益於世者，相遠是何如耶？僧思報告無由，姑述實錄而變成唐字，略酬其柔遠之恩於萬一云爾……。」

全書共十六章，未將拉丁文原本三位一體一章譯出，也不講七件聖事，不談教會的組織，僅解釋天主和十誡，略提天主降世和聖洗。聖洗譯為「淨水除前罪。」

羅明堅和利瑪竇盡力遷就我國人的心理，避免引起誤會。《天主實錄》中不講天主聖三乃怕國人誤信為三個天主。天主實錄中不談教宗，是免國人誤信為外國君王。天主實錄中不講聖事，怕名詞翻譯不當，有損教義。

來僊花寺看番僧番物的學者，在一切番物中特別注意一件。在僊花寺中廳裡，掛有一幅輿圖。這幅輿圖和我國以往的「華夷圖」，「天下總圖」完全不同，我國既不畫在世界的中央，而且在我國以外，另有許多大國。便請利瑪竇加以解釋。利瑪竇按著地圖講說自己何處出生，由何處動身，經過了什麼國家，然後到達我國。大家聽了都瞠目相向，從未想到世界如此廣大，有這麼多的國家！實是聞所未聞，然而番僧既稱親自走過，當然可信。便請利瑪竇把那幅輿圖註以中國字，在肇慶刻印。王泮知府看得這張輿圖，也吩咐利瑪竇把圖刻印。利瑪竇述說道：

「因此利神父便開始工作，他因在羅馬時曾從克拉委奧神父讀書，頗知數學一科，於是與一中國朋友，繪一較原圖更大的山海輿地全圖，圖上加添適合中國人的註釋。」

「此事對於使中國人相信我們的教理最佳。從前中國人曾刻印許多天下總圖，圖上只有中國十五道，中國以外有海洋，海中畫些小島，島上寫有當時所知道的國名。這些島國集合起來，也不如中國一道之大，中國人因地自大，以為天下惟有中國為大，其餘蠻夷小邦，不足與中國相較。今忽見天下如此廣大，中國如此狹小，無知愚民譏笑利神父信口雌黃，讀書與有智識者見圖上經緯線分明，五洲劃分清楚，圖中各處滿寫名字，事實雖屬新奇，但不能不信以為眞。

利神父後來在中國，無論在京，無論在外，常常用心修改這幅地圖，翻印多次，傳遍中國。引起中國人對我西方人之敬重。」(二)

利瑪竇刻印地圖之時，約在一五八四年十月間，當時王泮知府已升嶺南道道尹。王道尹收到利瑪竇的山海輿地全圖，嘆爲古今奇觀，立即分送遠近朋友。(四)

山海輿地全圖，無徑而走，一傳十，十傳百，後明史記述利瑪竇事蹟，特舉造圖一事。

「意大里亞居大西洋中，自古不通中國。萬曆時，其國人利瑪竇至京師，為萬國全圖，言天下有五大洲，第一曰亞細亞洲，中凡百餘國，而中國居其一。第二曰歐羅巴洲，中凡七十餘國，而意大里亞居其一。第三曰

> 利未亞洲，亦百餘國。第四曰亞墨利加洲，地更大，以境土相連，分為南北二洲。最後得墨瓦臘泥加洲，為第五，而域中大地盡矣。其中荒渺莫考；然其國人充斥中土，則其地固有之，不可誣也。」㈤

印刷山海輿地全圖，顯出了利瑪竇傳教的方針，以奇引奇，以學術制學術，國人好奇，便以西洋的奇事奇物，刺激國人的好奇心；國人敬重學者，便以西洋的學術，博取國人的敬重。後再進而宣講天主教義，聽者便易信服。因此，在肇慶利瑪竇又學造自鳴時鐘，把自己所造的鐘送給王泮道尹，王道尹，更加稱異不止。

利瑪竇在肇慶的歲月，便都消磨在這些瑣碎的事上；然而這些瑣碎的事既是爲傳教的舖路工程，利瑪竇欣然從事，盡心竭力。日後他竟能因此而長住我國。

註：

㈠ D'Elia, Fonti Ricciane, vol. I. 插圖第九。

㈡ 同上，插圖第十。

㈢ 同上，p. 207-209.

㈣ 同上，p. 208註㈠德禮賢神父的考據。

㈤ 明史　卷三百二十六　意大里亞。

九、獨撐危局

羅明堅和利瑪竇在肇慶建造堂宇，取得中國官吏的信任。在澳門，日本和菲律賓的傳教士都傳說這件好消息。於是引起了別的傳教士願意來我國的心火。耶穌會士固然願意增加在肇慶傳教的人數，奧斯定會和方濟各會會士也以爲來我國傳教的時機來到了，都躍躍欲試。尤其是菲律賓的西班牙傳教士們，不甘落在葡萄牙傳教士以後。因此給肇慶的兩位神父生出了許多困難。

這時范禮安派在澳門經理中國區傳教事務的會長名卡布拉神父（P. Francis Cabral），他的性格，素以急進出名。他聽說羅明堅和利瑪竇辦事順遂，便於一五八四年，訓令羅明堅向兩廣總督接洽西班牙王派使進貢事。那時西班牙王駐菲律賓總督和菲律賓主教當年派耶穌會士桑柴茲（Alfonso Sanchez）和稅務司長羅曼（G. B. Roman）來澳門，以西班牙王的名義，向我明朝皇帝進貢。羅明堅和利瑪竇奉到會長的訓令，覺得左右爲難：如不向兩廣總督要求准許西班牙王特使來我國，澳門和菲律賓的傳教士必群起責難，以爲他們自私貪功，排擠外人；如向兩廣總督去交涉，王泮嶺西道尹，曾明明說過兩廣總督不許肇慶僊花寺加增人數，今請求准許加人，一定要引起誤會。二人商議許久，最後決定托人向總督呈文，陳說西班牙王派使向我國進貢，請求允許入境。但是呈文未寫他們的名字。兩廣總督收到呈文，批交海道衙門，令照實查明。海道乃一面出示，令上呈文的人到署面見，一面差人往香山和澳門打聽消息。上呈文的人既不來署，各方打聽的消息又不切實。海道稟明兩廣總督，總督下令，不准假冒進貢名義入境。羅明堅和利瑪竇聽這種命令，心頭倒反爲輕鬆。因爲這時澳門葡萄牙商人已經反對卡布拉幫助西班牙人進入我國。

卡布拉得到羅明堅的報告，也樂得事情沒有辦成；然而他自己卻起了雄心，他要到肇慶視察教務。他向范禮安述說事情的經過如下：

「會末於昨天（一八五四年十二月四日）晚間，返回澳門，現在謹將赴肇慶旅行的經過，報達於尊座之前。羅明堅和利瑪竇原來相信會末赴肇慶一事，確係萬難辦到，且因此種恐懼心理之阻止，竟未敢作請求護照之嘗試。在彼二人致余之信札中聲稱此事絕對無可能性。事有湊巧，當時正有總督府內一位下級官吏，因事來至會所，會末將彼請至客廳，略敘寒喧，並贈以洋酒點心，最後對彼表示，欲去肇慶望看眾位司鐸，但不知如何領取護照。彼則答稱，此事並不難辦，只需給肇慶之司鐸去信，令彼等與當地任何重要官吏接洽，當可如願以償。余立刻按照此人指教致書二位司鐸，並要求彼等千萬勿忽略此事。蓋此事不特不致發生損失，且能從中得到許多利益。羅明堅接到此信後，即上呈於嶺西道尹，內稱會末係彼之至友，欲至彼處看望，並在彼處勾留數日，然後逕往澳門。困然，護照立即發下。羅明堅隨趕緊派人送來……。」(一)

卡布拉到肇慶後，又想見當地官吏，又要去拜望嶺西道王泮。羅明堅和利瑪竇提心弔膽，按照他的意思樣樣照辦。卡布拉心中滿意，而且還與兩名新教友授洗。羅、利兩司鐸則直等他安返澳門後，方才放心。

次年一五八五年卡布拉他調，孟三德神父（Eduardo de Sande）任耶穌會中國區傳教事務會長，孟神父和麥安東（Antonio de Almeida）在當年六月間抵澳門，立時想來我國。羅利兩神父向總督請命，總督只許一人來肇慶，而且只小住數日。恰好，這時北京宮廷差人到兩廣採購翎毛，翎毛以南洋產品最佳。兩廣總督郭應聘立即著肇慶西僧伴同來人往澳門採購。羅明堅乘此機會，偕孟三德神父回肇慶。麥安東不能同來，心中鬱鬱不樂，面有怨色。孟三德抵肇慶，往拜王泮嶺西道尹。王道尹命上書總督，請准留居僊花寺。書發不報，王泮乃告羅明堅留孟三德同居，但慎勿再招他僧入境。

繼王道尹任肇慶知府者，爲浙江上虞人鄭一麟。鄭知府因王道尹之介紹，同羅明堅和利瑪竇頗有交情。當年鄭知府應入京面聖，乃向羅明堅說願帶他往北京。羅明堅和利瑪竇喜不自勝，以爲是千載難逢的機會。可是鄭知府後來和同僚們提起這事，同僚都勸他不要冒險，導引外國人進京，能夠招致大禍。鄭知府乃改變計劃，向羅明堅說引他和一同伴往浙江。羅明堅雖然對於進京一事，感覺失望；但若能夠到浙江，也算是走進內地，便趕快動身往澳門領取麥安東。在廣州遇到自澳門來的商人，知道麥安東雜在商人裡，於是兩人在一五八五年十一月二十日，從廣州動身往浙江。次年正月二十三日抵紹興。在城中居住數月，全城人接踵不絕地來看番僧，王道尹的親戚和鄭一麟知府的家人，都怕事情傳到南京和北京，於是假造肇慶神父托人帶信來，催他們回去，把羅明堅、麥安東送往廣。當年七月羅麥兩人抵廣州，麥安東轉回澳門。

羅明堅回到肇慶，王道尹因浙江紹興事件，弄的滿城風雨，爲避免嫌疑，從此和司鐸們疏遠。司鐸們感到肇慶非久居之地，應另行尋覓棲身之所。這時王道尹的一個朋友，姓譚，湖南人，曾任肇慶府內一縣的知縣，勸羅明堅往湖南武當山。明堅單身一人於一五八七年正月赴廣西，抵桂林，因和明朝宗室封王有所過從，招惹了桂林官界的嫌疑，便被布政司逐出。乃繞道湖廣而回肇慶。

那時兩廣總督吳文華升任南京工部侍郎，嶺西道王泮藉口恐怕新任總督查詢西僧居留事，下令肇慶神父返歸澳門。羅明堅和利瑪竇往謁王道尹懇請恩准留住肇慶，言時聲淚俱下。王道尹乃出佈告，准許原先兩位西僧，暫可留居，其餘發還澳門，並嚴禁西僧入境。

一場風雨剛告平息，第二場接踵又起。有一名馬爾定的教友，頗得羅明堅信任。馬爾定向人傳述已從西僧學得點金之術，乘機騙錢；拐騙婦女，最後竟偷去羅明堅的三稜鏡。羅明堅請王道尹發人追捕，馬爾定四處放謠言，謂羅明堅與一婦女通姦。幸而過堂審問時，馬爾定捏造羅明堅通姦的時期，正是他在廣西桂林之時，神父乃得昭雪，馬爾定身受杖刑，一月後創發，死於獄中。此後羅明堅心頭不安。乃於一五八八年，當王道尹陞任布政司時，請求往澳門，與范禮安之同議務。

孟三德雖照王道尹之告示，應返澳門不再來肇慶，但利瑪竇向新任嶺西道黃時雨領到許可，准他重入肇慶。馬爾定的餘黨，當孟三德入城後，遂大造謠言謂：孟二德如不即日離開肇慶，全府秀才紳士將聯名控訴。事有不巧，當時天忽大雨，肇慶居民害怕前年的水災重演，提議拆毀沿江的建築。一群居民衝入僊花寺，孟三德由後門奪路走報知府，利瑪竇單獨抵禦，等到知府衙門的差役走來趕走亂民，僊花寺幸得保全；但已是牆壁洞穿，垣籬倒地。孟三德乃再回澳門。利瑪竇單身留居肇慶。

新任兩廣總督劉節齋，㈡到任不久，往觀崇寧塔和王泮生祠，一見塔傍的僊花寺，令人喜愛，問明沿革得知是西僧的居所，便心起霸佔之意，乃令嶺西道通知西僧，或返澳門，或往韶州南華寺居住。利瑪竇得訊，馳書澳門，向范禮安請示。范禮安令死守僊花寺，如萬不得已，則回澳門。

總督劉節齋回梧州，僊花寺暫且擱置不提。不久，劉總督到肇慶督師勦匪，全府官吏，向之進言，勸准西僧留居肇慶，然不提僊花寺事。此時北京宮廷需要紅呢，著人向澳門採購。嶺西道勸利瑪竇代爲辦理，以博總督歡心。利瑪竇乃往澳門一行。

然而，回肇慶後；劉節齋貪心仍存，務欲奪僊花寺而後快，乃遣人向利瑪竇獻銀七百兩，作購僊花寺價銀。利瑪竇答以敬天之地不宜買賣。劉總督大怒，誓欲驅逐西僧。一五八九年八月三日下令，限三日內，利瑪竇離肇慶回澳門，給與六十兩，作渡海費用。利瑪竇曾向肇慶各官求救，雖多表同情，但無人敢逆總督之怒。利瑪竇遂謝絕六十兩路費，只要求總督一紙文書，聲明非因犯罪而被逐。瑪竇領了文書遂買舟由西江往廣州，臨行，肇慶教友相對痛哭，瑪竇灑淚而別。

註：

㈠天主十六世紀在華傳教誌　頁二九一。

㈡劉節齋　號繼文　安徽靈壁人　官至戶部侍郎。

㈢參考　Fonti Ricciane. vol. I, cap. VII, VIII, IX, X, XIII.

一〇、定居韶州

利瑪竇乘舟離肇慶而至廣州，擬拜見海道，然後赴澳門。抵廣州之次日，忽見一葉輕舟疾駛而來，行近大船，舟中走出肇慶府差役，傳言總督召西僧回府。利瑪竇心喜事有轉機，立即開船回溯西江。抵肇慶，差役引見同知方應時。應時在利瑪竇離肇慶時，往謁劉總督覆命，報以西僧未接受銀兩。劉總督立覺事情不妙，全府人民將傳說他強奪番僧寺院，改建本人生祠。事情傳到都察院，或可引起彈劾。因命同知派人架輕舟，日夜趕程將西僧追回。方應時既見利瑪竇，說明招回原委，催他接受六十兩銀子。瑪竇堅持不納，方應時乃引見總督。劉總督滿面春風，令利瑪竇走近案桌，以銀六十兩銀子相賜。瑪竇辭不受。劉總督責以上官賜贈，禮應接收。瑪竇答以既被驅逐，有如罪犯，決不受錢。總督勃然作色，大罵翻譯人從中作弊，呵令加鎖。利瑪竇也昂然起立，說明並非翻譯人作弊，事情全由他個人作主。他航海來中國，幾經危難，幸而入境安住。於今又被逐出，再冒海洋風濤，生命且將不保，安能計較金錢。劉總督怦然心動，答說並非有意逼他回國，他可以在他府別縣建寺居住，因他自己不願遷居他處。利瑪竇乃乘機請往廣西或江西，總督以為此二省不轄區以內，不便准許，利瑪竇請往南雄。劉總督一口應允，但要他先到韶州南華寺，看看是否可以定居寺內。那時韶州兵備道呂良佐適來見總督，遂當面以西僧相托。

利瑪竇在肇慶小住數日，探望城內教友，八月十五日聖母升天節（一五八九年）領取銀子六十兩，又取得路票，乘船往韶州。

南華寺爲佛教禪宗天祖慧能的禪壇，位於韶州曹溪，爲曹溪禪的聖地。寺建於南北朝，建寺者爲印度和尙智藥三藏。慧能得五祖弘忍衣法後，隱居曹溪。年七十六歲，示寂，遺體供奉於南華寺。

當利瑪竇單身住肇慶時，麥安東修士來肇慶。利瑪竇往南華，攜之同去。抵南華，方丈出迎，導入客房，備齋飯。寒喧畢，方丈盛讚西僧大德，今承總督遣來，願以全寺相獻，希望能整頓清規，重興禪林。利瑪竇謙讓不已，答以身爲遠客，暫借禪房。劉節齋曾以利瑪竇自稱西僧，當然係佛門弟子，南華寺內便可棲身。南華寺僧人得到總督文書，想是遣派天竺僧人，來寺住持，作爲本寺長老。見面相談以後，方丈聽利瑪竇自稱僅來作客，心中安定。後來引導利、麥兩人，參觀寺院，見兩人每過佛堂，併不頂禮膜拜，心以爲異。

麥安東當晚回船，乘船進韶州城。利瑪竇獨在寺院留住一宿，次日，由南華寺方丈隨同乘馬入城，往見兵備道，說明不欲留居南華寺，請准往南雄擇地建堂。兵備道吩咐利麥二人暫住城外光孝寺。

光孝寺位於武水之西，建於唐開元年間，原名開元寺。寺前有曠地數頃。兵備道差役，授意利瑪竇，向兵備道請准在曠地建造房舍，次日，兵備道來寺相見，利瑪竇以在曠地建屋相請，寺僧和方丈，群進反對，兵備道則立即應許，一面吩咐利瑪竇向地主講價，一面呈文總督，具報經過原委。總督得報，回批照准。

范禮安在澳門每天等候利瑪竇和麥安東回來，時日已久，仍不見人，范禮安心驚不安。後來，接到利瑪竇得准在韶州建堂，喜不自勝，立派二中國青年鐘鳴仁，黃明沙到韶州幫助利瑪竇。鐘、黃二青年，後來在韶州入耶穌會初學院，成爲我國第一批耶穌會士。

利瑪竇和麥安東到韶州不久，二人都染病。幸有鐘、黃二青年小心服侍，病體乃得復原。次年秋（一五九〇年）光孝寺前的房屋已經落成，四人遂遷入。

英德知縣蘇體齋，號大用，來遊韶州，聞西僧名，喜與利瑪竇交遊，遂請瑪竇往英德一遊。

次年（一五九一年）正月一日，利瑪竇正式收容鐘黃二青年入耶穌會。那天正值耶穌會慶祝耶穌聖名大瞻禮，瑪竇心中喜樂不已，慶幸耶穌會將長久存留在我國。

十月間，麥安東忽染重病，竟一病不起。十六日晚，麥安東自知死期已近，向利瑪竇辦了告解，請求赦罪。當時聖堂中沒有供奉聖體，他一心等候利神父行彌撒，預備領臨終聖體。然而時刻似乎停止不進，長夜漫漫，多次催促利神父行祭，但天尚未三更。及至將近四更，麥安東氣絕。

年終，石方西（Francis de Petris）來韶州㈠

註：

㈠ 參考 Fonti Ricciane, vol. I, lib. III, cap. I, II.

一一、韶州順逆

利瑪竇的門徒中應首推瞿太素。

他們二人第一次相會面是在肇慶僊花寺。那時約在一五八九年秋，利瑪竇在兩廣已經相當有名望。

瞿太素江蘇常熟人，父名景淳，官至禮部尚書，家居丹陽。太素名汝夔，生於一五四九年。資質聰明，幼讀群書，但不務正業，不求仕進。父親去世後，他攜帶妻子，遊遊各省，追求煉丹之術。遊至廣西，往訪劉節齋總督時，聽到利瑪竇之名，便乘便一見，訪問西方的學術，然因劉節齋的接待不很客氣，也便離開肇慶。

當利瑪竇定居韶州時，瞿太素適寓居南雄，乃趕到韶州，在光孝寺裡覓得一室。次日，盛服往見利氏，捧獻贄禮，伏地三拜，拜利氏爲師。

利瑪竇問瞿太素願意學習什麼學問？太素答以願習天算。利氏把羅瑪學院所有的數學教科書都拿出來，先教丁氏所著的同文算法，後教丁氏的渾蓋圖說，最後教丁氏的歐幾里得幾何學。

瞿太素從利氏求學，前後約二年。孜孜不倦，日以繼夜。聽講時，順手記錄，回到光孝寺寓所，再行記錄修改，重新抄寫。一年後，他譯完幾何原本第一冊。

利氏講學時，不忘傳教，每天給瞿太素講些教義。太素並不拒絕，而且表示喜歡。一天他請利瑪竇停止講授數學，整天講解教義，他又取出一本小冊，上面寫著對教義的各種疑問，逐一提出要求利氏答覆，一連四天，反覆詰問，最後他聲明真心信服，請利神父授與洗禮。但利神父問他家中情形，知道他已娶妾，又不肯離棄，因正娶無出，利神父便拒絕行聖洗禮。瞿太素並未含羞成怒對利瑪竇反目，卻因而更加尊重利氏，許諾將來必定按教規領洗。結果於一六〇五年扶妾爲正，由王豐肅神父（Alfonso Vagnoni）手中，領受聖洗。

瞿太素逢人便稱讚利瑪竇。那時南雄有一江西富商葛某，長齋念佛，年已花甲。太素和他相識，知道他很信神，便向他講利瑪竇所傳的教，又勸他親往韶州，拜見利氏。葛某聽了，親來韶州拜會利神父，在利瑪竇處住了幾天，每天聽利神父講道。聽到動心處，雙膝跪地，向利神父連連叩頭稱謝。聽完要理，立刻領洗，誠心進教，取名若瑟。葛某習於坐禪，進教後，請利神父教授默想神工，利氏爲之講聖依納爵神操退省的方法。一月之後葛若瑟方纔返回南雄。

一五九二年陰曆新年，瞿太素在南雄家中度歲。利瑪竇遣人送禮，太素立刻親身到韶州還禮。利神父和他商議，願意到南雄一遊，給葛若瑟全家講道。太素便先回南雄，籌備接待。

利瑪竇抵南雄，太素邀他寓居家中，大開筵宴，遍請城中官吏士紳。一連幾天，接客拜客，弄的利氏精疲力盡，於是遷居葛若瑟家中。葛若瑟每日望彌撒，邀集親友聽道。遠來親友，且留宿葛家，日夜學習要理。旬日之後，利瑪竇考問各人所知道教義的程度，其中六人程度已夠；利神父便給他們授洗。同時也給四個小付洗，小孩中有葛若瑟之子。成人中有葛若瑟之弟。

利瑪竇不敢在南雄久住，怕引起當地人士的疑忌，遂動身返回韶州。石方西見他安然回來，又興致勃勃，便也心中歡喜。

然而順中有逆，喜後有憂，南雄開教，不能證明國人不忌視外國人。當年陽曆七月間，廣東天氣已經很熱，夜間常不能安睡。一天半夜，利瑪竇正要入夢時，忽然被門外的腳步聲驚醒。他立刻知道有賊，披衣下床，步出房門。石方西神父也出房探視，屋裡的僕人也都起身，大家悄悄地一起走到過道門口，打開房門大喊一聲，想嚇跑賊。那裡知道來的不是小偷，乃是明火打劫的匪徒十餘人，持斧執把走出過道門口的家僕，打傷兩三人，石方西頭部也被斧斫傷。利瑪竇急忙叫大家退入過道，趕緊把門關上，匪徒們用棍夾在門口，使門不能合住。利瑪竇和家僕等死勁抵住門扇，匪徒用斧砍傷利神父之手，利神父和家僕奔回各人房中。利神父進房，馬上越過窗戶，跳入菜園，然後再爬牆出外求救，不幸跳下窗時，一腳跌傷，不能爬牆，便在園中大聲呼喊。屋中一青年學生，爬上屋頂，摘起瓦片向匪徒投擊。匪徒一聽喊聲，又見屋頂投瓦，恐怕被瓦打傷或被擒，一鬨而出，奔往光孝寺，在寺後四散，無影無蹤。利瑪竇回屋，點查東西，並未失去重要物件。

次日一早，利神父往告知府，知府一聽，怒從心起。府縣城垣，竟有匪徒明火打劫！目中太無王法！立即差人傳來四舍鄰居。升堂拷問。知縣喝問四鄰是否到匪徒鬥聲和西僧求救聲？為何無人出門援救，莫非和匪徒互通聲氣？如有膽敢隱匿者，即按匪徒同罪。四鄰都說不知。知府喝令加刑。鄰舍之中乃有人供認，匪徒實係本處賭徒。知府派差四處拘拿到案，為首者判處死刑，其餘判徒刑三年，光孝寺主持和尚以及鄰居甲長與打更守夜者都判罰金。利瑪竇聽了判詞，心中大起恐慌。他知道這種判詞若是執行，他在韶州便不能再住下去，四週的人和賭徒的家屬都要怨恨他。他再三向知府解釋，賭徒並沒有搶奪物，斫傷的人也屬輕傷，因此央求知府減刑。知府執意不許，著令送匪徒往肇慶按察司衙門，聽候發決，利瑪竇只好自己也往慶，再向按察司陳說，請免匪首死刑。按察司不接受陳說，批准韶州知府的判詞。

那時范禮安適由日本來澳門，馳書肇慶，招利瑪竇往澳門相見，討論中國傳教問題。利瑪竇訪問肇慶教友，爲教友家中的六個小孩付洗，而後由肇慶動身往澳門。

從澳門再回韶州，利瑪竇每天如同身坐荊刺之上。四週鄰居雖然都知道他替賭徒說情，請求免刑；但是大家都忌視他，賭徒的家屬更恨他。利瑪竇這時覺得自己真是一個外國人，沒法可以打消國人的嫌疑。

幸而廣東都察御史，巡按州縣，到了韶州，利瑪竇詳述案情經過，作證賭徒沒有明火打劫，只是惡意打擾。都察史乃開釋囚徒；每人責杖二十，縱令回家。利瑪竇終於心頭一鬆，好似自己本人被釋出獄，得了自由。

但是四鄰近居和賭徒的家屬，並不因此和利神父干休，他們聯名作成狀子，請求都察御史驅逐西僧利瑪竇出境，說他勾通澳門西番，擾亂地方治安。當都察御史動身離開韶州時，他們成隊攔路跪呈狀子。都察御史問有何事，他們喊說有重大案件，請候取決。都察御史喝道：「既係重大案件，爲何不早日遞呈，卻等到本使離開時，纔攔路遞呈狀子，顯係作僞，本使決不處理」。喝令驅散。差人簇擁御史的轎子一哄而去。(一)

註：

㈠ 參看（一）Fonti Ricciane, vol. I, lib. III, cap. III, VI, VII.

（二）利瑪竇在一五九二年十一月十五日上耶穌會總會長C. Acquaviva 書見 Opere storiche del P. Matteo Ricci, vol. II, pp. 101-113.

二一、儒服儒名

「入境問俗」，適應環境，我國古人已經早有這種教訓。然而我國古人還有一種教訓：若是走到夷狄以內和蠻夷之人同居，當然不能反夏爲夷，自己變成夷人，乃是要教導夷人，化夷爲夏。

到我國傳教的傳教士，也很明瞭這兩種教訓，奉爲圭臬。

自明末到鴉片戰爭以前，國人鄙視外人，稱之爲夷人。這時期在我國的外籍傳教神父，都極力中國化，惟恐顯出自己是西洋人。鴉片戰後，中國人懼怕外人：民國以來，中國人崇拜外國人。事事都要洋化，所用物品，也以外國貨自炫；甚至有些留學生，見到本國人也喜歡講洋文。這時期在中國的傳教士，便有了自高之心，也以洋人自居。

但是聖教會本來有自己的原則。聖保祿曾經說過：「蓋我甘爲一切人之一切，所以拯救一切人也。吾之所爲，莫非爲福音之故；惟如此，始克共承福音所許之惠耳。」向一民族宣傳教士對於傳教區的人民，不分文明野蠻，都要遷就，「莫非爲福音之故。」

利瑪竇到我國開教的原則，就是聖保祿的原則。

羅明堅在一五八三年，和巴範濟初到我國，身著僧服，自稱爲僧。在同年夏季，利瑪竇跟隨羅明堅往肇慶時，也穿僧服，刮鬚剪髮。他們以爲我國社會裡的本土教士，爲佛教和尚；；爲了適合人情；便作爲和尚。因此他們在當時的士大夫眼中，並不引起反感。我國自漢唐以來，常有外國僧人出入。羅明堅和利瑪竇的出生地只是較印度更在西方，所以稱他們爲西僧，但是在普通國人眼中，則以他們和以往的外來僧人一樣，都是番人，便稱之爲番僧。

在肇慶時曾經多次受過當地人的騷擾；這次利瑪竇又大受韶州當地人的打擊，痛定思痛，決定不再稱僧。

當瞿太素向利瑪竇學習數學時，太素告以僧服僧名，適足以引起國人的誤會，國人素來輕視和尙。現今又經過韶州人的打擊，利瑪竇決定拋棄僧服僧名。後來李之藻在讀景教碑書後裡說：「即利氏之初入五羊也，亦復數年混跡，後遇瞿太素氏氏乃辨非僧，然後蓄髮稱儒，觀光上國。」

這時大約是一五九二年十月間，利氏決定不再穿袈裟。但穿袈裟曾經耶穌會總長的批准；今若放棄袈裟，也該有會長的許可。恰好那年年底，利氏從肇慶被范禮安召往澳門，利氏便向范禮安說明原委。范禮安本人贊成利瑪竇的主張，答允上書耶穌會總長，陳明改裝的理由。

郭居靜神父（Lazzaro Cattaneo）既被指定派往韶州，一五九三年底，再向范禮安神父提起改裝事，一五九四年十一月，范禮安正式准定留鬚留髮，改穿儒服。

一五九四年秋，利瑪竇和郭居靜開始留鬚，次年夏，二人鬍鬚長垂腰間。又一年，一五九五年暮春，利瑪竇離開韶州往南京時，全身改著儒裝，頭戴方巾，身穿童生服，自稱「道人」，見客時，擬秀才禮。中國當時官場中人和士大夫們都不以爲怪，利氏的朋友們更以爲喜，大家皆以儒者視之。㈠

利瑪竇雖在我國從未應考，但他自稱儒者，不僅因改穿儒服，他對於我國儒學，已經有了深湛的研究。

在一五八五年，利瑪竇從肇慶給義大利拿波里一個朋友寫信說：

「我既然當在這裡度過天主留給我的幾年生命，我便盡力愛這地方，也盡力適應環境。看來在這方面，天天有些進步，因為我已經能流利地講中國話，又已開始在堂裡向教友講道理，不久，大概還要開門讓願意聽道的外教人也進來聽講。同樣我又學念中國書，學寫中國字；中國字足有好幾千！我如今漸漸懂得一些中國書了。」㈡

在韶州既改著儒服，利瑪竇更用功讀我國書籍，練習書法，一五九四年他給義大利先納城一個朋友寫信說：

「七八年來，許多雜務纏身；今年摒擋一切，請一位中文先生，試作中國文章，結果頗稱順利。每天聽先生講兩課，又練習作一短文。漸漸膽大氣壯，便開始自己寫一本書，用普通的理由，講解信德的道理，預備將來付印以後，分送中國各省。」㈢利瑪竇在信上所說的這些書，即是《天主實義》。又二年，這冊書在南昌脫稿。同年，利瑪竇完成四書的拉丁文譯本。這種譯本自一五九一年開始，前後共費四年光陰。在這幾年內，又用心教石方西和郭居靜兩位神父讀四書，一五九三年十二月十日，他向耶穌會總會長報告說：

「今年一年，我們都用功讀書，我給我的同伴神父講完了一門功課。這門功課稱為四書，是四位很好的哲學家寫的，書裡有許多合理的倫理思想，中國的學者，人人都熟讀這四部書。……

視察員神父訓令我在今年內，加功讀中文，今年我便請了一位中國先生。對於中文，感謝天主，我已頗有頭緒。我到了老年又做學生。但這不算什麼克苦；天主為愛人自願做人，我為愛天主，難道不能老年做學生嗎？」㈣

註：

(一) 參看 Fonti Ricciane, Vol. I, lib. III, cap. IX.

(二) 致 P. Ludovico Maselli書見 Opere storiche del P. Matteo Ricci, vol.II, p.65

(三) 致 P. Girolamo Boata書見 Opere storiche del P. Matteo Ricci,vol. II, p.122.

(四) 見 Opere storiche del P. Matteo Ricci,vol. II, pp. 117-118.

一三、南京被逐

韶州匪徒一案之後，生活漸歸安靜。不料石方西神父在一五九三年陽曆十一月五日，一病歸天，利瑪竇痛哭流淚，爲之入殮。前三年，麥安東神父去世；棺柩尚停在屋中；如今石方西神父又長逝。兩位神父都是年青有德的人；且已讀了四書，能講中國話。正可以幫忙傳教的時候，突然一病夭殤；利瑪竇心中鬱鬱不樂，自覺開教的事獨木難支，恐怕不能成功。

一五九三年底，澳門一修士來韶州；啓運麥石兩神父的棺柩，歸葬澳門。范禮安這時尙在澳門，隨即指派郭居靜神父（P Lazzaro Cattaneo）來我國協助利瑪竇。郭居靜在次年春末或夏初，抵韶州。從此以後，利瑪竇再不孤單了。

在肇慶時所有的另一問題，現今更形嚴重：僅僅有韶州一所住屋，絕對不是安身之計。誰能保證地方人士不再反對外國人。到了那時，若沒有另一住所以便繼續傳道，豈不將被迫返回澳門？十餘年的辛苦，亦將廢於一旦。而且在我國傳教若沒有皇帝的准許，無論耗費多少心血，都不能穩定，於是利瑪竇立定進北京的志願。

一五九二年，當利瑪竇正在處理匪徒案時，又遇前次在肇慶所認識的兵備道徐大任。徐氏那時陞南京鴻臚寺侍郎，路過韶州往南京上任。他向利瑪竇建議引他前往南京。利氏心中雖然十分願意，但是不能置案件於不顧。

一五九五年，兵部侍郎石某（或云石星，字拱辰）又路過韶州往北京。石侍郎之子年已二十一，應舉不中。石侍郎早聞利瑪竇之名，此次路過韶州，遣人邀利氏來見，想央請他爲兒子祈禱，希望伏賴神佑，能夠中舉。利氏偕郭居靜往船上拜訪石侍郎。見面時，石侍郎很是客氣，講到他的兒子時，言辭很誠懇。利瑪竇從石侍郎的談話裡，知道他的兒子身體病弱，精神失常；便向石侍郎建議，自己願意陪他的兒子一路往北京，在路上一面爲他的兒子祈禱，一面和他談話，使他寬心，提高精神。石侍郎聽後，細細想了一番，領一洋人入京，固然很危險；但爲醫治兒子的病，有利瑪竇同路，必定有好處。況且路上經過的地方很多，隨時隨地可以叫利瑪竇住下，不再跟他往北京。石侍郎便接受利瑪竇的建議，請他一同北上。

利瑪竇回到住所，和郭居靜商議，留居靜和黃明沙、鐘鳴仁二修士於韶州，利氏本人率領二澳門青年及二僕人，陪石侍郎往北京。石侍郎和利瑪竇約定在江西南安（大庾）相會，自己先期動身，動身之前，命韶州知府發與利瑪竇一通行證。

利瑪竇一行五人，抵南雄。時瞿太素已離廣東，但南雄教友都來接待利神父，其中有年富力強者數人幫助利神父挑負行李，一同越過梅嶺，直達江西南安。

石侍郎由南安沿章水乘船赴南京，利瑪竇也搶陸登舟，參加石侍郎的隊伍，一同前進。一路無事，利瑪竇不時到石侍郎舟中，同坐對談。船抵贛州，章水和貢水在此相匯合，水勢浩大，河流湍急，前有十八灘之險。石侍郎之船前行，過灘出險。石侍郎家室的船，隨後行來，不幸，撞著石灘，船底衝破，河水湧入船艙。婦女小孩，站在船頭，大嚷大叫。利瑪竇的船，由後趕到，救出遇險的婦女小孩。利瑪竇改乘一小筏，在前引路。渡過十八灘，石侍郎向利瑪竇送禮道謝，感激拯救家室之恩。又遣人往贛州索取大船一隻，命家室夜間遷入大船。利瑪竇和一澳門青年，則改坐載行李的船。一切安排停當遂開船往吉安。

船行不久，驟起大風，利瑪竇所坐之船，不及收帆，被風吹翻，滿船人都落入河心。利瑪竇不識水性，沉到河底，自以爲必死，將靈魂托於天主。忽然覺得手中握有一根船索，他攀索出水，伸出頭來，看見船身尙有一半沒有沉下，有許多同船的人正在拉住船舷，自救一命。利瑪竇一手夾住漂在近處的一塊木頭，一手抓著浮在身旁的一張桌子，慢慢浮到船邊，得以不死。然而同船之澳門青年，慘遭沒頂。利神父傷心得很，不擬前進。

石侍郎雖然失掉了一切行李，聽說利瑪竇喪失了同伴，連忙遣人來慰問，又送銀兩，利瑪竇乃同行到吉安。

船抵吉安，石侍郎兩經水險，決定捨舟登陸，改由陸路進京。他又勸利瑪竇返回韶州，免得再受旱路的奔波。利神父晉京心切，不計災禍，他只想前進，絕不後退。石侍郎便請利瑪竇再乘載他新辦運行李的船，順流往南京。又命吉安府發給利瑪竇往南京，蘇州和浙江的通行證。

船過南昌，利氏登岸遊天柱宮，得見道士。入鄱陽湖，沿南康廬山而入長江。沿江東下，一五九五年五月三十一日（陰曆四月二十三日）抵南京。

南京那時爲明朝的陪都，保留有吏、戶、兵、工、禮、刑六部衙門，利瑪竇一進城，立刻探聽昔日在廣東所認識的人，第一個便找到劉節齋總督的兒子劉五爺。由劉五爺再邀請別的舊友，大家都驚訝他到了金陵，爭相設宴爲之洗塵。利氏乘機央請他們設法，使他能夠在南京安居。大家勸他去看鴻臚寺禮部侍郎徐大任。利瑪竇一聽徐侍郎在南京，喜不自勝。徐侍郎當日路過韶州時，豈不是請他同路來南京嗎？他便趕緊往源臚寺拜訪。

徐侍郎一見利瑪竇，優禮相接。寒喧畢，問他何時到達南京。到南京有何公幹。利氏答以由石侍郎保送來金陵拜訪舊友，有意在金陵小住。徐侍郎忽然變色。責備瑪竇失計，絕對不應來金陵，更不該想在金陵卜居，立時，差人把利瑪竇寓所的老闆傳來，厲聲責罵他勾通外洋人，私引洋人進內地，令速陪送利瑪竇回廣東。

那時正是日本秀吉進攻朝鮮的時候，中國派兵援助朝鮮，被秀吉打敗。假使若有人上京告發，南京禮部侍郎交接外國人，立刻要遭通敵的嫌疑，命將不保。徐大任因此不念前情，執意要驅利瑪竇出南京。利瑪竇知道時機不湊巧，就自己引退，暫時退往南昌，日後再徐圖北上。

抵南昌時，利瑪竇心中鬱鬱不樂，不知如何在此立足。忽然，如同進入夢鄉，夢見一人前來問道：「你就是來消滅古傳的宗教，宣傳另一個新教的嗎？」利瑪竇很驚訝這個人怎樣知道他的心事，他從未向他人說過他是來宣傳福音的！他便向那人說：「你是神或是鬼！怎能知道我的事！」那個人答說：「我是天主！」利瑪竇倒身下拜，流淚痛哭說：「主，您既然知道我的心事，您怎樣不幫助我呢？」「不要怕，皇城裡必有幫你忙的！」利瑪竇便似乎身入皇城，自由行走，無人阻攔。自己立時又醒來，兩眼尚有淚痕。他相信有一天他要進入北京。㈠

註：

㈠ 參看（一）Fonti Ricciane, vol. I, lib. III, cap. IX, X.
（二）致澳門孟三德會長書見 Opere storiche del. P. Matteo Ricci, vol. II, pp. 127-162.

一四、南昌交遊

「南昌故郡，洪都新府，星分翼軫，地接衡廬。襟三江而帶五湖，控荊蠻而引甌越」。南昌形勢的優美，因著王勃的〈滕王閣序〉，我國文人沒有不知道的。尤其熟悉下面的八句詩。「滕王高閣臨江渚，佩玉鳴鑾罷歌舞，畫棟朝飛南浦雲，朱簾暮捲西山雨。閒雲潭影日悠悠，物換星移幾度秋。閣中帝子今何在，檻外長江空自流。」利瑪竇上溯長江，由金陵赴南昌，在船上他或許也讀到了王勃的序文，羨慕南昌。但是對一個外國孤旅，在他心中所縈迴的，是住處問題，南京的官吏不許旅舍收留外國人，南昌的官吏大約不比南京的官吏更開明。幸而在船上認識了一個南昌商人。他有一個朋友在南昌開設客店，利瑪竇可以到他朋友的客店裡暫住。

船抵南昌碼頭，南昌商人先下船往朋友客店裡，替利瑪竇安排住所，然後派腳夫和轎夫接利瑪竇和僕從及行李往客店。利瑪竇深居不出，祈禱天主，求主指導怎樣能夠在南昌建立聖堂。一面托付客店主人，打聽昔日在廣東所認識的官吏，是否有人住在南昌。

當利瑪竇北上過南昌時，石侍郎的僕從，曾去看南昌的一個醫生，利瑪竇記得他的名字叫王繼樓。於是便去看他，王醫生一見利瑪竇心中很高興，同他縱談古今中外，又勸利瑪竇住在南昌，連日爲他設宴。

利瑪竇遂漸漸認識了南昌的一些名士，和他們稍有往來，但是他怕王醫生過於招搖，風傳到總督耳裡，惹起是非。恰好那時遇到了昔日在廣東相識的一個官吏，正要調任他省，便把利氏托付當地一個秀才，乃接利氏出城，到城外僻靜地方居住。

一個西洋人來到南昌的消息，傳遍全城，終於傳到巡撫陸萬陔㈠的耳中。陸巡撫早已聽到西洋人利瑪竇住在韶州的消息，猜想來到南昌的洋人一定是他。便差一武官去訪問，特別吩咐不許驚嚇他。武官派一差役送一拜帖給利瑪竇，請來署內相見。利瑪竇不敢去，僅遣人送一回片，備述自己的履歷。

房主一聽巡撫派武官招見洋人，大起恐慌，立刻叫利瑪竇在當天夜間搬出客店，而且要把他的行李抛在門外路上。利氏不肯黑夜出門，使從人答覆房主，如抛行李，要和他對打。房主害怕吵鬧惹禍，只好罷休，讓利瑪竇仍舊住下。

陸萬陔巡撫得到武官的回報，遣吏往接利瑪竇來府相見。利氏滿腹狐疑，進入巡撫衙署，不知是凶是吉。巡撫則降階相迎，滿面春風，利氏正欲俯身下跪，巡撫急命免禮。躬身說：「久仰先生大名，今日幸得一見」。隨即稱讚利氏的學問品德，瑪竇連聲說：「豈敢！

豈敢！」巡撫問起這次旅行的狀況，瑪竇說是陪石侍郎到吉安，後來獨自到了南京，拜訪了徐侍郎大任。但是沒有說徐大任不許他在南京居留。現在因旅途勞頓，在南昌休息幾天。陸巡撫問爲何不留住南昌？南昌較比韶州城池廣大。利瑪竇俯身說「若蒙撫臺恩准，遠人願留南昌，多承教化。」利瑪竇走出巡撫府大門，一路默默感謝天主。

王繼樓醫生正因不知利瑪竇的下落，四處探問，聽說陸總督召見，便往見巡撫，大談這西洋人的能力，他能製造日晷和鐘表，有奇異的記憶力，看書過目成誦，又說他精通天算和輿地的學問。巡撫便屢請利瑪竇入府，爲他設宴，當面試他的記憶力。瑪竇誦讀詩章，一遍之後，即可以順背或倒背。巡撫便請求他說：「利先生，請把記誦法編寫成書，以教犬子」。利瑪竇答說：「敢不從命！」巡撫又說：「利先生，既肯在敝邑停駕，敢請暇時製造一時鐘表。」利瑪竇又答：「敢不從命！」

那時，在南昌城內駐有明朝王室建安王和樂安王。建安王名多爤，爲昭靖王的長子。樂安王名多爤，爲端簡王的長子。二王駐節南昌，不問政事，日日宴遊。西洋人利瑪竇來到南昌的消，息傳到了二王府內。二王差遣府中親隨，攜帶禮物，往見瑪竇。建安王又邀他入府賜宴。席間，聽他倒背詩章。

利瑪竇爲答謝建安王和陸巡撫，萬曆二十三年（一五九五）冬，著〈交友論〉一小冊，繪世界輿圖一本。用西洋裝訂法裝訂成書，送呈建安王；又造二時表，二地球儀，分送建安王和陸巡撫。陸巡撫所要的「記法」一書，則在次年六月間，脫稿抄送。利子寫信向朋友報告這冊書說：

「我被迫把先前給兄臺所寫的一冊小書譯成中文。這冊書的原稿常我保存著。第一冊譯本我送給了巡撫，為他三位公子用。巡撫很高興。後來有許多別的人也來要，但是都不願按照去做。」㈡

萬曆二十三年聖誕節，利瑪竇得有另一位神父，同在南昌過聖節。耶穌會士蘇如望（Giovanni Soerio）和黃明沙修士於十二月廿四日抵南昌。

萬曆二十四年（一五九六）年正月一日，利瑪竇矢發耶穌會的四大誓，願由蘇如望神父監誓。聖依納爵創立耶穌會時，正逢路德叛教，北歐教士教民攻擊羅瑪教宗。聖依納爵訂立會憲，規定耶穌會士，在普通各種修會所宣的絕財絕色絕意（神貧，貞潔，聽命）三誓願外，加宣第四誓願，對於傳教地點，誓許絕對聽從教宗的指揮。

利瑪竇在南昌既然增加了伴侶，便設法在城中買地建堂。然而南昌知府王佐，不願批准。利瑪竇往見陸巡撫，巡撫謂已遍告全府官吏，准他安居南昌，可以買屋造堂，但不願給予居留的文書。利瑪竇又往見王知府，知府也予以口頭的准許。瑪竇在知府衙門附近購得一屋；屋雖狹小，但頗適用。附近鄰居，聽說西洋人在同街購屋居住，群赴知府衙門，請求阻止。知府拍案喝道：「本府早已調查西洋人實情，查得確係善良順民，曾在廣東居留十年，從未造是生非。本府奉總督命，准彼等在城內購屋，爾等勿得多言。」即令退出。

利瑪竇在城內結識了白鹿書院院長章本清。本清字斗津，又名潢，爲瞿太素的舊友。太素曾向他談到利瑪竇的德行學識。利瑪竇也很敬仰章本清的操行。南昌府志說章本清「自少迄老，口無非禮之言，身無非禮之行，交無非禮之友，目無非禮之書。」（卷四十三）

南昌文人學士都敬重白鹿書院章院老，章院老既和利瑪竇爲友，他們大家都來拜訪利氏。利瑪竇出所著《天主實義》一書手稿，以示章本清和來訪的文人，婉請修改。本清和文人等，讀了利氏的著作，大家勸他刻板付梓。瑪竇則等到一六〇三年，他已在北京，徐光啓已經領洗，方才刻印天主實義。因爲許多神學名詞，尚不能確定，要經過長久的思索，和教會學者的磋商，原先羅明堅所著的《天主實錄》，便因爲書中稱神父爲「僧」，已經不合時代。在萬曆二十四年，耶穌會當局下令毀滅天主實錄版本。(三)

同年，徐光啓因爲落弟，南走廣東，在韶州和郭居靜神父初次相遇，播下了後來信教的種子。

註：

㈠陸萬陔字天溥，號仲鶴，浙江平湖人。官至江西巡撫，萬曆二十六年引退。

㈡一五九七年九月九日致Lelio Passionei 神父書見Opere storiche del P. Matteo Ricci vol. II, P. 235.

㈢參看Fonti Ricciane, vol. I, lib. III, cap. XI, XII, XIII.

一五、試往北京

當利瑪竇在南昌和文人學士交遊之時，郭居靜在韶州則受翁源縣秀才們的圍攻，幾乎被驅逐出境。

約在萬曆二十四年（一五九六年）秋，翁源縣的秀才們乘船作文會，飲酒論文。當大家都已經酒氣熏熏時。船抵韶州教堂前，秀才們想乘興進到西僧寺裡玩賞一番，郭居靜見來客頗多，語無倫次，命僕人們緊閉堂門。秀才們平日習慣進出本地的寺院道觀，從未見和尚緊閉山門，不納來客，於是大聲叫門，抛石打屋。教堂僕人一見醉漢們騷擾，開門持棍出來驅逐。秀才們的僕從和船夫，乃出而應鬥，雙方互有損傷；教堂僕人，受傷更重。

次日，秀才們集合教堂鄰居，奔赴韶州衙門叫冤，誣告郭居靜西僧，恃勢凌人，毆打童生秀才。韶州府票傳教堂僕人，當眾杖責，又杖責鐘鳴仁修士，並罰帶枷示眾一天。郭居靜滿腹憤概，無處可訴，一氣把教堂拆平，將屋中的西洋物品全數收藏，遣鐘鳴仁修士赴南昌。過不幾天，外府官吏有過韶州者，請本府官吏陪往參觀韶州西僧教堂，忽見教堂被拆，西洋物品一物不見，乃向郭居靜詢問情由，大家都怪承審秀才案件的官吏，斷案不公。那個官吏聽知這事，害怕有人告發，便在光孝寺大擺筵席，向郭居靜賠禮；且張貼告示，禁止騷擾西洋人的住所。

次年，郭居靜大病，往澳門就醫。羅雅各神父（John da Rocha）派往韶州，隱居屋中，暗地爲教友們行聖事。過了半年，郭居靜身體復原，偕龍華民神父（Nicolo Longobardi）回韶州。韶州乃有神父三人。

當年夏季，視察員范禮安任命利瑪竇爲耶穌會中國傳教區會長，命他往北京，作久居之計。利氏請建安王申奏准予入京進貢，先把預備進貢的物品，送給建安王檢閱；建安王久不能決。利氏再向旁人打聽，方知不應走這條路，因爲皇帝最不願親王干預朝政。

這時，利瑪竇忽然聽到禮部尚書王忠銘將由海南動身進京的消，息他遣人送給郭居靜一信，告訴他等到王尙書路過韶州時，立刻去拜訪，他探問他是否願意領他們入京。王尙書抵韶州，見到郭居靜，問起利瑪竇的狀況。居靜告以現住南昌。忠銘喜歡在江西可以見面，居靜便請准許陪同往南昌，王尙書欣然應允。郭居靜偕羅雅各離廣東赴江西，留龍華民神父和黃明沙修士居韶州。途中，郭、羅二神父乘船日夜趕行，先王忠銘兩天到南昌。

利瑪竇等待王尙書抵南昌，偕郭居靜往見，陳說願往北京進貢，禮物有鐘表，三稜鏡，油畫聖像。王忠銘希望入京後，拜內閣大學士，乘陰曆八月十七日（萬曆二十六年——一五九八年，陽曆九月十七日）皇上的萬壽聖節時，進獻這些西洋物品，他便滿口答應攜帶利瑪竇經南京往北京。

瑪竇喜不自勝，指定郭居靜神父和遊文輝修士陪他北上，羅雅各神父，蘇如望神父和鐘鳴仁修士居南昌。六月二十五日，聖若翰誕辰節後一天，利瑪竇動身往南京。七月五日或六日抵南京。

當時正因明兵在朝鮮戰敗，議論紛紛。對於形跡可疑的人，都認爲日本間諜，不敢收留。利瑪竇和郭居靜日夜伏居船中，不敢登陸，而且在城裡也找不到旅舍。瑪竇不得已，托船夫租一乘轎，將轎簾放下，坐轎進城訪王尙書，又訪南京通政司，請准繼續北上。通政司以他們既係王尙書同來的人，一切應聽尙書本人處置。王忠銘不願食言，決定利、郭兩人陪著他的行李，由運河北上，他自己由陸路而行。

南京總督趙可懷，爲王忠銘好友，駐節句容，聽說忠銘抵南京，遣人送禮。所送禮物中，有山海輿地圖一幅。王尙書一看，這幅輿圖和利瑪竇預備貢獻給皇上的輿圖相同，立刻召利氏前來，以輿地圖出示。利氏看看趙氏的輿地圖，認得是自己在肇慶所繪。王尙書便遣人給趙總督送信，告以繪畫輿圖的人，已到南京。趙可懷回信邀利瑪竇到句容一遊。

趙可懷字寧宇，又字德仲，四川巴縣人，從鎮江知府王玉沙處曾得利瑪竇的輿地圖一幅，心中很是愛惜，便在蘇州把輿地圖刻在石碑上，且作跋語，那時他並不知繪圖人的姓名。這次到繪圖者爲泰西人利瑪竇，甚願一見爲快。

王尚書雇一快船，裝上行李，送利瑪竇和郭居靜動身。利氏既抵句容，趙總督待以上賓之禮，臨別又贈他許多禮物和川資。

辭別了趙總督，利、郭兩神父沿運河北上，過揚州，經淮安，在濟寧小停，又在臨清繫纜，然後入直隸省，抵天津，九月七日，聖母聖誕前一日，進入北京城！

站在北京城門外，利子驚嘆北京城牆的雄偉，嘆爲歐亞二洲最雄厚的城牆，在牆上十二匹馬可以並轡馳騁。進城後，走到紫禁城邊，看到紅柱黃瓦，更是嘆爲觀止。

「明代的城垣，就已經和現在一樣。北面將元城縮進五里，廢肅清，光熙二門；東面改崇仁為東直；西面改和義西直；北面改安貞為安定，建德為德勝；其餘仍用舊名。永樂建都後，南面外擴二千七百餘丈，周圍四十里。改麗正為正陽，文明為崇文，順承為宣武，齊化為朝陽，平則為阜成，就是現在的內城全部。至明嘉靖三十二年，因居民繁多，於城南另建外城，舊城遂名內城。同時又加闢永定，左安，右安，廣渠，廣安，東便，西便等七門。……

四四方方的北平城中央，有皇城，皇城正中為紫禁城。皇城是明永樂四年，由元宮舊址改建，積十四年之久始成。周四十八里，高一丈八尺，成正方形，四面覆以黃瓦。因風水故，西南角略缺。原有四門，南為承天，北為北安，東為東安，西為西安。清順治八年改承為天安，北安為地安。……天安門是皇城正門，門五闕，重樓九楹，彤扉三十六，門外華表柱二，白玉盤龍，高聳碧霄，環以金水橋。……

紫禁城在皇城中部偏東，正方形，周約六里，南北各三百十六丈，東西各三百零二丈九尺五寸，高三丈。有四門，東為東華，西為西華，南為午門，北為神武，迤南為端門。四角有角樓。雕簷畫棟，紅紫采黃，建築雕刻，至為壯麗。就中以午門更屬雄偉，丹楹星拱，獸環魚鑰，觚稜象魏，虹梁雲棟。」(一)

如今既到了紫禁城下，皇帝已近在咫尺；可是反而覺得遠在天涯。在廣東時，想像中的中國皇帝遠在北京，但是想像一到北京便可朝見。現在進了北京城，又看到皇宮樓閣；纔知道要見皇帝，難於登天。不但是護城河又寬又深，紫禁城牆又高又厚；更有成千成百的太監攔住去路！

利瑪竇和郭居靜往謁王忠銘尚書，王尚書邀他們兩人同住一處，鐘、游兩修士則看守行李住在城外。忠銘原來希望拜相，既不能入閣，乃希望陞北京禮部尚書。預備了奏章，奏請皇上召見利氏。

過了萬壽節，王尚書因仍爲南京禮部書，照例在一月後該出京返任。利瑪竇在王忠銘走後，租房一間，向各方面活動，希望皇帝能召見，求准留京。然而各方面均閉門謝絕，從前在廣東和江西所認識的官吏，以及王尚書所介紹的朝廷大員，無一人願予接見。王忠銘又曾介紹一個宦官引見，但宦官見無餽贈，也一口拒絕。

利瑪竇覺到在南昌夢中所見的喜運，尚未到來，祇得雇船，返回南京，在船上，和鐘鳴仁修士研究我國的五音。船抵臨清，登陸，留郭居靜在臨清小住，他由陸路前往金陵。一五九九年二月六日（萬曆二十七年陰曆正月十一日）抵南京，定居城中。㈡

註：

㈠ 喬鵬書，紫金城與三大殿。暢流半月刊第十八卷第七期頁五–六。

㈡ 參看Fonti Ricciane, vol. II, lib. IV, cap. I, II, III.

一六、南京開教

從臨清登陸後，未到南京以前，利瑪竇先往蘇州，訪瞿太素，商議在江蘇建一教堂。

蘇州為江南的水鄉，利瑪竇看見蘇州想起了義大利的威尼斯。也學到了我國的一句成語：「上有天堂，下有蘇杭。」蘇州的美麗繁華，名不虛傳，他還看到一些從澳門來的商品。

然而，在蘇州城內，利瑪竇找不到瞿太素，聽說到丹陽去了。到了丹陽，在一座古廟中會見了太素。太素喜不自禁，把自己的床舖，讓給瑪竇，自己席地而臥。瑪竇那時，因為在外面奔走了好幾個月，一事無成，心身交疲，竟生了一場大病，自以為死在目前，幸得瞿太素細心照料，一月之後，始告復原。

瑪竇和太素，商議擇地建造教堂。二人都以為蘇州較南京更好，住在南京容易招人疑忌，且在蘇州，太素的朋友更多。但為慎重計，應先往南京見王忠銘尚書，請准建堂。那時，正值我國新年，南京官員都不暇接見二人，便同到鎮江度歲。到了陰曆正月十一日，（陽曆二月六日）纔同入南京。

太素和瑪竇在南京承恩寺租了兩間房子。承恩寺的住持和尙已屢爲太素的寓東，太素每到南京，常寓居該寺。利瑪竇這次寓居承恩寺，不像以往寓居南華寺和光孝寺被人視爲番僧；此時已完全儒服儒裝。

南京的氛圍，驟然轉好；高麗的戰事停止，秀吉病歿，日本統帥傳令退兵，明朝的兵將不戰而捷，勝利的消息，在陽曆二月間遍傳南京，官員等不再怕日本的間諜，利瑪竇便公然可與官紳來往，王忠銘尙書很誠懇地接待，又到承恩寺來回拜；寺中住持，忙著備茶備素，款待尙書。

利瑪竇來到南京的新聞，各衙門都已知道，大家都來看稀奇；看外國人穿中國衣服，講中國語言，看西洋的自鳴鐘和三稜鏡。利瑪竇從此便無清靜之日了。

陰曆正月十五，日元宵節，王尙書邀利瑪竇到府中過節。晚飯後，坐在尙書府大門前，觀看花燈。南京城中，大街小巷，掛滿了各色各樣的綵燈，遊客手中又都提著各式各樣的燈籠。府前大門外，燃放花炮，火光衝天。

在尙書府裡住了三天，利瑪竇再回到承恩寺。此後到部侍郞王明遠(一)，尙書趙參魯(二)，戶部尙書張孟男(三)，禮部侍郞葉向高(四)，國子監祭酒郭明龍(五)，翰林院編修楊荊巖等(六)，均與利瑪竇交往，葉向高後來在北京官居閣老，議賜利瑪竇葬地。且曾贈艾儒略（Aleni）一詩，詩曰：「天地信無垠，小智安足擬，爰有西方人，來自八萬里。躡履歷窮荒，浮槎過弱水，言慕中華風，深契吾儒理。著書多格言，結交皆名士。淑詭良不矜，熙攘乃所鄙。聖化被九埏，殊方表同軌。達觀自一視，拘儒徒管窺。我亦與之遊，冷然得深旨。」（贈思及艾先生詩）這首詩若說是贈給利瑪竇的，也很恰當。詩中所描寫的，正是利瑪竇的人格。

當年五月間，郭居靜由臨清來到南京；利瑪竇決定在南京購地建堂。因經濟不充足，暫先租房一間。王尙書聽說利瑪竇要租房子，禮部侍郎的房子正空著，他請利神父搬進去住。利神父怕外人藉故造謠，辭謝王尙書的好意，僅僅從侍郎屋子裡借了一些桌椅，放在他新租的房子裡。

郭居靜既將到南京，帶回預備貢獻皇帝的禮物；所租的房子未免嫌小。利神父乃四出看房，看的雖多，卻不適用；且又不易得到官方的許可。正感爲難的時候，天主賞給他們一個好機會。南京工部員外郎劉冠南，慕名來訪，談到買房一事，劉員外說及南京工部在三年前建一大廈，供部內人員住宿。不料大廈落成後，屋內常有鬼怪出現，三年來無人敢住，無人敢買。西洋教士既敬天，想來必不怕鬼，若願購買，價銀可以隨便由買主指定。利瑪竇同劉員外去看房子，結果非常滿意。三天後，雙方便已議定，劉員外情願按建築費半價出售，賣屋契約蓋了工部的印，又出了一道告示，張貼門外，曉喻遠近人民，不得阻止西士遷居大廈內。房價的一半，訂契時面交，另一半次年交清。

次年郭居靜往澳門籌款，由一商人轉匯，過期不到，利瑪竇預備借貸還清。劉冠南得知情形，加以勸阻，工部願延至郭居靜返後收賬。

利瑪竇在南京新居內，展覽預備向皇帝進貢的物品，南京官員和名士，多來參觀。他乘機向我國士大夫講授西洋學術。來聽講學的人漸漸加多，利神父在講學和會談，時向他們述說西洋風俗，進而講論天主教教義。

天主教的教義，從此傳播於士大夫間，在他們中也漸有人信從了。㈦

註：

㈠ 王樵　字明遠　號方麓　金壇人　明史　卷二百二十一。

㈡ 趙參魯　字宗傳　號心堂　寧波人　明史　卷二百二十一。

㈢ 張孟男　字元嗣　中牟人　明史　卷二百二十一。

㈣ 葉向高　字進卿　福清人　明史　卷二百四十。

㈤ 郭正域　字美命　號明龍　明史　卷二百二十六。

㈥ 楊道賓　字惟彥　號荊嚴　福建晉江人　明史　卷二百二十六。

㈦ 參考 Fonti Ricciane, vol. II, lib. IV, cap. III, IV, VIII; Lettera al P. G.

Costa. Opere stroiche del P. Matteo Ricci vol. I, p.243.

一七、南京講學

利瑪竇在義大利的朋友和上司寫信給他，希望得到我國多數人歸化的消息。言外是說他勸化的人太少，傳教工作沒有成效。他在一五九九年八月十四日，從南京給一位寓居羅瑪的朋友寫信，對自己的工作加以解釋。信上說：

「來信說有人願意看到多數中國人歸化的消息；神父，你知道我和我的同伴們日夜所想的，無非也就是這件事。我們離鄉背井，如今住在這裡，穿中國衣服，吃中國飯菜，住中國房子，說中國語言，無非也就是為了這件事；但是天主不願意賞賜我們看到更大的成效；然而實際上我們工作所得的成效，較比別處成績驚人的傳教事業，收效更多。因為我們現今在中國所處的時代，既沒有到收穫的時候，也還不是播種的時候，如今只是開荒的時候，我們要斬荆披榛，和毒蛇猛獸搏鬥。將來有一天，另有些人因著天主的聖寵，來寫中國人進教和信仰熱誠的歷史。可是你當知道，為有那一天的歷史，先該有人做我們如今所作的事，而且將來收穫的人們，要將他們成效的大部份功勞歸於我們；只要我們能夠把該做的事，抱著愛德做去。為使神父知道一點這面的情形，我可以簡略說這些話。」

「中國和別的國家民族很不相同。中國人是很明智的民族，喜好文藝，不尚武功。中國人又很聰明，對於古傳的宗教迷信，現今較比以往更加懷疑；我時常明明看出，在短時間內，可以歸化大多數的中國人。但是因為中國人和外國人少有往來，對於外國人常懷疑心，時常害怕，尤其是中國皇帝，因為祖宗以武力取得天下，深怕有人用武力奪去他的王位，因為若是多數信教人和我們結合在一起，馬上就要使人懷疑我們收徒聚眾圖謀不軌。這就是使我們的工作不生大效的原因。唯一的明智途徑，是慢慢取得中國人的信服，排除他們的疑心，然後再勸他們進教。依靠天主的恩佑，在這一方面，我們所做到的已經超過了我們的希望。……」㈠

怎樣取得我國人的信服呢？國人重視學問道德，爲使國人重視，只有表現自己有學問有道德。利瑪竇平居謹慎，一言一行都加檢點，待人接物，常是滿面春風，言必信，行必謹。士大夫和他接觸，沒有人不感覺到他真是一個正人君子。利瑪竇在南京又正式講授天算。這是一門實驗科學，不能作僞；西洋科學，又凌駕當時我國科學。和他往來的士大夫，都佩服他的學問，因此對於他所講的宗教便有人信服。

在肇慶所繪的《山海輿地全圖》，早已傳到南京。南京的士大夫，常來和利瑪竇討論天文地理。我國人素以爲天圓地方，太陽月亮，東出西落，繞地球而行，日蝕月蝕，爲天下的災異。現在他們聽利瑪竇給他們講說：地是球形，懸在天空中，地球上下各方都住有人。地球本身自轉，又繞著太陽轉。日蝕是月亮處於地球和太陽之間。月蝕是地球居太陽和月亮之間。天體的星辰，都比地球大，有不動的恒星，有動的行星。士大夫聽了，信爲聞所未聞的奇談。利瑪竇取出自造的「天地儀」「地球儀」「象限儀」「紀限儀」，給他們解釋，他們又覺得他說的句句有理。但利瑪竇不敢獨作聰明，特別到南京北極閣參觀我國的天算儀器，北極閣裡藏有「渾天象」「渾天儀」「量天尺」「簡儀」等儀器，他後來到了北京，在欽天監又看到「紀限儀」「象限儀」「黃道經緯儀」以及「渾天象」。這些儀器製造得很精緻，不僅僅是外貌美觀，經緯的度數和測量的標準也很精密。利瑪竇知道兩京的天算儀器，同出一人之手。造儀器的人是一位天文家，但是後代使用儀器的人，則不懂天文；連儀器的位置，都沒有放得適當。

明朝兩京的天文儀器，來自元朝，爲郭守敬所造。《元史・守敬傳》說：

「守敬首言歷之本在于測驗，而測驗之器，莫先儀表。今司天渾儀，宋皇祐中汴京所造，不與此處天度相符，比量南北二極，約差四度。表石年深，亦復攲側。守敬乃盡考其失而移置之。既又別圖高爽地，以木為重棚，創作簡儀高表，用相比覆。又以為天樞附極而動，昔人嘗展望之，未得其的。作候極儀，極辰既位，天體斯正。作渾天象，象雖形似，莫適所用。作玲瓏儀（渾天儀），以表之矩方，測天之正圜，莫若以圜求圜，作仰儀（量天尺）。古有經緯結而不動，守敬易之，作立運儀。日有中道，月有九符，守敬一之，作證理儀。表高景虛，罔象非眞作景符。月雖有明，察景則難，作闚几。歷法之驗在於交會，作日月食儀。天有赤道，輪以當之，兩極低昂，標以指之，作星晷定時儀。又作正方案，九表懸正儀，座正儀，為四方行測者所用。又作仰規覆矩圖，異方渾蓋圖，日出入永短圖，與上諸儀，互相參攷。」㈡

《元史》第四十八卷〈天文志〉，又列有幾種重要的天文儀器，如「簡儀」，「仰儀」，「正方案」「景符」「闚几」等器，都記述製法和形式。

利瑪竇所看到的儀器，就是郭守敬的儀器。但是他的優長，不僅僅是知道這些儀器的用

法，並且能夠指出這些儀器的缺點。南京士大夫聽到他的談論，有實有據，不是憑空妄語，便有人來拜他爲師

利神父的門生中，有早已從他受業的瞿太素，張養默學人和李心齋的二門生。心齋長於名理，然心喜天算，曾經召收門生討論天算的文章，刻印專集，題爲其子的著作。他遇到利神父後，便遣二門生來就學。張養默爲翰林王順菴的弟子，順菴居南京城外，在家研究天文地理，習佛教須彌山九山八海的學說。這種學說，以須彌山爲中心，旁有九山八海圍繞，九山名妙高，持雙，持軸，擔水，善見，馬耳，象耳，持山，鐵輪，每山間夾一海，在鐵輪山和持雙山之間有四洲，四洲中的閻浮提洲爲人所居。太陽和月亮，繞著須彌山和四洲，繼續運行，分成晝夜。㈢王順菴聽到利瑪竇精通西洋的天算學，乃遣弟子張養默前來領教。

南京刑部主事吳左海見王泮所刻利瑪竇山海輿地全圖，嫌圖上的說明太少，請利神父繪一幅較大的輿圖，多加說明，他作一篇序文，付梓刻印，散發我國各處，流傳到澳門日本。貴州總督郭青螺又把山海輿地圖縮刻爲書形，列舉圖中五洲的國名，書名爲《古今郡國名類》。

南京學者焦竑，李卓吾也與利瑪竇遊。焦竑字漪園，明朝狀元，官翰林撰修。後任考官，爲徐光啓的主考。李卓吾名載贄，字卓吾，又字宏甫，晚年棄官，耽求禪學，削鬚剃髮爲佛教居士。卓吾詩文集焚書中有贈西人利西泰一詩：

「逍遙下北溟，迤邐向南征，刺刺標姓名，山山紀水程。
回頭十萬里，舉目九重城。觀國之光輝，中天日正明。」

瞿太素又介紹利神父往見李汝禎。汝禎名本固，又字叔茂，官至南京大理寺卿，素性好佛，一天，在講學中，當眾稱揚佛學，詆毀儒家。在座有工部主事劉斗墟，盛氣抗辯，指斥汝禎身爲中國人，竟好外夷的佛道，在南京有一外國學者利西泰，尙且敬服孔子。滿座人不歡而散。汝禎乃柬邀利瑪竇來家，素宴款待。利神父知道汝禎家常有談辯論會，婉辭不往。汝禎一連三次遣人來請，利神父乃往。進門，即見三淮和尙在座。三淮俗姓黃，名洪恩，人都稱他恩公，爲金陵名僧。利瑪竇相信汝禎有意向他挑釁。

既入座，賓客多人，利瑪竇居首席。席間賓客談文論詩，利神父緘口寡言，飲酒少許。三淮忽縱談人性善惡，座客群起應和。有贊成性善者，有贊成性惡者，有贊成善惡來自氣質者。利神父靜聽不答。座客都以爲他不甚懂我國語，言不明瞭所談何事，多顯鄙視之神氣；三淮氣色更盛，笑問利神父有什麼意見。滿座注視西洋人要怎樣回答。

利神父從容不迫，開口先把座客們所說的意見，詳加分析。座客們的鄙視神氣漸漸變爲欽佩，三淮臉上的笑容也斂跡了，利神父說得淋漓盡致，娓娓動聽。最後，他結語說：「萬物既是上天所造，人性也來自上天。上天爲神明，爲至善；適纔三淮大師且說人性與上天的性理相同，那麼我們怎樣可以懷疑人性爲不善呢？」

對座一舉人，大聲喝彩，笑問三淮有何答覆。三淮濃眉直豎，圓張大口，援引佛經佛典，證明萬化皆空，無所謂善性，無所謂惡性，又據老、莊所說，同一事能夠是真又是假，能夠是惡又是善。利瑪竇則引用六經，予以反駁。三淮置之不顧，旁若無人。座客多起反感。

利神父既歸，李汝禎的門生，多有來請教的。他向他們講解萬物的由來，申論天主爲造主。後來他把和李汝禎門生等的問答，寫成一文，作爲《天主實義》的首篇。《天主實義》的首篇，「論天主始制天地萬物，而主宰安養之。」篇末「中士曰：嘻！豐哉論矣，釋所不能釋，窮所不能窮矣。某聞之而始見大道，以歸大元矣。」(四)(五)

註：

(一) Opere storiche del P. Matteo Ricci, vol. II, pp. 246-247.(Lettera al P. Costa.)

(二) 元史　卷第一百六十四　頁五至十三。

(三) 佛經　但舍論　立世阿昆曇論。

(四) 利瑪竇　天主實義　頁十二　香港　一九三九年版

㈤ 本章資料，參考Fonti Ricciane, vol. II, lib. IV, cap. V, VI, VII.

一八、再上北京

南京的達官貴人，文人學者，大都與利瑪竇相識，而且有些官吏和學者成爲他的朋友。利瑪竇想起了在南昌所作的奇夢，知道南京的好境遇，是天主的特別安排，每天感激天主。他在《天主教傳入中國史》中也說：「爲更明顯地懂得南京教堂的建設，冥冥中有天主聖手的助佑，在這一章裡我要敘述南京城內各級重要的人物都和利瑪竇神父來往。」㈠

當魏晉南北朝時，西域和尚，在長安，洛陽，金陵等地很受官吏和士人的尊敬。不必說鳩摩羅什在長安譯經的盛況，手下弟子八百人，香火供奉，勝於王公；就是道安率領慧遠逃到武昌，最後隱居廬山時，文人學子，從之如流，謝靈運、陶潛都加入慧遠的白蓮社。但是利瑪竇的處境，與魏晉南北朝時西域和尚的境遇，截然不同。南北朝的和尚，當時都受到帝王的優禮待遇，又有幽雅的寺院，社會人士既不敢忌視，士大夫們也羨慕禪林的清規，喜與僧人交往。利瑪竇當時則是國法禁止不許入境的夷人，又不能興建清幽的修院，安度遠絕塵世的生活。他完全憑著自己一個人的道德學問，來打破我國士大夫的忌視。他竟能出乎意料之外，取得達官士人的重視。不僅是南京各部尚書與之常通往來，就是魏國公徐弘基（徐達的後裔）豐城侯李環，守備太監馮保也盛禮相待。利子相信不是自己的能力所能做到的，冥冥中有天主的特別助佑。

和達官士人通往來，固然可喜，因爲這是一種傳教的途徑，可以勸化人進教，達到傳教的目的。南京第一家奉教的，是一家姓秦的。秦家的家長，年已七十，先人曾任漕運總督，他自己也曾任漕運都指揮，兒子爲南京解元。秦老者常來聽利神父講道，誠心信服天主，利神父便爲他授洗，聖名保祿。秦保祿進教後，其子隨後也受洗，取名瑪爾定。秦瑪爾定受洗時，率領全家男女進教，秦家便成了南京第一家教友。

秦家的宅院頗多，地近朝陽門孝陵衛，宅中闢一聖堂，供奉救世立耶穌聖像，利、郭兩神父屢來秦宅聖堂舉行彌撒。秦宅原先供有許多大小佛像，有用檀香木雕刻的。秦保祿把大小佛像都送與神父。利神父把佛像轉送澳門耶穌會士，作爲南京開教的紀念。

秦家不是南京惟一的教友家庭，隨秦家進教的，有其他數家，進教者加多，教會的安全問題也跟著增大。南京的高官貴吏，雖多有和利瑪竇通往來者，但無人保證他可以長久住在中國內地，更沒有人可以許他自由在中國建造堂宇。利瑪竇每天都覺得自己是在沙灘上築屋，小小一場風波，就能把中國教會夷爲平地。每過一天，他越想往北京，面見皇帝，請求准許在我國傳教。我國教會的安全盡在皇帝掌握之中。

上次到北京進貢，時機不巧，只能進入北京城門，未進入紫禁城。現今多了一番經驗，很有希望進紫禁城，況且南京的官員，都聽說他要入京進貢，都來看了他的貢禮。南京的太監們若把這話傳到北京宮裡，皇帝一道諭旨來取貢物，那時貢物取走了，進貢人不一定准進京。利神父想要走在太監以先，自動進京呈獻貢物。

利瑪竇乃遣郭居靜赴澳門，和澳門耶穌會會長李瑪諾（Diaz）商議，增添進貢人員和物品。

自聖沙勿略圖謀來我國傳教以後，耶穌會，奧斯定會以及其他修會都想惟一的打通中國傳教門路的方法，在於以教宗名義向明帝進貢，進貢使臣面求皇帝准許在我國傳教。羅明堅神父在一五八八年十一月二十五日，被范禮安派赴羅馬，面請教宗遣使來華，遣使未果，羅明堅遂留居義大利拿波里，未返我國。當利瑪竇在一五九七年奉范禮安命預備往北京時，耶穌會總長阿卦未瓦（Acquaviva）已打消建議教宗派使節往北京事，但是在遠東負傳教職責的耶穌會士，並沒有放棄這種企圖。

郭居靜於一五九九年六月間（約在二十日左右），偕鐘鳴仁修士離南京經南昌往澳門，抵澳門時已八月底。澳門耶穌會士那時正因著由日本駛來澳門的船，在海中遇風浪而沉沒，人與貨物都已喪失，耶穌會中國日本區駐羅馬辦事處主任馬達神父（John of Matha）也葬身海中。澳門耶穌會士都驚惶不安，因爲不能向葡萄牙商人募捐，以接濟利瑪竇的事業。但是李瑪諾會長氣不稍餒，仍舊繼續勸募，先籌金寄與利瑪竇，爲償還南京購屋的債，又搜集各種西洋物品，由郭居靜回南京。

郭居靜於當年十月下旬，從澳門動身，偕一位耶穌會新傳教士龐迪我（Diego do Pantoja），次年三月初旬二人抵南京。

郭神父從澳門帶來的許多西洋物品中，有大鐘錶一座，大聖母像一幅，利瑪竇請木匠，鑲裝一隻鐘錶匣，匣角四柱，柱上盤繞金龍，鐘置於中央。匣門鐫刻，凰鳳昂首向鐘。利神父很欣賞這隻鐘錶匣，認爲是精緻的工藝品，整個匣子鍍金，又添上各種顏色。㈡其他禮物，也分別裝在精美的匣子裡。

利神父請李心齋和瞿太素來堂商議；他自己上京進貢是否可行。南昌的王爺打發人來告訴瑪竇，勸他由南昌動身北上，王爺可托一名太監作嚮導。瑪竇因已有上次的經驗，不願再有導引人，更不願落在太監手裡。但是他自己怎樣上京，在京又如何晉見皇帝呢？必須有官府的路票，且須有保薦人。王尚書已經辭官歸鄉，雖可保薦，然不能發路票。瞿太素和李心齋便勸利神父一同，去見禮部給事中祝石林。石林和瑪竇早已有交情，答應發給往北京的路票。

諸事預備停當利瑪竇乃佈置人事，李瑪諾院長派龐迪我來我國時，本安排龐迪我和郭居靜留駐南京，羅雅各偕一中國修士駐南昌，蘇如望陪利瑪竇往北京，他再派一傳教士往韶州，爲龍華民作伴。㈢利瑪竇在佈置方面稍有變動，令龐迪我伴他進京，羅雅各和郭居靜同住南京，蘇如望留在南昌，將來澳門再召兩位新傳教士，一赴韶州，一赴南昌。這樣，在我國內地有聖堂四座，每處有司鐸二人。

那時適有一姓劉太監，押著九隻馬船，由南京動身往北京。石祝林介紹利瑪竇給劉太監，太監更請利瑪竇一同乘船北上，在較大之一隻馬船上給他和龐迪我預備兩個艙房，在艙房內可以舉行彌撒，也可以安放一切貢禮。

一六〇〇年五月十八日，利、龐二神父由南京動身。

註：

㈠ Fonti Ricciane, vol. II, p. 633(lib. IV, cap. X)

㈡ 同上，p. 100

㈢ 同上，P. 92, nota 1.

一九、馬堂擋路

運河爲我國南北漕運的孔道；皇宮所用物品，多由南方採辦，由運河北運進宮。在山東濟寧設有「漕運總督」，或「漕運都堂」（或稱糧道）。漕運的船隻，風帆相接，絡繹不絕，爲數十萬艘。每逢渡過運河河閘時，舳艫擁擠，有時須等四五天，纔能過閘。利瑪竇由南京動身，沿途城市，常下船進城拜訪地方官紳。船停泊碼頭時，又常到同行的船上，訪問旅客。劉太監邀請漕運的官吏們，來到船上，看望西洋人和西洋物品。於是沿途大家都是很客氣，遇過閘時，漕船常讓劉太監的馬船先行，真可以說一路暢行無阻。

船至濟寧，利瑪竇聽說友人李卓吾住在城內，遣人往約，願得一見，共商進京大事。卓吾那時住在漕運總督府的隔壁，和當時的糧道劉東星友善。㈠卓吾聽說利瑪竇來到，立即走告劉糧道，糧道隨即遣轎一乘，接瑪竇進府。三人相見，互道寒暄。劉東星乃詳詢西洋風俗人情，又問及天主教教義，利神父欣然爲他講說一切，糧道聽畢，嘆息一聲說：「在下願隨西泰先生進天堂。」

利瑪竇告別回船，隨後有糧道府差人上船送帖，報告劉糧道偕李卓吾當天要登舟回拜。

不一時，岸上即有鑼響，糧道轎子已到碼頭，瑪竇率龐迪我出迎。劉糧道和李卓吾登舟，瑪竇出示進貢禮物。李卓吾問及瑪竇的進貢表章，瑪竇捧，出劉東星和李卓吾看後，嫌文字欠妥，稍加刪改，攜回府中，令書吏謄清。

劉糧道的夫人曾作一夢，夢見身入一廟，廟中有一女神，兩傍依著兩個小孩。糧道從利瑪竇船上回府，向夫人述說所看到的西洋物品，講到一張油畫神像，一位女神帶著兩個孩子。夫人一聽，想是應了自己的夢兆，便把夢向糧道述說，催他找一書畫家到船上，照著油畫模仿一張。這張油畫是一張西班牙的聖母像，聖母手中抱著耶穌，膝下站著小聖若翰。瑪竇聽說糧道太太要模寫聖母像，恐一時模寫不成，把隨身所帶一張中國修士模寫的聖母像，贈與劉東星夫人。第二日，又正式往糧道府回拜。糧道心中很滿意，盛情招待瑪竇神父，糧道的公子們和李卓吾先生，整天陪著瑪竇神父談笑，瑪竇神父覺得好像不是身居遠鄉異域，和外教人相週旋，有如身居歐洲，在家人和朋友之間。(二)

但是好事多磨，前途的困難處正多哩！

那時，在臨清城內，駐有一個「稅監」，名叫馬堂。明朝的太監，內外專橫。在宮的太監，把持朝政；在外的稅監，剝削民膏。《明史》說：

「山東通都大邑，皆有稅監；兩淮則有鹽監，廣東則有珠監。或專遣或兼攝，大璫小監，縱橫繹騷，吸髓飲血，以供進奉。大率入公帑者不及什之一，而天下蕭然，生靈塗炭。其最橫者增（陳增）及陳奉高淮。二十四年，增始至山東，……已復命增兼徵山東店稅，與臨清監馬堂相爭，帝為和解，使堂稅臨清，增稅東昌」㈢

這一批稅監，不單是苛徵暴斂，而且誣殺大商巨室；各省官吏，有敢奏劾他們的，反被他們誣害，百姓迫不得已，乃起暴動，殺戮閹黨。明史紀載說：

「二十七年（神宗）……三月……臨清民變，焚稅使馬堂署，殺其參使三十四人。……十二月丁丑，武昌漢陽民變，擊傷稅使奉。」㈣

利瑪竇興致勃勃地離開濟寧，一路上，常想著李卓吾和劉東星的友情。一帆風順，不覺已抵臨清碼頭。

馬堂的惡名，利神父早有所聞。船抵臨清，便幽居船艙不出，讓劉太監和馬堂交涉放過馬船。劉太監攜帶禮物，三次往稅署請見，馬堂不理。劉恐誤了進京時日，乃決計出賣利瑪竇。他私告馬堂親信小監：船上有西洋進貢的洋人，都是奇珍異玩。小監隨即告知馬堂，馬堂即刻傳令，親往船上檢閱貢物。

利瑪竇一聽馬堂要來看貢物，知道事情危急了。那時臨清城兵備道鐘萬祿，係廣東清遠人(五)，在肇慶時，曾和利瑪竇相識。利瑪竇火速乘轎往見兵備道，請求援助。萬祿早已盼望瑪竇來城晤談，認爲無計可施，勸他不如強作笑容，順聽馬堂的擺佈，或者反可稍免禍害。

馬堂乘著稅使大船，來到劉太監的馬船停泊處，聞洋人往看兵備道去了，差人召回，但因他平素對鐘萬祿稍有顧忌，尚不敢對兵備道的人無禮。當利瑪竇登船歡迎時，馬堂笑容可掬，久身答禮。瑪竇既爲進京上貢，他職任稅使，理當代爲秦明皇上，沿途加以保護。一切進貢物品，先請展視，以便呈奏。

利瑪竇把重要的貢物，搬到稅使大船，讓馬堂一一檢查。馬堂自慶有此眼福，得見一生未曾見到的奇異寶物。命把一切物品運到府內保存，等候皇上御旨，然後運送京師。利瑪竇眼見情勢不佳，連忙叩謝太監代爲上奏的盛意，且請即日遣發奏書。至於貢物移送府內保存，恐多有不便。因大小兩架自鳴鐘，須要每天有人照顧，不然鐘錶將停止行動，不再自鳴了。天主耶穌和聖母聖像，也應該每日早晚，有人供奉，不能鎮禁府中。馬堂一聽，恐怕壞了自鳴鐘，將來招惹皇上之怒，便答應貢物仍舊留在瑪竇的船上；但派遣兩個差役，在艙裡日夜看守。

七月三十一日（六月二十二日），馬堂上奏，稱有西洋人名利瑪竇者，謹備方物，進貢皇上。臣馬堂恐沿途有失，備大船一艘，保送彼等至天津衛，等候聖旨。

馬堂命利、龐一行人等，隨同捧送奏章的小監，一同動身赴天津。劉太監的馬船早已走了，利、龐一行人，乘坐馬堂所指定的船隻動身。八天後，船抵天津碼頭，利、龐兩人被送進天津衛，不許自由出入。

捧送奏章的閹監，乘馬趕進北京。八月十日，馬奏送呈御覽，神宗皇批交禮部審核。馬堂本人在八月中旬也到天津衛。九月十五日，奉到皇上御旨，著將貢品開列具奏聞。

貢物和人等一起押進衙門；馬堂命利瑪竇青衣青帽，跪接聖旨，宣讀聖旨畢，又命當堂親手書寫進貢物品樣數：大油畫聖像兩幅，小聖像一幅，自鳴鐘兩架，一大一小，西洋三稜鏡兩支。馬堂嫌物品太少，命加上寶石多枚，利瑪竇答以並無寶石，稅監不信，瑪竇便把所有的物件給他檢查，馬堂選擇西琴一支，渡金皮裝日課經書一本，《萬國寶鑑》一冊（Thesauru sorbis terrarum），數學書幾部，命列入貢物以內。檢寫完畢，馬堂邀利、龐兩人在府用膳。

九月十五日，馬堂第二次上奏，列具進貢物品。疏入，久不得回旨。馬堂心起恐慌，怕皇上不喜洋人入境。那時天氣漸冷，運河不久即將結冰，馬堂急於趕回臨清，不能再候朝旨。利瑪竇當時住在天津衛一座古廟中，行李僕從也搬在廟內。廟門日夜有差役把守，在廟中等於坐監。馬堂既想趕回臨清，在動身前三日，將進貢的聖像和大自鳴鐘，送到廟內，其他貢物，一併留在天津衛處保管，又將一箱數學書封閉，標明爲違禁書籍，永不發還。次日，馬堂偕天津兵備道忽來到古廟，面責利瑪竇藏匿珍貴寶石，命人把一切行李箱打開，他自己親手翻看箱中什物。一顆寶石也不見，馬堂越發氣憤，翻箱倒篋，任意拋擲。忽然他呆住了，臉色變青，雙眼直視，在箱中他翻出了一隻十字架，架上釘著鮮血滿身的救世主耶穌。馬堂呆看了一會，登時毛髮直豎，喝聲洋人該死，膽敢暗藏詈咒術物。名謂上京進貢，實欲詈咒皇上暴死。利瑪竇看見場的小太監和差役們，都對他表示憎恨。似乎大家以爲他釘死了架上的人。他便平心靜氣地向兵備道解說：「這是西方一位大聖人，爲救別人寧願自己受死，我們畫他的像爲紀念他。」㈥利瑪竇知道若明向他們說被釘死者爲天主耶穌，馬堂等更不相信，只說是一位聖人。馬堂在箱裡又翻出幾支小十字架，他有些相信不是詈咒術物了，便不再追究，只把箱裡一支銀質聖爵拿在手上，瞪眼注視。利瑪竇說明聖爵爲祭祀上天的祭器，央求不要拿走。馬堂用手內外摸擦聖爵，臉上露出猙獰的笑說：「你說不能摸，我偏要摸，你說不要拿去，我偏要拿去。」利神父只得獻上馬堂剛纔擲還的一袋元寶，請馬堂拿銀子不要拿聖爵。兵備道又從旁說情馬堂纔把聖爵放下。收集了四十幾件洋貨，命利瑪竇登記，一併交付鎖在天津衛庫裏。兩架自鳴鐘則未鎖庫。利神父央請把兩只聖髑匣留下，馬堂不許。

過了兩天，馬堂離天津往臨清。皇上諭旨遲遲不來，利神父心中恐惶「因此，行祈禱，獻彌撒，做苦工，哀求天主垂憐；因中國億萬生靈的得救，都繫於這次入京進貢的成功。」

㈦

古廟裡沒有熱炕，沒有火爐，利、龐和鐘鳴仁等凍得手足僵硬，每天盼望皇上的御旨，利神父遣人往臨清見馬堂，馬堂逐出來人，不許進府。又遣人到臨清向兵備道鐘萬祿求助，鐘萬祿告訴來人，三十六計，走爲上計，不若拋下貢物，逃往廣東。瑪竇並未灰心，打發鐘鳴仁修士，攜帶南京各官員所寫的介紹信，偷進北京乞援。鐘鳴仁在動身前，暗告同伴游文輝修士和兩小童，如馬堂殺害利、龐兩神父，他們要同兩神父一齊死。鐘修士進京，京中各官員不敢出名保奏，都勸勿再上疏，急把貢物送給馬堂，以保性命。利瑪竇鑒於情勢惡劣，又遣鐘修士南下，走告南京和南昌的神父，請他們加倍祈禱天主。利、龐兩神父明知人力已經不能挽救危局，日夜加緊祈禱，把自己的生命獻與天主，甘願爲天主而犧牲。

正在求援無門，一切希望均成泡影時，天主上智的措置忽然一天使萬曆帝想起自鳴鐘，顧問左右太監說：「外國人所說的自鳴鐘何在？怎麼還不送來？」太監回奏道：「聖上若不下聖諭，著他進京上貢，他們怎麼敢來？」神宗立即批示馬堂的奏疏，著立即送西洋人進京上貢。

「天津稅監馬堂奏；遠夷利瑪竇所貢方物，暨隨身行李，譯審已明，封記題知。上令方物進解，瑪竇伴送入京，仍下部譯審。」(八)

諭旨頒於一六〇一年正月八日，馬堂奉旨，立即遣人諭知天津衛發還利瑪竇行李和貢物，並備車馬和腳夫，令利瑪竇即日起程，由旱路進京。天津衛守卒多不識字，不知一箱數學書有永不發還的封條，把書箱連同其他物件，一並發還。事後，天津衛的守吏發覺，派差役乘馬追索書箱，差役怕追不回，便半途逃亡了。

天津衛派馬八匹，腳夫三十人，利、龐兩神父和修士及從人等騎馬出發，腳夫挑了行李和貢物。每到一驛站，換馬換腳夫，夜間在驛站憩息。

利瑪竇和龐迪我一路誦經感謝天主，又求天主指引他們朝見皇帝。在天津衛五個月來所受的各種折磨，遂置在腦後了，如今所想的，是在南昌所做的奇夢，夢中曾見自己自由地在皇城裡行走。這夢真要實現了！

正月二十四日，(萬曆二十八年十二月二十一日)，利瑪竇到達北京。

註：

㈠ 見明史　第二百二十三卷　頁十二。

㈡ Fonti Ricciane ,vol. II, p.105.

㈢ 明史　第三百〇五卷　頁六。

㈣ 明史　第四十四卷　頁六。

㈤ 光緒清遠縣志　第十卷　頁五。

㈥ Fonti Ricciane, vol, II, p.116.

㈦ 明神宗實錄卷三百五十四。

㈧ 本章資料參考Fonti Ricciane, vol. II, lib. IV, cap. X, XI, XII.

二〇、獻呈貢物

利瑪竇於萬曆二十八年十二月二十一日（一六〇一年正月二十四日）進入北京，當夜宿宮門外太監廡殿。夜中，挑燈打開貢物箱子，登記貢物樣數，計有：

時畫天主聖像壹幅。

古畫天主聖母像壹幅。

時畫天主聖母像壹幅。

天主經（日課經）壹冊。

聖人遺物，各色玻璃珍珠鑲嵌十字聖架壹座。

萬國圖壹冊。

自鳴鐘大小貳架。

映五彩玻璃石貳方。

大西洋琴壹張。

玻璃鏡及玻璃瓶大小共捌器。

犀角壹角。

沙刻漏貳具。

乾羅經（福音聖經）壹冊。

大西洋各色鎮袋共肆疋。

大西洋布並葛共伍疋。

大西洋行使大銀錢肆個。

次日天明，太監們立時把進貢物品送進宮內。利瑪竇在臨清時落在馬堂太監手裡，於今進京由馬堂派人護送前來，進貢朝覲等事都由太監們包辦。馬堂又怕利瑪竇告發他虐待進貢人員，打發人上下買通內廷太監，務使貢物早日獻給皇上，利瑪竇在太監監視之下，和朝廷官吏都不得有接觸，只好任憑宦官們指使。

萬曆二十八年十二月二十四日，貢物進宮後兩天，利瑪竇上奏神宗皇帝。

「大西洋陪臣利瑪竇謹奏，為貢獻土物事。臣本國極遠，從來貢獻所不通，逖聞天朝聲教文物，竊欲霑被其餘，終身為氓，庶不虛生。用是辭離本國，航海而來，歷時三年，路經八萬餘里，始達廣東。蓋緣音譯未通，有如喑啞，因僦居學習語言文字，淹留肇慶韶州二府十五年，頗知中國古先

> 聖人之學，於凡經籍，亦略誦記，粗得其旨。乃復越嶺由江西至南京，又淹留五年。伏念堂堂天朝方且招徠四夷，遂奮志徑趨闕廷，謹以原攜本國土物，所有天帝圖像一幅，天帝母圖像二幅，天帝經一本，珍珠鑲嵌十字架一座，報時自鳴鐘一架，萬國輿圖一冊，西琴一張等物，陳獻御前。此雖不足為珍，然出自極西，貢至，差覺異耳，且稍寓野人芹曝之私。臣從幼慕道，年齒逾艾，初未婚娶，都無繫累，非有望幸。所獻寶像，以視萬壽，以祈純嘏，佑國安民，實區區之忠悃也。伏祈皇上憐臣誠愨來歸，將所獻土物，俯賜收納，臣益瞻皇恩浩蕩，靡所不容，而於遠臣慕義之忱，亦稍伸於萬一耳。又臣先本國忝預科名，已叨祿位，天地圖及度數，深測其秘，制器觀象，考驗日晷，並與中國古法吻合。倘蒙皇上不棄疏微，命臣得盡其愚，披露於至尊之前，斯又區區之大願，然而不敢必也。臣不勝感激待命之至。萬曆二十八年十二月二十四日具題。」㈠

神宗皇帝見到西洋貢物，件件過目，看到天主聖像和聖母聖像，瞿然失色，脫口喊說：「這是活佛」。立命將天主聖像放置庫中，聖母聖像轉賜慈聖皇太后。太后素好佛「京師內內外，多署梵剎，動費鉅萬，帝亦助施無算。」㈡但是太后看見聖母像栩栩如生，心中也生畏懼，不敢留在宮中，命在內庫安置。

兩架自鳴鐘最使皇上愜意，鐘針隨滴答之聲移動，準時噹噹報鳴，神宗皇帝喜為天下奇物。八天後鐘忽停止，皇上立刻命太監田爾耕(三)，向西洋人追問究竟。田爾耕、利、龐兩神父進宮，在二門外居留。利神父向田爾耕父解鐘錶的用途，計時計刻，週轉不息。但為使鐘錶準確計又使鐘錶不停，須一個人專門管理。因是皇上應指派太監一人管理鐘錶，並稱在三天以內援予太監管理之術。田爾耕、利瑪竇的話一一奏稟，神宗皇帝派四個欽天監太監向利瑪竇學習管理自鳴鐘。利、龐兩位神父便遷居欽天監內，三日三夜，教導四人自鳴鐘的一切秘密。四人太監把利瑪竇所說的話筆之於書。

自鳴鐘在宮內繼續行走，敲刻敲點，皇上欣悅。命把小鳴自鐘留在內殿，大自鳴鐘交留工部一木塔，供於皇壽殿。又遣太監詢問西洋風俗，並命畫師畫利瑪竇和龐迪我像。太監把畫像展陳御前，皇上看見像上滿面鬍鬚的西洋人，顧視太監說：「這些人是回回」。太監跪稟說：「這二人吃豬肉，一定不是回回」。

皇上願意知道西洋的皇帝有怎樣的服裝，打發太監詢問利瑪竇。利瑪竇從行李中找出一張耶穌聖名像。在耶穌聖名前，上天下地的生靈無不屈膝致敬，聖像上繪有教宗，皇帝，皇后，主教，貴族，平民，各穿禮服。利瑪竇用中文說明聖像的意義，和像上各等人的稱呼和服裝，太監把像和註解奉上，萬曆皇帝嫌像上的人物過於小，看不清服裝的式樣，命宮中畫師照樣繪一大幅，畫師模繪聖像時，利、龐兩神父在旁指點，畫師描摹了像，奉呈皇上，太監回話說皇上很滿意，後來皇上又要一張西洋宮殿圖。利瑪竇在書籍裡尋到一張西班牙皇宮圖。把圖送給太監，向太監說明圖上的宮殿，太監不能記住外國名字，怕皇上追問，不敢把這張皇宮圖奉呈御覽。利瑪竇只好尋出威尼斯統帥府圖。太監把圖展開給皇上看，萬曆帝不覺失聲大笑，笑西洋的國王在水上建造王宮，而且建造得那麼高，萬不及北京宮殿之寬敞堅固。

數日後，忽又來四宮廷樂技。萬曆帝因見西洋人貢獻的西琴，願聽西樂。四個樂技便來向利瑪竇請教。利神父自己不習彈琴；但是他曾叫龐迪我從郭居靜學琴。郭神父擅長絃奏，龐神父因此學會了調彈絃琴。樂技來學樂，利瑪竇便派龐迪我和樂技同赴宮中。樂技先向龐神父跪地三拜，拜之為師，又洗手焚香，再向西琴一拜，然後把琴遞給龐神父，看他怎樣調彈。四個樂技中，年青年老各二，年青二人，從學十天，學會西琴樂曲，年老的樂技，一人年已七十，費時一月仍不能記憶樂調，樂技們於是要求將樂調譜成中國歌詞，以便記憶也便於和唱。利瑪竇乃作《西琴曲意八章》(四五)

註：

㈠ 利瑪竇奏疏見增訂徐文定公集卷道下，又見黃伯祿正教奉褒然黃鐸略改原疏數字。關於進貢時期參考梁子涵著利瑪竇進京朝貢的時間問題新鐸聲第二十期。

㈡ 明史 第一百一十四卷 頁七。

㈢ 田爾耕為兵部尚書田樂之孫 田樂傳 見明史 第三百〇六卷 頁二十八。

㈣ 西琴曲意八章 附於畸八十篇。

㈤ 資料參考Fonti Ricciane, vol. II, lib. IV, cap. XIII.

二一、移居賓館

「會典只有西洋瑣里國，而無大西洋，其眞偽不可知。又寄住二十年方行進貢，則與遠方慕義來琛者不同。且所貢天主天主母圖，既屬不經。而隨行行李有神仙骨等物，夫既稱神仙，自能飛昇，安得有骨？則唐韓愈所謂凶穢之物，不宜令入宮禁者也。此等方物，未經臣部譯驗，徑行賷給，則該監混進之非，與臣等溺職之罪，俱有不容辭者。又既奉旨送部，乃不赴部譯，而私寓僧舍，臣等不知其何意也。但查各該貢夷，例有回賜，貢使必有宴賞。利瑪竇以久住之夷，自行貢獻，雖從無此例；而其跋涉之勞，芹曝之念，似宜加賞賚，以慰遠人。乞比照暹羅存留廣東有進貢者賞例，並照例給與利瑪竇冠帶回還，勿令潛住兩京，與內臣交往，以致別生支節。」㈠

北京禮部攝理部事朱國祚㈡在萬曆二十九年二月庚午朔（一六〇一年三月五日）題奏以

上的奏疏。但奏疏上呈後，皇上未予批示。

利瑪竇在北京居住已一月有餘，無法脫離太監的爪牙。當龐迪我進宮教樂技彈琴時，利瑪竇悄悄出門訪問了八個朋友，又帶著南京方面的介紹信拜訪幾位官員。這些朋友和官員，聽說他由馬堂閹宦送進京師，他的貢物又由太監混進宮禁，大家都勸他及早離開北京，免得他日發生事故。

三月二日，忽然有十幾個差役，走進利瑪竇的寓所，說是都頭有命，請去有要事相商。利瑪竇恐怕受詐，不願出門，差役用鐵鏈拖拉兩個中國修士鐘鳴仁和游文輝而去，利瑪竇知道事情嚴重，出門往見都頭，都頭說明禮部大人招他往衙門說話，利瑪竇和都頭回到寓所，點檢一些東西，預備往禮部。馬堂所派招待西洋進貢人的宦官，聽說禮部派人來叫洋人，乃破門而入，大罵都頭和差役，膽敢闖入貢使寓所，強騙珍珠寶物。利瑪竇勸宦官勿多聲張，他自己也願往禮部對問，宦官便送利、龐等往禮部衙門，聲言貢物已經送入內廷，皇上很爲賞識。

禮部主客員外郎蔡某升堂接見利瑪竇，命他跪地對答。首先責他入京進貢，不由禮部提奏，一切貢物也不經禮部譯驗。後又罵他仗恃宦官，輕視朝廷法制。利瑪竇答以在南京出發時，早已決定一切請禮部具奏，且有南京禮部要員的介紹信。不幸中途遇到馬堂，無法脫去他的羈絆。朝廷和地方大員，既然不能抵制太監，他是一個外國人，怎能違抗馬堂呢？他早已希望能夠請禮部替他作主，不再受太監們的管束。蔡某一聽，無言可辯，便命利、龐一行人立即搬入禮部「禮賓館」。

進館的第三天，利瑪竇和龐迪我同他處來的進貢人，進宮參拜御座。皇上按禮不延見四夷外國人，祇到御座前行禮。

「由午門入內，即係三大殿。午門內，首有金水橋五座，御河環繞，貫通南北，象徵萬方來朝之意。午門內，東西廡各二十門，東廡中為協和門，西廡中為熙和門，兩廡中為太和門。……正中為太和殿。……太和殿俗稱金鑾殿，為皇帝登極正殿，基崇三丈，殿高十一丈，廣十一楹，縱五楹。殿外為露台，名丹陛，俗呼品級臺，陛間列寶鼎十八，銅龜銅鶴各二，日晷嘉量各一，金獅二，階下列金缸，左右各四，下有廣場，為文武百官行禮處。」(三)

當天，利瑪竇又拜謁禮部攝理部務朱國祚。禮部尚書余繼登在前一年八月去世，新尚書馮琦十一月接任，在尚書懸缺時，由朱國祚攝部事。國祚為禮部侍郎，接見利瑪竇頗有禮貌，問明來京進貢的目的。利瑪竇答說奉命來華宣傳教義，這次來京進貢，是爲表示對皇帝的敬意，又爲致謝多年安居中國的大恩。他不求官求爵，也不求有所賞賜，只求皇上恩准仍舊留住中國，或在北京，或在他處。朱國祚於是題奏。請遣回利瑪竇。

利瑪竇描寫「禮賓館」說：

「這座禮賓館是一座很大的會館，外面圍有一道高牆，進出的門很多，但都加鎖。中國人除非有特別恩准不許進入；住在賓館的外國人除朝見皇上，拜見禮部或是動身回國之外，也不許出門。」

「館內的房子很多，因為有時從外國來進貢的人能夠同時有千餘人。但是房中一點設備也沒：沒有門，沒有椅子，沒有坐凳，沒有床；這些房又不像是招待人的，倒像是豢養畜牲的地方。凡是來進貢的人，沒有一個人不是希望得到皇上的賚賜。皇上所賜的，常比他們所獻的貴重多，他們往往變賣皇上的賜物，買些中國東西帶回國去；這樣他們可以獲得厚利。沿途的費用，又有中國方官供給。中國朝廷官吏，也不計較他們所貢獻的物品貴賤與否；中國朝廷官吏所求的，只要他們能來進貢，不生叛變，不侵略中國的疆土。」

「這樣，我們的神父們看到一些貢獻刀劍的人，刀不刀，劍不劍，只是幾塊打得很壞的鐵，連刀劍的木柄都是在賓館裡作的。還有一些貢獻盔甲的人，所獻盔甲，只是幾片用掃帚繩子綁在一起的破鐵。獻馬的人，馬到了北京，已經骨瘦如柴，有的死在賓館裡。這些事件，說來令人發笑。可是中國朝廷，每年為進貢人從公帑裡也花費好幾萬元寶。」

「我們的神父因有許多官吏的介紹，在賓館裡所受的待遇，較比別的人好得多，主官司給他們指定一進寬敞的房子。這進房子通常是禮部官吏住的。房子裡有床有椅，有墊褥，有綢被。神父們在房子裡修飾了一間小聖堂，在堂裡獻彌撒，行祈禱」(四)

《明史》紀述番人進貢，事實和利瑪竇所說相符。《明史》說：

「入京，迄萬曆中不絕。蓋番人善賈，貪中華互市，既入境，則一切飲食道途之資，皆取之有司。雖然五年一貢，迄不肯遵。天朝亦莫能難也。」(五)

利瑪竇既然明白當日進貢情形，每次和太監以及禮部員司對答時，常常聲明不求皇上賚賜，只求恩准在中國兩京或內地居住。禮部的官員則仍按照成列辦理，寧肯多加賚賜，不願准許留居內地。番人進京謀利，固然可惡；但是中國天朝大國，不計小利。然而夷人要求留居中國，而進貢物內，又有所謂天主和聖母像和聖髑，禮部官員心多疑忌，深恐宣傳邪說，違反古來聖賢之道。朱國祚在奏疏中便把聖髑比爲仙骨，斥爲穢物，又以天主和天主母聖像，爲不經之談。加之利瑪竇入京進貢，係由馬堂閹宦包庇入宮；禮部官員更疑爲屑小人徒，行徑不由正軌，因此，奏請「照例給與利瑪竇冠帶回還，勿令潛住兩京，與內臣交往，以致別生枝節」。

奏疏既上，久不得批示，閹監又傳言皇上接到禮部的奏議，勃然大怒，而置之不理。利瑪竇在京的，和南京朋友所介紹的京官多向禮部說情。禮部侍郎朱國祚乃破例允許利瑪竇出門拜客。

當日在京，有吏部給事中曹于汴。于汴爲山西安邑人，字自梁，又字真予，《明史》稱譽他「篤志正學，操履料白，立朝正色不阿，崇獎名教，有古大臣風。」㈥當利瑪竇作西琴八曲時，于汴曾經親來訪問。今見禮部因不滿利瑪竇由馬堂引進京師之故，存心將之逐出兩京，心中不以爲然，於是屢次柬請利、龐兩神父赴宴，並廣邀友朋作陪。

朱侍郎第一次提奏後，不見批示，一個多月後，再上第二次奏疏，措辭已稍爲緩和，不提馬堂混進貢物，惟請將西洋人遺回江西等處。疏上仍不見批示。利瑪竇自宦官處聽說皇上很欣賞自鳴鐘，一次皇太后要看鐘錶，皇上怕太后把錶留住不還，命太監勿上緊彈簧，自鳴鐘送到太后處，不動又不鳴，太后很失意，又將錶送回。太監們知道皇上愛鐘，便千方百計想留住利瑪竇，深恐鐘錶一旦壞了，無人能修，他們將遭殺身之禍。利瑪竇困居四夷館，形同禮部的俘虜，乃托朋友們向禮部疏通，讓他們自行賃屋居住，禮部不願答應。到了五月，利瑪竇身體稍有不適，更需要有自己的房子。吏部給事中曹于汴親自往禮部，對主客員外郎蔡某，厲言正色地說：「馬堂在外，勒殺來往的商戶良民，內外大官，沒有一個人敢阻擋他，你以爲一個外國人可以抵抗他？」(七)說畢，拂袖而去。蔡某眼見情勢不佳，派人告訴利瑪竇具牒申明身體有病，乞准出外療治。利神父把牒文遞送，禮部始批准遷出「禮賓館」。利、龐一行人遷出之後，自僦一屋，禮部仍照常供給五人的膳食之需。

過了三個月，朱國祚再上第三次奏疏：

「利瑪竇涉遠貢琛，乃其一念芹曝，臣等議擬賞例之外，量給所進行李價值，並給冠帶回還，蓋亦參酌事理，上聽裁奪，迄今候命不下，五閱月矣，無怪乎本夷之鬱病而思歸也。察其情詞懇切，眞有不願尚方錫予，惟欲山棲野逸之意；譬諸禽獸久羈，愈思長林豐草，人情固然，委宜體念，乞准所請，頒給遣向江西等處，聽其深山邃谷，寄跡怡老，下遂遠人物外之蹤，上彰聖朝柔遠之政。」(八)

神宗仍舊不理。利瑪竇前在南昌所得奇夢，因而得以實現。他後來追想入京進貢這一段事，明明出於天主上智的安排。天主全能的聖手，從壞的境遇裡能夠轉出好事來。落在馬堂的手裡，本來是一件很不幸的事，使他們在天津受了幾個月的苦。由太監包庇進京，貢物由閹宦混進京禁，本來是一樁很不光榮的事，使他們被禮部所忌視。然而假使沒有太監夾在這次進貢的事件裡，利瑪竇進京後「找不著一位京官，願意替他呈遞奏疏，他又要像第一次一樣，被迫離開北京，什麼事也不能做，一點效果也不會有。因此他們無限地感謝天主」(九)

註：

(一) 神宗萬曆實錄　卷第三百五十頁。

(二) 明史　一百一十卷　頁十六。

(三) 喬鶴書紫金城與三大殿　暢流半月刊　第十八卷第八期　頁六一七。

(四) Fonti Ricciane, vol. II, p.139.

(五) 明史　第三百三十二卷　頁七。

(六) 明史　第二百五十四卷　頁五。

(七) Fonti Ricciane, vol. II, p.150.

(八) 神宗萬曆實錄卷第三百六十一頁。

(九) Fonti Ricciane, vol. II, p.134.

二二、安居北京

利瑪竇遷出「四夷館」後，第一樁腰要的事便是上疏皇帝，請准在京居住。他恐怕禮部官員，過了一兩個月，又把他拘進「四夷館」，朋友們勸他在奏疏上，不可專指北京爲居留地，應多說一兩處，因此他奏說：「或兩京，或吳越，乞賜安插。」㈠

利瑪竇知道皇上不會批覆；若是皇上批覆，照章批交禮部核議，禮部一定不許在兩京安插。然而他和他的京官朋友，決定上疏，爲防備禮部再命他回「四夷館」。他既上疏，則應等候聖旨。

聖旨沒有下來。只有內廷太監來說，不要再上疏乞准安插，他儘可安心住在京師。禮部蔡員外郎也告訴他可以隨意在京城居住。

萬曆二十九年十月（一六〇一年十一月）馮琦接任禮部尙書。馮琦字用蘊，號琢庵，山東臨朐人。萬曆二十七年九月，曾上奏陳言太監稅使的奸惡：「諸中使銜命而出，所隨奸徒，動以千百。陛下欲通商，而彼專困商。陛下欲愛民，而彼專害民」㈡後來又上疏，反對士子習用佛語：「時士大夫多崇釋氏教，士子作文，每竊其緒言，鄙棄傳註。前尙書余繼登奏請約禁，然習尙如故，琦乃復極陳其弊。帝爲下詔戒厲。」㈢琦與利瑪竇頗爲相得。接任禮部尙書之前，已與刑部侍郎王汝訓，刑部尙書蕭大亨，同爲利瑪竇的好友。琦既任禮部尙書，便批准利瑪竇在四夷館外居住，又令按月所給鹽米，仍照供給，按月所給肉酒，則改給銀錢。馮琦喜歡同利瑪竇談道，詢問事奉上帝之道。利瑪竇在畸人十篇中說，馮尙書「大有志於天主正道，」㈣曾向他借閱《天主實義》和十誡，可惜琦的身體「素善病，至是篤，十六疏乞休，不允。」㈤正在想進教時，「卒於官，年僅四十六」。利神父惋惜說：「大都之中，有續成其美意者歟，吾日望之」。

刑部侍郎王汝訓，字古師，山東聊城人。利瑪竇稱他是一位大算數家，又爲自己的好友。《明史》讚美「汝訓性清介，方嚴疾惡」㈥

利瑪竇因王侍郎的介紹，納交於到部尙書蕭大亨。大亨山東泰安人，字夏卿，萬曆二十三年任刑部尙書，加太子太保，萬曆三十年以刑部尙書兼署兵部尙書，後兩年改兵部尙書，仍署刑部尙書，三十六年致仕。㈦

利瑪竇入京時，閣老爲沈一貫和趙志皋。志皋雖然那時是中極殿大學士，但是已經養病不出。萬曆二十九年九月病逝。沈鯉、朱賡同拜東閣大學士。志皋死前，沈一貫獨掌朝政㈧。利瑪竇遷出了四夷館，前往拜謁，沈閣老留他進膳，聽瑪竇談述西洋風土人情，很感興趣，後來談到天主教教理，閣老聽到天主教信友只許有一妻，不能養妾，也不能休妻，他很佩服說：「不必問別的事，只此一件，已足證明你們那邊的國家，一定很有禮教，很有秩序。」㈨沈一貫的一個兒子，後來成了利瑪竇的好友。

吏部尚書李戴字仁夫，開封延津人，《明史》說：「戴秉銓六年，溫然長者，然聲望出陸光祖諸人下。趙志皐沈一貫柄政，戴不敢爲異，以是久於其位，而銓政益頹廢矣」。㈨溫然長者李尚書，和利瑪竇定交頗深。利瑪竇《畸人十篇》第一篇，記述他們兩人的談話，討論人生的究竟。李戴信佛，聽到利瑪竇攻斥佛教，表示不快。

那時，利瑪竇在南京的朋友中，有兩人陞官進了京師，一爲楊荊巖一爲郭明龍。

郭明龍名正域，號美命，學者都稱他明龍先生，湖北武昌人。在南京時，官至國子監祭酒，萬曆廿七年入京師，官禮部侍郎，後暫署禮部事，因與閣臣沈一貫不睦，被誣去官。《明史》說：「正域博通載籍，勇於任事，有經濟大略，自守介然，故人望歸之。扼於權相，遂不復起」。㈩楊荊巖有一從兄，名道會，官至湖廣提學使，湖廣攝按察使，在廣東時，已領洗進教。荊巖說從兄回家時，常謹慎守齋，齋期不吃肉。荊巖因此和利瑪竇過從甚密，在京師時，常來訪瑪竇。荊巖名道賓，號惟彥，福建晉江人。與郭明龍同年進京師，任少詹事，後任禮部右侍郎，當沈一貫陷害郭明龍時，荊巖和詹事唐文獻及同僚，面見一貫，責以大義。「一貫跼蹐酹地，若爲誓者」謂無意殺明龍。(十一)

利瑪竇既能與這般禮部大官，談道談學，互相友善，在北京安居，一時不會發生變故。一天，內廷太監，忽然捧出前次進貢的小自鳴鐘，宣傳皇上諭旨，命細心加以修理，因爲鐘錶停止不動了。各部人員，聽說進寓的鐘錶捧出御殿了，大家都到利神父寓所，觀看鐘錶，太監將此事傳到了皇上耳中，萬曆帝立刻命太監把鐘錶捧回禁中，召利瑪竇和龐迪我進宮修理。以後每次鐘錶壞了，太監便來宣旨，召二人進宮。後來皇上且規定每年四季，每季進宮檢查鐘錶一次。「因此中國各處乃散佈不確的傳說，說皇上屢次和我們的神父談話，朝廷上的大官，則連皇上的面都不能見。」(十一)實際利瑪竇雖常常進宮，卻從來未得見皇上。

雖未得見皇上，但安居北京的目的，則已達到。《明史》說：「帝嘉其遠來，假館扐授粲，給賜優厚。士卿以下，重其人，咸與晉接。利瑪竇安之，遂留居不去」(十二)

註：

(一) 原文見利瑪竇在一六〇九年的奏疏　出四夷館後的奏疏　大意相同　見Fonti Ricciane, vol. II, p.152, nota 3.

(二) 明史　第二百一十六卷　頁十。

(三) 同上。

(四) 畸人十篇　第二章。

(五) 明史　第二百一十六卷　頁十二。

(六) 明史　第二百三十五卷　頁一。

(七) 明史　第一百一十二　卷七　卿表　頁十四，十九。

(八) 明史　第一百一十卷表　頁十四。

(九) 明史　第二百二十五卷　頁十。

(十) 明史　第二百二十六卷　頁二十三。

(十一) 明史　第二百一十六卷　頁十八。

(十二) Fonti Ricciane, vol. II, p.160.

(十三) 明史　第三百二十六卷　頁十九。

二三、意氣相投

利瑪竇既定居北京，在與他晉接的人士中，友情特別深厚的有三位大員：馮應京，李之藻，徐光啓。應京和瑪竇相會只有兩次，相處的時間都很短，彼此僅僅以著作，和通信互相聯絡，二人情同膠漆。「馮應京，字大可，號茂岡或慕岡，安徽鳳陽盱眙人。一生官運頗不暢達，僅官至湖廣僉事。他進北京時，不是朝服持笏，卻是身著囚衣，坐著檻車。在北京居留三載有餘，身陷縲絏，但一生的名氣，也因坐獄而著稱。」

當馮應京擢湖廣僉事時，稅使太監陳奉，正在武昌無惡不爲：「至伐塚毀屋，刳孕婦，溺嬰兒。」㈠湖廣巡撫支可大和百官都不敢發言。惟獨應京法予以制裁。萬曆二十八年「十二月有諸生妻被辱，訴上官，市民從者萬餘，哭聲動地。」大家一齊擁進陳奉的府廨大喊打死奉閹。武昌各司趕急往救，陳奉幸得不死。應京捕陳奉的爪牙，嚴加治罪。陳奉又怒又恨。次年正月，陳奉以火箭焚燒民屋「居民群擁奉門，奉遣人擊之，多死，碎其屍，擲諸途」，巡撫不敢過問。應京上奏疏，列舉陳奉九大罪。陳奉隨著也誣奏應京「撓命凌敕命」萬曆皇帝聽信太監，便將馮應京貶調邊遠充雜職。給事中田大益，御史寺以唐等上章彈劾陳奉，求赦應京。萬曆帝怒革應京雜職。給事中楊應文又上疏，請赦陳奉所誣害的地方官，萬曆帝反下應京於獄，逮解京師，緹騎到武昌捉拿應京，痛加苦刑。武昌百姓大起暴動。「聚數萬人，圍奉廨，奉窘逃楚王府，遂執其爪牙六人，投之江，並傷緹騎。詈可大助虐，焚其門」。京身穿囚服，坐在檻車裡，向百姓說明大義，不宜違抗王命，百姓纔慢慢散去。應京被囚解京師時，「士民擁檻車號哭，車不得行。既去，則家爲位，祀之。三郡父老，相牽詣訴冤。」皇帝不理，詔馮應京等下獄拷訊。應京在獄裡讀書著作，朝夕不停。萬曆三十二年九月，星變，朝廷大臣多請開釋囚犯，應京乃得釋出。回鄉，家居三年去世。明史讚之「志操卓犖，學求有用，不事空，言爲淮西士人之冠。」（同上）

這樣一位志操的人，和利瑪竇意氣相投。當利瑪竇在南昌時，他已經敬仰利瑪竇的道德學問。利瑪竇定居南京，應京遺學生劉某，向瑪竇學習數學。利瑪竇進京師，遷出四夷館，應京被逮解入京，劉某也隨同來京。劉某既見利瑪竇，奉上應京贄禮，願拜他爲數學老師。利瑪竇在應京未下獄前，立即去看他，表示心中的悲憤。在一小時的談話裡，倆人結下很深的友情，全中國都稀奇，以爲他們倆人是多年的老友。這種友情，在馮應京三年坐牢時，繼續不斷。彼此饋贈，互通尺素，利瑪竇說：「他辦我們神父們的事，就好像他自己的事，我們神父們辦他的事，也好像我們自己的事。」(二)

「應京乃於獄中著書，昕夕無倦。」他在南昌時，未得利瑪竇的同意，曾翻印瑪竇所著的交友論和元行論，自己加添一篇序文。又借到利瑪竇的《天主實義》手抄本，閱後，寫序一篇，預備刻印，後來，他在北京獄中，又向利瑪竇借讀《天主實義》手稿。他寫信勸瑪竇刻印這本書，他所作的序文說：

「天主實義，大西國利子，及其鄉會友，與吾中國人問答之詞也。天主何，天地人物之上主也。實云者，不空也。……是書也，歷引吾六經之語，以證其實，而深詆空譚之誤。利子週遊八萬里，高測九天，深測九淵，皆不爽毫末。吾所未嘗窮之形象，既以窮之有確據，則其神理，當有所受不誣也。吾輩即有所存而不論，論而不議，至所嘗聞而未用力者，可無憬然悟，惕然思，孜孜然而圖乎。愚生也晚，足不偏閫城，識不越井天，弟目擊空譚之弊，而樂夫人之譚實也，謹題其端，與明達者共繹焉。萬曆二十九年孟春穀旦」㈢

應京因不尚空譚，很不喜佛學，在這篇序文裡，他詆毀佛學爲空，爲背棄人倫。因爲他喜歡實學，他看重利子的天算地理，進而看重利子的教義，相信「則其神理，當有所受不誣。」

應京在獄裡研究了教理，他自己因不能和利子等相見，沒有機會可以領洗。他乃寫信給自己家中的人，叫他們都領洗進教。瑪竇托獄卒帶一張耶穌救主聖像，送與應京。應京朝夕捧像叩拜。

三十二年秋，馮應京獲釋出獄，利瑪竇記述說：「當他出獄時，在這裡住了兩三天，朝廷官員都去看，他我們神父和他談話很短，沒有能夠給他授洗；但是大家早以為他是天主教友了。後來我們南京方面的神父，正預備到他的家鄉，給他講完教理，然後授洗，不幸他忽然去世了。希望天主，看他給我們所做的好事，又看他為宣傳聖教信仰所有的熱誠，和他願信教的希望，當他就算是領了洗，使他的靈魂得享永生。」

註：

㈠ 明史　第二百三十卷　頁八。

㈡ Fonti Ricciane, vol. II, p.165.

㈢ Fonti Ricciane, vol. II, p.166, nota 4 又見天主實義。上海土山灣版香港納匝肋靜院一九三九年版。

㈣ Fonti Ricciane, vol. II, p.168.

二四、良友臂助

萬曆二十八年（一六〇〇），當利瑪竇在南京和士大夫相往來時，一天有上海的一位舉人來訪，二人一見如故。這位舉人姓徐名光啓，三年前中第一位解元，這次他路過南京，晉京赴禮部會試。

徐光啓，上海人，字子先，號玄扈，生於明嘉靖四十一年（一五六二）。少年屢試不中，曾走廣東，在韶州設館授徒。那時他新除母喪，心中憂傷。「屢試不中，又失愛母，單身在外省教書，且當壯年氣盛的年齡，心中怎能不鬱鬱若有所失呢？下了館，常獨步閒遊。一次，他走到護河西的一座泰西教士的住宅外。他早已聽到人家說泰西教士利瑪竇，便敲門進訪，在中堂見到牆上供著的天主畫像，神氣栩栩如生，不覺肅然起敬，跪地敬禮。一位泰西教士出見，名叫郭仰鳳。利瑪竇那時已往南昌。談話後，光啓感到泰西教士，有中國君子之風，他便有心想研究教士所傳之道。」(一)

萬曆二十八年，徐光啓在南京得遇利瑪竇；只是過路相逢，不能長談：「間邂逅留都，略偕之語，竊以爲此海內博物通達君子矣。」(二)

這次北上會試，徐光啓名落孫山，再等四年，到了萬曆三十二年（一六〇四），他纔考取進士，名列八十八。殿試，名列五十二。欽點翰林，第四名。

在點翰林以前，光啓心中很有些躊躇，深恐不中。利瑪竇從中鼓勵，而且替他祈禱。瑪竇在一六〇五年給羅馬的一個朋友寫信說：「他（徐光啓）雖真是文人，而且享有文名，但該去應試，因爲在三百名新進士裏裡選二十四名翰林。中了翰林，還該受試三年，然後入翰林院。這一院是中國最貴重的學院，朝廷大官都是從這翰林院出來的。希望天主賞賜他成功，那麼他便常可住在北京。用他的聲望，他的指示和他的善表，他很可以幫助我們。」㈢徐光啓後來進了翰林院，爲翰林庶吉士，留住北京。

在考取進士以前，萬曆三十一年時（一六〇三），徐光啓在南京向羅如望神父請教，羅神父送他一冊《天主實義》（手抄本）和一冊《天主十誡》。「光啓回到寓所，當晚把利子所著的這兩冊書都看完，且能背誦重要章節。第二天，往見羅如望，請爲自己付洗。羅神父顯感驚訝，答說教義不是一夜能夠學好的，至少也得八天問道。光啓就一連八天，午前午後都去問道。羅如望反而覺難了，自己沒有時間，整天坐講教義，乃派鐘鳴仁修士代講。講了八天，羅如望細加考問，很高興光啓已明瞭教理，在二月十一日（陽曆），給他行了洗禮，取名保祿。」㈣

徐光啓於萬曆三十二年（一六〇四）成進士，中翰林，爲翰林院庶吉士。萬曆三十五年（一六〇七年）授翰林院檢討，丁父喪，回籍守制，三十八年服滿，復除原職。在他沒有回職以前，利瑪竇在北京病逝。二人在北京相會的時間，爲期只有三年。

當他們二人同在北京時，光啓幾乎每天都去看瑪竇，向他請教，一面聽他講授教理，一面同他翻譯《幾何原本》。「啓生平善疑，至是若披雲然，了無可疑。時亦能作解，至是若遊溟然，了亡可解；乃始服膺請事焉。」㈤

利瑪竇後來刻《印畸人十篇》一書，十篇裡的第三編和第四編紀述他和徐光啓彼此談道的問答，瑪竇勸光啓不要忌諱死字：「施我吉祥，即爲吉祥；施我凶孽，即爲凶孽。是死候一念能祐我，引我釋我而就善；則世之祥，孰祥乎是耶？」死的一念，所以能爲吉祥，在於能令人預備善終，怎麼樣預備善終呢？瑪竇答說：「夫善備死候者，萬法總在三和。三和者：和於主，和於人，和於己也。」㈥

瑪竇自來我國，早有心譯述天文數學的書籍，可惜總遇不到一個真正可以合譯的中國學者。瞿太素在韶州時，曾開始翻釋幾何學，但是太素有一點才子氣，不願死心下工夫。一直等到在北京遇到了光啓，他纔感謝天主，賞賜他遇到了一位知己，他的左右手。於是便和光啓同譯《幾何原本》。時在萬曆三十三年（一六〇六）。

《幾何原本》的利子的老師丁氏（Clavio）所著的教科書，利子講授幾何學時，借用老師的課本，書爲拉丁文，利子口講，光啓筆錄。「我們可以想像鬚髮半白的利子，面前放著丁氏的拉丁文書本，一會兒看著書，一會兒看著對坐的光啓。光啓手裡拿著筆，眼前舖著紙，一面聽利子講說幾何，一面揮筆作記，眼睛不免常瞧著案上的拉丁書本，只恨自己不能懂。利子有時停止不說了，縐著眉，對書深思。光啓知道他是在找尋適當的中國名詞。夜深了，光啓夾著筆稿歸家，街上已是戶皆靜閉，只聽著自己的步履聲……回到家裡，光啓燃燈獨坐，把自己的筆稿，再讀再改，三讀三改，然後重新抄寫。」(七)

萬曆三十三年，夏秋之交，他們二人合譯三月有餘。萬曆三十四年初，又繼續合譯了三個月，《幾何原本》前六卷譯竣。同年五月（陽曆）譯本付印。

利瑪竇紀述譯書的經過說：

「保祿博士（光啓）一心設法叫我們本人和我們的學識受人敬重，以推動傳教。他同瑪竇神父商議，翻譯幾冊科學書，使中國士大夫們看我們怎樣盡心研究學術，怎樣尋求確實的理由去證明；因此他們可以看到我們的教義，決不是輕信盲從。在各種的科學書裡，他們決定選一種最好的；那便是歐幾里得的幾何原本。在中國講學問的，大都是空說無憑，我們想教給他們一些科學的智識，就非從這冊書下手不可；而且這冊書所有的理論證明，都非常明晰。

這時在北京，保祿博士有一個同年入科的舉人（譯音爲張貴義），是浙江的一個窮學士，與保祿博士相好，保祿博士以為他很可以幫助瑪竇神父譯書，便與另外一個同僚議妥，給他的朋友一年的薪俸，叫他筆譯瑪竇神父口述的書本，瑪竇神父又聘他教龐迪我神父學中文，讓他住在堂裡的幾間空房裡。大家都很滿意。

可是保祿博士後來覺得，譯書非他自己下手不可。大約別人也向他說了，譯書非他的才筆不能成功。他便決意自己下工夫，每天到我們堂裡，坐三四點鐘的工夫。無形中叫我們的身價也增高了，大家都知道一位名聞京師的翰林，到我們這裡來求學。他自己越聽越體味到這冊書，又高深，又確實。跟朋友們接談，便常談這冊書。他費了一年多的工夫，用一種明暢雅麗的文筆，譯出幾何學的前六卷。他本想把全書譯完，可是瑪竇神父，因有許多的傳教工作，便告訴他先看看中國士大夫對這六卷譯本有怎樣的態度，然後再繼續翻譯。於是便把六卷的譯文刻板付印。瑪竇神父和保祿博士各作一篇序文。瑪竇神父的序文，說明幾何學的著者，乃我們歐洲一個最古的學者。幾何學的課本，是他的教授丁氏所作。這本翻譯，是選譯了課本的重要說明和理論。刻板後印刷多冊，保祿博士分贈友朋。……刻板現在存在我們堂內，我們也印了許多冊數分送朋友。還有別的人，到我們堂裡來請印，我們都給他們印了。瑪竇神父拿這書給一些人講解，保祿博士也給一些人講這書；這樣許多人便漸漸認識我們的學術了。」(八)

《幾何原本》刻印的時候，徐光啟已奔喪回家，服滿回京，只能趕上給利子送殯，但是他後來刻印了測量法義和勾股義，在序上都說明是從利子所學的。

徐光啟敬重利瑪竇的學識，但更敬重利子的道德，常以他比作我國的聖賢。

「蓋其學無所不闚，而其大者，以歸誠眞宰，乾乾昭事為宗。朝夕瞬息，亡一念不在此。諸凡情感誘慕，即無論不涉其躬，不挂其口，亦絕不萌諸其心。務期掃除淨潔，以求所謂體受歸全者。間嘗反覆送難，以至雜語燕譚，百千萬言中，求一語不合忠孝大旨，求一語無益於人心世道者，竟不可得。」(九)

利瑪竇以一遠來的西方人居住我國，雖然言語服裝和生活都早已變成中國人；但心中總不免常如孤旅；尤其留居北京，並沒有法定的保障，一切隨皇上的喜怒，而且宮中的宦官和朝廷上的大員，無人是可靠的心腹朋友，因此利子最看重徐光啓的友誼，知道他是最可靠的知己，無論在什麼患難中，他一定共赴湯火。利子便把傳教的希望都寄託在光啓身上。

瑪竇給義大利的親友寫信時，常常提到光啓，讚美他的熱心，稱他是中國開教的柱石，在一封信中，利子說：

「一位有資望的中國貴人，進士出身，官居朝廷要職，在兩三年前領洗進教，取名保祿，他為人是一位很好的教友，在朝廷上也具有聲望，能夠上奏議。凡我們所需要他幫助的事，他都可以做。他待我們，我們待他，不是如同一位新教友，已經似乎是久已進教的老教友，他常熱心辦告解領聖體。

他曾向我說，他在南京和我見面，僅僅聽見我講恭敬唯一的天主，他回家忽然得一夢。夢中看見三間小聖堂，在第一聖堂中間有一老人像，有人說這是天主聖父，在第二間聖堂中又見一像，有人說這是天主聖子。在第三間聖堂中，則無所見，在第一第二聖堂中的像前，他曾跪地叩拜，在第三間聖堂裡，便沒有下跪。後來他學習了聖教道理，纔知道夢中所見，恰恰是三位一體。但是他從未告訴人，因為他聽說教友不該相信夢。幾天以前，我在談道時說到天主有時在夢中示人秘密；他纔把他的夢告訴我。可見是天主選了他作中國聖教的堅固柱石，因此願意用一奇跡來教導他。

他把從我們所聽見的好事和有益的事，或是關於聖教道理，或是關於西方科學，凡可以加重我們聲價的，他都筆錄下來，預備編輯成書。他已經開始聽我講授邏輯學和幾何學，但他不能繼續聽講，我也不讓他繼續聽，因為不願意阻止他再升一級。為升這一級（翰林）在三年內應當考二十四次，而且在許多人中只選二十四人。保祿一定可以考中，他已經考了五次：兩次名列第一，兩次名列第三，一次名列第四。他天資聰明，學問和文章也出眾。他在我們住宅附近租一房屋，每天足不出户。他看到我所著的和所印的中文書，很使人看重，他便常常催我寫書，說這是在中國惟一的傳教和建教的方法。可是他也明知我的時間少得可憐。最後，他請我用中文寫出我在主日和瞻禮日向教友所講的道理，這一點我也做不到，於是他只好在我講道時，他自己作記錄。他認為這些記錄為教內和教外人將很有益。希望我主天主給我們保存這位好教友和好朋友。」(十)

徐光啓在家守喪時，邀請南京傳教的郭仰鳳神父來上海開教，後來王豐肅神父在南京惹起沈㴶上疏驅逐教士，徐光啓那時剛從津門回京，立時上辯學章疏，保護西士。另外是後來在崇禎二年（一六二九）奉旨改曆，疏薦龍華民和鄧玉函助修曆法，次年鄧神父去世，又疏薦湯若望、羅雅各二司鐸。他繼承利瑪竇的遺志，保全風雨飄搖中剛萌芽的教會，應驗了利子所預期的「作中國聖教的堅固柱石。」

註：

㈠ 羅光　徐光啓傳　頁八　香港一九三五年版。
㈡ 徐光啓　跋二十五言　增訂徐文定公集　卷一頁十四。
㈢ 羅光　徐光啓傳　頁十。
㈣ 同上，頁十八。
㈤ 跋二十五言　增定徐文訂公集　卷一　頁十五。
㈥ 畸人十篇　第三篇　土山灣　一九二八年版。
㈦ 羅光　徐光啓傳　頁三〇。

(八) Fonti Ricciane vol. II, pp.356-357.

(九) 跋二十五言。

(十) 一五〇五年致Girolamo Costa神文書。見Opere storiche del P. M. Ricci, vol. II, pp.275-276.

二五、莫逆之交

「楊廷筠嘗曰：往余晤西泰利公京邸，與譚名理數日，頗稱金蘭，獨至幾何圜弦諸論，便不能解。公嘆曰：自吾抵上國，所見聰明了達，惟李振之徐子先二先生耳」㈠子先即光啓，振之則是之藻。

李之藻，杭州仁和人，字振之，又字我存，生於嘉靖四十四年（一五六五），萬曆二十六年會試，名列第五，官至太僕寺卿。

利瑪竇記述說：「當我們抵北京時，這位先生官居工部要職，曾中博士（進士），天資聰明」

「少年時，曾寫有地理書（天不總形？）繪畫中國十五省圖，附加圖解，以為天下盡其中，後來看到我們的山海與地全圖，纔知道中國和天下相比，很是渺小。他的天資既高，立即領會我們所說的準確。我們給他講地球為圓形，有兩極，天則有十天，太陽和星辰都大於地球。這些議論別的人很難相信，他卻都信以為眞。因此，和我們成為莫逆之交，他在

職務之暇，就來聽我們講授科學。」㈡

利瑪竇於萬曆二十九年入京，呈獻《山海輿地圖》。李之藻早已聽到利子繪刻山海輿地圖，便去訪尋利子，請出示輿圖供他觀摩。

「第一件事，他雇工再刻坤輿萬國全圖，圖共六幅，比以前所刻的圖都更大，高過一個人的軀體。」㈢

利瑪竇在這次印刻坤輿圖的序上，寫道：

「繕部我存李先生夙志輿地之學，自為諸生，編輯有書。」㈣

之藻後來作艾儒略的《職方外紀序》，也敘述他和利瑪竇初次見面，談論輿圖：

「萬曆辛丑，利子來賓，余從僚友數輩訪之。其壁間懸有大地全圖，畫線分度甚悉。利氏曰：此我西來路程也。因為余說地以小圜處天大圜中，度數相應，俱作三百六十度。余依法測驗良然。迺悟唐人畫方分里，其術尚疏，遂為譯以華文，刻為萬國圖屏風。」(五)

利瑪竇所精通的學術，不僅地圖，更通曉天文和數學。李之藻好學之心，也不限於喜好輿地，凡可能研究的學術莫不喜好。於是向利子叩問天文數學，筆述利子的講授，編成乾坤體義，渾蓋通憲圖說，圜容較義，同文算指等書。

《渾蓋通憲圖說·序》說：「昔從京師識利先生，示我平儀，其制約渾，爲之刻畫重圜，上天下地，周羅星曜；得未曾有，耳受手書，故亦鏡其大凡。」(六)

《圜容較義·序》說：「昔從利公，研窮天體，因論圜容，拈出一義。」(七)

《同文指算·序》說：「往遊金臺，遇西儒利瑪竇先生，精言天道，旁及算指，其術不假操觚，第資毛穎。喜其便於日用，退食譯之，久而成帙。」(八)

徐光啓那時在京也從利子講求西學；但是徐李兩人同時在京的時間很少，常是一個在京，一個在外，直到崇禎朝徐光啓奉旨修改曆法時，皇上著禮部促李之藻早日入京，共同修曆。光啓作《同文指算·序》說：「觀利公與同事論先生所言曆法諸事，即其數學精妙，比於漢唐之世，十百倍之；因而造席請益。惜余與振之，出入相左。振之兩度居燕，譯其算術

如干卷，既脫稿，余始間請而共讀之，共講之。」(九)

從研究科學，進而叩求事奉天主之道。李之藻常和利子討論天主教義，誠心信服利子的言論。一位傳教者講授學術，一切都根據確實的證明；他宣傳教義，必不會憑空虛造；而且他的一言一行，謹小慎微，從不逾規越矩，他教人之道，必不能口是心非。李之藻《畸人十篇·序》說：

「西泰子浮槎九萬里而來，所歷沉沙狂颶，與夫啖人略人之國，不知幾許，而不菑不害，孜孜求友，酬應頗繁，一介不取，又不致乏絕，殆不肖以為異人也。覩其不婚不宦，寡言飭行，日惟是潛心修德，以昭事乎上主，以為是獨行人也。復徐叩之，其持議崇正闢邪，居裡手不釋卷，經目能逆順誦。精及性命，博及象緯輿地，旁及句股算術。有中國先儒累世發明未晰者，而悉倒囊究數一二，則以為博聞有道術之人。迄今近十年，而所習之益深，所稱忘行忘念之戒，消融都淨；而所修和天和人和己之德，純粹益精。意期善世，而行絕畛畦，語無排擊，不知者莫測其倪，而知者相悅以解。閒商以事，往往如其言則當，不如其言則悔，而後識其至人也。」(十)

他既欽佩利子爲至人，便不能不相信利子的教義。他不但相信利子的教義，而且表揚利子的教義。利子自己述說：

「這位文人，他雖然因著阻礙尚未進教，但是他如今在自己家鄉，印刷我們的書籍，稱揚我們，稱揚我們的學術，稱揚我們的宗教，他希望我們的聖教在他的家鄉傳揚。因此他如今把在北京印的天主教實義，又在家鄉再版。」(十)

徐光啓說「振之兩度居燕。」萬曆二十九年。利子晉京時，之藻正在北京。萬曆三十一年，之藻「旋奉使閩之命」（渾蓋通憲圖說序）萬曆三十六年，又「被命守澶」（圜容較義序）

利子敘述李之藻求學的熱誠說：

「不久（與圖刻印後），李我存因他人的妒嫉而被貶職，退居田園五年，不願再進仕途。(十一)瑪竇神父和朋友等促他再出，乃回京，領知州職。在北京等候文書時，居留了三四個月，這時他用極大的熱心向瑪竇神父多學習一些知識，從不願離開我們，另外是願進一步研究數學，因為幾何原本已經譯竣，譯本又已印出，他根據譯本，用功研究。

他使全府的人幾乎都領了洗。親戚中有兩位士大夫也奉了教，而且信教很誠心。他們兩人天資既聰明，又見自己的親戚李我存為人愼重，學問文章出人頭地，常常稱讚我們和我們的學術，並且常說，在中國只有我們的教可以使人得救。他本人可惜因著阻礙，不能信奉，只能心內景仰。

他的親友中，有一位名彌格爾的，是他的至友，性好佛。因從襁褓中就習於佛事。他全家都敬拜菩薩，守齋念佛。彌格爾曾聽母親述說，他生後，開口忽說不是這家的兒子，乃是和尚轉生。一生因此好佛，終生無所求，只求得了一兒子為祖先留後，他便出家為僧。但既聽到我們的教義，又讀了我們的書，又同李我存屢次講論，他便深深懂得我們的道理，對於佛教菩薩忽起憎惡，同和尚和佛教徒，在筆墨上和口頭上，常起爭辯。當他在京師時，一心學習聖教道理，手頭所能遇到的教理書，又看又抄。他和一個朋友名熱洛尼莫者，竟學會了我們的瞻禮單，知道推算一年中所有變動的瞻禮，較比我們的許多神父更為準確，他們又願學習經言和要理，凡已經翻譯的經文和沒有翻譯的拉丁經，他們都盡心背誦，在李我存赴澶州上任以前，他們並且行告解，使我們大受感動。我存先生的任所，離北京約有十天的路程。

彌格爾先生的父親從浙江本家來看兒子，聽他講述我們聖教的道理，很高興聽。他的兒子寫信告訴北京的神父，說他的父親放棄五十年來所信奉的菩薩，如棄敝屣，回家後，勸闔家的人都信教；可是在那裡還沒有一個人知道付洗。

當李我存在北京時，他的一個僕患痢疾，發高燒。家中人因怕傳染，又因臭氣難聞，誰也不管他，讓他一個人席地而臥，不能行動。這個僕人，體身以前好時，曾說要進教，神父給他私下講過道理，但沒有告訴他的主人。

領洗的那一天，龐迪我神父率領我們堂裡的人，替他打掃房間，把他安放在床上，房中撒散香料，以致合宅的人都很驚訝又很感動，李我存聽到了風聲，問有什麼事，知道了是神父在病僕房中，不勝驚異。他趕快來謝過，很抱歉家中人缺乏愛德；神父照顧病僕，較比他家中人照顧的更殷勤。於是他命自己家裡人效法神父的表樣，以後好好看顧病人，他又請神父入內堂，連聲稱讚神父的慈愛，過了兩三天，僕人病死。臨終時，心中很安定，願意順從天主的聖意，口裡又呼天主聖三的聖名，以為自己能夠升天堂表示快樂。李我存後來向朋友們常常稱道我們的愛德。」(土)

李之藻個人尚未領洗，非因不信，乃因有妾，不能分離。利瑪竇和他雖然友情非常深厚，之藻為人又非常正直，然也只有靜心等候，等他送出了妾，纔給他授洗。之藻後來勸揚廷筠進教，廷筠也置有妾，郭仰鳳神父不予付洗，廷筠私下向之藻說：「泰西先生乃奇甚，僕以御史而事先生，夫豈不可？而獨不能容吾一妾耶？若僧家流，必不如是！」我存公喟然嘆曰：「於此知泰西先生，正非僧徒比也！聖教規誡天主頒之，古聖奉之。奉之德也；悖之，刑也；德刑照矣！阿其所好，若規誡？何先生思救人，而不欲奉己，思挽流俗而不敢辱教規；先生之德也！其所全多矣。君知過而不改，從之何益？」(击)

這一段話，乃之藻自己切身的經驗。他當時「知過而不改」，以致不能領洗，心中則很崇拜利子守正不阿的德操。

「萬曆三十八年，二月（陰曆）之藻忽患病，京邸無眷屬，瑪竇躬為調護，親切如家人。及病篤，自忖必死，立遺言，請瑪竇主之。瑪竇慰藉備至；之藻幡然，參徹於生死之際，遂受洗禮，聖名良，因號涼庵居士，並捐百金為聖堂用。已而病愈，語人曰：此後有生之年，皆上帝所賜，應盡為上

帝用也。」(十五)

病危，之藻感於利子的仁愛，許出愛妾，遂得受洗。病愈後，之藻實踐所許，送妾出門。終生恪守教規。

利子當時正忙於監修北京的聖堂，之藻捐百金爲聖堂用費；可是利子服侍之藻，身神交瘁，之藻病愈，利子卻一病不起。

註：

(一) 陳垣　李我存傳略—我存文庫第一種　民二十二年　杭州出版　頁四。
(二) Fonti Ricciane, vol. II, pp. 168-171.
(三) 同上。
(四) 方豪　中西交通史　第四冊　頁一百五十　臺北　民四十四年版。
(五) 陳垣　李我存傳略　頁十二。
(六) 增訂徐文定公集　卷六　頁四（宣統元年版　下同。）
(七) 同上，頁十。

(八) 同上，頁七。

(九) 同上，卷一頁十九。

(十) 同上，卷六，頁五。

(十一) 一六〇八年三月八日上耶穌會總長 Claudio Acquaviva 書見Opere storiche del P. M. Ricci, II, p. 343.

(十二) Fonti Ricciane, vol. II, p. 475. 註二，德禮賢神父謂利瑪竇記憶有誤，李之藻並未退休五年。

(十三) Ronti Ricciane, vol. II, pp. 475-478.

(十四) 丁志麟　揚淇園先生超性事蹟　我存文庫第一種　頁一九。

(十五) 陳垣　李我存傳略　我存文庫第一種　頁七。

二六、灌輸西學

馮應京序《天主實義》說：「利子周遊八萬里，高測九天，深測九淵，皆不爽毫末。吾所未嘗窮之形眾，既已窮之有確據，則其神理，當有所受不誣也。」

利子傳教的方法，已見效果。向我國人宣傳宗教，先要使人對於傳教者的道德學問，衷心佩服，然後纔會相信所傳的「神理」。

歷代的士大夫，莫不以堯、舜、孔、孟的大道，為古今中外最高的道理。利瑪竇來傳教，若先講修身之道，則士大夫最多可以佩服他懂得經書而已，他所說的和聖賢之道相合「信哉！東海西海，心同理同，所不同者，特語言文字之際」，㈠但卻不能使學者佩服他的學識淵博，以致拜他為師。我國學者有什麼不如西洋學之處？我國學者不及人處是缺乏科學智識。

利瑪竇初來我國，還不甚通中文時，在肇慶畫《世界山海輿地圖》，請學者幫助他作註釋。地圖不大，註釋又有錯誤，但是《山海輿地圖》傳遍中國。萬曆三十年（一六〇二）利子作《輿圖・序》說：

「壬午（萬曆十年，一五八二）解纜東粵，粵人請圖所過諸國，以垂不朽，彼時賓未熟漢語，雖出所攜圖冊，與其積歲札記，紬繹刻梓，然司賓所譯，奚免無謬。庚子（二十八年，一六〇〇）至白下。蒙左海吳先生之教，再為修訂。辛丑來京，諸大先生曾見是圖者，多不鄙棄羈旅，而辱厚待焉。繕部我存李先生夙志輿地之學，自為諸生，編輯有書。深嘗茲圖，以為地度之上應天躔，乃萬世不可易之法。又且窮理極數，孜孜盡年不捨，歉前刻之隘狹，未盡西來原圖什一，謀便恢廣之。余曰：此乃敝邦之幸，因先生得有聞於諸夏矣，敢不廑意，再加校閱。乃取敝邑原圖，及通誌諸書，重為考定，訂其舊譯之謬，與其度數之失，兼增國名數百。隨其楮幅之空，載厥國俗土產，雖未能大備，比舊亦稍贍云。」㈡

利氏的《山海輿地圖》自從在肇慶由王泮知府刻板以後，陸續有人翻刻，《徐光啓跋二十五言》曾說：「已見趙中丞吳銓部前後所勒輿論，乃知有利先生焉。」㈢趙中丞是趙可懷，吳銓部是吳中明，二人前後刻印利子的地圖。趙刻於蘇州，成於萬曆廿三年。吳刻於南京，時在萬曆二十八年。李之藻的刻本，成於萬曆三十年。利子自己述說：

「第一件事，他（李之藻）雇工再刻坤輿萬國全圖，圖共六幅，比以前所刻的圖都更大，高過一個人的驅體，兩端用木柚裱好，頗美觀。圖既大，瑪竇神父便加上了許多國家，加增了許多註釋，說明圖上國家和地方的風俗，以及天文曆數的學理。中國人看到這本輿圖都很滿意，因為刻本刻得相當精美。之藻先生既為輿圖作序，他的朋友也有人作序，大家都說我們的好話，刻板成就了以後，他印刷了許多份，贈送各處的朋友，朋友們又自出紙墨，再請印刷，印刷圖本共有數千份。

當他印刻這本輿圖時，刻板的工匠們私自暗地裡又刻了一付板本，並暗地裡照板本印刷。因此同時刻了兩付輿圖板。

但是要的人還是太多，兩付板本也不夠用。於是另一位教友（李應試），因著我們神父的幫助，又製一更大的輿圖板，圖共八幅，板本製成，這位教友把板本賣給了印書匠。

這樣，在皇城內，出了三版輿地圖。」㈣

當時的士大夫，都很讚許利子的輿地圖，這種確實有據的輿圖，改變了我國從古以來的地理觀念，國人初次知道了世界究竟有多大。張京元說：「西泰子歸心中夏，謁見今上，以

其圖懸之通都，真是得未曾有。乃復殫思竭力爲兩小圖，遍貽海內，解不解在乎其人，不能強也。」(五)

和輿圖相銜接的學術，爲天文和數學，當李之藻同利瑪竇合刻輿圖時，他們二人又譯天文和數學書籍，同造天文儀器。利子說：

「當他（李之藻）刻印輿圖時，刻工費一年，他同時又學習算學，製造許多儀器。他的府內，幾乎到處都是儀器了。

他學會了製造各種式樣的日晷，又按丁氏（P. Clavio）所教的方法，用金屬片製造渾蓋通憲圖。把通憲圖的意義，作為圖說兩冊，文筆雅緻，圖解明白，足可與我們西洋的書籍相比，決不遜色。」(六)

李之藻《渾蓋通憲圖說・序》中述說《通憲圖》的內容說：

「昔從京師先生，歐羅巴人也。示我平儀，其制約渾，為之刻畫重圜，上天下地，周羅星曜，背綰鯢筩，貌則蓋天而其度仍從渾出，取中央為北極，合素問中北外南之觀。列三規為歲候，遼義和候星寅日之旨。得未曾有，耳受手書，頗亦鏡其大凡。旋奉使閩之命，往返萬里，測驗無爽，不揣為之圖說，間亦出其鄙譾，會通一二，以尊中曆。而他如分次度以西法，本自超簡，不防異同，則亦如舊貫無改焉。語質無文，要便初學，俾一覽而見天地之大意，或深究而資曆象之至理，是故總儀列說，睹大全也。」(七)

《渾蓋通憲圖說》，刊於萬曆三十五年（一六〇七），李之藻根據西洋的天體數學，解釋周髀的渾天蓋天之說。利瑪竇在萬曆三十六年（一六〇八年）寫信給羅馬的會友，述說這本圖說道：

「另一文人，名李之藻，四五年前我曾在信上談到他，說他從我們學了許多數學的智識。現今他回家鄉去了，離開這裡約有兩個月的路程，他在本鄉預備刻印他所得到的學問。去年他給我寄來他所刻印的丁氏渾蓋通憲圖說，圖上有說明，解釋作法和用法。可惜我現今只有兩三冊，只能寄上一冊給總會長。神父你可以看看這本書，你只要看書上所有的圖，你就可以知道這民族的才智，可以知道他們對於我們的科學所能有的造

就。」(八)

之藻在利瑪竇去世以後，於萬曆四十二年（一六一四）又刻印了《乾坤體義》一書，這本書中收有利瑪竇的著作，也收有之藻個人的著作，書分上下兩冊，共三卷。上卷論天地渾儀說，附有四元論，中卷論日球大於地球，地球大於月球，下卷論圜容較義，清阮元在《皇清經解》摘錄了這本書的內容，摘錄中云：

「地與海而合一球，居天球之中：其度與天相應，但天甚大，其度廣；地甚少，其狹，差異耳。予自太西浮海入中國，至晝夜平線已見，南北二極皆在平地略無高低。道轉而南過大浪峰，已見南極，出地三十六度，則大浪峰與中國相為對峙；故謂地形圓而週轉皆生齒者信然矣。」(九)

利瑪竇進北京時，上疏神宗皇帝，希望在天文曆數方面，能夠「得盡其愚，披露於至尊前」。利子的用意，是能在欽天監內工作，從事修改曆法。神宗皇帝終生沒有注意修曆一事，利瑪竇有志不遂。崇禎二年（一六二九年）五月初一日，欽天監推算日食時刻不驗，禮部上疏請用徐光啓、李之藻根據西法修改。皇帝著再另行具奏。七月十一日禮部再詳細列具辦法，奏請改曆，十四日奉旨依議，著徐光啓領導一切，李之藻即與起補，蚤來供事。

徐光啓和利瑪竇二人的交情始於南京。後來二人都住在北京，徐光啓乃從利瑪竇學習西洋科學，翻譯科學書籍。光啓所譯的第一本書，爲《幾何原本》。

「他（光啓）每天到我們堂裡，坐三四點鐘的工夫，他費了年多的工夫，用一種明暢雅麗的文筆，譯出幾何學的前六卷。他本想把全書譯完，可是瑪竇神父因有許多傳教工作，便告訴他先看看中國士大夫對這六卷譯本有怎樣的態度，然後再繼續翻譯。於是他便把前六卷的譯文刻刻板付印。刻板後，印刷多冊，保祿博士分贈友朋，使中國士大夫的驕氣受一打擊，因為這是第一次，他們拿著一本中國書，費了許多心思，還不能懂清書裡的內容。」㈩

利瑪竇在一六〇八年上書耶穌會總長阿瓜委瓦（C. Acquaviva）報告譯書的經過，把《幾何原本》的兩篇序文，譯成義大利文，連同譯本四冊，一並呈送總長備覽，信上說：

「保祿博士在回籍守父喪以前，刻印了前六卷幾何原本。是我們在去年合譯的。這裡的人都視為一樁大奇事，他們從來沒有見過這樣一冊論證明顯的書。我謹呈上兩冊與總長，又送一冊與教授丁氏，再一冊送與郭斯達神父（P. Jeronimus Costa）聊使大家看看中國人的智慧，和我們的汗血，合作起來，在中國驕氣習成的士大夫中，立定了我們的學術權威。我把卷首的兩篇序譯成了義文，一篇是保祿博士的，一篇是我的，至少你們看到像畫的中國字時，可以略為知道所說的是什麼。」(十)

瑪竇神父在自己的序文裡，說明他早就有意翻譯這本書，苦的是自己的中文不能完全達出原文的意義。「東西文理，又自絕殊。字義相求，仍多闕略。了然於口，尚可勉圖，肆筆爲文，便成艱澀矣」，徐光啓入京，二人乃能合作；利子口述，光啓筆錄。然後又三次易稿，勿怪《四庫全書》很稱讚這種譯本：「光啓反覆推闡，文句顯明，以是弁冕西術，不爲過矣。」

《幾何原本》成於萬曆三十五年（一六〇七年）。同年利、徐二人又合著了測量法義。全書設十五個題目，說明測量高深廣遠的方法。徐光啓在序文中說：

「西泰子（利子）之譯測量諸法也，十年矣，法而系之義也。自歲丁未始也，曷待乎，於時幾何原本之六卷始卒業矣，至是而後能傳其義也。」㊉

利子既和徐光啓講學譯書，又給李之藻講授數學。之藻在利子去世以後，於萬曆四十一年（一六一三）刻《同文算指》一書，署爲西海利瑪竇授，浙江李之藻演，次年刊行。之藻序曰：

「往遊金臺，遇西儒利瑪竇先生，精言天道，旁及算指，其術不假操觚，第資毛穎。喜其便於日用，退食譯之，久而成帙。加減乘除，總亦不殊中土，至於奇零分合，特自玄暢，多昔賢未發之旨。盈縮句股，開方測圜，舊法最難，新譯彌捷。……僕性無他嗜，自揆寡味，遊心此道，庶補幼學灑掃應對之闕爾。復感存亡之永隔，幸心期之尚有。薈輯所聞，釐為三種。前編舉要，則思已過半。通編稍演其例，以通俚俗，間取九章補綴，而卒不出原書之範圍。別編則測揆諸術，存之以俟同志。」㊂

萬曆四十二年（一六一四）之藻又有《圜容較義·序》。《圜容較義》一書，後來附於《乾坤體義》卷上。作法和同文指法相同，利瑪竇口授，之藻筆述，因此，這本書有人稱爲利子的作品。之藻作《圜容較義·序》：

「昔從利公；研窮天體，因論圜容，拈出一義，次為五界十八題，借平面以推立圜，設角形以徵渾體。探原循委，辨解九連之環，舉一該三，光映萬川之月，測圜者測此者也，割圜中割此者也。……譯旬日而編，名曰圜容較義，殺青適竟，被命守澶，時戊申十一月也。柱史畢公，梓之京師。近友人汪孟樸氏，因校算指，重府剞劂，以公同志……」（五四）

之藻序中所說「戊申年」，爲萬曆三十六年（一六〇八年）。此書便在該年完稿。但初次以在京師付印的年月則未說明，大約在利子去世之前。

利瑪竇在京師只住了十年，大半光陰都用在講授科學，但他還有傳教的事務，他灌輸西洋科學，在中國學術史上，利氏已佔有一個很重要的位置。方豪教授在《中西交通史》上讚譽利子「實爲明季溝通中西文化之第一人。自利氏入華，迄於乾嘉厲行禁教之時爲止，中西

文化之交流，蔚爲巨觀。」㈤

《明史列傳・意大里亞篇》說天主教士「自誇風土人物，遠勝中華。……其所言風俗物產，多夸。」㈥篇中不提利瑪竇講授天文數學，但也不說他所講的天數爲虛妄夸大。士大夫的驕傲，不願向西洋學術低頭，然而又不能詆爲虛妄，便只好緘口不言。

註：

㈠ 李之藻　天主實義序　見增訂徐文定公集　卷六　頁二。
㈡ 方豪　中西交通史冊　第四冊　頁一百五十　（台北　民四十四年再版）。
㈢ 增訂徐文定公集　卷一　頁十一。
㈣ Fonti Ricciane, vol. II, p. 171-173.
㈤ 方豪　中西交通史　第四冊　頁一百五十四。
㈥ Fonti Ricciane, vol. II, p. 173.
㈦ 增訂徐文定公集　卷六　頁四。
㈧ Opere storiche del P. M. Ricci, vol. II, p. 334.
㈨ 皇朝經解　疇人傳。

(十) Fonti Ricciane, vol. II, pp. 356-357.

(十一) Opere storiche del P. M. Ricci, vol. II, p. 359.

(十二) 增訂徐文定公集 卷一 頁二至十。

(十三) 同上，卷六 頁七至八。

(十四) 同上，頁十至十一。

(十五) 方豪 中西交通史 第四冊 頁二。

(十六) 明史 第三百二十六卷 頁十。

二七、著書傳教

利瑪竇曾向羅瑪同會會友寫信，稱我國人爲愛好文章的民族，最尊重文學，最重視文人。

佛教在我國的宣傳，全靠譯經。佛教經典且成爲文學作品，文人也多閱讀佛教典籍，喜與僧人往來，利瑪竇認爲向國人宣傳福音，該利用書籍。

利瑪竇在我國宣傳福音，一開口就要自造名詞，一行典禮就應翻譯經文；於是非著教義書籍不可。

第一本中文教義書籍，是羅明堅在肇慶撰寫的。一五八四年，羅明堅和利瑪竇抵肇慶的第二年，利瑪竇的中文還不通順，羅明堅的言辭尚可達意；二人便著手翻譯爲了傳教最基本的文字。最初把《天主十誡》譯爲中文，稱爲《祖傳天主十誡》。第二是譯天主經，聖母經和信經。在這三篇經文裡，一切的神學名詞，他們不敢譯義，只得小心翼翼直譯拉丁語音，最後再進一步，羅明堅印行了所著的《天主實錄》。

利瑪竇具有過人的記憶力，讀過的文章，可以反覆背誦，一字不錯。他來中國時，年歲尙輕，又有攻讀中文的熱忱和毅力，而且正式請中國先生教書，修改文章。因此中文程度造詣頗深。四書五經均能瞭解，他給新來的同會神父講授經書，又將四書譯成拉丁文。雖然他自己曾說：「東西文理，又自絕殊，字義相求，仍多闕略，了然於口，尙可勉圖，肆筆爲文，便成艱澀矣。」㈠但是他每寫作中文，均能通順達意；因此他纔敢執筆寫書。書籍付梓以前，先經中國朋友的潤色，王應麟作利子碑記說：「勸學明理，著述有稱。」㈡

利子的中文著述，以《交友論》付印最早，時在一五九五年（明萬曆二十三年）利子那時定居南昌，和南昌的親王以及名士等友善，乃《交友論》一書，獻於建安王。馮應京曾作序文，說「友論凡百章。」所謂百章，乃是百句箴言。《交友論》付梓後，我國士大夫中多加傳誦，各方也有翻印的。利瑪竇自己在信上說過：

「以往我曾提過中文的事，如今我可以告訴神父，在這一點上，我已經進步了，而且因此所引起別人對我的欽佩，眞是有言難喻，有人似乎發了狂，他們來看我，因為他們聽人傳說了許多事情。他們的語言，在發音上為我們很難。因，此我用寫字，更能表明我的意思。他們看見我把我們的任何書可以譯成中文，他們不勝驚訝，以為從前沒有見過這樣的科學書。有些人願意聽講數學，有些人願意聽講倫理學，因為他們所有的學術，只是這

> 兩類，而且既不完全又沒有系統。神父，你既想要一點中國物件，我便在這封信內，夾上幾頁我所寫的交友論。四年前我住在南昌，城中有中國皇室的一位封王，他只有封號沒有國土，曾要求我寫一點關於交友之道。同時，我寄也上義文翻譯，譯文可惜不及原文的流利。交友論是集合我們西方賢哲的名言而成的，中間也採有我們會內的遺訓。但是內中一切我都說合中國人的心理。這冊交友論，為我和歐洲所博得的名譽，較我們所作的其他一切事都更大。別的事，可以使中國人看到歐洲的機械和藝術，這冊書則使中國人看到我們的文藝，才智和道德。大家因此都很歡迎這冊書，在兩處地方，已經在印刷了。」㈢

利子的中文書籍，最初都是朋友們刻印，他自己則等到了北京以後，纔刻印《天主實義》和天主教要理，因爲以先他沒有耶穌會總長的許可。在前面的那封信裡，利子說：「我不印，也不能印，因爲我爲印一點東西，都應當請求我們上司的種種許可，我無法可想，因爲上司們要檢閱我所寫的中國書，可是他們既不懂中文，便無法檢閱。」

耶穌會上司准許利瑪竇印書的許可證，在萬曆二十九年間發給。

萬曆二十四年，《天主實義》一書脫稿，利瑪竇以抄本送於友人傳閱。同年利子在留都又著二十五言小冊，二十五言爲二十五章，每章簡短，書中勸人終日乾乾，剋制慾情，人生的幸福，在人平生心常安定，不爲禍福所動。人生的目的，爲事奉天主，事天則宜修仁義禮智信五德。這冊小書脫稿以後，朋友們爭相抄閱。王肯堂刻印自己的《鬱岡齋筆麈》時，書中選錄了二十五言的十四言，王肯堂說：「利君又貽余近言一編……亦錄數條，置之座右。」㈣利子則說王肯堂所錄，並不是《二十五言定本》。定本後來每言有韻。一六〇四年（萬曆三十二年）友人馮應岡，請印刻《二十五言》並作一序，說明「大西國利先生，」精通各種學術，「是學專事天。」徐光啓又爲《二十五言》作跋說：

「昔遊嶺嵩，則嘗瞻仰天主像設，蓋從歐羅巴海舶來也。已見趙中丞吳銓部前後所勒輿論，乃知有利先生焉。間邂逅留都，略偕之語，竊以為海內博物通達君子矣……蓋其學無所不闚，而其大者，以歸誠眞宰，乾乾昭事為宗。……自來京師，論著復少。此二十五言，成於留都。今年夏，楚憲馮先生，請以付梨棗，傳之其人，是亦所謂萬分之一也；然大義可睹矣。」㈤

我國佛典最早的譯經，爲《四十二章經》，馮應岡在二十五言序文裡，以《二十五言》可比之於《四十二章經》，而《二十五言》的修身事天，則高於《四十二章經》說空談虛：「其視蘭臺四十二章，孰可尊用，當必有能辨之者。」

在刻印二十五言的前一年，即萬曆三十一年（一六〇三），利子在北京刻印了他所著的《天主實義》。此書爲利子最重要的著作之一，初稿在南昌脫稿，後來經朋友們多次潤色。馮應岡在萬曆二十九年已經爲「實義」寫了篇序；因此利子第一次應用上司准許印書的許可證，刻印了《天主實義》。他寫《天主實義》引說：

「平治庸理，惟竟於一，故聖賢勸人以忠。忠也者，無二之謂也，五倫甲乎君，君臣為三綱之首。……邦國有主，天地獨無主乎？國統於一，天地有二主乎？故乾坤之原，造化之宗，君子不可不識而仰思焉。……竇也從幼出鄉，廣游天下，視此厲毒，無陬不及，意中國堯舜之氓，周公仲尼之徒，大理天學必不能移而染焉，而亦間有不免者，竊欲為之一證，復惟遐方孤旅，言語文字與中華異，口乎不能開動，矧材質鹵莽，恐欲昭而彌瞑之，鄙懷久有慨焉。二十餘年，旦夕瞻天泣禱，仰惟天主矜宥生靈；必有開曉匡正之日。忽承二三友人見示，謂雖不識正音，見偷不聲，固為不可，或傍有仁側，矯義聞聲，與起攻之。竇乃述答中士下問吾儕之意，以成一帙。……」

《天主實義》分上下兩卷，每卷四篇，分論天主，靈魂，鬼神，人性，身後賞罰，及耶穌降生各端道理。每篇都用「中士問，西士答。」的問答體裁。一問一答，步步前進，文筆通順，說理也很明顯。書中所引我國經典頗多，對於儒道思想也有所辯白，對於佛教則痛予駁斥。例如上卷第二篇辯白太極不是天主。

「中士曰：吾儒言太極者是乎！」

「西士曰：余雖末年入中華，然竊視古經書不怠。但聞古先君子，敬恭于天地之主宰，未聞有尊奉太極者。如太極為主宰萬物之祖，古聖何隱其說乎？」

「中士曰：太極非他物，乃理而已。如以全理為無理，尚有何理之可謂乎？」

「西士曰：…… 夫物之宗品有二，有自立者，有依賴者，物之不恃別體以為物，而自能成立，如天地，鬼神，人、鳥獸、草木、金石、四行等是也；斯屬自立之品者。物之不能立，而托他體以為物，如五常，五色，五音，五味，七情，等是也；斯屬依賴之品者。……比斯兩品，凡自立者，先也，貴也；依賴者，後也，賤也。……若太極者，止解之以所謂理，則不能為天地萬物之原矣；蓋理亦依賴之類，自不能立，曷立他物哉？中國文人學士講論理者，只謂有二端；或在人心，或在事物；事物之情，合乎人心之理，則事物方謂眞實焉。人心能窮彼在物之理，而盡其知，則謂之格物焉，據此兩端，則理固依賴，奚得為物原乎？二者皆在物後，而後豈先者之原？」(六)

這一段話完全表現出來士林哲學的哲理和嚴密的推論法。利子著書不尙清談，重在說理，而且說理常有確實的根據。《天主實義》下卷第一篇（全書第五篇）辯駁輪迴的謬說。利子說出佛家輪迴之說，肇源於希臘哲人閉他臥剌。

「西士曰：古者西域，有士名曰閉他臥剌，其豪傑過人，而質朴有所未盡，常痛細民為惡無忌，則乘己聞名，為奇論以禁之，為言曰，行不善者，必來世復生有報，或產艱難貧賤之家，或變禽獸之類，暴虐者變為虎豹，驕傲者變為獅子，淫色者變為犬豕，貪得者變成牛驢，偷盜者變作狐狸豺狼鷹鷲等物。每有罪惡，變必相應。……門人少嗣其詞者，彼時此語忽漏國外，以及身毒釋氏，圖立新門，承此輪迴，加之六道，百端誑言，輯書謂經。……」(七)

利子駁斥佛教，措辭嚴厲；但他辯駁儒家的思想時，措辭則很委婉，而且引儒家古經典以駁近儒。方豪神父曾讚美利子在「實義」引用經典「隨手抄來，都成妙諦，利氏胸中，蓋於經籍爛熟，故能左右逢源，俯拾即是，」(八)因此儒者喜與利子遊。萬曆三十四年（一六〇七），李之藻作《天主實義》重刻序，說利子的思想很吻合中國先儒的思想。

「彼其梯航琛贄，自古不與中國相通，初不聞有所謂義文周孔之教，故其為說，亦初不襲吾濂洛關閩之解。而特於小心昭事大旨，乃與經傳所紀，如券斯合，獨是天堂地獄，拘者未信，要於福善禍淫，儒者恒言，察乎天地，亦自實理。……嘗讀其書，往往不類近儒，而與上古素問，周髀，考工，漆園諸編，默相勘印，顧粹然不詭於正，至其檢身事心，嚴翼匪懈，則世所謂皐比而儒者，未之或先。信哉，東海西海，心同理同。」(九)

利子的傳道途徑，在於循儒家孔、孟之道，引人走向公教教義。他所攻擊的是佛教道教；而於儒學，則盡力證明和公教教義相合。因此他的《天主實義》不僅在我國的傳教士都採用，遠東各國的傳教士也都借用。在第一版印出後，范禮安命在廣東刻第二版，專爲日本傳教士之用。後來各國傳教士把這冊《天主實義》譯成了日本文，滿文，蒙文，朝鮮文，安南文。

當《天主實義》刻印了以後，北京士大夫所生的反響不同，信佛者是反感，儒者是同情，和尚則是仇恨，利子自己在信上多次提到。

「因著最近出版的新天主實義，許多信佛的人心中不快，因為從來沒有人這樣明白透徹地辯駁了他們的迷信，我們把佛教教祖所說的謬論，連根都翻出來了。但是直到如今誰也沒有打擊我們，僅僅有人從此逃避我們，有些人不再到我們這裡來了。然而另一方面，有此人則因此開了眼睛，他們願意看我們是否繼續一樣地向前走。為減少敵人們的仇意，一冊費了很少精力的書，大見功效。這冊小書即是我們出版的二十五言。二十五言按基督教義談論道德的優美，不和其他宗派辯論，大家都喜歡這書，念了以後都表示佩服。他們並且說：天主實義一書也應該這樣寫纔對，不要辯論，不

要攻擊他們的迷信。」㈩

二十五這在《天主實義》出版後一年刻印。《二十五言》出版後一年，利子刻印了另一冊聖教要理，書名《天主教要》。利子自己在一封信內說明這冊書的內容說：

「假使可能，和這一封信一起我將寄上最近出版的天主教要一冊，神父藉此可以看看我們的工作。我們大家都很感覺需要一冊天主教要，可是把聖教的道理翻譯成中文，很是困難，以前所作的翻譯，多經修改，每次的修改都不同，於是我們四處堂口的要理，幾乎都不相同了。這冊新天主教要，我們在翻譯方面，很用了些心血，所以現在規定使用這書，在各處堂口付印別的要理本一律作廢，以求劃一。為翻譯要理，須造許多新的教會名詞，若是一個名詞第一次使用，在名詞下加有細的註解。書首為天主經，次為聖母經，再次為十誡，第四為信經，第五為十字聖號，第六為神形哀矜各七端，第七為眞福八端，第八為元惡七端，第九為克罪七德，第十為五種感官，第十一為靈魂三司，第十二為信望愛三天德，最後為七件聖事。名詞的譯音，附有細字的簡單說明，使人能夠懂得聖事的要義。……

我們很自由地分送這冊天主教要，給教友們，也給具有幾分進教希望的外教人。木刻板木是我們自己的藏在我們堂裡，我們僅花費印刷的紙錢，和刷裝訂工人的工錢。有幾位教友和幾位外教朋友，送給我們許多紙，為印刷天主教要，天主實義和其他書籍，分送大家。」(十一)

這冊要理，在書尾聲明「右耶穌會友所譯教要，累經纂改，至數次乃得與本經原文相合，方敢付梓，以故與初譯本互異云。」所謂與原文相合，大都是在譯音上求相合，再加註解，經文和聖事幾乎沒有意譯。譯音是按義大利文和葡萄牙文，例如信經譯爲性簿錄（Simbolo）註曰：「譯言共具也。」「聖父」爲罷德肋（Padre）註：「譯言父也，乃天主三位之第一位也。」「聖子」爲費略（Figlio），註：「譯言子也，乃天主第二位之稱。」「教會」爲拉丁文厄格勒西亞（Ecclesia）註：「凡天主教會皆總稱之」「聖事」爲撒格辣孟多（Sacramento）註：「譯言聖事之跡也。」「聖洗」爲拔弟斯摩（Baptismo）（葡萄牙文下同。）註：「洗也」「堅振」的共斐兒瑪藏（Confirmacao）註：「振也」「領聖體」爲共蒙仰（Comunhao）註：「相取也，領受耶穌聖體。」……

最重要的是付洗的經文，聖洗的有效與否，和經文很有關係，經文的譯文若和原文不合，聖洗就歸無效，受洗者不能得救。利瑪竇和最初的傳教神父都不敢翻譯付洗經文，一直到一六〇〇年利瑪竇纔把付洗經文譯定。《天主教要》書中的付洗經譯文爲：

「某，阨峨，德，拔第作，引、諾米搦，罷德利斯，厄德，費離意，厄德，斯彼利都斯，三隔第。亞孟。」

這端經文，完全是拉丁文的譯音，一字一音，完全相合。如今我們看來，似乎可笑；但是我們若想像當初瑪竇和同會神父們，小心翼翼惟死譯錯，寧可譯音，意義等待後來再譯；他們謹小慎微的精神和苦心，值得欽佩。

利瑪竇最後的一冊教理書，名《畸人十篇》，出版於萬曆三十五年（一六〇八）。李之藻曾爲他作序。《畸人十篇・序》說：

「乃西泰子近著十篇，與天主實義相近，以行於世，顧自命曰畸人。其言關切人道，大約淡泊以明志，行德以俟命，謹言苦志以褆身，絕欲廣愛以通乎天載。雖強半先聖賢所言，而譬喻博證，令人讀之而迷者醒，貪者廉，傲者謙，妒者仁，悍者悌。至於常念死候，引善妨惡，以祈佑於天主，一

唱三嘆，尤為砭世至論，何畸之有歟？……」(十一)

《畸人十篇》是同朋友的談道冊，第一篇利子和吏部尚書李戴談人生的時間寶貴，第二篇利子和大宗伯馮琦談人生爲僑寓，本家在天。第三篇，利子和太吏徐光啓談不宜諱死，第四篇利、徐繼續談人該預備善終。第五篇利子和御史曹于汴談慎言，「君子希言，而欲無言。」第六篇利子和李之藻談齋戒。第七篇利子和吏部吳左海談自省。第八篇利子和龔大珍談身後善惡賞罰。第九篇利子在南雄時和郭某談算命的狂妄。第十篇利子在南昌和某人談富人不如貧人的安樂。

這十篇文章雖不能視爲紀實的文章，但十次談道的事實，和所談的問題，一定是有過的實事。北京的士大夫看到這一個從西方來的碧眼長鬚的人，身穿儒服，口談聖賢之道，執筆能寫中國文章，開卷能講西洋科學：他爲人卻不娶不官，傳授天主的教義，大家當然如同王家植《人十篇・序》所說：「深嘆利子之異也！」願意和他談道，探詢他所傳的教。利子很喜這種談道的問答，給他一個很好的傳教機會。便把談道的問答編輯成書，使沒有機會和他談道的人，藉書也和他談道，也能聽他宣傳教義。

傳教是爲救人，救人在於醫人心病。醫心病的言詞該當有動人的力量。動人之言，對於心病必痛加砭針，令人覺痛。李之藻《人十篇・序》又說：「人心之病愈劇，而救心之藥不得不瞑眩，瞑眩適於德，猶是膏粱之適於口也。有知十篇之於德，適也，不畸也耶！」

註：

(一) 增訂徐文定公集　卷首下　頁一。

(二) 利子幾何原本序　見方豪中西交通史　第四冊　頁四五。

(三) 一五九九年八月十五日致Girolamo Costa神父書見Opere storiche del P. M. Ricci, vol. II, p.248.

(四) Fonti Ricciane, vol. II, p.286 rel.

(五) 增訂徐文定公集　卷一　頁十一。

(六) 天主實義　上卷　頁十七。

(七) 同上，頁六十三。

(八) 方豪文錄　頁一五四。

(九) 天主實義　頁二。

(十) 一六〇〇年五月九日Fabio de Fabi 致神父書，見Opere storiche del P. M. Ricci, vol. II, p.263.

(十一) 同上，頁二百六十六。

(十二) 畸人十篇　土山灣　一九二八年版。

二八、教務發達

一、

萬曆三十六年三月八日（陽曆），利瑪竇上書耶穌會總長阿瓜委瓦（Claudio Acquaviva），報告中國傳教狀況：

「我們如今在中國有聖堂四處，本會會士二十人，其中十三人為神父，其餘為修士。雖然去年蘇如望神父和黃明沙修士去世，今年我們卻新收了四個中國修士。他們不是中國內地人，而是出生在澳門，他們的父母都是教友，小受了宗教教育。這一點和日本的修士不同，日本修士是出生在外教家庭，這些中國修士因此更堅定，更可靠。

去年，我調熊三拔神父（Sabbatino de Ursis）來北京，幫助這裡的教務，熊神父具有我多年所希望一位傳教士該有的才德。目前我等著副省長從澳門會院再派兩三位神父來，總會長想早已知道，視察專員范禮安神父已經規定，澳門會院對於中國傳教事務沒有權力過問。

我們在四處，聖堂已付洗兩千人。我們在各處的聲望，日益增高，特別在北京和南京，聲譽更好。

在廣東韶州的聖堂，教務頗稱順利。但近數年因了澳門的關係，屢次發生事件；我曾上函報告。那邊的情形現今很冷落，沒有希望可以多收效果。因此我們想把聖堂移到別一省內，傳教更為容易。南昌座堂的教務，本頗發達，然當傳教心火正高，願意另購一座較大的住所時，天主允許外人頓生嫉妒，造作謠言，誣告神父，地方官吏乃禁止傳教購屋，於是傳教情形都變冷落了。

但是，這一切在開教上都不是新奇事，因此雖然困難很多，屢次地方官長起衝突，我們也不灰心，天主一定要幫助我們，像幫助自己的僕人一樣。況且我們能夠住在城內，而且受人尊敬，已是天主大恩。南昌的知府，本為我的舊友，我已拜託他照顧我們的神父。

在南北兩京，我們較為安定。在北京堂內我們今年新收教友一三四十人，其中有幾位又熱心又有文名，他們幾位較比一大群平民，給聖教更能增加聲望。每逢主日，另外每逢瞻禮聖節日，我們看到聖堂裡滿堂都是教友，大家熱心祈禱，許多人辦告解，也有人領聖體；我們心裡很有安慰。有一個老年教友年已八十五。一天，他得了病，自忖必死，乃盡心預備善終，辦告解，安排家務，要求領聖體。他領洗本不很久，還沒有領聖體一次。但是他的病勢已加重，他的家裡沒有方便地方舉行彌撒，又不便捧著聖體在路上走，我們便決定不給他送聖體；因為臨終聖體並不是非領不可的。那個老教友知道了我們決定不給他送聖體，便在三王來朝日，命家人用一木板把他抬進聖堂；他的家離堂有好幾里路！進了聖堂，口口聲聲說『給我耶穌聖體』。全堂都驚動了，我把老人安放在我的床上，用心預備他領聖體，然後滿全了他的希望。他在領聖體以前，當著眾教友，高聲說自己寬恕前幾天告他的人，這些人使他白花了許多錢，他又求天主赦他自己的罪。回家後，領了終傅，遂歸天去了。臨死，吩咐尚未領洗的妻子和家中人，他的喪事，一切都該按照神父們所定的去做，不許攙雜教外的禮節。神父們便照教禮安葬了他」㈠

當利瑪竇進北京時，龍華民住在韶州，蘇如望住在南昌，郭居靜和羅雅各住在南京，龐迪我跟隨利子進京。

視察員范禮安駐節日本，聽到了我國教務逐漸發展，便動身來澳門，預備加派傳教士來我國，又命李瑪諾和利瑪竇到澳門和他相會，若利神父不能離開北京，則派一人爲代表，。范禮安於一六〇三年二月十日，抵澳門，利瑪竇派郭居靜和李瑪諾在澳門相候。范禮安指派八位會士，陸續來我國。並等將來由印度到澳門的船抵達後，由船上來澳的耶穌會士中，再派幾位來我國傳教。

范禮安所指派的八位耶穌會士，有李瑪諾，杜祿茂（Bartolomeo Tedeschi）黎寧石（Pietro Ribeiro），費奇觀（Gaspar Ferreira）又有費神父（Sebastiano Fernandez）和神學修士三人。但是當年在澳門的耶穌會士，多半都反對加派傳教士來我國內地，因爲經濟困難，無法支持傳教士的費用，他們並且主張把韶州和南昌的聖堂都關閉，只留北京和南京的兩處。范禮安不採取這種摧殘傳教事業的計劃，暫時派杜祿茂，黎寧石，費柯觀三位神父，隨同李瑪諾神父來內地，李瑪諾爲南部三處座堂上司，管理韶州南昌南京教務，作利瑪竇的代理人。並且規定中國傳教區區長以後不再屬於澳門會長，直接屬於中國日本的耶穌會省正副省會長。利瑪竇從此能自由處理中國傳教事宜，不受澳門會長的牽制。

李瑪諾神父率領新傳教士到廣東，於一六〇四年二月二十八日抵韶州。杜祿茂神父留駐韶州堂內充當龍華民神父的助手。三月六日，動身赴南昌，旅行十天，抵江西省會，李瑪諾神父留居南昌，協助蘇如望神父。黎寧石神父於四月十一日抵南京協助羅雅各神父傳教，費奇觀則往北京，於八月初抵京。

同年（一六〇四年，萬曆三十二年）范禮安又派駱入祿（Jerome Rodrigues）王豐肅（高一志）（Alfonso Vagnoni）林斐理，（Feliciano da Silva）入內地。駱入祿於次年正月間來居韶州，王豐肅與林斐理於次年二月底來居南京。郭居靜神父則奉范禮安的命，暫留澳門休養。

萬曆三十六年利瑪竇給總會長寫信時，熊三拔已在上年正月間到了北京。傳教士在我國的陣容已相當堅強，利氏報告總會長在中國的耶穌會神父共十三人：北京利、龐、費、熊四人，南京羅、王、林三人，南昌李、蘇（已歿）二人，韶州龍、杜、駱三人，其時郭居靜又回南京。

二、

為補充傳教人數，又為鞏固傳教的基礎，利瑪竇請求上司准許在中國設立耶穌會初學院，招收本地青年入會，預備晉升神父。苑禮安接受利子的請求，在一六〇四年上書總會長，說明宜在中國內地設修院。一面批准招收中國修士，利瑪竇在一六〇五年（萬曆三十三年）在南昌成立中國耶穌會初學院，收錄了三個青年：一名游文輝，一名丘良稟，第三人中文姓名不詳，西文名Leitao。游文輝爲李瑪諾神父二年前冬季在南京所收，後二人爲利神父上年春在北京所收。三年後（萬曆三十五年）利子寫信給羅馬同會神父說：

「今年我國收了四個中國初學生，他們都是澳門老教友家長成的。他們給我們很大的安慰，很可以幫助傳教事業，在進會以前，他們已經跟隨我們，如同我們會中的無品助理修士，他們很能工作。四人中卻有一人在澳門讀了哲學，目前他們四人住在南昌會院裡，正式做初學生。管理南方會務的長上也住在南昌，因為我不能出京視察南方的會院。」(二)

萬曆三十六年春，約在陽曆三月時，南昌初學院新收初學生四人：鐘鳴禮，丘良厚，石宏基，倪一誠。前三人都是在澳門的華僑家庭中出生，倪一誠則生於日本，父親是中國人，母親是日本人。上年一月，南昌的神父購地造屋，爲初學院之用。不幸地方士紳作梗，萬曆

職。㈢

三十六年九月，另購定新屋。初學院的導師的費奇觀神父，由利神父從北京派來南昌充任此

利瑪竇一生以共錄初學會士九人，最早的爲鐘鳴仁和黃明沙。明沙於萬曆三十四年，在廣州殉道，可稱爲我國第一位殉教的英雄。利子的初心，希望中國修士能夠升神父，但是當時耶穌會總長和視察員范禮安神父的計劃，「暫時還不該授予鐸品，因爲他們還該經過長期修院生活的考驗。」㈣中國修士雖沒有升登神父品職，但是在傳教上，收穫豐富。一五九九年十月十八日，龍華民神父致書與友人說：「現在和我一起住的黃明沙修士很好，我們二人很樂意。我認爲他較羅馬公學出來的修士，一定毫無遜色。」㈤

三、

既得了新的中西會士的協助，傳教士工作努力，四處聖堂領洗的人逐年加增。北京的教務更爲發達。利瑪竇在萬曆三十五年（一六〇七）向總會長報告說：

「在我們這裡有三位神父，一位助理修士，兩位初學生。在一六〇六年，共

授洗三十六人，此外還有幾個嬰孩，都是棄嬰。瑪竇神父收留了他們，花錢養育他們。現在有幾位官員，受了這種表樣的感動，也同樣作這種善舉。復活節日，保祿先生（徐光啓）的父親領洗，年七十四歲，保祿先生因事在朝，不能參禮。當天晚上，他來向我們道謝，並互相慶祝，又把皇上允了我們幾件事項的消息告訴我們。

一個富家的少年，領洗進教，改良了生活習慣，以致他的僕人受了感動，也進了教。少年後來從家鄉來信，說他的母親年已七十，率同閤家人敬拜救世主聖像，都願領洗。

在朝廷官員中，我們的聲望，一如往年。

自一六〇七年，費奇觀神父在京畿近處傳教，領洗者一百四十二人。」㈥

利瑪竇傳教的目標，在於替後代的傳教士開路，爲將來的傳教事業奠定基礎。他每天大半的時間，用之於接待客人，又用於譯述學術書籍。當時在我國的耶穌會士，很多人不贊成他的作風，抱怨教務發展過於遲緩，傳教的方法過於迂迴。龍華民在韶州，停止了學術工作，親往各城鄉市鎭，公開宣講教義，激動人心，多收教友。但是不久便激起韶州士紳的憤怒，幾至關閉韶州的聖堂。利瑪竇並不責怪龍華民，臨死時遺囑派龍華民，繼他爲中國傳教區區長。利子雖然明白自己的傳教方法，是當時最穩妥的途徑，但不是一切的傳教士，都可以做學術工作，有的人也應該直接傳教，北京方面，則極須有傳教士講授學術，以得皇帝的寵信，始足以掩護他處的傳教士。後來清初的傳教情況，證明利瑪竇的看法十分正確。

在北京的傳教士，專心和士大夫相週旋。龐迪我隨利瑪竇進京後，一心學習中國話，讀中國書。學通了中文，陪著利神父出入公卿士大夫的門庭，講論學術，同時二人「在一切場合中，常宣講我們聖教的信仰，許多人聽得順耳，士大夫和公卿中也有人願意跟隨他們信教。」(七)

北京領洗的教友，有李端皇后的妹夫郭秀才，太醫院羅太醫的兒子羅某，董裕尚書的近親董依納爵，蕭太亨尚書的姪子彌額爾，錦衣衛李勳戚都督的兒子李應試。

應試生於北京，原籍湖廣，素愛風水，又喜術數。聽說利子講授天文算數，乃來向利子領教。利子看出他爲人正直，心地光明，便常駁斥風水和術數的錯誤，他也回辯，幾經辯駁，終於他聲明誠心信服，利子決定給他授洗。領洗以前，應試三天遍觀自己的藏書，凡是風水術數的書籍，檢出焚燒。萬曆三十年，聖瑪竇瞻禮（九月二十一日）。應試領受洗禮，取名保祿。後勸母親妻子，及二年青兒子，塾師，以及家中男女僕人，闔家進教。他又敦勸朋友，信服教義。《天主教要》出版後，應試得知七件聖事的要理，立時舉行告解，在復活節日初領聖體。又仿效神父遵守一年內的大小齋期。

利瑪竇在北京至今已有六年，不敢建造聖堂，常租一所平房，以避人疑忌。萬曆三十三年（一六〇五）八月間，在順承門側購一座大房屋，大小房間共約四十，寬敞適用。屋主因房屋風水不利，房中常鬧鬼怪，賤價出售，利子乘機購買，作爲北京會院。

「買了這座房子，這邊的聖堂更形安定。神父和堂中的人，都能安居，另外是初學生，在堂內便清靜的一邊，可以進修。因此視察員范禮安和中國內外的神父都很慶幸，視察員且令一有機會立即寄往北京還債，購買傢具，使房中一切都能妥為佈置。後來院中果然佈置完善，園中穿井，且在樓上修了幾個房間，因為中國的房子，普通常是一層的。」(八)

萬曆三十七年聖母聖誕瞻禮（一六〇九年九月八日）利子在北京創立「天主聖母會」，會友均爲熱心教友，每月首主日，在會長處集會。集會時，一位神父講道，解答各種教義問難。會友每月捐款少許，爲貧窮教友安葬等之需，每逢瞻禮日，又向聖堂獻燭獻香。會友的義務，首在恭敬聖母，次則協助教友，依照聖教禮規舉辦喪事。

利子晚年最快意的事，是他的舊友瞿太素和李之藻領洗入教。瞿太素和利子相識最早，久願進教，但因有妾，不忍割離。李之藻也因愛妾，不能領洗。萬曆三十二年三月二十五日（二月七日）太素割斷情絲，在南京受洗，取名依納爵。之藻則因重病，出妾進教，在萬曆三十八年領洗入教。

註：

㈠ Opere storiche del P. M. Ricci, vol. II, pp. 340-342.

㈡ 一六〇八年八月二十三日致Fabio de Fabi神父信見Opere storiche del P. M. Ricci, vol. II, p. 372.

㈢ Fonti Ricciane, vol. II, p. 465. 中國修士的西文名字：鐘鳴仁Sebastiano Fernandez, 黃明沙Martinez Franceeco, 游文輝Emmanuele Pereira, 丘良厚 Domenico Mendes, 倪一誠Giacomo Neva, 丘良厚Pasquale Mendes, 鐘鳴禮Giovanni Fernandez.

㈣ 德禮賢十七世紀耶穌會士培植中華神職員之努力　新鐸聲　第六期頁七。

㈤ 同上，頁三。

㈥ Opere storiche del P. M. Ricci, vol. II, 321.

㈦ Fonti Ricciane, vol. II, p. 259.

(八) 同上，p. 353.

二九、困難重重

一、

從「四夷館」遷出後，利瑪竇留住北京，和公卿士大夫相週旋。南方三處聖堂的神父，也和當地的士大夫通往來。新的傳教神父，能從澳門進內地，羅馬和歐洲的耶穌會士聽到這些好消息，推想中國傳教的情況，一定非常順利。耶穌會的上峰們也就屢次訓令利瑪竇向中國皇帝疏請准予自由傳教。

利瑪竇終生不敢上疏請准傳教。因我國當日傳教的情況，並不像外人所想像的那麼順利，利子身臨其境，對於傳教的困難，瞭如指掌；況且他自己親身屢次遭遇過種種困難。

利瑪竇所遭的困，難或來自佛教的和尙和居士，或者是來自儒家的秀才和仕紳。

前在南京認識的李卓吾，後來遷居通州。離北京很近，卓吾本佞佛的偏見，遇人便詆毀利瑪竇。《明史》說「贄（卓吾）小有才機，辨定向（耿在倫）不能勝也。贄爲姚安知府，一旦自去髮冠服坐堂皇，上官勒令解任。居黃安，日引士人講學，雜以婦女，專崇釋氏，卑侮孔孟，後北遊通州，爲給事中張問達所劾，逮死獄中。」㈠瑪竇更說：「這人逮來北京，大生恐懼。他年已七十，看見自己老年被人輕侮，既入獄，尙未受刑，乃引刀自刎。」㈡

但是北京好佛的人尙多！翰林院編修黃輝，四川南人，喜佛，四十歲喪妻，不再娶，居家有如佛教居士。他從一友人借到利子所著的《天主實義》、《二十五言》和《畸人十篇》抄本。讀後，大加評點，對修身節慾各節，頗加稱讚，對宇宙有造物主，則評爲小見，因萬物同爲一體，主宰與天地不分。

利子讀了評點，不願公開和黃輝筆戰。在《天主實義》上卷末篇，加「解天下萬物不可謂之一體」一節。

「中士曰：告古之儒者，明察天地萬物本性皆善，俱有宏理不可更易，以為物有巨微，其性一體。則曰天地主宰，即在各物之內，而與物為一。……又曰人物壞喪，不滅本性而化歸于天主，此亦人魂不滅之謂，但恐於先生所論天主者不合。

西士曰：茲語之謬，比前所聞者愈甚，曷敢合之乎？……世人不禁佛氏誑經，不覺染其毒語，周公仲尼之論，貴邦古經書，孰有狎主宰而與之一者？……

中士曰：佛氏無遜于上主也！其貴人身，尊人德，有可取也。天主之德固厚，而吾人亦具有至德，天主固具無量能，而吾人心亦能應萬事……世人不達己心之妙，而曰心局身界之內。佛氏見其大，不肯自屈，則謂是身也，與天地萬物咸蘊乎心……

西士曰：佛氏未知己，奚知天主……智者之心，含天地，具萬物，非眞天地萬物之體也。惟仰觀俯察，鑑其形而達其理，求其本而遂其用耳。……」(三)

黃輝假儒以伸佛，攻擊天主；利子分析儒佛，引儒學攻擊佛道。利子知道敵人不是孔孟，而是釋伽，他常申儒抑佛。說到佛氏，便語氣激昂，言詞鋒利，絕不留情。

佛教和尙，當時名著京師的，有達觀和憨山。達觀俗姓沈，句容人，號紫柏大師。憨山俗姓蔡，安徽人，爲慈聖皇太后禪師。同時杭州雲棲寺有僧人蓮池大師，俗姓沈，仁和人，號蓮池大師。這三位和尙與南京號雪浪大師的三淮，爲當時四大名僧。四人與利瑪竇同時，都攻擊利子以辯護佛道。第一個和利子辯論的，是南京的三淮(四)萬曆二十七年，利子和三淮同宴於南京李汝禎家，席間大開辯論，三淮顯出不屑和泰西夷人談話的神氣。杭州的蓮池和尙著論四篇，反駁利子的《天主實義》。蓮池的文章，收於《雲棲法彙》，名《竹牕三筆》，又名《竹牕天說四端》。《雲棲法彙》付印在蓮池世以後；但是天說四端的一部份在萬曆三十六年已經刻印，徐光啓在上海守服居喪時，曾作辯學遺牘答辯。蓮池的門生沈漼後來在萬曆四十四年；發起我國第一次教難。

在北京和利子明目或暗中相磨擦的，當然是住在京師的達觀和憨山兩個和尚。達觀的弟子遍京師，宮中的宮妃和閹宦，因爲和尚不能進內廷，多供達觀的僧服，早晚供奉禮拜。朝廷的達官要員，也多走拜他的禪門。達觀遣人走告利子，勸他來寺內拜見，利子回答沒有拜見的事故，不敢相擾。禪師若願相會，請前教堂一聚。達觀聞言大怒。傳語弟子，四處散佈流，言說利子勾通澳門西番，存心不良。將爲禍中國。

萬曆三十一年（一六〇三）「十一月甲子，獲妖書，言帝欲易太子，詔五城大索。十二月丙戌，召見皇太子於啓拜宮，手敕慰諭。」(五)

妖書的疑案，株連了許多官，稍涉嫌疑，就被拘捕，下獄拷打。《明史·郭正域傳》說：

「俄而（楚王事後）妖書事起，一貫以鯉與己地相逼，而正域新罷，因是陷之，則兩人必得重禍，乃為帝言，臣下有欲相傾者為之，蓋微引其端，以動帝意。亡何，錦衣衛都督王之禎等四人，以妖書有名，指其同官周嘉慶為之。東廠又捕獲妖人皦生光巡城御史康丕揚為生光訟冤，言妖書事同一根柢，請少緩其獄，賊兄弟可授首闕下，意指正域及其兄國子監丞正位。帝怒，以為庇反賊，除其名。一貫力救始免。丕揚乃先後捕僧人達觀，醫者沈令譽等。而同知胡化則告妖書出教官院明卿手。未幾廠衛子捕可疑者一人曰毛尚文。數日間，鋃鐺旁午，都城人人自危。嘉慶等皆下詔獄。嘉慶旋以治無驗，令革職回籍。令譽故嘗往來正域家，達觀亦時時遊貴人門，嘗為正域所擯逐，尚文則正域僕也。帝令正域還籍聽勘，急嚴訊諸所捕者，達觀拷死，令譽亦幾死，皆不承。」(六)

利瑪竇紀述這樁疑案，說和尚被株連者很多，達觀和憨山都遇禍，達觀死於杖下，憨山被流雷州：

「搜出達觀一信。信中，達觀向朋友抱怨皇上不敬佛，不敬母后，帝怒，令按法嚴治。刑部堂官久已恨達觀，因重加杖責；達觀入獄後即死。達觀生前曾盛談法空我空，不受身體的牽累。受刑時，大聲號哭，有如凡人；刑部堂官引以為笑。既葬，刑部命開棺發屍，察檢是否眞已斷氣。其他和尚，各按罪狀受刑，都逐出京師，禪林因此大受恥辱，憨山和尚放逐廣東，居韶州，人多崇敬他。乃又被流放遠處（雷州）。因妖書事，李戴之外甥被誣，帝詔奪李戴官職，放歸原籍。可見天主眞是天地主宰，李戴所敬的菩薩，沒有力可以救他，也不能保全他的官職。」(七)

妖書疑案，本是一樁不公正的案件，株連的人並不是禍首。然而利瑪竇從此能夠免了京師和尚的攻擊，他乃以為這事實有天主暗中的措置，間接地保全了北京的傳教事業。

二、

南京的會院在萬曆三十三年（一六〇五），住有羅雅各、黎寧石、王豐肅、林斐理，四位神父，及游文輝，黃明沙兩位修士。黎、王、林三神，父初到南京，言語不通，每天勤奮學習中文。羅雅各忙於見客，沒有時間宣講福音，利瑪竇乃說：「因此所得的收穫不能相當於土地的廣大」㈧但在那年，瞿太素在京領洗入教，其子式穀年方十四，留住堂內，從羅雅各神父受教育。

「萬曆三十四年……十二月壬子（一六〇七年正月十五），南京妖賊劉天緒謀反事覺，伏誅。」㈨南京有人乘機遍放流，言說天主教教士和教徒，是劉天緒的同黨。城中教友，大起恐慌，有的人掩藏家中所掛的聖像。「幸而，流言沒有根據，漸漸自行平息。我們的教友和以往一樣，繼續享有自由。」㈩兩年後李瑪諾由南昌赴澳門，利瑪竇調羅雅各往南昌任院長，南京會由王豐肅主管。豐肅性急，傳教心火很高，萬曆四十四年，卒因建設新堂，引起沈㴶仇教，發動風波。

三、

南昌的教堂，不像北京和南京的平靜。李瑪諾在萬曆三十二年，第二次來南昌，當時蘇如望神父在南昌傳教，修士丘良厚充助手。南昌的親王，曾和利瑪竇頗有交情。萬曆三十二年冬，聖誕節前天，一宗室親王領洗，取名若瑟。

「我們神父們，大家都很歡喜，因為這是中國皇族第一位領洗的親王。親王在中國雖不像在我們歐洲一樣，但是中國的親王，也很受人尊敬重視。他們除其他的特權和名銜以外，都有朝廷大官的禮服，且都繡有龍。龍在中國是最貴重的徽章。」(十一)

受洗當天，宗室親王的幼弟，同來觀禮。禮畢，要求研究教理。李神父和蘇神父看他真有誠心，便告訴他說：「三王來朝節，日為王爺領洗是個很好的日子。」他聽說三主來朝節有三王，轉首向若瑟王爺說：「同我領洗的，將共有四個人。」次年，正月六日三王來朝節，宗堂領洗的人真有四人：有若瑟王爺的兩個弟弟，一個堂弟，他們三人取三王的名字。還有若瑟王爺的姪子，即墨爾基阿王爺之子，取名厄瑪諾，紀念李瑪諾神父。(十二)

蘇如望神父的身體，因肺病，日形瘦弱，而且吐血。萬曆三十五年（一六〇七）五月，被遣赴澳門，以便靜養，但是過了三個月，醫藥罔效，棄世歸天，享年四十一歲。

當蘇如望在澳門時，李瑪諾在南昌購買一處房子，預備改為初學院。房子的價錢議定分為兩期交付。交了第一期房價後李瑪諾決定遷入新居。南昌的秀才忽然上書兵備道，告發西洋夷人，傳佈邪道，購買大房，宜予以禁止。兵備道置之不理。秀才等乃集聚學院，再上書南昌知府盧廷選，務請阻止西夷購房建堂。廷選字鉉卿，福建莆田人，素與利瑪竇相識。接到了秀才們的信，擱置不問，秀才等又上書。九月初一，（一六〇七年十月二十一日）南昌秀才和官員們共朝孔廟，秀才等乃面告布政司，以西夷混居城中，宜君驅逐，布政司命轉交「提學」辦理。秀才等呈書提學，以西夷遍歷中國大邑，與人結拜弟兄，禁止祭奠先人。提學收了呈文，捧呈布政司，提學和布政司共同在呈文後加上按語，送交知府，請按法處置。李瑪諾探知了實情，當晚（十月二十一日）也上一呈文，自行辯護。布政司遂正式坐堂，傳李瑪諾到案。李瑪諾率丘良厚修士作翻譯，走入布政司公堂，布政司喝令跪下對答，答畢，旋令退出。

盧知府聽到了這事，立傳「提學」入府，告以李瑪諾爲利瑪竇好友，利瑪竇在北京，公卿士大夫都很尊重。秀才等的呈文，揑造虛情。知府又傳秀才們對話，問西洋人在城內有何不軌，從利瑪竇到南昌後，西士在城內住了十餘年，未聞有不法行爲，利瑪竇在京師，皇上且賜月金。同時又傳李瑪諾入府，勸以莫買大屋，莫向中國人傳教，仍可在南昌繼續安居。布政司佑府，提學，三人共署這項判詞，又出告示安民。

李瑪諾把舊房已經賣了，新房又不能買，正在進退兩難之際，幸好南昌一個朋友，讓出個人的房子給神父和修士居住。萬曆三十六年（一六〇八年）九月，終於買到了一座房子。

大家遷入新屋，三位神父，七位初學生，人數不算少，新屋則仍寬敞適用。

南昌的鐵柱宮一天忽失火，南昌士紳議定重修宮院，共推閣老張明成主理。秀才等以為有機可乘，紛向閣老告發天主教民不願認捐修宮，張閣老卻答以修宮捐獻，各出自願，不宜強迫。李瑪諾神父父乃請建安王（利子所認識的建安王已薨，其子嗣位）向閣老說情，閣老之子遂來看望李瑪諾，李瑪諾登府回拜，乃得見張閣老，坐談甚歡，南昌的神父，乃能安居無事。

四、

困難最多，風波最大的，要算韶州的教堂。

韶州的教堂，向來由龍華民管理，黃明沙修士作助手。龍神父嫌利瑪竇和郭居靜以先的傳教方法過於緩慢，似乎「守株待兔。」他便親自下鄉講道。每到一鄉一鎮之前，先遣人通知鄉鎮的人，將有西洋神父來講道。龍神父每到一處便安置一座苦像，他站在苦像旁邊講天主教的要理，勸人信服。鄉鎮的人多有來聽講的，也有聽講後願意學習教理，領洗進教的。教友的數目於是日見增加。龍華民教導他們辦告解，鼓勵他們熱心祈禱。但是韶州南華寺的和尚及韶州城內的士紳，大起嫉妒。憨山和尚這時正被放逐來韶州，居南華寺，受韶州人士的崇拜，憨山邀龍華民往見，華民拒而不往；憨山一天親來教堂訪龍華民，盤問天主教教理，怒斥天主教輕侮菩薩；韶州教友都怕他藉故生事。幸而憨山自知是被放逐的人，不敢多生事非；而且不久，他又被放逐雷州，「因此韶州教友額手相慶，不再恐懼。」㈩

然而韶州離澳門太近，澳門有亂，韶州便被牽連。

萬曆三十一年（一六〇三）聖誕節，耶穌會士在澳門成立一座新聖堂。在澳門建堂，應有中國官廳許可，耶穌會士因中國官廳稅最高，不求許可便把聖堂建成。又在澳門西北購青州小島，作會士遊散休息之所。中國官廳禁止在島上修蓋大房，兩方正在交涉時，一個把總乘著島上無人，率兵赴青州島，縱火焚燒耶穌會房屋，搗毀屋內聖像。耶穌會一修士帶著被毀的聖像。逃回澳門，澳門的教友一聽焚屋焚像事，立刻聚集多人，持械奔赴把總住宅。在住宅前適逢把總焚屋歸來，大家一擁而上，棍棒交加，把總被痛打一頓，又衝入把總住宅，打破門窗傢具，且將把總拘到耶穌會堂內。香山澳知府，出面調停，救出把總，附近人民因此與耶穌會士交惡。

恰巧這時，澳門代理主教，因耶穌會澳門長處理方濟會神父和澳門一葡籍神父相爭事，意見不合，下令禁止在澳門各堂舉行聖事，並棄絕耶穌會會院。澳門聖職員遂分兩派。反對耶穌會的派，乃散播流，言說耶穌會士，勾通葡萄牙人，荷蘭人，和日本人，將起兵造反，進攻廣州。耶穌會院後面素有高牆，新聖堂又似堡壘，上次又曾聚人毆打把總，許多人便信以爲真，紛紛避走內地。廣東總督和海道，聽到了這種消息，急忙備戰，拆除澳門交界處的民房，禁止運送糧食往澳門，斷絕葡人的商務。過了不久，澳門並無動靜，被拆房屋的百姓，群向海道呼冤，澳門的葡萄牙人，無論對反耶穌會否，都因缺糧絕商，大受損害，遣人向知官和海道說情，海道乃知爲人所騙，然又不便公然認錯。

正當海道進退爲難之時，忽有人報在廣東城內獲有葡人暗探一名。海道差人往告「貳府」，貳府急差人往捕，捉獲犯人黃明沙。黃明沙那時因范禮安視察員願入中國內地視察教務，令他赴澳門，再陪視察員入內地。行抵廣州，范禮安去世。黃修士便在廣州等候澳門上司的指示，是否仍赴澳門，或是轉回韶州。友人都勸黃修士莫在城內，恐生意外。黃修士自問無過，且身中暑熱，臥床不起，便未避走城外。不幸，被差役從床上抓進衙門，同行的兩個僕人，和兩個小孩，一併被捕。貳府立刻升堂，加刑拷問，黃明沙供明因事由韶州來廣州，將赴澳門，身上帶有韶州官廳的路照，「貳府」命拿路照來看，疑惑原告冤誣明沙。原告怕轉被坐罪，乃告黃明沙在廣州買藥。貳府審問被拘的小孩，小孩供謂黃明沙曾買藥治病。貳府喝謂撒謊，命加竹片夾指的酷刑。小孩被逼，供說黃明沙曾買了鎗藥。貳府遂命寫下口供，押囚入獄。海道聽報，命押黃明沙往府聽審，黃明沙已在獄中受苦兩夜，捉到海道府堂，立遭棒刑，被判處死。次日，貳府又過堂，提黃修士出獄，又加捧打，明沙暈厥不省人事，貳府命抬進獄內，尚未進獄，黃修士已氣絕身亡。

龍華民聞訊，急上書兩廣總督何士晉，又派人赴廣州，營救被禁的兩個僕人。海道看到了龍華民上總督的書，遷怒「貳府」，責以行事冒失。廣東按察副使張德明這時從京回任，在京時，和利瑪竇相識。既到韶州，龍華民往見，兩人暢談利子的輿圖。華民乘機以黃明沙案相告，德明很是惋惜。這次按察副使兼海道職，張德明抵廣州，前海道尚未去職，德明令以沙案交縣府再查，查明確係誣告，明沙遺體交由龍華民葬澳門，兩僕人釋放出獄。

龍華民本人在韶州，則被人誣告強姦一民婦。韶州知縣想乘機勒索巨款，華民不願獻款，親身赴堂對證，原告恐慌，言詞支吾，知縣大怒，判原告者罰金，龍華民乃得洗白。

韶州河西的人民忽又群起上書張德明，力請驅逐番僧出境，並禁止番僧由澳門進內地。德明為息眾怒，張貼佈告曉喻軍民人等。不得擾亂龍華民等住所，因西洋人在韶州多年，並未招事生非，彼等可自由安居；但以後再不許有新的西洋人入境。

利瑪竇得知韶州的情況，明白那不是教士安居之地，乃在萬曆三十六年（一六〇八），寫信給羅馬友人，表明有意關閉韶州的會院：

「那裡，不斷發生風波，遭受打擊。因此，目前我們計劃把那裡的會院遷

到另一個可以多收效果的省裡去。」㈣

但是在利子生前，韶州的會院沒有關閉，直到萬曆四十年，教堂纔變賣了，神父修士都遷往他處。

五、

初到一個國家，宣傳福音，勸人奉教，一定要遇到困難：這乃是意中事。利瑪竇不以爲異，更不因此心生恐懼，或者退縮。利子一生，對於我國傳教事業，常是樂觀的。他去世前一年，曾寫信給在澳門的耶穌會副省長，說明在當時還不到正式上疏，請求皇上准許傳教的時候。耶穌會當局，當時深恐傳教的好現象，僅只靠著萬曆皇帝寵信利瑪竇，一旦皇帝或利瑪竇去世，傳教的情形立即惡化。他們勸瑪竇乘機疏請傳教，有了皇上的許可，後來的傳教士便有了保障。瑪竇觀察當時朝庭的狀況，又詢問朝朋友們的意見，知道如果上疏必定招惹禮部的反對，反而連以往的狀況，都不能保持。雖無皇上准許傳教的諭旨，傳教士並沒有立刻被驅逐的危險，傳教事業，仍然可以發達。利子在信上列舉七個理由：

「第一個理由是：傳教事業的發祥，實屬神奇，一如天主的一切事業，時常有著種種的困難，至今不絕；然而我們的聲價，卻漸日提高，教友的數目和品質，也有增無已。……

第二，因為在這裡，文章和學問很被人看重，說話有理，人們絕不輕視。而且在中國可稱為貴族的，只有文人和學者。因此似乎容易使中國士大夫相信我們的信仰，因為我們的信仰，理由充足。士大夫既相信我們，其餘的人更容易勸化了。

第三，由以上一條我們看出：易於宣傳福音的方法，就是用書籍宣傳聖教，書籍可以在中國各處暢行無阻

第四，中國人的天資聰敏。書籍，言語，和服裝以及朝廷的組織，東方人無不景仰。因此，若是我們能給他們教授科學，他們不單可以變成學者，而且因著科學他們也容易進入我們的聖教。他們後來也不會忘記受教的大恩。如今我們已經順利地開始了……

第五，中國人也是傾向修身事天的。（有的人以爲的中國人不是這樣，但是我在這裡，每天觀察，中國人確是如此。）有史以來，中國人就遵守人性的天理，較我們西方人還更完善，在一千五百年以前，中國人並不甚敬

鬼，就是那些敬鬼的人，也不像古經羅馬人和希臘人那樣的淫逸無恥。他們是願修德的人，行為也很好。而且中國古人的經書，是中國最古最有權威的書。書中只講敬天敬地和敬天地之主。我們只要細讀這些書，裡面很少找到相反人性天理的事，反而有許多事合乎天理，比任何講本性學問的哲學家也不稍遜。我們希望中國古來的許多聖賢因著遵守天理，再加上天主仁慈所賜恩惠，也可以得救靈魂……

第六，在中國教友保守信德，更較方便，因為中國很太平，有時一年也沒有變亂。因此，假使能夠歸化偌大的一個國家。它又由一位皇帝統治，教會便容易保存……

第七，我們至今，謹小慎微，和中國士大夫往來；他們都稱我們為學者為聖人。我希望我們至終常能保全這種聲譽。如今在我們的會士中，既有好幾位品行端方，神學優秀的人，而且沒有一人不勉力學習較高的中文程度。因為僅知道我們的學術，不通曉他們的學術，毫無用處……」(十五)

日後來我國傳教的情形，和利子所理想的不大相合，是否利子過於樂觀，或是因爲後來的傳教士沒有遵照利子的傳教方針？兩種原因，兼而有之，後者大約更甚於前者。

註：

(一) 明史 第二百二十一卷 頁七。

(二) Fonti Ricciane. vol. II, p. 184

(三) 天主實義 頁五一—五八。

(四) 梁子涵 三槐疑案的考證 新鐸聲 第十五期。

(五) 明史 第二十一卷 頁四。

(六) 明史 第二百二十六卷 頁二十一。

(七) Fonti Ricciane, vol. II, p. 190.

(八) Fonti Ricciane, vol. II, p. 340.

(九) 明史 第二十一卷 頁四。

(十) Fonti Ricciane, vol. II, p. 487.

(十一) Fonti Ricciane, vol. II, p. 336.

(十二) Fonti Ricciane, vol. II, p. 337.

(十三) Fonti Ricciane, vol. II, p. 326.

(十四) 一六〇八年三月六日致Girolamo Costa書見Opere storiche del P. M. Ricci, vol. II, p. 332.

(十五) 一六〇九年二月十五日致Francesco Pasio 書，見Opere storiche del P. M. Ricci, vol. II, p. 383-386.

三〇、中華教史

一、

當利瑪竇居住在北京四夷館時，館內有進貢的波斯人。瑪竇和他們交談，得知波斯也稱中國爲契丹，北京爲汗八里。於是更證實瑪竇第一次進北京時，所相信的不錯，他那時相信馬哥孛羅所說契丹（Cotajo）即是中國汗八里或大都，就是北京。

當時歐洲人畫地圖，把契丹和中國分開，契丹畫在中國以北。利瑪竇於是寫信告訴印度和歐洲的耶穌會士，「改正一切的輿圖」(一)

汗八里是元朝京城，入據中國後，定都燕京，後稱大都。「元代城垣，遼金不同，逐漸和現在的北京城相近了。主要的是由西向北移。在舊城東北建新城而遷都。東西和南北見方各六十里。設十一門：東是光熙，崇仁，齊化；西是肅清，和義，平則；南是文明，麗正，順承，北是安貞，建德。面積包括內城全部和北郊一部份。北起於德勝門外土城，南界現在長安街。遼金故都爲南城，新城爲北城。」(二)

馬哥孛羅又說蒙古京師，水衢交錯，石橋縱橫，大小橋樑一萬二千。利瑪竇發現北京橋樑也可以萬計，馬哥孛羅所說的京師，必為北京。但是瑪竇在皇城附近行走，看到南北海和護城河的石橋。假想北京遍城是橋。實際馬哥孛羅所說的京師，當為杭州行在，橫貫溪渠上的美麗橋樑，乃是杭州的景色。

二、

利子在北京一住五年，萬曆三十三年（一六〇五），河南祥符一孝廉艾田，來到京師訪問利子。艾田先人為猶太人，他本人仍舊信奉猶太舊教。一天，艾田閱讀《異林》一書，書中有時事漫記一篇，作者支允堅漫記北京有大西洋國人利瑪竇，敬拜天主。田以為敬拜天主者必是猶太人。心喜京師住有同種同教的人。遂乘來京師之便，拜訪利子。這一天是聖若翰誕辰八天慶期中的一天，瑪竇引他進聖堂，堂中供母抱耶穌和若翰像，艾田認為古經的萊白加抱依撒各和雅各伯，乃在像前行禮。又見堂中置四聖史像，艾田認為雅各伯的十二子，從聖堂進到瑪竇書房，看見猶太文古經，欣喜得見本國文字，但是看見福音，則一字不知。利瑪竇纔知道他是猶太人，因為艾田見面時，沒有提自己的祖先。利瑪竇問他是猶太人否，艾田不懂，只說自己屬於「一賜樂業」又說在河南開，住有他的同教人十餘家，他們蓋了一座會堂。原先在浙江杭州也有他的同教人。中國人普遍把他們同回回相混。利瑪竇再問他是否聽說恭敬耶穌基督的人；艾田答說在開封和山西臨晉，聽說恭敬十字的人，稱爲十字教，十字教人由西域遷入中國，逃避回回。他們一飲一食，都手作十字記號。中國人也把他們看作回回，但爲便於區分，稱呼他們爲「十字回回」。南京戶部尚書張孟男便是十字回回之一。

孟男尚書，爲利瑪竇在南京的舊友。孟男字元嗣，河南開封人，諡太子太保(三)。萬曆三十二年（一六〇四）曾因事來北京，走訪瑪竇；但從來沒有提起他的家世和信仰。瑪竇僅看出他的面貌和艾田的面貌一樣，和普通的中國人略有不同。

萬曆三十五年（一六〇七），利瑪竇派中國修士Lei tao往開封，調查十字教真相，訪問他們是否元代天主教的後裔。修士抵開封，「一賜樂業」的猶太人，樂與往來，暢談舊約古經的事蹟。「十字回回」反而不願和他接觸，不願說出自己的譜系。

「我派了一位修士到河南省，——利瑪竇報告總會長說——聽說在那裡有中國古代的十字，但是不能調查出來我們所願意知道的。我們原來想知道這十字究竟是一種記號，或是一種文字（修士無辦法調查）；因為六十年前，中國人願意拘捕信從這教的人，於是他們都隱藏起來，改為外教人或回教人，至今也沒有被人發覺。如今我們的修士突然去問他們所信仰的十字，他們心中害怕，不知道將來有什麼結果，困都不願意說。所以我們想需要有一位神父到那裡去住，日久天長，慢慢可以知道事情的眞相。」㈣

利子去世以後第三年（一六一三），艾儒略神父赴開封，神父通猶太文，想看開封猶太人的舊約經本，但因會堂理事出缺，沒有人肯把書給他看。至於「十字回回」更不喜人家探聽他們的來歷。

三、

當利瑪竇調查開封的「十字回回」，很熱切地希望找得元代天主教的遺跡時，在印度的耶穌會士，聽人傳說在印度北方尙有蒙古可汗，在可汗的契丹國，尙有信仰天主的教友。印度耶穌會視察員皮孟達（Nicolas Pimenta）乃計劃遣派耶穌會士前往傳教。

在十六世紀末葉，從印度臥亞，耶穌會士曾三次有人往中亞細亞蒙古王朝，但都未能久住。第三次往訪蒙古王的耶穌會士，在一五八九年出發，同行的會士共三人。三人中有一人名鄂本篤（Benedict de Goes）爲葡萄牙人，生於葡屬大西洋亞早肋群島（Azores）的聖彌額爾島（S. Mihele）。壯年當兵，在印度棄俗入耶穌會。(五)

皮孟達早已得到利瑪竇的報告：說歐洲古所謂契丹，實乃中國，中國以內並沒有祖傳信仰天主的人。然而印度耶穌會士據回回的傳說，契丹國內信仰天主的人很多，幾乎全國都是教友。皮孟達上書西班牙王（西王斐里伯三世兼為葡萄牙王），請津貼探險契丹事。班王令駐印度總督撥發經費。皮孟達遂決定先派鄂本篤往探契丹。

鄂本篤適於一六〇一年由中亞細亞蒙古朝廷回臥亞，由臥亞又轉回蒙古王城亞格拉（Agra）。次年十月二十九日（萬曆三十年）由亞格拉出發徒步來中國。鄂本篤改裝爲亞美尼亞商人，偕二希臘人作伴，從僕四人，帶有蒙古可汗的「路照。」

亞格拉城在印度西北，鄂本篤由亞格拉赴勞河（Lahore）。及至勞河，遣散一切的伴侶僕從，另選一個亞美尼亞人，名依撒各者充隨行伴侶，鄂本篤從勞河和商人結隊同行赴加斯加爾（疏勒 Kashgar）隨行隨止，一停便是十天半月。經富樓沙（Peshawar）可不里（迦布邏 Kabul），入加斯加爾。再前行，過八魯灣（Parwan）出蒙古可汗國境，抵塔里塞（Tal-ham）休息十天，進康居國（撒馬爾罕 Samarkand）途遇叛兵。商人結隊抵抗，寡不敵眾，終於被擒，後幸得救越蔥嶺，抵莎車京城（沮渠，葉爾羌 Yarkand），時在一六〇三年十一月。

在莎車京城居住一年，次年十一月十四日方動身往龜茲（Kuche），居一月往焉耆（Yenki）過烏魯木齊（Urumchi），抵車師（土魯番 Turfan）一六〇五年九月四日，由車師起程，抵哈密（Hami, Qomul）。由哈密再前行九天，抵嘉峪關。在關外等候了二十五天，得許進關。進關後騎馬行走一天，抵肅州。鄂本篤得知已進契丹，契丹便是中國。由肅州，鄂本篤寫信，托一回回帶往北京，因不知利瑪竇的中國名字和在北京的地址，回回沒有把信送到。第二次鄂本篤再托付曾經到過北京四夷館的回人帶信給利瑪竇。利瑪竇得信，時已深冬，急遣鐘鳴禮偕一教友，往肅州迎接，鳴禮於一六〇七年三月卅一日抵肅州，鄂本篤則已經重病在床，不能起身，一見鳴禮修士，又接到利、龐兩神父的信，心中很是感動，舉目向天，口誦聖詠說：「求我主宰，履爾所示，放爾僕人，安然謝世。」十一天後，棄世歸天。鐘鳴禮攜鄂本篤的伴侶依撒各赴京師。十月二十八日抵京，依撒向利瑪竇述說鄂本篤旅行探險的經過。可惜鄂本篤的日記，被肅州的回回所奪，僅僅留有少許的零碎記事殘簡。利瑪竇加以整理，再加依撒各的口述，寫成《鄂本篤旅行記》，寄往羅馬和澳門耶穌會上司，後來又把旅行記收在他著的天主教傳入中國史內。㈥

四、

「去年年底，不知道怎樣我忽然想到我是第一批進入這國家的人中之一，目前已經沒有另一個人知道開始時的情形了。因此若把這些事情原原本本寫出來，一定是樁好事；況且我知道已經有人寫我親身所經過的事，可是寫的與事實不符合。因此，我便開始寫一種報告書。這是據我推測為後來的人一定很趣味。若是在赴印度的船未啓碇前，我能寫完這冊書最重要的幾章，我就立刻寄往羅馬，神父你便也可以看到。但是我疑惑如今我每天的忙碌，是否能讓我寫完這幾章書。」㈦

這封信，寫於一六〇九年二月十七日，（萬曆三十七年），是現存利瑪竇最後的一封信。利子到了晚年，自知將不久於人世，那時羅明堅已經在義大利去世了，中國開教最初幾年的事蹟，只有他知道，他於是在萬曆三十六年秋，動筆寫天主教傳入中國史，至萬曆三十八年二月絕筆。

《天主教傳入中國史》（Storia dellintroduzione del Gristianesimo in Cina ）一書分五卷，第一卷，緒論，泛論中國的地理，歷史，風俗，學術。第二卷，肇慶建堂史，第三卷韶州建堂史，第四卷，入京進貢史，第五卷，定居北京後傳教史，全書原文爲義大利文。

利瑪竇去世之後，金尼閣（Nicolas Trigault）於一六一四年（萬曆四十二年）攜《天主教傳入中國史》手稿至羅馬，次年金尼閣將全書譯爲拉丁文，用自己的名字出版，後來這書譯爲法、德、西、義等國文字。利子的手稿，湮沒無聞。《天主教傳入中國史》變成了金尼閣的著作。三世紀後，即一九〇九年耶穌會著名歷史家達基宛杜里（Tacchi Venturi）纔發了瑪竇的手稿，一九一一年出版問世。一九四二年及四九年德禮賢神父（Pasquale D'Elia）重刊，加添了詳細的註釋，註明書中的中國人物歷史。

達基宛杜神父又收集了利瑪竇的書信，刊出問世。書信多係報告書，信中的資料，和《天主教傳入中國史》，可以互相參照，互相發揮。

在《天主教傳入中國史》一書中，利瑪竇敘述自己的事常用第三人的口吻，常說瑪竇神父如此如此，從來不說「我」做了事做了那事。下筆很謙虛，沒有自誇自大的神氣。敘述事實，人名地名，確實不苟。書中所敘有關明朝歷史的事件，和「明史」符；足見他下筆謹慎，記憶力很強。書中間有二三處的時日寫錯，乃人所不能免者。

註：

㈠ Fonti Ricciane, vol. II, p.391, nota 1; p.396, nota.1.

㈡ 喬鵬書　紫禁城與三大殿　見暢流雜誌　第十八卷　第七期　頁五。

㈢ 明史　第二百二十一卷

㈣ 一六〇八年三月八日致耶穌會總長書　見Opere storiche del P. M. Ricci, vol. II, p.344.

㈤ Fonti Ricciane, vol. II, p.391, nota 1; p.396, nota.1.

㈥ Fonti Ricciane, vol. II, lib. V, cap. XII, XIII, XIV.

㈦ 一六〇九年二月十七日，致羅馬友人Giovamni Alvarez S. J.書。見 Opere sto- riche, vol. II, p.390.

三一、鞠躬盡瘁

「在這裡我們的服裝是穿中國衣服，相當尊嚴，長袖，方巾，鬍鬚長，頭髮也不短。對於指甲，我們則不能效法他們，因為實在太麻煩。他們中間有的人有一個手掌半長的指甲，惟恐觸斷，用竹管保護，好似戴指套。因為長指比玻璃還容易碎。在我們看來，很不美觀，他們卻以為很莊嚴。對於睡覺，他們大半都睡在木板上，板上鋪著蓆子。床是用一種很硬的蘆桿，緊密織成的。最初很不容易習慣。

至於說不吃麵包不喝酒，單吃大米飯，這種生活為我已經不發生困難，而且既過了這許多年，我還不容易更改這種習慣呢！

每天，我們向來見的教外人講道；每逢瞻禮，在我們聖堂裡便正式地向教友們講道理。上次嚴齋期內，從南京來了一位教友，他去年在京中了進士，又得了一重要官職。這位教友聽了一兩次道理，以為這些道理若能傳揚出去必定更好，他便請我把道理用中文寫下來，我因為太忙，不能滿他的志願。他便在聖堂裡放一張小桌，我講道時，他在桌上寫，寫得相當快。……」

利瑪竇在北京，完全成了中國人，衣食往行，都照我國的風俗。只有他的長鬚及腹，迥與中國人不同。當他年近六十時，鬢髮皆白，銀鬚飄逸，道貌岸然，令人起畏。

「神父接到這封信時，我的肩上將背上六十歲的壽數了。這樣，我離墓穴已近，為事奉天主我惟一該做的事，就是希望天主賞賜我痛改前非」㈡

這是利子在萬曆二十六年，給羅馬朋友寫的信。那時他還只有五十六歲。但是由中國向羅馬寄信，至少要兩年，因此他說信到之日，他將年滿六十。可是他在那時已經覺得年老。在同年八月他給一位親戚寫信說：「我因著年歲，一天一天老了，雖然近幾年天主賞賜我身體常常強健。」㈢

利子自少年時離開家鄉，一生總未安居一地。海上的風濤，使他大病了一場。中國的水土，病死了他的幾個同伴，他也曾害過重病。而且幾乎溺死在贛江裡。由肇慶到韶州，由韶州到南昌，由南昌到南京，由南京到北京，沒有一處不遭受打擊，或是人家要燒屋，或是要驅逐他。在天津北京受閹宦的監禁，在四夷館受人的輕視。在北京定居以後，雖說朝野上下，大都尊敬他；但是韶州南昌等處的風波，常常使他焦慮不安。那時教會的局勢，常是千鈞一髮，傳教事業的全局，都繫在萬曆皇帝一時的好意；只要他一轉意，全局盡變。在這種情勢下生活著，利子不能不天天有所掛慮。何況他每天事務繁多，日不暇給。

「各方我都有許多朋友，以致使我無法安生，我整天在客廳裡對答他們的問題。此外，我還有照管我們在這裡的會士的職務。這種職務，神父們不願意讓我擺脫」(四)

朋友們不讓他休息，神父們不讓他清閒；但是最重的擔子是他自己不讓自己空閒，他的身體怎能不疲乏，他的精神怎能不消耗呢？髮鬚未老先白；未到花甲，就覺年老。況且利子嚴守耶穌會的齋期。嚴齋期內當守大齋。每天吃飯的時間又不能太久，他有客必見。吃飯的時候客人來，他就放下飯碗出見。談話稍久，一頓飯的時間過去了，他便不再吃東西，同住的神父，無論怎樣勸他，他也不肯稍破齋例。何況萬曆三十八年（一六一〇），正是京中會試和各省官吏入京朝覲的年份。外省官吏和士子，許多人曾聽到利瑪竇的名字，到京後，都乘機去訪他。利子在這一年的嚴齋期內，每天見的來客特別多，因此饑餓的次數確實不少，身體遂羸弱了。費奇觀曾記載說：

「這一大群客人，都在嚴齋期內來訪。以致他幾乎每天都要打斷了中餐去接見客人。他既然很嚴格地遵守聖教齋期，同會會友怎樣也不能勸服他或繼續吃飯，或移後吃飯時間，或至少加吃很少的一點東西。」㈤

這時，北京又正在修蓋新堂，利子一方要費心募捐，一方面親自監工。在北京嚴冬的風雪裡，每天最少一次站在冰地上看工人們搬磚運石。

「但是他最會分配時間，不單他能為自己一切的事都找到充分的時間，而且還有餘暇，能夠留下時間為行敬事天主的熱心神功。對於熱心神功，他不僅在規定的時間以內去做，而且有時還會從重要的忙碌時間裡抽出時間，因此他的會友們大家都驚訝佩服，佩服他的精神不知懈怠，又佩服他的身體不知疲倦。因為他的精神遇事必做，他的身體也任勞不辭。」㈥

萬曆三十八年二三月間，李之藻在京忽得重病，自忖必死。家中親人又都不在京師，利瑪竇日夜在床前侍候。之藻感瑪竇的德愛，許下離棄愛妾，領洗入教。領洗後，病也痊愈。獻銀四十兩以建造聖堂。

聖堂在當年四月間落成。

五月，天氣溫煖，嚴齋期也過去了，可是利瑪竇正在這時患病。

五月三日，利子自外拜客歸來，忽感頭痛。這種疾病，他時常有，大家便不以爲意，只勸勸他在床上休息一些時候，或許便會清爽。

到了晚上，頭痛不減，而且發燒，利子自知病症不輕，大約不能再起床了。熊三拔神父進房看病，利子說：

「我正在想，二者哪樣更重要：是結束世苦快要見天主的快樂呢，或是拋下我們同會的神父修士，和現狀下的傳教事業，我心中因而感到的痛苦呢？」(七)

李之藻請皇宮一御醫來診病，斷定爲流行性感冒，開下藥方，囑加休息。利子吃藥後病勢不減；乃延三名醫同診，所斷的病症不同，所開的藥方各異，三付藥都買了，但是不知道該吃那一付？許多教友聽到利子重病，都來探問，大家便跪在聖堂裡祈禱，把三付藥放在祭壇上的苦像前，求天主指示那付藥可以吃。他們又各自向天主奉獻壽命，願意減短自己的壽數，增長利子的壽命。

三付藥裡，大家選定第一位先到的醫生所開的藥。煎藥吃下，病勢仍舊。

五月八日，星期六，利子向熊三拔神父行總告解。

「聽告解的神父，一生也沒有感到像這次聽告解的愉快。他對於病人的純潔無罪和精神與天主的結合，懷著無限的欽佩。」(八)

次日，主日，利子領受臨終聖體，病弱無力。他多日已不能起床。但一聽到鈴聲，知道神父捧聖體進入房間，立刻掙扎著起來，下床，跪在地上，敬領聖體，在房中的人，都感動得下淚。

當天下午，熱度上升，利子神志昏迷，口中不時囈語。一時說中國皇帝領洗了，一會兒說北京全城人的都是教友；一時又說在中國各省的聖堂林立。

利子昏昏沉沉，斷續囈語，從五月九日下午，一直到十日下午，下午四時左右，清醒過來，要求領終傅。神父行禮節時，自己答應經文。同居的四個耶穌會會友：兩位神父，兩位修士，跪在床前，請求祝福，要求留下遺囑。病人現出微笑，舉手祝福四人，然後對每個人，留下幾句勉勵的話。

「我為你求了天主，你會安然死在耶穌會裡。」利子勉勵游文輝修士矢志不懈。(九)

「神父，你知道你去後，我們將怎樣的困難嗎？我們一切都靠著你呢！」一位神父問病人。

「我去之後，給你們留下的，是一扇敞開的大門，你們要立許多功勞；當然你們的困難和危險也不少。」利子答覆他說：

「神父，你多年來愛護我們，我們該怎樣報答你呢？」又一位神父問他。

「你們好好接待新來的會友們！」利子答說—從歐洲新來的會友，離鄉背井，拋卻了同會修院中的友情，來到人地生疏的異國，你們不單應該好好接待他們，還應該加倍愛他們，叫他們在你們每一個人身上，找到那方面所有的一切人的友情。」

教友們不斷地在堂中念經，輪流在屋中服侍，許多教外友人也來探病，大家都很焦急，利子卻坦然自如，和進屋看病的朋友，有問有答。五月十一日下午，六時左右，頭向裡面一轉，好像入睡一般，闔上雙眼，安然斷氣。享年五十八歲又七個月零五日。在中國二十七年。

龐迪我和熊三拔檢查遺物，看見一切的信札都按次序存著，《天主教傳入中國史》也剛脫稿，還有兩封遺囑，一封任命龍華民繼承耶穌會中國區區長，一封處理北京堂產的事務。龍華民在次年五月三日，始抵北京。當他接到利子去世的消息以後，他曾上書總會長說：

「總長可以想像到利神父去世以後，我們已經形同孤兒。他在生時，用他的權威和名望，作我們的屏障和護翼。希望他如今在天更加助佑我們。」(十)

註：

(一) 一六〇五年七月二十五日，致Giulio Girolamo Alaleoni. S. J. 見 Opere storiche del P. M. Ricci, vol. II, p. 338.

(二) 一六〇八年三月六日，致Giacomo Costa, 見書 Opere storiche del P. M. Ricci, vol. II, p. 338.

(三) 一六〇八年八月二十四日，致Anton Maria Ricci書，見 Opere storiche del P. M. Ricci, vol. II, p. 376.

(四) 同上。

(五) Fonti Ricciane, vol. II, p. 534.

(六) 同上，p. 533.

(七) 熊三拔於一六一〇年五月廿日書，見 Opere storiche del P. M. Ricci, vol. II, p. 484.

(八) Fonti Ricciane. vol. II, p. 540. nota 4.

(九) 一六一〇 年十月二十三日，見 Opere storiche del P. M. Ricci, vol. II, p. 490.

(十) 同上。

三二、賜葬北京

利瑪竇去世後，龐迪我上疏奏請賜予葬地：

「利瑪竇以年老，患病身故，異域孤臣，情實可憐。道途險惡，每人多所忌諱，必不能將櫬返國。……況臣利瑪竇，自入聖朝，漸習熙明之化，讀書通理，朝夕虔恭，焚香祝天，領聖一念，犬馬報恩，忠◯之心，都城士共知，非敢飾說……臣等外國微臣，豈敢希翼分外，所悲死無葬地。泣血祈懇天恩，查賜閑地畝餘，或廢寺閒房數間，俾異域遺骸，得以埋瘞，而臣等見在四人，亦得以生死相依。……」㈠

疏上，皇帝批交戶部議奏。龐迪我恐戶部朋友不多，奏議或將不利於己。往見都察院署院事孫以貞御史，央請以葬地事轉交禮部議奏。孫御史乃命戶部尚書咨部。時吳道南署禮部事，遂於六月十四日奏覆，宜加優卹。

「抄得會典，如係陪臣未到京者；所在布政司置地塋葬，立石封識。又一款，夷使在館未經領賞病故者，行順天府轉行宛大二縣與棺木銀，領賞之後，聽其自行理葬。

「今瑪竇雖未經該國差遣，而向化遠來，久經豢養之恩。……如瑪竇者，跋涉遠途，入京朝貢，在館廩餼十載于茲。而瑪竇漸染中華之教，勤學明理，著述可稱。一旦溘然物故，萬里孤魂不堪歸櫬，情殊可閔。所據龐迪我請給地各節，雖其來自中土，與外所遣陪臣不同。但久依輦轂，即屬吾人。生既使之糊口於大官，死豈宜令其暴骨於淺土？且龐迪我等四人，願以生死相依，亦當並議優卹，相應依從。優乞敕下本部轉行順天府，查有空閑寺觀隙地畝餘，給與已故利瑪竇為埋葬之所。見在龐迪我等許就近居住，恪守教規，祝天頌聖」(二)

萬曆帝得疏，次日，批交大學士葉向高。向高素與利子相識，龐迪我又先抄送了奏疏的副本給他，請予協助。向高遂議宜如所請。皇帝乃於六月十九日，御批「是」，奉旨。

李之藻當時忽遭父喪，回家守制。出京以前，遍托各部友好，請予龐迪我一臂之助。

順天府尹黃吉士，字叔醇，大名府內黃人，與利子未曾相識。龐迪我往拜，吉士答以盡力相助。葉向高和曹于汴，也遣人走答府尹，囑妥爲處理利子葬事。黃吉士乃命宛平和大興兩知縣，同龐迪我熊三拔選擇塋地。十月一日，知縣邀龐、熊兩神父前往踏勘塋地，一連十天，看了五所寺院。最後勘定北京附近之柵欄佛寺。十月十九日，順天府尹批准柵欄佛寺爲欽賜墓地。當天，龐迪我偕熊三拔前往接收佛寺。

柵欄佛寺係一宦官所建。他原買柵欄的房屋，作爲別墅，後因得罪，幾遭誅戮，幸而遇救，得免一死。屋產充公，便把別墅改爲佛寺，其中有一老僧。順天府尹在龐迪我選定柵欄以後，派差役把老和尚召入府內，當面吩咐他立即搬出佛寺。

建修佛寺的宦官，聽說皇上把佛寺欽賜西洋人作爲墓地，不敢出面阻止但想暗中作難。首先派人乘龐熊兩神父不在寺中時，搬運傢具和園中花草奇石，嘲笑守寺的修士。後又把佛寺讓與太后所寵信的一個宦官，想假太后的勢力，推翻皇上的命令。太后聽說佛寺由皇上欽賜西洋人爲墓地，不願向皇上說情。宦官請人寫一文書給順天府尹，譏刺他以京師佛寺，賜給回回。府尹見書大怒，將原書擲還宦官，乃與禮部，分別寫出告示，禁止擾亂柵欄墓地。

修寺的宦官見事不濟，乃找宦官首領司禮監，司禮監函府尹，責以搶奪宦官別墅，轉賜西洋番僧。府尹接函，命幕僚抄下皇御批，作覆。司禮監見有欽賜墓地的御批，連忙馳書府尹謝過。龐迪我恐宦官小人，不肯死心認輸，乃親往見太后所親信的宦官和司禮監，太后所親信的宦官，盛氣凌人，怒罵西洋人貪利圖財，爲葬一人，豈能用一偌大的莊子。龐迪我正義不屈，言明皇上賜地，地越大越顯皇上的樂善好施。欽賜墓地，不僅爲安葬利子，也爲置屋守墓。司禮監接見龐迪我時，命迪我跪地答話，迪我抗不爲禮，司禮監終於兩人並立對談。迪我允以佛寺外的土地，退回原主。

宦官們的陰謀詭計，因順天府尹持正不阿，終不得逞。但戶部某官員，因都御史令以此事咨轉禮部。心中不服，當柵欄賜地將在戶部備案免稅時，他便行文兩縣縣令，責問爲何勘定一所廣大佛寺作爲墓地？龐迪我急往見戶部一相識的大員，央請出頭，平息是非。次日，戶部行文之某官，又收回文書，准予備案。欽賜墓地一案，乃告結束。龐熊兩神父進宮，參拜御座，謝恩。

柵欄賜地廣二十畝，房屋三十八間，原名「滕公柵欄」，位於阜城門外半里的二里溝。房屋分四進，大門外兩石凳，爲上馬石。大門內一橫廊，廊中房屋五間。由橫廊下石級，到第一進庭院。兩傍，七間廂房。在第一第二住庭院之間，有一高牆，中有一門，兩旁有石級，第二住庭院兩傍，各有廂房四間。由第二進庭院拾級進第三院，院的中心原爲寺院正殿，供奉地藏王。龐迪我改佛殿爲聖堂，堂中祭壇供救世主聖像。堂之兩側原爲兩便殿，供奉閻王，龐神父撤去閻王塑像，改爲客廳。出聖堂，下石級進第四進庭院，兩側各有廂房三間。過第四進庭院入一橫廊，橫廊中心，又有一佛殿，殿不甚大，乃改爲憩息室，兩側，有房間各一橫廊左角，新設一小聖母堂，供羅馬聖母大殿的聖母像。利子生前曾許願建堂供羅馬聖母像以謝定居中國的大恩。橫廊右角開門，進入花園，花園盡頭有一牆，高逾一人，出牆門，乃抵墓園。墓園爲方形，園牆四角各有石墩一座，園中心有古柏四株，樹之中央爲利子墓。出墓園，又一小園，園中修蓋園墓小堂。㈢

改建墓地的工程，在次年（萬曆三十九年。一六一一）夏已告完成。寺中佛像，無論泥塑木刻或銅鑄，一概打碎，或攙在泥土中，以建利子的墓穴，或拋在墓穴內，充作殉葬物品。利瑪竇赤手空拳進入我國，宣講福音，引人棄菩薩敬天主，爲他殉葬，最適當的物品，莫過以毀碎的菩薩。

繼利瑪竇任耶穌會中國傳教區區長龍華民神父，於萬曆三十九年五月三日抵北京。利子安葬的日期，擇定於是年十一月一日「諸聖節」。

當利子去世時，李之藻在京，獻贈柏木棺材一具，二日後大殮，棺置於新聖堂中，舉行追悼彌撒。彌撒後，移棺於客廳，開堂設弔。龐迪我、熊三拔與二位修士，身穿孝服，站在棺傍，陪客致哀。弔畢，棺材移回聖堂，放在祭壇側。

龐迪我既已接收柵欄佛寺，改修墓園，萬曆三十九年（一六一一）四月間，將利子的棺柩遷往柵欄。當天，北京的教友都聚集在宣武門附近的聖堂裡，彌撒後，遷柩的儀隊出發，最前有人捧十字，教友分兩行步行，每人手執蠟燭。柩抵柵欄，存放聖堂側一室中。

龍華民神父主持利子安葬禮，皇帝遣大員致祭。徐光啓率領京師教友參加葬儀。

當天清晨，柵欄救世主聖堂行開幕禮，唱諸聖節大禮彌撒。彌撒後，移利子棺入聖堂，再行追悼大彌撒。追悼禮畢，發喪。徐光啓和眾信友，持燭前導，教友四人，舁棺出堂。抵墓穴，下棺入壙。徐光啓親手握下棺繩索，又親舉鏟下土。葬後，光啓且保留下棺的繩索，以作紀念。㈣

柵欄墓地正門上，懸「欽賜」匾額。順府尹黃吉士贈匾一方，上書「慕義立言」。

京北尹王應麟撰碑記，碑記云：

「粵稽古用賓，在九州廣萬餘里者，斯為遼僅已。我國家文明盛世，懷柔博洽。迄萬曆庚辰，有泰西儒士利瑪竇號泰西，友輩數人，航海九萬里，觀光中國，始經肇慶，大司憲劉公旌之，託居韶陽郡。時余奉刺凌江，竊與有聞。隨同儔伴，齎表馳燕。跋庾嶺，駐豫章，建安王挹遘，若追篤歡交誼之雅。宗伯王公洪誨，竟傾蓋投契合之孚，相與泝遊長江，覽景建業。篋尹祝公世祿，司徒張公孟男，淹款朋儕，相抒情素。西泰同龐子迪我，號順陽者，僅數友輩，迺越黃河，抵臨清，督稅宦官馬堂，持其貢表，恭獻闕廷。皇上啓閱天主聖像。珍藏內帑，自鳴鐘，萬國輿圖，琴器類，分布有司。欣念遠來，召見便殿，寵頒一職，辭爵折風。饌設三辰，叨燕陛闕。欲親貌顏，更工繪圖。上命禮部賓之，遂享太官廩餼。是時大宗伯馮公琦，討其所學，則學事天主，但吾人禔躬繕性，據義精確，因是數數疏義，排擊空幻之流，欲彰其教。嗣後李冢宰，曹都諫，徐太史，李都水，龔大參，諸公問答，勒板成書。至於鄭宮尹，彭都諫，周太史，王中秘，熊給諫，楊學院，彭柱史，馮僉憲，崔銓部，陳中憲，劉茂宰，同文甚都，見於敘次。衿紳翰墨之新，槐位貴行館之重，班班可鏡已。歷受館餼十載，適庚戌春，利氏卒。迪我偕兼具奏請卹。詔議，禮部少宗伯吳道南公，署部事，言其慕義遠來，勤學明理，著述有稱。且迪我等願以生死相依，宜加優卹，伏乞勒下順天府，查給地畝，收葬安插，昭我聖朝柔遠之仁。奉聖旨「是」。宗伯迺移文少京兆黃吉士，行宛平縣，有籍沒楊內官私刱二里溝佛寺房屋三十八間，地基二十畝。牒大司徒，稟成命而畀之居。覆奏，蒙允。全職江右岳牧，轉任廣陽師表，實有承流宣化之責，欣聞是舉，因此戢節抵寓。順陽子與其友人龍精華，熊有綱，陽演西輩，晉接久，習其詞色，洵彬彬大雅君子。殫其底蘊，以事天地之主，以仁愛信望天主為宗，以廣愛誨人為功用，以悔罪歸誠為入門，以生死大事有備無患為究竟。視其立身謙遜，履道高明，杜物欲，薄名譽，澹世味，勤德業，與賢智共知，挈愚不肖共由。玄精象緯，學究天人，樂工音律，法盡方圓。正曆元以副農時，施水器以資民用。翼我中華，豈云小補。於是贊成皇上，盛治薰風，翔洽遘際，眞夐絕千古者矣。斯時也，余承命轄東南，寧無去思之慨！附居郊處，慮有薪水之憂，赫赫王命之為何？余與有責焉，用識顛末於貞珉，紀我皇上柔遠休徵，昭示萬禩，嘉惠遠人之至意，為之記。以辛亥月日葬。欽賜房地三十八間，週圍墻垣二十畝。南至官道，北至嘉興觀地，東至喜興觀，西至會中墳。」㈤

註：

㈠ Fonti Ricciane, vol. III, Roma, 1949, pp. 4-5.

㈡ 同上，p. 7-8.

㈢ 參考Fonti Ricciane, vol. II, p. 619 插圖。

(四) 參考Fonti Ricciane, vol. II, lib. V, cap. XXII.

(五) 增訂徐文定公文。集卷首下頁十五—十六。
Fonti Ricciane, vol. III, pp. 9-19.
李家宰（李戴），曹都諫（曹于汴）徐太史（光啓），李都水（之藻），龔大參（龔道立，字應身。）鄭宮尹（鄭以偉，字子器），彭都諫（彭惟成），周太史（周炳謨，字仲觀）王中秘（王家植），熊給諫（熊明遇，字良孺），楊學院（廷筠），彭柱史（彭端吾，字元端），崔銓司（崔淐，字震水。），陳中憲（陳亮采），劉茂宰（劉胤昌，字燕及）。

一九五九年正月廿九日脫稿於羅馬
二月十一日露德聖母節改竣

參考書目：

P. D'Elia S. J., Fonti Ricciane, vol. III, 1942-1949.
P. Tacchi Venturi, Opere storiche del P. Matteo Ricci, vol. II, Macerata, 1913.
P. D'Elia, I grandi Missionari, Roma.

O. Gentili, Matteo Ricci, Roma, 1953.

O. Gentili, Macerata sacra, Recanati, 1947.

F. Bortone, Il Saggio d' Occidente, Roma, 1953.

V. Cronin, Le Sage venu de l' Occident, Paris. 1957.

Bartoli, vina, Torino, 1825.

E. Rosa, I Gesuiti, Roma, 1930.

明史。

天主教十六世紀在華傳教誌，H. Bernard. 商務印書館，民二十五年。

中西交通史，方豪著，臺北民四十四年。

方豪文錄，北平。

李存楊淇園傳，浙江我存雜誌社，民國二十二年。

徐光啓傳，羅光著　香港　民四十二年。

增訂徐文定公集。上海，土山灣。

灌輸西學之偉大，徐宗澤，上海，民十五年。

中國開教三大柱石，嚴鼐，上海，民二十三年。

羅光全書

冊廿八之二

徐光啓傳

臺灣學生書局印行

自序

十五年前，我寫了一本《徐光啓傳》，由香港眞理學會出版。寫傳時，我住在羅馬，所能收集的資料有限；寫作時我便更注重文筆了。

近幾年在臺灣，我陸續得到了許多以前沒有看到的徐光啓文件：有《徐文定公家書墨蹟》，有影印《天學初函》，有《農政全書》，有《增訂徐文定公集》所未收入的奏議書牘，還有徐光啓生辰四百週年紀念文章。我對於徐光啓的思想認識更深刻；對於他的人格，知道更清楚。我就決定修改十五年前所寫的徐傳，送與傳記文學社出版。恰好在暑期裡，午後我不在辦公室處教務，便在天母寓所埋頭寫作，費了兩個月的時間，把徐傳改完，删去〈治家〉和〈疏薦西士〉兩章，加添〈治家習農〉、〈樸素持身〉、〈農政全書〉三章。〈幾何原本〉、〈津門墾荒〉和〈通州練兵〉三章，加寫部份很多，等於新作。其他各章，所增文字，有多有少。最後兩章，併爲一章。修改本和原本章數相等，共二十一章。

徐光啓一生的工作，在力求以科學建設中國的今日，更顯得偉大。他青年讀書，從事科舉；但是他的興趣和努力，則是科學。當時研究科學的風氣和途徑還沒有成立，雖說也有幾位學者在從事研究：如朱橚編著《救荒本草》，李時珍編著《本草綱目》，雲路邢編著《古今律曆攷》；但都不能擺脫前人的成說，以求新的見解。光啓一方面研究中國歷代所傳天文、算學、農業、水利、輿圖等書；一方面實地觀察，從江浙到廣東，再又北上到京師，遇事必問，遇人必問，問後就作筆記；又進一步親身實驗，種田墾荒。經驗所積，編著《農政全書》，集中國古今農學的大成。

考了進士，光啓在翰林院作館課，乃和素與相識的西士利瑪竇、龐迪我、熊三拔三位天主教神父，研究西洋科學，後來又和郭居靜、羅如望、龍華民、羅雅各、湯若望幾位神父交往。對於西洋當時的天文、數學、地理、曆法、水利、火器、測量、藥材、音樂，都加研究，編譯《幾何原本》、《簡平儀測量法義》、《測量異同》、《勾股義》、《泰西水法》、《靈言蠡勺》等書。

最可欽佩的，還是他的科學精神。光啓講論學術，絕不滲雜陰陽五行無稽之談，常以事理爲據。他所上奏疏，擬定屯田、水利、漕運、練兵、製炮、修曆，各種計劃，都使用科學方法。他平日處事務，寫作文章，也常有科學頭腦。他相信推行科學的政治，足以挽救明末的危局。蔣夫人曾爲《徐文定公家書墨蹟》寫序說：

「當有明末葉，西方科學文明正與利瑪竇傳教以俱東，所惜當時一般才智之士，均囿於故知舊習，惟以科舉干祿為能事，故步自封，不知其他。而其能接受新知並信奉天主，不一二覯也。惟公深維我民族智能之先，默察世界科學激流之所自，首先傾心于科學新知，治曆法、正歲差、繪星圖、製儀器，雖耄年猶登觀象台，躬親實驗。又譯幾何原本，深研八線對數線方根割圜法之學，此即今所謂幾何、三角、代數之基本也。公益以生知之智，困勉之功，旁及於統計、營造、軍事、醫學、物理、機械、地理、製圖、水利諸科，淹通精貫，可謂前無古人。」（徐文定公家書墨蹟，台中光啓出版社民五十一年版。）

文定在科學上雖沒有新的發明，但是在全國不重視科學的時代，他研究科學，提倡科學，這種科學精神，則配稱一位特出的科學家。宜乎中國文化史，推崇他是介紹西洋科學的第一人，惋惜他死後沒有繼承的人；否則中國近年兩百年的歷史必另有色彩。

文定是一位學者，以學者而從政，企圖應用科學從事改革，練兵製炮，屯田墾荒，曬鹽種桑；但都因朝廷大臣掣肘，不能實現擬定的計劃。唯一的成就，是用西洋曆法修改大統曆，造成中國的新曆書，至今沿用。

在宦海浮沉裡，表現了他的高尚人格。明末是朋黨的時代，是宦官專橫的政局，文定知

他也不依附閹宦。他既不參加朋黨，也不依附閹宦。他
進知退。從考中進士到東閣大學士，他作了三十年的官；既不參加朋黨，也不依附閹宦。他自己說：「孑然孤跡，東西無著，苟利社稷，矢共圖之。」一生沒有遭過貶謫，雖受過大臣和閹宦的彈劾，皇上卻說：「浮言妄挸，何待剖陳。」爲人正直，心無貪求，平居樸素，持身謹慎，有純正學者之風。

文定人格高尚，受有宗教信仰的陶冶。他在四十二歲領洗入天主教，一生保持虔誠的信心。沈＊攻擊天主教時，他不隱匿退縮，挺身上疏，爲教爲西士辯護。南京教會遭打擊時，他吩咐家人掩護教士。平日切實履行信仰生活，以教義作生活原則，以教規爲生活規矩。每日默思人生大道，每天多次祈禱，參與教會儀典，必恭必敬，愛護同教教友，尊敬教士神父。又圖以自己的信仰，傳授他人，延請西士到上海開教。中國天主教史稱譽他爲中國開教柱石。

蔣夫人在序文裡又說：

「其所足師法者：一為對宗教之信仰，雖在大地懵懵眾生囂囂之中，而起信起敬，身體力行，始終不懈；一為對治學之方法，其未之能行，唯恐有聞與早作夜思，惟日不足之苦心，一皆見之於其所為簡平儀序，泰西水法序之中。其愛國家求眞理之崇高不朽精神，固應久而彌彰，雖故而猶新也。」

景仰先賢，表彰德行，乃我一生的素志。二十年前曾作《陸徵祥傳》。陸公平生欽佩文定，自稱爲文定同邑私淑弟子，曾提倡《增訂文定公集》，向天主教會中樞介紹文定的事蹟，希望教宗諡封文定爲教會聖人。和我談話或寫信時，也常提起文定。我因此就研究文定的生平，在作《陸徵祥傳》後的第五年，作《徐光啓傳》，再後五年，作《利瑪竇傳》。紀念教會先賢，追述德表，以圖繼續先賢的精神。

民五十八年八月卅一日序於天母

徐光啓傳

目　錄

一、壬子之禍

明嘉靖三十一年（一五五二年），「夏，四月，倭寇犯臺州，破黃巖，大掠象山，定海諸邑。」㈠侵入上海。全鎮的人倉皇出走，逃往鄉間野外避難，一個徐姓的小家庭，婆媳兩人帶著一個少女，也急急忙忙跑往鄉間。

倭寇爲東海的海盜，來自日本，和中國沿海流氓海盜相結，自明太祖洪武二年（一三六九年）就出沒海島間，侵略蘇州、崇明，殺略居民，連年不止，屢次剿伐，時散時聚。「汪直者徽人也，以事亡命海上，爲舶主渠寇，倭人服之。……倭勇而戇，不甚別生死。每戰，輒赤體提三尺刀，舞而前，無能捍者。」㈡他們擾亂江浙和閩省的沿海各鎮，不但強掠物，而且見人便殺。「入官庾民房焚劫，驅掠少壯，發掘冢墓。束嬰孩竿上，沃以沸湯，視其啼號，拍手笑樂。得孕婦，卜度男女，刳視中否爲勝負飲，積屍如陵。」㈢

徐姓婆媳兩人，藏匿鄉間野地，聽見有人聲，趕急躲入蘆草叢裡。媳婦抱著小女，坐在水深急流的處所，她決意在倭寇來搜時，便投水自盡。㈣

嘉靖皇帝任用御史王紓提督軍務，巡視浙閩。王紓命參將俞大猷和湯克寬，督軍追剿，把寇首汪直、徐海，趕入海中，擒斬了蕭顯，江浙稍定。

倭寇擾亂江浙，連續四年。徐氏婆媳流落在外，男兒思誠，年未二十，留在城裡，參加防禦隊伍，被推爲大戶，寇亂平息，徐氏婆媳，重回上海，家門已不可辨識，只見一片灰燼。倭寇縱火燒屋，連屋後先祖種的一棵橘樹也燒死了。臨時只得支拄著草蓆，避避風雨，兒子思誠，這時也回家了；幸而他沒有死倭寇的刀下。

他是一個獨生子，父親早已見故。他的名字叫思誠，父親名緒。在這次倭寇燒屋時，家譜被燒掉；他一家的歷史，因此中斷。只知道他一家是由姑蘇搬來的。搬家的先祖，名叫竹軒，竹軒生淳隱，淳隱生兩子，業農，長子無後，幼子名緒，緒改習商，緒生思誠。緒死時，思誠纔六歲。

他的母親姓尹，治家有道：「擇兒子尹翁操出納，擇婿俞封翁使當戶而寬，……撫兩翁皆如子，與同爨，兩翁亦同心夾輔。」(五)三家同住，沒有私蓄。到思誠結了婚，尹氏把家產分作三分，兒子和婿跟思誠各拿一分，自立家門。思誠娶妻錢氏。

思誠生一女一子：女生於壬子倭禍以前，子生於嘉靖四十一年三月二十一日（一五六二年四月二十四日），名光啓，字子先，號玄扈。光啓爲思誠的獨子，徐氏一連四代，都是獨子相承。

思誠在遭了倭禍以後，又遭了一次盜竊，家道更衰落了。思誠生性慷慨，生活困難時，鬻賣田產，他仍舊大量周濟。有時飯菜不能果腹，他還不惜跟鄰居的窮人分食。母親尹氏和妻子錢氏，常是「早暮紡織，寒暑不輟」，錢氏的仁心不後於丈夫，逢親戚來借貸，思誠沒錢可借時，她拿出自己的簪珥，讓他們去質當。

光啓的童年，就在貧寒中渡過，身體卻非常壯健。冬天大雪，他爬在城牆上，看著一邊白雪壓屋頂，高高低低，一邊白雪鋪地，千里平坦，越看越高興，在城牆上奔跑，早已忘記了寒冷。

八歲時，他在龍華寺讀書，喜歡爬寺塔，一天他爬上了塔巔，稍不經心，失足跌落塔頂的鐵盤裡。盤中有一個鸛鳥巢，鸛鳥被驚走了，他就去尋鳥蛋，像是不理會自己立在塔頂。又一次，他爬上高塔去捉鴿子，鴿子捉到手時，他卻失腳，連人連鴿跌到地。旁觀的人嚇的大叫，他從地上爬起，看著手裡的鴿子沒有摔死，便指著鴿子說：「好了，你以後總不會在塔縫裡飛進飛出了。爲捉你，我費了好幾天工夫。」㈥

錢氏看著這孩子很有些勇氣，而且很機警，怕他日後要弄刀鎗，便把書裡的一切軍器圖書都撕去。但有時母子在家對坐時，錢氏一手抽紗，一手搖紡車，口裡說些故事；壬子的倭禍，也就述說了多次。光啓聽說倭寇拿滾湯澆小孩，覺著這些倭子壞極了，應該消滅。母親也給他講：「當日將吏所措置，以何故成敗，應當若何，多中機要。」㈦他的父親思誠，當壬子倭亂，時留在上海城中，跟同邑的人抵抗倭寇，籌備軍需。「少遭兵燹，出入危城中，所識諸名將奇士，所習聞諸戰守方略甚備。與人語舊事，慷慨陳說，終日不倦。間用己意，指摘前事得失，出人意表。」㈧光啓童年的心靈，常被母親和父親的故事所激動，他自小便注意軍事智識，尤愛實際學問，養成了事事求實行的習慣。

光啓出生的那一年，滅寇英雄胡宗憲被讒削職。倭寇雖是來自東海本州島，他們的首領，卻多是閩海的流氓。汪直、徐海、毛海峰、彭老生、蕭顯等，都是江浙閩海人。他們而且和沿海的大商巨族都有勾結。朱紈巡撫浙江時，曾上書朝廷說：「去外盜易，去中國盜難。去中國群盜易，去中國衣冠盜難。」㈨朱紈殺通倭漢奸九十餘人，結果他竟被御使周亮與給事中葉鏜所奏劾，被迫自殺。胡宗憲平倭有功，他在嘉靖三十五年誘殺徐海，次年又殺汪直。江浙巨族乃買通給事中陸鳳儀進讒言，他遂遭削職，逮送京師，於嘉靖四十二年自殺。錢氏所以更怕兒子弄兵好武，勸戒他莫學鎗棒，該用心讀書，中了科舉，在朝廷上做官，直言不懼，做個正義的名臣。

但是壬子的倭亂深深刻在光啓的記憶裡，母親、祖母和父親的述說，使他一生常以倭亂爲憂。居官京師時，告誡兒子說：

「一聞海上警報，卻不可入城，急急移到蟠龍趙行庄上，……賊一登岸，便可急走杭州，……」(十)

註：

(一) 明史紀事本末（國學基本叢書）　第三冊　卷五十五。
(二) 同上。
(三) 同上，四二頁。
(四) 增訂徐文定公文集　卷一　先妣事略　民二十二年上海徐家匯藏書樓版。
(五) 增訂徐文定公文集　卷一　先祖妣事略。
(六) 見徐氏家譜　徐文定公傳　南吳舊話錄　見聖教雜誌第廿二年第十一期　九十二頁。
(七) 增訂徐文定公文集　卷一　先妣事略。
(八) 增訂徐文定公文集　卷一　先考事略。
(九) 明史紀事本末　第三冊第八卷五十五頁一二八。
(十) 徐文定公家書墨蹟　家書第五件　光啓出版社　民五十一年版。

二、屢次應試

母親既盼望他作一個正義的名臣，祖母更是「每以亢宗期許」㈠，光啓便力求科舉。明萬曆九年（一五八一年），光啓二十歲，考中金山衛秀才，入學補廩。母親錢氏以爲祖母說的話很對：二十歲中秀才，還怕日後不能亢發吾宗嗎？便決定替光啓完娶。父親思誠在同邑中擇了吳小溪處士的家門，聘他家的女兒做媳婦。光啓便在中秀才那一年結了婚。

徐家的門面，一向是靠尹太夫人支撐的。思誠本習商，後改業農，又弄陰陽醫術，占卜看相。這似乎有點像「不務正業」。光啓結婚後一年，生了一個兒子，取名叫驥。再過一年，祖母尹太夫人老病歸天。他便在里中設館教學，做蒙師來養家。

他豈是甘心一生做蒙師？他作文的目標就很高，他論作文說：「綜其實有三端：有朝家之文，有大儒之文，有大臣之文，其被於人也，亦有三端：當物者，使人油然以思，若潤於膏澤；入心者，使人惕然以動，若中於肌骨；切用者，使人俯拾仰取，若程材于鄧林，而徵寶于春山也。微斯數者，雖復摛藻華繁，飛辯雲浦，猶之乎文士之文，刻脂鏤冰而已。」㈡

光啓自少具有科學頭腦，喜愛實用的學問，長於說理的文字，不作文士之文，求質不求華；但是考試時的考官，卻多只是文士，只好「摛藻華繁」的文章，補廩後，赴鄉試，發榜時，榜上沒有名字。第二次鄉試時，第二次又落第，他心中有些氣悶了。母親錢氏反勸他說：「今雖貧，不得志公車，吾不恨也。塞上之馬，安知禍福所在也。」㈢

二十七歲時，太平府（今安徽當塗）舉行鄉試，他準備再赴試。那時江南大鬧飢荒，鄉間米穀都盡。光啓家裡也沒有餘糧。有一天，他母親從早晨餓到晚晌，幸而在籬邊尋得一個小瓜，纔能煮瓜充飢。母親知道他想去赴試，篋中已沒有首飾可賣，只好向四鄰親戚借貸，湊集了一點川資，川資少，便得步行。他和董其昌、張鼐、陳繼儒同行。

不巧那時連下一個月的大雨，光啓自勾曲沿著長江走，全身衣衫又濕又冷，路上的泥滑又重，一連滑倒了好幾次，衣上都是泥濘，這樣狼狽地趕去鄉試，竟又是落第不中。身上一身泥，心中一心淚。這次已是第三次不中了，回家有何顏面見母親？母親卻坦然不以爲意，「先慈當保幼年，豫見躍冶之氣，秋闈不利，每爲色喜。」㈣

萬曆十九年，光啓三十歲，又逢秋闈，赴試，還是名不列榜。次年，母親抱病去世，他後來一生常念著母親：「先妣訓不肖及女兄弟，生平未嘗楚辱罵言。有所欲敕戒，則不言笑者數日，待兒輩侍立垂涕，度悔改而已。」㈤

三年守喪，念著母親對自己所有的希望，他便不敢隳志。除了喪，三十三歲，萬曆二十二年（一五九四年），馬上往赴北闈試，竟又不能登第。家中既沒有母親，心中又愧見父老，乃在趙鳳宇家教私館，又隨他遠走廣西潯州。路過韶州時，識西洋教士郭居靜神父。㈥屢試不中，又失愛母，單身在外省教書，且當壯年氣盛的年齡，心中怎能不鬱鬱若有所失呢？在韶州小住，一天，他走到護城河西的一座泰西教士的住宅外。他已早聽到人家說泰西教士利瑪竇，便敲門進訪，在中堂見到牆上供著的天主畫像，神氣栩栩如生，不覺肅然起敬，跪地敬禮。

一位泰西教士出見，名叫郭仰鳳㈦。利瑪竇那時已往南昌。談話後，光啓感到泰西教士有中國君子之風，他便起心想研究教士所傳之道。

在韶州坐館一年，光啓走往廣西潯州，（桂平縣），年青的窮教師，當然只有步行，不但腳下鞋破趾裂，所穿的衣服，更是百結多孔，下店時，自己在燈下，拿線縫補。

萬曆二十五年（一五九七年），歲逢丁酉，他決意趕往北京應試，這次終竟考上了，而中了第一。

讀過《儒林外史》的人，都記得第三回的〈周學道校士拔真才〉。一個五十四歲的童生，名叫范進，從三十歲趕考，從沒有考上。周學道讀了他的卷子，心理不喜，丟過一邊。後來憐他苦心，又拿起卷子，再看一遍，覺著有些意思；於是又讀一遍，才曉得是天地間的奇文，即填了第一名。光啓這次應試，所有的巧遇很像范進。考官焦漪園讀了光啓的卷子，即把卷子丟開，認爲不可讀。但是把一切的考卷都讀了，找不到可以填第一名的考卷，離發榜又只有兩天了，他不免心中著急。再把考卷重讀一遍，讀到徐光啓的卷子，覺得有些意思，接著又讀一遍，發覺是名士大儒的文章，拔爲第一。放榜後，這位新解元，一時名噪京師。

光啓很欽佩這位焦老師，不僅因爲自己受了提拔，也因爲真是知己。他後來作焦師《澹園續集序》說：「如世俗之言文者，余小子弗敢知也。以先生之文，絜之陽明，若同若異。如世俗之言文者，余小子弗敢知也，所知者兩先生之兼長備美。讀其文，而有能益于德、利于行、濟於事，則一而已。」(八)

知己豈可易得！光啓中了第一名解元的次年，赴禮部會試，竟又榜上無名，再過六年，在萬曆三十二年(一六0四年)纔中了進士，名列八十八。殿試，名列五十二；欽點翰林，點上第四。

在點翰林以前，光啓心中很有些躊躇，恐自己點不上。利瑪竇從中鼓勵，而且替他祈禱。瑪竇在一六0五年給羅馬的一個朋友寫信說：「雖說他(徐光啓)真是文人而且享有文名，但該去應試，因爲在三百名新進士裡只選二十四名翰林。中了翰林，還該受試三年，然後入翰林院。這一院是中國最尊貴的學院，朝廷大官都是從這翰林院出來的。希望天主賞賜

他成功，那麼他便常可住在北京。用他的聲望，他的指示和他的善，他很可以幫助我們。」㈨

光啓中了第四名翰林，授翰林院庶吉士。他的科舉辛苦，已告結束，在翰林院雖有館課，那已是研究的工作。另外一種辛苦從此開始，就是研究西洋學術。光啓研究科學的素養，早已養成。他自己曾說：

「余生財富之地，感慨人窮，且少小游學，經行萬里，隨事諮詢，頗有本末。」㈩

他後來在崇禎二年間，曾面答皇上說：

「聖諭：周禮三物，教萬民而賓興之云云。臣光啓奏：周禮三物，德行為先，下至禮樂射御書數，亦皆是有用之學。若今之時文，直是無用。聖諭：祖宋朝以此取士，未嘗不善，只是後來云云……」⑾

後來弄成了八股的文章，便不善了。

註：

㈠ 先祖妣事略　增訂徐文定公文集　卷一。

㈡ 增訂徐文定公文集　焦師澹園續集序。

㈢ 增訂徐文定公文集　先妣事略。

㈣ 增訂徐文定公文集　致通家王少宰書。見徐文定公行實。

㈤ 增訂徐文定公文集　先妣事略。

㈥ 光啓往廣東的年代　史傳不明。李問漁的徐文定公行實：似言因太平府鄉試落第，乃走廣東。方豪教授所著徐光啓一書，從這一說。但光啓時年二十七歲，家中尙有母親，後來往順天府兩次應試，第二次時，他已三十六歲，中間隔了九年，而當他喪母時，他必定在家。利瑪竇在他所著的中國傳教史則說光啓是在第一次考進士不中時往廣東，德禮賢司鐸作註釋，以利氏錯了，說光啓往廣東，乃在一五九六年，第一次順天鄉試不中時，我認爲這一說很合理，故採用之。（Fonti Ricciane Vol.II. P.253 nota 8.）

㈦ 郭仰鳳，名居靜。西名Lazzaro Cattaneo義大利人，生於一五六〇年。於一五九四年來華，卒於一六四〇年。

(八) 增訂徐文定公文集　焦師澹園續集序。

(九) 見Opere storiche del P Matteo Ricci. Tacchi Venture, Macerata 1913, Vol. II. P. 254.

(十) 見農政全書卷三十八。

(十一) 面對三則　見明鈔本徐文定公奏疏第三冊。

三、受洗入教

光啓第一次沒有中上進士，自己後來常以爲幸運，利瑪竇述光啓的感想說：「他（光啓）第二年和以後的三年，沒有中上進士，他常認爲這是天主的慈恩。若在那時中上了進士，他大約便沒有和我們相過從的機會了，便不能進教。他大約也要納妾，跟別的進士一樣，因爲他只有一個兒子，尙沒有抱孫，恐怕絕後，遺辱先人，這樣則更難出妾以受洗了！」㈠

沒有中上進士，光啓回歸上海，開館教學，靜心讀書。程嘉燧曾描寫光啓的教書生活：「余與海上徐君子先，嘗與門人讀書山中，一室之內，几榻之外，旁置瓦甌。唯一蒼頭瀹蔬菜，具饘粥，以給日夕豢養之膳。」㈡

萬曆二十八年（一六〇〇年），光啓赴北京禮部受試。路過南京，在城裡訪到了利瑪竇。利氏長光啓十歲，兩人一見如故交。四年前，在韶州光啓訪尋利氏不遇，只聽到郭居靜神父的談道，這次他細心跟利氏長談，聽利氏講人生的終究和天地的主宰。他很可惜自己不能久留。他匆匆就道北上。一路來回思索利氏的教理，一夜，竟得一夢。夢走入一大殿中。第一殿懸一神像，殿裡有聲喊說：這是天主父，應下拜。第二殿又有一神像，又有聲喊說：這是天主子，應下拜。第三殿，不見神像，他已醒了。醒後，不知夢意。領洗後，纔知道夢中三殿象徵天主聖三。

到京受試禮部，不中，轉回上海，過南京時，再訪利氏；利氏已經離開南京，取道往北京了。

利瑪竇於一五八二年抵澳門，次年九月十日，隨羅明堅神父往肇慶。在肇慶建造一座小堂，仗著知府王泮的週旋，一住便住了六年。這是從元代的傳教士以後，天主教傳士第一次能久住中國。在第六年上，新任兩廣總督劉節齋貪想西士的小洋房，作爲自己的生祠，下令驅逐利瑪竇等回澳門。利氏走到廣州，折而北上，在韶州找到了一個棲身所。因此他便感到在中國傳教，至少要用狡兔有三窟的辦法，一窟被塞，另有一窟可藏身。他也看出中國的事情都在皇上手裡，爲得在中國長住，必須有皇上的許可，利氏以後就千方百計，謀求北上進京，走一段，算一段。第一段，是走到南昌。萬曆二十三年（一五九五年），兵部侍郎石某，路過韶州，前往南昌住所，邀請利氏同往，做他兒子的教師。在贛江裡船在江水翻了，利氏幾乎喪了性命。到了南昌，利氏解除聘約，逕直沿江獨下南京。那時日本秀吉進攻朝鮮，中國派兵往救，南京官吏誰也不敢禮遇一個外國人，怕招庇護外寇的罪名，利氏乃折回南昌。

萬曆二十六年（一五九八年），利氏在南昌認識了禮部尚書王忠銘。王尚書那年要進京，希望入閣做大學士，便答應帶利氏同去。六月二十五日離南昌，往南京，九月七日，陪同王尚書到了京師。那時秀吉正大敗明兵，王忠銘又沒有入閣，利氏不能久留在京城裡，只好折回南京。剛回到南京城，日本秀吉病死了，中國人大慶勝利，南京的官員便大膽跟利氏週旋，利氏乃留住南京城裡。在萬曆二十八年，跟徐光啓在城裡第一次見了面。見面後，光啓趕往北京赴試，利氏於那年五月十八日，偕龐迪我神父㈢以進貢爲名，由運河乘船北上。

船抵臨清，駐在臨清監察稅務的宦官馬堂，聽說有西洋人上京進貢，便索看貢物，一見了奇怪的鐘錶。西洋鏡和輿圖，他生了兩層貪心：貪財、貪功。他把利氏遷入他的官船裡，要利氏由他引進京師，船到天津，他把利、龐兩人禁在一座樓裡，等候皇上聖旨。一齊到那年年底，進京的諭旨纔到。利氏於新年前進了北京（陽曆一六〇一年正月二十四日）。㈣

光啓在萬曆三十一年（一六〇三年），因事從上海到南京，訪到了羅如望神父㈤。進堂，羅如望陪他禮拜堂中的聖母像，送他上一冊《天主實義》和《天主十誡》。

光啓回到寓所，當晚把利氏所著的這兩冊書都看完，且能背誦重要節目。第二天，往見羅如望，請他給自己付洗。羅神父很有些驚訝，答說教義不是一夜能夠學好的，至少也得八天問道。光啓就一連八天，午前午後都去聽道。羅如望反而覺難了，自己沒有時間，整天坐講教義，乃派鍾鳴仁修士代講。講了八天，羅如望細加考問，很高興光啓已明瞭教理。在二月十一日（陽曆），給他行了聖洗禮，取名葆樂。

受洗後，光啓即趕回家中過年，心中很覺舒暢，自以得道而喜，兩次寫信給羅如望神父，申述自己感恩的心。

他受洗的那一年，慶祝了父親的七十壽。兩個朋友寫壽序，都稱道光啓的才德。金天敘的壽序說：「中歲得子子先，稟有異質，自六籍百氏，靡不綜覽而擥其菁華，……其純修，以聖賢爲準的，其建堅，以鴻鉅爲範模：蓋傑然命世之英，方且出全鋒，奉大對，以翱翔於玉堂金馬之間。」㈥程嘉燧的壽序則說：「子先少年，以文章名天下，郡邑無不延領承慕；而獨能逃匿聲影，遺棄榮利，以求志力學於山谷之間。吾意其少也，必有學道好善，脫略世俗，如古之君子者，以爲之父焉，以成就其德歟？」㈦

在這兩篇照例頌揚的壽序文章裡，有一點卻是寫壽序的朋友的真心話。他們說光啓「求志力學」。假使他不求志力學，又何必去訪尋西士學道進教呢？光啓領悟天主教教義，他說：「余嘗謂其教必可以補儒易佛。」㈧他又條舉理由說：「其說以昭事上帝爲宗本，以保救身靈爲切要，以忠孝慈愛爲工夫，以遷善改過爲入門，以懺悔滌除爲進脩，以升天真福爲作之榮賞，以地獄永殃爲作惡之苦報。一切戒訓規條，悉皆天理人情之致，其法能令人爲善必真，去惡必盡；蓋所言上主生育拯救之恩，賞善罰惡之理，明白真切，足以聳動人心，使其愛信畏懼，發於繇衷故也。」(九)他的信教，發於「繇衷」。他誠心信天主教「令人爲善必真，去惡必盡」。在自己相信後，也勸別人相信。後來官職越高，傳教的心火也越加熱，對於初期的中國天主教會，貢獻因而就特別多。後代乃稱他爲中國開教的柱石。耶穌會歷史家巴多理評論光啓的受洗進教說：「南京周圍，傳教士的收穫很壞，天主乃在別的地方賞以豐厚的收成。可是把別的地方的收成都湊和起來，也趕不上南京一位官人（徐葆樂）的進教。這位官人把自己的才華，用爲榮教，用爲護教，用爲開教。他一個人品德的名聲，超出萬人以上。所以他的名字，將常留爲中國教會史乘的光榮。」(十)

註：

(一) Fonte Ricciane Vol.II. P.252.

(二) 程嘉燧　懷西公七十壽序　見增訂徐文定公文集　卷下。

(三) 龐迪我西名Didacus Pantoja，西班牙人　生於一五七一年，卒於一六一八年　於一五九九年來華。

(四) 見Fonte Ricciane Vol.II. P.578-580。

(五) 羅如望神父　西名Joannes di Roccia。

(六) 金天敘　懷西公七十壽序　見增訂徐文定公文集　卷下。

(七) 程嘉燧　懷西公七十壽序　見增訂徐文定公文集　卷下。

(八) 泰西水法序　見增訂徐文定公文集　卷一。

(九) 辨學章疏　見增訂徐文定公文集　卷五。

(十) Bartoli, Cian. Vol. II. Torino 1825, P.365.

四、迎父京師

萬曆三十二年甲辰（一六〇四年），光啓再往北京應進士試，路過南京，往訪羅如望。同往的有兩個舉人；他們都因聽了光啓談道，預備進教。

在南京，光啓住了十五天。每天到教堂望彌撒，誠心祈禱。初次辦告解，又預備初領聖體。他的信仰，已經深入心中，羅如望又給他講解宗教生活的實踐法。到了北京，從利瑪竇手裡，初次領了聖體。(一)

這次到北京，他中了進士。點上翰林，官任翰林院庶吉士。

在翰林院，光啓作館課，有文有詩，集爲《甲辰科翰林館課》。館課的文章有「安邊禦寇疏」和「漕河議」，都是洋洋數千言的長文，立論源源本本，很有科學法的研究精神。「館師唐公極口稱讚，云行文學蘇長公，諸封事璧畫處，鑿鑿中竅，遂以石柱相期，舉朝奇之。……館師楊公肝衡而前曰：全河全漕，了然胸中，條分縷析，悉有考據。所持議，皆裨廟謨，留心經濟，足覘異日大業矣。」(二)

「舉朝奇之」，光啓認爲太露鋒芒，將招人嫉妒。明朝制度點了翰林，想進身六部，在翰林院的月課，該常列前茅。光啓起初的月課，名字常居同寅以前。後來便不去考了，讓同寅走在前面。同寅們都服他有君子之風。

翰林庶吉士，留住京師，家中老父年已七十多了。祖母則去世已多年，光啓這時很有些傷感：「啓事淑人二十三年，每以亢宗期許，而不獲一見成立！追維昔人風木之悲，負米之恨，可勝痛哉！」㈢

他這時也追懷自己的母親，當日落第不中時，母親勉勵他不要餒氣，相信必有成功的一日。如今自己點了翰林，母親則已長眠地下！清夜自思，憂傷滿懷。他後來一生的安慰，就是在主張練兵抗敵時，幸而母親不在了，免得招母親傷心；而且自己也沒有統軍作過戰！「不肖他日以兵事相見，徒爲聶政之母，既以天年終耳！數幸免焉，差足慰母氏于泉下哉！」㈣

他父親懷西公，一生甘貧隱居：「早歲值倭警，邑推大戶給軍興，時出入公府。嗣後五十年，不識郡邑門，所往還，喜鄉里耆德，或老農圃，緇流方外。若親戚顯貴者，避之若浼，不論于請居間矣。迨不肖既通籍，僅一赴鄉飮，過此亦未嘗識郡邑長吏也。嘗業賈，不肯屑瑟計會，復謝去。間課農學圃自給，衡門泌水，貧而能樂。」父親雖是「貧而能樂」，自己既身爲翰林，在京吃俸，便想到該迎父入京，爲報親恩，還該勸父進教，以得常生。勸服了父親，就可引全家受洗。那時家中僅只他一人信奉天主！

萬曆三十四年（一六〇六年）懷西公年七十三，被接到京師。懷西公進京後，每天常見光啓虔誠祈禱，便向他探問教理。懷西公「於陰陽醫術星相占候二氏之書，多所通綜，每爲人陳說講解，亦娓娓終日。晚年悉棄去，專意修身事天之學。」㈥他已被兒子勸化了，拋棄了星相占候的雜說，領洗進教，取名良，專心事奉天主。

光啓的夫人吳氏，生性淡樸，持家謹嚴，這時也隨懷西公進教。張紫臣編《徐光啓行略》說：「公之夫人吳氏，感公之化，奉事天主極虔。」㈦

光啓的兒子驥，這時年已二十餘，娶妻顧氏，祖父受洗後，夫妻倆隨祖父入教。驥號叫龍輿，「生而厚重，沈摯寡言。就外傅經年，受業於公，執經問難，旁及陰陽書曆，兵法農政諸書，靡不殫究。」㈧顧氏「事親孝，治家井井有條，審盈縮，節冗費，朝夕勤劬，澼洸紝織，竟日無閒暇。居常粗糲布素，端雅樸潔，始終不渝。」㈨

全家大小，都誠信天主了。上下和諧，謹慎有禮，循規蹈矩，遵守天主的規誡。

利瑪竇那時在北京，盡心培植新奉教的家庭，造成天主教家庭的習慣，給中國的天主教生活打下根基。他在萬曆三十七年（一六〇九年）創立聖母會。入會的教友，勤望彌撒，多領聖體。每月第一主日（星期日），集會一次，討論一月裡該行的善舉。㈩

光啓居北京時，寓中每天早晚公行祈禱，而且像李之藻的家庭習摜㈩㈠：每晚祈禱後，省察一天的缺失；每早祈禱時，作簡短默想，體味教理。因著這般深刻的宗教生活，徐家的信仰，根深蒂固，世代相傳。

利瑪竇得了光啓，認爲天主上智的大恩。他在他的教史上說：「天主的上智，留光啓住在北京，爲給我們一個更大的幫助。……他既在朝廷裡做官，便竭盡心力，幫助我們的神父們，協助教會的事業。凡是我們所請他做的，或是向他所建議的，他從沒有放下不管。而且他的德表，出乎尋常，跟他相過從的人，都佩服他。」㈦

註：

㈠ 見中國開教三大柱石　附編年表　嚴肅著　土山灣　一九三四年版。

㈡ 見李問漁徐文定公行實　增訂徐文定公文集卷首上。

㈢ 先祖妣事略　增訂徐文定公文集　卷一。

㈣ 先妣事略　增訂徐文定公文集　卷一。

㈤ 先考事略　增訂徐文定公文集　卷一。

㈥ 同上。

(七) 見徐家匯藏書樓攝影。

(八) 見李問漁徐文定公行實。

(九) 同上。

(十) Bartoli: La Cina Vol. II. P.482.

(十一) Bartoli: La Cina Vol. III. P.237.

(十二) Fonti Ricciane(D'Elia) Vol. II. P.308.

五、利氏談道

利瑪竇於萬曆二十八年（一六〇一年）十二月二十四日，上疏，貢獻禮物：「謹以原攜本國土物，所有天帝圖像一幅，天帝母圖像二幅，天帝經一本，珍珠鑲嵌十字架一座，報時自鳴鐘一架，《萬國圖誌》一冊，西琴一張等物，陳獻御前。此雖不足爲珍，然出自極西，貢至，差覺異耳。」㈠

神宗皇帝下旨，准與呈貢。他看見了天帝圖和天帝母圖，不禁嘆說：「這些神靈真是活的！」一忙命宦官安置香爐，焚香致敬。且把圖像轉呈皇太后。

萬曆帝最稀奇那一架自鳴鐘。命安置殿內，著兩個太監經管。太監自己不懂自鳴鐘的管照方法，怕招皇上的責罰，便設法留利氏。禮部官員上疏請遣發利氏回澳門，疏上數次，不見回批。一天，高級宦官數人，忽來看利氏，說是奉皇上命，著他留住北京，月給俸錢，但不必請皇上明降諭旨㈡。

光啓點了翰林，在京供職，自萬曆三十二年，以庶吉士銜在院習業，三十五年（一六〇七年）散館，陞翰林院檢討。三年的時間，日夕常去訪問利氏，聽他講學。利氏那時已是名聞京師了，士大夫等多與他來往：葉向高、馮慕岡、曹于汴、李之藻等都成了他的好友。他一個長鬚碧眼的外國人，週旋於中國士大夫之間，竟能使大家都敬重他的學問道德。

光啓對利氏非常敬重。他雖身爲翰林，但以自己所學，較比利氏所學，則可認爲糟粕。他尤其佩服利氏，修身律己，沒有絲毫的缺失。他說：「余向所嘆服者，是乃糟粕煨燼，又是乃糟粕煨燼中萬分之一耳！蓋其學無所不窺。而其大者，以歸誠真宰，乾乾昭示爲宗。朝夕瞬息，亡一念不在此。諸凡情感誘慕，即無論不涉其躬，不挂其口，亦絕不萌其心。務期掃除淨潔，以求所謂體受全歸者。間嘗反覆送難，以至雜語燕譚，百萬言中，求一語不合忠孝大指，求一語無益於人心世道者，竟不可得。」㈢

利氏這時年方半百；他由韶州到北京，十八年間所受的磨折，已使他鬚髮大半霜白了。光啓跟他談道，常以弟子自居，有疑必問：「啓生平善疑，至是若披雲然，了然可疑。時亦能作解，至是若遊溟然，了亡可解：乃始服請事焉。」㈣光啓生來有科學家的頭腦，求道求學，都不肯作不求甚解，而且更不願盲從。他所以佩服利氏，就是利氏能消散他的疑團。

一天，利氏問光啓：中國人爲什忌諱死字。光啓說：這只是庸俗人的習慣，君子人並不諱死。利氏便講人不但不該忌諱死字、並且常該想著死字。光啓皺眉，問他有甚麼意義。利氏答說：「生人所明，莫明乎死之定；所不明，莫明乎死之期。……吾未識死人寓此世界中活耶，抑活人寓此世界中死耶？未定也！」光啓笑說這未免太刻薄了，人不想死，那能活人算爲死人呢！中國人諱死，也不過以死爲不祥，並不是想縱慾作惡：「念念、言言、行行，悉向善，即善矣。如國人諱死，也不過以死爲不祥，並不是想縱慾作惡，是故諱之。」利子正色答曰：「施我吉祥，即爲吉祥；施我凶孽，即爲凶孽，是死候一念，能佑我，引我釋我而就善；則世之祥，孰祥乎是耶？」

死字爲吉祥，中國人從來沒有這樣說！

光啓回到家裡，一夜輾轉床褥，第二天又去訪利氏，面色很有些驚疑不安。他對利氏說：「子昨所舉，實人生最急事。吾聞而驚怖其言焉，不識可得免乎？今請約舉是理，疏爲條目，將錄以爲自警之首箴。」

利氏聽後微笑，以微笑減少死的恐怖。人若知死的可怕，死也就可笑了。利氏答說這種道理有五端：第一，知道自己要死，怕死後有大禍，就要斂心克慾了，這是所謂知死乃能善生。第二，死字，能夠助人制止色情。若讓色慾焚身，身後還要遭地獄大火。思念地獄大火可以滅止色慾小火。第三，既然有死，人世的財物，都不能爲我所有，我又何必貪戀呢？死字能叫人不重錢財。第四，死字足以攻人的傲氣。人一死，在天主前露出善人惡人的真面目；世上的讚譽，絕不能有一絲的影響。人若想著死字，便不會自尊自大了。第五，想著死則不怕死，死來時，安心不亂，能夠善終。

光啓這時心中坦然了：死字在天主教人生觀裡，乃是一種安貧樂道的良法。他便問人能善死的要理，利氏答說：「夫善備死候者，萬法總在三和。三和者：和於主、和於人、和於己也。」(五)

註：

(一) 見艾儒略 大西利先生行蹟。

(二) Fonti Ricciane (D'Elia) Vol. II P. 581-592.

(三) 跋二十五言 徐文定公文集 卷一。

(四) 同上。

(五) 畸人十篇 第三篇 土山灣一九二八年版。

六、講求科學

從萬曆三十二年甲辰（一六〇四年），到萬曆三十五年丁未（一六〇七年），三年的時光，光啓和利氏同住北京，兩人幾乎每天常見面，見面就講論教理，談了教理再講學。「論道之隙，時時及於理數。」㈠

利氏從來沒有忘記自己是傳教士，時時刻刻都想著佈道，光啓在《幾何原本》的序文裡指點了出來：「顧惟先生（利氏）之學，略有三種：大者修身事天，小者格物窮理，物理之一端，別爲象數。一一皆精實典要，洞無可疑。」㈡

光啓自稱只傳了利氏的小學；然而他傳小學，即爲相幫利氏傳「修身事天」的大學；「因爲物理象數的小學，既然鑿鑿有據，那麼講這種小學的人，必定不會妄談修身事天。所談，必有確實的理由。」而余乃亟傳其小者，趨欲先其易信，使人繹其文，想見其意理，而知先生之學，可信不疑，大概如是。」㈢

但若僅爲幫助利氏佈道，光啓不一定要費那麼大的氣力，去講求西洋科學。幫助傳道的法門很多，他又何必費盡心力在這一點上！光啓跟利氏，辛辛苦苦講求象數天文，是因爲知道西洋學者所講的，較比中國古傳的，高明得多。他研究西洋天文曆數，力行譯書，是想介紹西洋科學。

光啓在中進士的前一年（一六〇三年）曾給上海知縣劉一爌寫了一篇《量算河工及測量地勢法》，表現他在研究中國傳統測量法，有很深刻的心得，知道用幾何方數和勾股算法，以測河身的深闊。他少年時，已喜歡研究農業，實際觀察本鄉和所遊歷地方的耕種方法和草木，研究濬河、築塘、開發水田、改良種子的種種農事。當時朱橚（周定王）寫了一本《救荒本草》，李時珍寫了一部《本草綱目》」的大書，光啓研究了他們的著作，後來他的《農書》裡乃有《救荒本草》。

中國算學古書，最早的要推《周髀算經》。傳說中的黃帝《九章算術》，原本早已佚失，其他的《五經算法》、《海易算經》、《孫子算經》，真僞難明，歷代的算術專書，寥若晨星，漢鄭玄作《九章算術注》，張蒼刪訂《九章原本》，晉劉徽，唐李淳，又註《九章算術》，唐朝有王孝通作《緝七算經》。宋朝有秦九韶作《數學九章》，發明立天元一法；楊輝著《續古摘奇算法》，元朝有李治著《測海圓儀》，演繹秦九韶的算法，便有郭守敬集天算的大成。

光啓評論這些算書說：「行求當世算術之書，大都古初之文十一，近代俗傳之言十八。

其先儒所述作，而不倍於古初者，亦復十一而已。俗傳者余嘗戲爲閉關之術，多謬妄弗論，即所謂古初之文，與其弗倍於古初者，亦僅僅具有其法，而不能言其立法之意。益復遠想，唐學十經，必有原始通其微渺之義，若止如今世所傳，則浹月可盡，何事乃須五年也？」㈣他所以說：「故嘗謂三代以上，爲此業者，盛有元元本本。師傳曹習之學，而畢喪於祖龍之燄。漢以來多任意揣摩，如盲人射的，虛發無效。或依擬形似，如持螢燭象，得首失尾。至於今而此道盡廢，有不得不廢者矣。」㈤

他很幸運地遇到了利瑪竇、龐迪我、熊三拔等西洋教士。三士都通西洋科學。光啓集中精力向他們請教。《明史》本傳說：「從西洋人利瑪竇學天文、曆算、火器，盡其術。」㈥利氏講學，源源本本，理論明顯。光啓心喜中國的絕學，竟能在西洋學者裡找得，而且竟超出我們的古學以上。「吾輩既不及覩唐之十經，觀利公與同事諸先生所言曆法諸事，即其數學精妙，比於漢唐之世，十百倍之。因而造席請益。」㈦

可惜《造席請益》的時光，僅只三年，光啓於萬曆三十五年護喪歸家，服滿回京，利氏則已歸天了。但是從他後來所作的書序，我們可見除《幾何原本》此外，光啓從利氏所研究的科學，包括許多科門。

曆法一門，光啓最感興趣，晚年以閣老的身分，監譯曆書。他對曆法的學識，即是從利氏入門的，「欽若授時，學士大夫罕言之。……郭守敬推爲精妙，然於『革』之義庶幾焉。而能言及所爲故者，則斷自西泰子(八)之入中國始，先生嘗爲余言，西士之精於曆無他巧也，千百爲輩，傳習講求者三千年。……先生歿，賜葬燕中，仍詔聽其同學二三君子，依止焚修。諸君子感恩圖報，將欲續成利氏之書。」(九)

研究天文，光啓自己學造儀器、製圖樣，且能實習。

水法一事，爲農學的重要科目，光啓曾請教利氏，但沒有正式講求，後來他向熊三拔(十)請教。「昔與利先生遊，嘗爲我言薄游數十百國，所見中土土地人民，……一遇水旱，則有道殣，國計亦詘焉者。……迄余服闋趨朝，而先生已長逝矣。間以請於熊先生。」(土)

《測量法義》一書，爲利氏與光啓合譯稿，光啓於利氏去世後，刻印出版，他在序文上說：「西泰子之譯測量諸法也，十年矣。……廣其術而以之治水治田之爲利鉅爲務急也。」(土)

《勾股義》一書，印於《測量法義》以後。光啓作序說：「自余從西泰子譯得測量法義，不揣復作勾股諸義，即此法底裡洞然，於以通變施用，如代材於林，挹水於澤。若思(郭守敬)而在，當爲之撫掌一快也。」(圭)

三年講求西學，能有這樣淵博的學識；不但可見他的才智超於凡人，另外也見到他好科學的心大，因好而專心，既專心便窮日月去研究。利氏寫信給朋友說：「他(光啓)在我們堂的附近，租一房子，幾乎足不出戶。」㈣怪不得他成爲中國講求西學的鼻祖。

註：

㈠同文算指序　徐文定公文集　卷一。
㈡幾何原本序　徐文定公文集　卷一。
㈢幾何原本序
㈣同文算指序。
㈤幾何原本序。
㈥明史列傳　第一百三十九　明史二百五十一　徐光啓傳。
㈦同文算指序。
㈧西泰子　爲徐光啓稱呼利瑪竇的尊稱。
㈨簡平儀說　徐文定公文集　卷一。
㈩熊三拔Sebastianus de Ursis義大利人　生於一五七五年　死於一六二〇年　於一六〇六年來華。
⑪泰西水法序　徐文定公文集　卷一。
⑫題測量法義　徐文定公文集　卷一。

(十三) 勾股義序 徐文定公文集 卷一。

(十四) Letterereal P. Giorolamo Costa. Opere storiche di Matteo Ricci Vol. II P.276.

七、幾何原本

徐光啓研究西洋科學的第一種成就，在於翻譯《幾何原本》。

《幾何原本》是希臘數學家歐幾里得的著作。歐氏出生在紀元前三百三十年，在他以前，希臘已經有研究幾何學的學者；有達勒（Thales），有易玻克拉得（Hippocrate），有歐多瑟（Eudoxe Chio）。歐氏則集幾何學的大成。他死於紀元前二百七十年，他的《幾何原本》成爲世上第二種翻譯最多的書。及到現在，誰也不能更改書上的原理。世上翻譯最多的第一冊書乃是基督的聖經。

從萬曆三十一年（一六〇四），光啓任翰林庶吉士，從利瑪竇學習西洋科學時，計算將科學書譯成中文。利氏告訴他先須翻譯《幾何原本》，作爲西洋科學的入門。

> 「利先生從少年時，論道之暇留意藝學。且此業在彼中所謂師傳曹習者，其師丁氏，又絕代名家也以故極精其說。而與不佞游久，講譚餘晷，時時及之。因請其象數之書，更以華文。獨謂此書未譯，則他書俱不可得論，遂共翻其要，約六卷，既卒業而復之，由顯入微，從疑得信，蓋不用為用，衆

用所基，眞可謂萬象之形囿，百家之學海，雖實未竟，然以當他書，既可得而論矣。私心自謂，不竟古學廢絕二千年後，頓獲補綴唐虞三代之闕典遺義，其裨益當世，定復不小，因偕二三同志刻而傳之。」㈠

利瑪竇在韶州和瞿太素講論西學，心中已經計劃翻譯這本書，但是自己的中文不足用，又遇不到一位可以同他合譯的人。這種譯書心願，常常縈迴在他心中，到了京師，聽到光啓建議譯書，他欣喜自己的心願可以滿足了。

「竇自入中國，竊見爲幾何之學者，其人與書，信自不乏，獨未睹有原本之論。既闕其根基，遂難刱造，即有斐然述作者，亦不能推明其以然之故，其是者，己亦無從別白，有謬者，人亦無從辨正。當此之時，遽有志翻譯此書，質之當世賢人君子，用酬其嘉信旅人之意也。而才既菲薄，且東西文理又自懸殊，字義相求仍多闕略，了然于口，尙可勉圖，肆筆爲文，便成艱澀矣。嗣是以來，屢逢志士，左提右挈，而每患作輟，三進三止。嗚呼！此游藝之學，言象之粗，而齟齬若是，允哉！始事之難也！有志竟成，以需今日。歲庚子，竇因貢獻，僑邸燕臺。歲癸卯冬，則吳下徐太史先生來。太史既自精心長于文筆，與旅人輩交游頗久，私計得與對譯，成書不難。……客秋，乃詢西庠舉業，余以格物實義應，及譚幾何家之說，余爲述此書之精，且陳翻譯之難，及向來中輟狀。先生曰：吾先正有一言，一物不知，儒家之恥。今此一家已失傳，為其學者，皆闇中摸索耳。既遇此書，又遇子不驕不吝欲相指授，豈可畏勞玩日，當吾世而失之。嗚呼！吾避難，難自長大；吾迎難，難自消微，必成之。先生就功命余口傳，自以筆受焉。反覆展轉求合本書之意。以中夏之文，重復訂政，凡三易稿。先生勤，余不敢承以怠。迄今春，其最要者前六卷獲卒業矣。但歐幾里得本文已不遺旨，若丁先生之文惟譯註首論耳。太史意方銳欲竟之，余曰止，請先傳此，使同志者有之，果以為用也，而後徐計其餘。太史曰然，是書也苟為用，竟之何必在我哉。遂輟譯而梓，是謀以公布之，不忍一日私藏焉。」(二)

利瑪竇說庚子年因貢獻入京，庚子乃是萬曆二十八年，西曆一六〇〇年。癸卯歲在萬曆三十一年，西曆一六〇三年，徐光啟因考進士北上。利氏翻譯《幾何原本》成於萬曆丁未歲，時在萬曆三十五年，西曆一六〇七年。因「客秋」乃萬曆三十四年（一六〇六年）秋天，徐光啟時年四十六歲，開始翻譯《幾何原本》，到萬曆三十五年春，譯完前六卷。

利氏和光啟講論幾何，用老師丁先生的教科書。丁先生為耶穌司鐸（Cristoforo Clavio），乃當時有名數學家，曾以拉丁文解釋歐幾里得《幾何原本》。

從秋天到冬天，從冬天到春天，光啟和利氏共同從事翻譯。我們可以想像鬚髮半白的利氏，面前排著丁氏的拉丁文書本，眼睛一會兒看著書，一會兒看著對坐的光啟。光啟手中拿著筆，面前舖著紙，一面聽利氏講說幾何，一面揮筆作記，眼睛不免常瞧著案上的拉丁書本，只恨自己不能懂。利氏有時停止不說了，皺著眉，對書深思。光啓知道他是在找尋適當的中國名詞。

夜深了，光啓夾著筆稿歸家，街上已是戶皆靜閉，只聽著自己的步履聲，心裡想著西洋人精於科學，是他們「千百爲輩，傳求講習者已三千年，其青於藍而寒於水者，時時有之；以故言理彌微亦彌著，立法彌詳亦彌簡。」中國學者，研究科學的人，「越百載一人焉。或二三百載一人焉。此其間何工拙可較論哉！」(三)

回到家裡，光啓燃燈獨坐，把自己的筆稿，再讀再改，三讀三改，然後重新抄寫。《幾何原本》便成了西洋科學的第一種翻譯。《四庫全書總目提要》詳論這冊書說：「光啓反覆推闡，文句顯明，以是弁冕西術，不爲過矣。」

這冊書在利子的心目中，是他的科學傳教的第一步，他在他的傳教史上，作了一段稍長的記述：

「葆樂博士（光啓）一心專想，設法叫我們本人和我們的學識，受人敬重，這樣好推動傳教。他同瑪竇神父（利氏作史以第三人稱口吻）商議，翻譯幾冊科學書，叫中國士大夫們看我們怎樣盡心研究學術，怎樣尋求確實的理由去證明。因此他們可以看到我們的教義，決不會是輕信盲從。在各種的科學書裡，他們決定選一種最好的；那便是歐幾里得的《幾何原本》。在中國講學問的，大都是空說無憑，我們想教給他們一些科學的智識，就非從這冊書下手不可，而且這冊書所有理論證明，都非常明瞭。

「這時在北京，葆樂博士有一個同年入科的舉人（名字譯音爲張貴義），他是浙江的一個窮學士，與葆樂博士相好，葆樂博士以為他很可以相幫瑪竇神父譯書，便與另外一同僚議妥，給（他的朋友）一年的薪俸。叫他筆譯瑪竇神父口述的書本，瑪竇神父聘他教龐迪我神父的中文，讓他住在堂裡的幾間空房裡。大家都很滿意。」

「可是葆樂博士後來覺得，譯書非他自己下手不可。大約別人也同他說了，譯書非他的才筆不能成功。他便決意自己下工夫，每天到我們堂裡，坐三四點鐘的工夫。無形中叫我們的身價也增了；大家都知道一位名聞京師的翰林，到我們這裏來求學。他自己越聽越體味到這冊書，又高深，又的確。他跟朋友們接談。便常談這冊書。他費了一年多的工夫，用一種明暢佳雅的文筆，譯出幾何學的前六卷。他本想把全書譯完，可是瑪竇神父，因有許多傳教的工作，便告訴他先看看中國士大夫對這六卷譯本有怎樣的態度，然後再繼續翻譯。於是便把前六卷的譯文刻板付印，瑪竇神父和葆樂博士各作一篇序文。瑪竇神父的序文，說明幾何學的著者，乃我們歐洲的一個最古的學者。幾何學的教本，是他的教授丁氏所作，這本翻譯，是選譯了教本的重要說明和理論。

「刻板後，印刷多冊，葆樂博士分贈友朋，叫中國士大夫的驕氣受一打擊，因為這是第一次，他們拿著一本中國書，費了許多心思，還不能懂清書裡的內容，葆樂博士的序文，大大稱揚我們西方的學術。刻板現在存在我們堂裡內，我們也刻了許多冊數，分送朋友。還有別的人，到我們堂裡來請印，我們都給他們印了。瑪竇神父拿這書給一些人講解，葆樂博士也給一些人講這書；這樣許多人一天一天認識我們的學術了。」(三)

利氏把這書寄了三冊到羅馬耶穌總會，又一冊贈與他的教授丁氏。把兩篇序譯成義文，叫朋友們知道中國人怎樣看重這冊書。利氏在一六〇八年上書耶穌會總會長亞瓜委瓦（Claudius Acquaviva）說：「葆樂博士在回籍守父喪以前，刻印了前六卷《幾何原本》。這冊譯本，是我們在去年合譯的。這邊的人都視爲一樁大奇事，他們從來沒有見過像這樣一冊論證明顯的書。我謹呈上兩冊與總會長，又送一冊與教授丁氏，再一冊送與郭斯達神父（P. Jeroni-mus Costa）聊使大家看看中國人的智慧，和我們的汗血，合作起來，在中國驕氣習成的士大夫中，立定了我們的學術權威。我把卷首的序譯成了義文，一篇是葆樂博士的，一篇是我的，至少你看到像畫的中國字時，可以略爲知道所說的是什麼。」㈤華棣崗圖書館現在有兩冊利氏所寄到羅馬的《幾何原本》。

光啓很看重這本書，在序文後面寫了一篇〈幾何原本雜議〉，闡述幾何學的效用。

「下學工夫，有理有學，此書為益，能令學者祛其浮氣，練其精心；學事者資其定法，發其巧思，故舉世無一人不當學。……」

「能精此書者，無一事不可精；好學此書者，無一事不可學。……」

「此書有四不必：不必疑，不必揣，不必試，不必改。有四不可得：欲脫之不可得，欲駁不可得，欲減之不可得，欲前後更置之不可得。……」

「此書為用至廣，在此時尤所急須。余譯竟，隨同好者梓傳之。利先生作，亦最喜其亟傳也意欲公傳人人，令當世亟習焉。而習者蓋寡，竊意百年之後必人人習之，即又以為之晚也。而誇謂余先識，余何先識之有。……」

(六)

光啓和利氏介紹西洋科學的熱心，躍躍顯在筆端。他恨不得當時人人皆學習幾何學，由幾何學再進入科學的門戶。當時風氣還沒有開，他希望百年後人人皆學習，結果等到三百年以後，中國學校才有幾何課程！

光啓一生曾兩次刻印《幾何原本》。每次再加改削。他的孫子徐爾默跋《幾何原本》說：

「昔萬曆丁未（一六〇七）泰西利氏口譯而授之先文定公。文定公筆受而後述之簡冊，正其訛舛，刪其複蔓，而付之剞劂矣。越五年辛亥，再校而復刻之。今此本仍多點竄，又辛亥以後之手筆也。」

辛亥歲爲萬曆三十九年，時利氏已去世，光啓題《幾何原本》再校本說：

「是書刻於丁未歲，板留京師。戊申春，利先生以正本見寄，今南方有好事者重刻之，累年來竟無有，校本留置家塾。曁庚戌北上，先生沒矣。遺書中得一本，其別後所自業者，校訂皆手跡。追惟篝燈函丈時，不勝人琴之感。其友人龐熊兩先生遂以見遺，度置久之。辛亥夏季，積雨無聊，屬都下爭論曆法事。余念牙絃一輟，行復五年，恐遂遺忘，因偕二先生重閱一過，有所增定，比於前刻，差無遺憾矣。續成大業，未知何日，未知何人，書以竢焉。」㈦

《幾何原本》全書沒有完譯，光啓心中常視爲憾事。他求學的態度，求進而不求急；他做事的精神，知道努力而不求見到功績。後來他練兵，造火器，修曆法，都是：「苟爲用，竟之何必在我哉。」㈧

註：

㈠ 徐光啓－刻幾何原本序　天學初函　第三冊　幾何原本　臺灣學生書局影印本。

㈡ 利瑪竇－翻譯幾何原本引　天學初函　仝上。

㈢ 簡平儀說—增訂徐文定公集 卷一。

㈣ Fonti Ricciane. (D'Elia) Vol. II. P. 356-357.

㈤ Opere Storiche di Matteo Ricci, (Venturi), Vol. II. P.359.

㈥ 天學初函第四冊。

㈦ 天學初函第四冊。

㈧ 幾何原本後來入李之藻編輯的天學初函 清同治四年（一八六五年）金陵書局，將徐、利的幾何原本六卷和李善蘭（一八一〇—一八八二年）同偉烈力（Alexander Wyl-ie一八一五—八一）合譯的後九卷，合刻爲「幾何原本」十五卷。李、偉譯本，初版於清咸豐九年（一八五九年） 方豪，李之藻刻天學初函考。學生書局，天學初函影印本卷首。毛子水，徐譯幾何原本影印本導言。學生書局，天學初函影印本卷首。

八、守喪家居

萬曆三十五年（一六〇七），光啓年四十六，《幾何原本》出版。四月，授翰林院檢討。同月二十八日，忽遭父喪。

懷西公平生爲人：「剛直悃幅。六歲而孤，事先大母尹孺人，四十年如一日。好施予，先世稍有遺資，親故或稱貸，負去輒不問。」㈠生性簡樸，不愛跟作官的相往來，兒子點了翰林，留京供職，待了兩年，纔允來京受養，在京受洗奉教後，「於陰陽醫術星相占候二氏之書，……晚年悉棄去，專意修身事天之學」㈡光啓侍奉，事事盡心，以儒教的孝道而加上天主教的孝思。懷西公去世時：「夷然處順，語不及私家事。」㈢他給兒子留下遺囑：「開花時思結果，急流中宜勇退。」㈣

喪禮，是中國社會的一樁大事；古禮和習俗，合成了很多禮規。光啓遭了父喪，在京舉行喪禮。他身爲翰林院檢討，信奉天主教，父親也曾受洗奉教；這次喪儀，應遵守古禮或改行教禮呢？光啓跟利氏詳細商議，決定喪儀一切從豐，免外人疑信教者輕薄先人，禮儀則遵守教會典規，兼採儒家古禮中不背教規者。利氏自己記述喪禮說：

「在這時候，葆樂博士的父親去世。……他對於父親，多盡孝思，用不朽的木（楠木）作一棺，價值一百二十元寶（義大利錢幣），適合自己的官身。但是他特加小心，絕不行一違反教規的禮儀；事事都同神父們商量。因此這次喪儀，在京師裡成了一件新奇事，大家說是見所未見。」

「去世後幾天我們為他父親舉行隆重追思禮，在堂中設一奠床，上蓋黑絨長幔，周圍安置蠟燭多支，又設香爐，焚燒葆樂博士的兒子所寄來的香料。葆樂博士親自到堂，身著喪服，衣粗麻衣，戴白布巾，腰繫繩，足踏素鞋，式奇樣特，白色乃是這裡的喪色。神父們唱彌撒，葆樂博士和親友等都很滿意這種喪儀。」

「喪儀後，葆樂博士送父柩歸鄉，按著這國的規矩，居家守喪。他動身時，給我們許多友情的表示。他把他家裡的傢具，多半都存在我們堂裡，一半為我們用，一半留為他回家時用。」㈤

光啓扶柩南下，回葬滬上，由運河入長江。船抵南京，光啓往見舊友郭仰鳳司鐸，邀他往上海開教。郭司鐸答應把南京的教務，稍爲摒擋，馬上來滬。

船抵上海，親友等都在碼頭迎柩，柩入本宅，光啓開堂受弔，遵守教規，兼守古禮。開弔後，停柩家中，郭仰鳳司鐸抵滬，乃行祭發喪，葬懷西公於陸濱北原。

家居守喪，沒有外面的應酬；利氏又遠在北京，沒有講求科學的機會；光啓朝夕，常多靜思，默想教義。在北京時，日與利氏談道，已經聽說聖依納爵的退省法。

耶穌會祖聖依納爵以四十日退省法，教人促進神修。四十天的工夫避脫日常事務，反省一己的言行。從人生的終向，以及到制慾進德的方針，逐步思索。這種思索，跟佛教的坐禪，空坐觀佛，性質不同，但有些像理學家的持正守靜；在靜中專心一致地去理會人生大道，勵志力行，因此退省也稱爲「精神的操練」。

光啓在翰林院時，不能夠四十日杜門不出；於今守喪居家，可以四十日不接客，但是家中日常瑣事，怎麼完全不管呢？光啓乃跟郭司鐸商議，到澳門耶穌會院去行退省。

兩粵是光啓心好的地方！他愛兩粵的崇山峻嶺，他愛桂林的山清水秀，他也愛兩粵有西洋人往來，易於講求科學。上次喪母又落第時，心中悲憤滿懷，乃遠走韶州潯州；這次喪了父親，又南往澳門。他憂國心重，想親身觀察澳門葡人的火器，以備他日造炮，抵禦滿州入侵。

到了澳門，寓居耶穌會院，實行四十日退省。次年，再赴澳門，又行退省四旬。在海風濤聲中，在月明靜樹下，對著海天，默思人生的終究，觀察自身的言行。仰道看天，他想著：

「立乾坤之立主宰，肇人物之根宗。推之於前無始，引之於後無終，……本無形之可擬，迺降生之遺容，顯神化以博愛，昭勸懲以大公。……」㈥

想到救世主的遺容，乃是無形的乾坤主宰，心中很感激造物主的博愛。遙看海上的明月，默思天主降生，又想到明月象徵的聖母：

「作造物之尊母，為至潔之貞身。原之於胎無罪，秉之於性全仁。頻施光兮照世，職恩保兮救人。……」㈦

海風忽起，陰雲四合，全海白浪洶湧。光啓想到人世因原罪的遺毒，慾情横流，便默思公教克慾的道理：

「凡遏橫流，務塞其源；凡除蔓草，務鋤其根。……人罪萬端，厥宗惟七，七德克之，斯藥斯疾。七克既消，萬端并滅。」㈧

人能克制七慾，心中就清明了，好似平靜的海水，清明見底，事事合於道義。光啓經過這種連句的反省，「其持己也，有一事不可對人，一念不可對神者，不敢出。其應變解忿，當前立決，絕無惘疑。」㈨

從澳門回上海，家居種田，留心家訓，督率家中上下人等，確守教規，兒孫都已受了洗，男女佣人雖有不奉教者，但是他的家庭，已是一個奉教的家庭，事事處處莫不顯出天主教的精神；鄰居不奉教的人，不要說教會的壞話嗎？光啓對於家中大小事務，絕不輕忽。以往在北京時，常寫信給兒子驥，對於家中瑣事，囑咐週到：

「老爺（懷西公）以下俱平安，汝母亦稍平，今服此藥便無事；但斷了藥，便舉發也。二兒已在我房中睡，奶娘已打發出外也。其餘人等俱好。只是米糧已盡，糧船未至，逐日在此借米喫，甚懸望耳。」（萬曆三十四年）㈩

又一信上說：

「家中門户火燭小心，廚房後通外腰門，可密封鎖，不可與人擅開，鑰匙須自收。腰門夜門鑰匙，亦可自收也。」(十)

在外作客，心中不忘家中的鑰匙，以謹家教。於今自己住在家中，當然對於子孫，常加庭訓了。《南吳舊話錄》述光啓家居軼事說：

「上海有富民，田連淅界，徐文貞、顧清宇所不及。而徐祭祀賓客之外，居嘗屑麥為粥，聲如轟雷。徐文定公子過其家，歸述之，因拊掌為笑。公正色曰：春秋他穀不書，至於麥禾不成，則書。汝賢不能效王褒，而愚不及李岳，徒以口腹誚人，豈知縉紳子弟腸胃中，每飫珍庖，便非門户佳事？吾愧不德，無以薰率！因而輟食。公子因三黨請罪，久之得釋。」(十一)

光啓自身經過貧苦，他尚記得江南大飢的那一年，母親曾整天挨餓；他所拿母親昔日教訓他的法子來教兒子：「有所敕戒，則不言笑者數日。」

《南吳舊話錄》，還有一條軼事：

「徐文定公元旦早起，失一襪帶，公不言，默以布條代之。月餘，夫人方知之，笑曰：翰林窮，奈何力不能具此？人必以為矯！公曰：凡事無大小，有缺陷處，方不陷，正自適耳，何矯之有？」㈩

中國的古訓，在幾千年前就訓誡人說：「滿招損」。富貴最不可完全用盡，有幾分富貴，就顯出幾分富貴，終必招殃。光啓以前在翰林院月科時，就同寅等走在前面。他教訓兒子守節儉，都是他「不願意滿」的哲學。

註：

㈠先考事略　增訂徐文定公文集　卷一。

㈡先考事略。

㈢先考事略。

㈣先考事略。

(五) Fonti Ricciane. (D'Elia) Vol. II. P.361.

(六) 耶穌像讚 增訂徐文定公文集 卷一。

(七) 聖母像讚 增訂徐文定公文集 卷一。

(八) 克罪七德箴贊 增訂徐文定公文集 卷一。

(九) 見李問漁;徐文定公 增訂徐文定公文集 卷首下。

(十) 徐文定公家書第一件 徐文定公家書墨蹟 光啓出版社。

(十一) 家書第四件。

(十二) 聖教雜誌 徐文定公三百週年特號第九十二頁。

(十三) 家書第三件。

九、上海開教

光啓護柩過南京時，曾請郭仰鳳司鐸到上海開教。幾個月後，尚不見郭司鐸來上海，光啓想到南京去催。這時，他的一個親戚忽患重病，光啓打發兒子驥趕往邀郭司鐸，自己每天給病人講解教理，預備他進教領洗。兒子驥回來了，郭仰鳳卻沒有來，因為南京教務一時放不下手。親戚的病已垂危了，光啓不知道授洗的經文(一)，他心中悲痛已極。但是他想天主鑒人誠心，願意領洗而沒有得領洗，天主必定不見罪。他便勸病人誠心信主，抱定信仰而死。死後，光啓按公教典禮舉行葬儀。

萬曆三十六年（一六〇八年）九月間，郭仰鳳司鐸來上海，客居光啓家中。光啓邀集合族親戚同滬上縉紳，與郭司鐸見面，聽他談道。但因他闔家守喪，不宜多接賓客；而且里中的貧寒子弟，多不敢擅自出入翰林的家門；光啓便把自己在南門外的別墅「雙園」作為郭司鐸的住宅，便於他接見來訪的人。

光啓自己每天往見郭司鐸，每天邀請幾位親友聽他講解教義。郭司鐸在上海剛住了兩個月，已經有五十人熟習了教義，請求受洗。光啓雖在服期，也率領全家大小，參與受洗盛典。他自己在那一天，身衣朝服，自輔彌撒祭禮。

五十個新受洗禮的教友，每個都心火蓬蓬，逢人便勸，各自向親戚朋友講道。有一個八十歲的老者，引了一群青年子弟來向郭司鐸問道；這輩子弟，都是他的孫兒們。(二)

上海的城鎮，那時還不算大城市。西士講道受洗的事，一時傳遍了城廂，不免引起人的反對。有一個七十餘歲的老翁，恨這班人辱神慢鬼，有壞中國聖人的遺教，便寫一封信與光啓，責他棄古聖之道而從邪說。光啓同他一封書，解說信仰天主並不背中國聖賢之道。他信上說：

「天主即儒書上所稱上帝也。一信其有，即所立教誡，不得不守；所譚教理，不得不從。如臣從君，子從父，何中國殊方之可言乎？譬如國有其主，如京師大內，宰臣侍從，方得見之，海濱草野之民，不得見也。雖則不見，豈可不信其有耶？不信其有，必至犯法干令，直待斷於闕下，然後信其有，悔其罪，晚矣晚矣！教中大旨，全在悔罪改過。雖臨終一刻，尚可改舊圖新，免永遠沉淪之苦。若在高年，時勢已迫，尤不可不早計也。眼前悠悠不問，無可奈何！如執事來相詰難，正是難得者。相與一講明，非惟救得執事，從執事更可救無數人，執事功德亦不淺也。」(三)

這位高年的老翁，並沒有來相詰難。一日，他竟病了，光啓便親自去看他。老翁很感激徐翰林的謙虛有禮，很樂意聽他講道。他便應驗了光啓信上所說：「雖臨終一刻，尚可舊圖新，免永遠沉淪之苦。」信了教纔去世。

上海的新奉教者，都很盡心遵守教規，光啓便是以身作則，既信必行。他心中於是想著，若把這種精神，惟行於全中國，中國社會即可變成長治不亂。光啓說：

「佛入中國，千八百年矣，人心世道，日不如古，成就得何許人！若崇信天主，必使數年之間，人盡為賢人君子。世道視唐虞三代，且遠勝之。而國家更千萬年永安無危，長治無亂，可以理推，可以一鄉一邑試也。」㈣

光啓自己信教虔誠，他便相信凡是奉天主的人，「一信其有，即所立教誡，不得不守；所謂教義，不得不從。」不然，何必信奉天主呢？因此，他推想西洋奉教的國家，應該都是仁義之邦，他後來寫辯護教會的章疏，也引用這種信念：

「蓋彼西洋鄰近三十餘國，奉行此教，千數百年，以至於今，大小相卹，上下相安，路不拾遺，夜不閉關。其久安長治如此，然猶舉國之人，兢兢業業，惟恐之失墜，獲罪於上主。則其法實能使人為善，亦既彰明較著矣。此等教化風俗，雖諸陪臣（西洋敎士）自言；然臣審其議論，審其圖書，參互考稽，悉皆不妄。」(五)

審查西士等讚揚歐洲風化的言論，悉皆不妄，這就是因爲他推想，理該如此，假使他那時能夠見到歐洲的史書，他當然不會這樣說了；不過，他對天主教改良社會之力，仍舊不會失掉信心，只可埋怨西洋人信而不行！

萬曆三十六年，聖誕節前，光啓赴南京弔喪。抵南京城外時，太陽早已西沉，夜色蒼茫，主喪人家曾與他約定，次晨派轎到城外客店接他。但是那天正是聖誕前夕，光啓連夜徒步趕進城，半夜往南京城內小堂，參與子時彌撒。南京信友大爲感動。(六)

萬曆三十七年，上海領洗信友已有兩百人。光啓在住宅附近修蓋一座小堂。聖誕節期，郭司鐸在小堂第一次舉行彌撒，光啓朝服朝帽，率領信友等與禮，親自領導誦經，親自輔祭。上海的教會，根基在這時已打定了。

服滿還朝，光啓不忘上海家中人的信仰，在家書裡切切囑咐：

「郭先生（居靜）何時來？何時去？仍在西園否？教中事切要用心，不可冷落，一放便易墮落矣。……」(七)

在京師時，聽說岳父重病，關心臨危時，沒有神父在側，吩咐兒子替外公講悔罪求赦的大事：「外公一病遂不起，聞之傷悼痛切。我爲婿，值其家中落矣，待我殊盡心力，幸見我成立。而官冷家寒，無以教之。所幸者已得進教，又不幸先生（神父）不在，臨終不能與解罪。不知汝曾令吳龍與一講悔罪否？此事至急，凡臨終者，即無先生在，不可不自盡也。只要真悔，無不蒙赦矣。……」(八)

光啓信仰的誠心，溢露言表，尤顯於行事，常把信仰看作至要至急大事，絕不冷落。

註：

(一) 授洗經文於一六一〇年底　始經龍華民與郭仰鳳等歸定漢譯。參考Bartoli. La Ci-na. Vol III. p.4。

(二) Bartoli. La Cina Vol. II. p. 495。

(三) 答鄉人書　增訂徐文定公文集　卷一。

㈣ 同上。

㈤ 辨學章疏 增諭徐文定公文集 卷五。

㈥ Bartoli. La Cina. Vol. II. p.489徐宗澤所著《奉教閣老傳略》，說這事是在萬曆三十八年，光啓且京路過南京時。

㈦ 徐文定公家書第九件。

㈧ 徐文定公家書第十一件。

一〇、治家習農

服喪在家，不務公職。徐光啓在守喪的三年裡，天天勤於家務。父母去世了，他成一家之主。他是父母的獨子，他的兒子徐驥也是獨子。徐驥則生有五子四女，五個兒子名爾覺、爾爵、爾斗、爾默、爾路。四個女兒的名字則不傳，祇知道二女在受洗時取名甘第大，後來嫁入許家。

光啓的家庭不算是家小人稀了，乃是一個多孫的人家；當他守喪時，不是九個孫子都生了，祇生了前面的四個或五個。在守喪以前，帶有第二孫兒和第二孫女在京：

「二兒（孫兒爾爵）已在我房中睡，奶娘已打發出外也。」㈠

「只是二女兒（二孫女甘第大）近日傷風身熱，今已瘉矣。」㈡

勤儉兩字，爲中國歷代賢人君子治家的規矩。徐光啓以貧賤起家，自己的生活非常簡單樸素，習慣勞力操作。他守喪家居時，專事農桑，實驗新種接木。他不信古來傳統的風土說。

「余不佞，獨持迂論，以為能相通者十之九，不者什一。人人務相通，即世可無慮不足，民可無道殣，或嗤笑之，固陋之心終不能移。每聞他方之產可以利濟人者，往往欲得而藝之。同志者或不遠千里而致，耕穫菑畬，時時利賴其力，以此持論益堅。歲戊申，江以南大（水），無麥禾，欲以樹藝佐其急，且備異日也。有言閩越之利甘藷者，客莆田徐生為予三致其種，種之生且蕃，略無異土，庶幾哉橘踰准弗為枳矣！」。(三)

萬曆戊申歲，爲萬曆三十六年（一六〇八年），光啓正在家中守喪，目見江南大水的饑荒，乃種藝甘藷。甘藷爲呂宋的土產，當時已傳種福建。光啓托人攜帶種子，在家試種「生且蕃」爲作《甘藷疏》。

他在家又試種女貞、烏臼、甘藷。種甘藷爲防饑荒。種女貞樹爲取白蜡，種烏臼爲取清油。

「女貞收蠟二種，有自生者，有寄生者。自生者，初時不知虫何來，忽遍樹生白花，取用煉蠟。明年復生虫子，向後恆自傳生。若不曉寄放，樹枯則已。若解放者，傳寄無窮也。寄子者取他樹之子，寄此樹之上也。其法或連年，或停年，或就樹，或伐條。……」

「余所聞樹可放蠟者數種，以意度之，當不止此。……諸樹中獨椒藙最上，桑柘次之，椿次之，樗最下。由此言之，事理無窮，聞見之外，遺佚甚多，坐井自拘何為哉。」

「烏臼樹，收子取油，甚為民利。……江浙人種者極多。樹大收子二三石。子外白穰，壓取臼油，造蠟燭。子中仁，壓取清油，燃燈極明，塗髮變黑，又可入漆，可造紙用。……且樹久不壞，至合抱以上，收子逾多。故一種為子孫數世之利。吾三吳人家，凡有隙地即種楊柳。余逢人即勸，令之拔楊種臼，則有難色。……余生財賦之地，且少小游學，經行萬里，隨事諮詢，頗有本末。若力作人，能相憑信，無論豐凶，必能補于生計耳。……」

「……又聞山中老農云，臼樹不須接博。但于春間將樹枝一一捩轉，碎其心無傷其膚，即生子，與接博者同。余試之良然。若地遠無從取佳貼者，宜用此法。此法農書未載，農家未聞，恐他樹亦然，宜逐一試之。」㈣

光啓天天忙著農事，試養桑蠶，主用火蠶，家書第三件則說：

「桑樹看來，今年來養得三四十筐矣，自家無人養得許多，可賣了些葉如何？如自養，該去雇湖州人來看火蠶了，冷蠶費葉無利，做綿亦不好。必要湖州人來看火，做絲方好。海上住的湖州人，雇一個試之；如不好，來年到彼雇好手。雇了一兩年，人都學會了；若沿俗習非，終無長進也。凡事皆如此，切記！只是蠶多了，看火上山兩件，切要謹愼火燭。浙中曾有受累者，至愼！至愼！」㈤

《農政全書》曾述明養蠶火倉之法。「用火之法，須別作一爐，令可抬舁出入。火須在外燒熟，以穀灰蓋之，即不暴烈生焰。夫擡爐之制，一如矮床，內嵌燒爐，兩旁出柄，二人舁之以送熱火。」㈥

「凡事皆如此！切記！」光啓囑咐兒子，求學問做事情都要求長進，不要呆跟著以往的傳統方法，凡事求真理，求實際。家書第四件說：

「（上闕）可儘種之，即幾畝亦不妨也。閑時種成，他日租（與）人亦不失地租。倘要卜築，則有成業可據；即不然，分一分與子孫亦可也。……」(七)

家書第十件說：

「……家中紗布更賤，北邊土布甚多，決該○家人佃户輩，蠶桑年年要將好桑壓秧來廣種，揀極好桑留一兩科，採極熟椹子晒乾寄到北邊種。北土桑，土色不好故也。番藷舊藏收得幾許？錢三持人言，他家甚多、甚大，今年可多種番藷，千萬多種，收子寄來，苧麻也要留些不割，收子寄來。……」(八)

家書第十二件，又囑咐家人留心桑蠶：

「……頭蠶春早，所以收了；二蠶必是多雨時喫了濕葉，所以壞了。看來蠶壞，只在濕葉，葉乾勤替，未有不收；只是勤替在人，葉乾在天。南方梅雨多，只要養得早還好。又要多種早桑，壅得肥青，得早葉便可早成，脫了梅天也。北邊絕無梅雨，最宜蠶，所以急要種桑。宋以前只是兗州絲最多，我朝方興湖絲耳。養得桑椹晒乾寄來，最要緊須揀好種，早的火葉也要。諸種只是難傳，可悶也。前後寄到種子俱收，苕蕘子不必再寄。……」(九)

光啓真可稱爲中國農業的改良家，對於農耕物的改良，親自試驗，四出採訪。《農政全書》的材料，在這家居幾年中收集了很多。自己喜好農耕，又囑咐家人耕種，養成勤勞的習慣。

光啓對於家中瑣事，無一事不留心。在京中所寫的家書裡切切叮嚀，家書第四件說：

「……家中門戶火燭小心，廚戶後通外腰門，可密封鎖，不可與人擅開，

鑰匙須自收，腰門夜間鑰匙亦可自收也。……」(十)

防火一事，在前面所引家書第三件也囑咐過：「切要慎防火燭。浙中曾有受累者，至慎！至慎！」

勤儉爲起家之本，驕奢則爲敗家之虫。大官子弟最易習於驕奢，盛氣凌人。光啓約束子孫謹慎言行。家書第一件就有這種訓誡：

「按院聞在吾邑造冊，可約束家人及親戚不可多事，已前受虧處，亦不必稱說報復等語，但以安靜為主而已。」(十一)

在家書第三件裡，光啓述說自己遭人譏罵，聽之而已，以教子孫忍辱負重：

「……木頭事要我出力，又冒我名買賣，我如何好出書？因此大譏我，見於詩歌，亦聽之而已，決難徇得許多也。……」(十二)

對於孫兒女的教育，光啓特別關注，在家書第九件裡吩咐兒子說：

「……時危事異，只宜恬默自守為上，教訓諸子尤是喫緊。……兩兒做破承，不論是否，但將眞筆眞話來我看，切不可容先生文飾也。……」(十三)

在家書第十件，告訴兒子，七孫在京讀書情形：

「七郎教書，請了陳文軒在此。今年到京，束脩一節，來年再看，且未定也。……」(十四)

在家書第十五件，指點兒孫讀書記誦法：

「……兩兒記得舊文字否？一日讀書兩篇，熟否？今得見胡文毅說，福建人讀書法，只是記文字，此是最捷徑之法。兩兒若有記性，應該做工夫，慢慢裡，還要細到回來。汝若記得起，亦該做這工夫，甚省力。凡少年科第，未有不從此得力者。我輩爬了一生爛路，甚可笑也。……」(十五)

家書乃他在京居官時所寫，信中顯露治家教子的苦心。當他居喪在家時，他對家人的教導必更盡心盡力。

光啓勤於農桑，不在於謀置產業，乃求國家的富強。明末天下變亂的慘劇，已經在這時看到端倪。變亂的原因，確是天下饑荒。光啓注意農業，改良物種，首在救濟荒年。荒年的造成，常因天旱和大水，光啓因而研究水利。他後來翻譯《泰西水法》，將中、西水法的優良和適用的方法，經過自己的實驗，編譯成書。

明朝農村的弊病，不僅在於饑荒，還因幾種政治的弊病。國家祇知道邊疆有虜作亂，出兵禦虜，不愛民生，年年加賦。光啓在少壯時研究當時社會狀況，求得農村凋落的原因。萬曆三十二年，光啓在翰林院的館課，曾寫了《擬上安邊禦虜疏》，疏裡說：

「沿自唐宋以來，國不設農官，官不庀農政，士不言農學，民不專農業，弊也久矣！農者，生財者也，含生之類，無一人一日不用財者，而獨不講於財所自出，……」(六)

光啓建議在邊境興農，應改良召商墾種鹽筴和軍衛屯田法，又須創制三事：以武功世爵賞赴邊疆墾荒的人；設立學校專爲培植墾荒者的子弟，不和土著人相參雜；立法尊農，以貴民本。

明朝有一重大弊病，在於漕運。從東南漕運幾百萬石的大米，供給皇宮和官吏的俸祿，兼充西北邊防軍的軍餉，這樣使北方和西北的田地荒蕪不耕，東南賦稅反而年年加重；又因運河妨礙黃河改道入海，黃河便時常泛濫，洪水爲災。光啓條陳改良的辦法。

改良的上策：開墾西北荒廢的田地，教民稼嗇，引人種稻。他在萬曆三十二年（一六〇四）翰林院館課，曾作《漕河議》，議上說：

「……今使遠方之民胼胝手足，又跋涉以輸之，則輦轂之下，坐而食之。其人庸德，呰窳偷生，而國又有治河造舟諸經費之歲出不貲。譬若父有二子，一勤一媮，使勤者養其父，又給其媮者，父又時出所藏以濟之，而媮者益媮，此三相盡耳。……如今漕運東南之粟，自長准以北諸山諸泉，涓滴皆為漕用，是東南生之，西北漕之，費水二而得穀一也。凡水皆穀也，亡漕則西北之水皆穀也。……」㈦

次一步，用科學法測量黃河及會通漕運各支河流的水勢，以預知河身變遷之期，疏濬河中積沙，以防河洪：

「一可得各河容受吐納之數，二可得隄防所宜增卑倍薄之數，三可得見行河身比于各河所差淺深高下之數，四可得見河墊淤之後，某河可用相代容納之數，五可得地勢所便，土物所宜，豫引開濬可不可之數。此所謂形勢之一定者也，而此法既立，既於並河郡邑為立準人，即用司水。……」(六)

再一步，漕運之法，一年一運，常有漕運因旱澇而不通的危險，又使治漕之法，因急於運糧，不能進行，光啓建議用節級轉運制，且使京軍運糧：

「……自支運變為兌運，兌運變為長運，於是一舟一歲之間還往萬里，不得不避洪，不得不防凍，而漕限乃不可爽矣。漕運不爽，而河又數變，涸則議濟，他徙則議挽，務強河以從我，又嚴為之限，而費乃滋大，且未及熟籌之也。為今之計，令欲我可待河，而河不能為我難，似宜稍采支運之意，廣故倉於淮安，仍建一倉於濟甯。諸總運艘可量用十分之六，從水運糧至淮，以待復命，量度河勢而取進止。……以京軍十二軍人分為六番，番二萬人，向所稱南方免運旗軍十分之四者，故行漕艘若行糧也。移

而賦多之，令循環轉運，自濟甯抵通惠，歲可三運，不及則再歲五運，而四百萬可畢至矣。……」㈨

光啓且建議仿元初的制度，由海道運米。海運危險雖多，運輸不穩，然也可以試驗，以重利和功名鼓勵敢做海運的人：

「故海運可為而不可為也。無已，則有一焉，破拘攣之格，開功名之門，去米鹽之計，絀紛紜之論，捐大利於民，以易其死命，而又有法以通之，使其利卒歸於國，令小民供分外之役，而得格外之償；人臣有朱、張之功，而無朱、張之罪；國家享元初之饒，而永無元末之害，是可行也，然而未易言也。」㈩

另有一種害農業的政治制度，在於宗室祿餉。隸屬宗室領取祿餉的人，在萬曆甲辰年（一六〇四）有十三萬人。光啓建議授田，以田易祿。

「……今將使百年之後，坐而食祿者百萬人，為祿當萬萬石，尺布斗粟皆取之民間，民又日益窮，而由今之道，民之游惰者且益多，於何取之哉。……」

「……且祖訓明言，郡王子孫材能堪用者，考驗授職，陞轉如常選法，是仕宦一途高皇帝開之矣。可以仕，不可以農乎？供用條郡王以下，各存唐制授田傾畝之數，則以田易祿矣。」㈡

這些思想在光啓壯年時已經成熟。當他在家居喪時，更時時縈迴懷中，況又逢江南大水，他更體驗到漕運的禍害，以及江南賦稅的負擔，改良農業便成了他一生的中心思想，這次在鄉就開始收集資料，預備編著農業書籍。當他後來第二次回鄉久居時，乃草成《農政全書》的草稿。

註：

㈠ 家書第一件作於萬曆三十四年（一六０六年） 家書俱見徐文定公家書墨蹟。

㈡ 第二件作於萬曆三十五年（一六０七年），徐文定公的五個孫兒：爾覺生於萬曆三十一年，爾爵生於萬曆三十三年，爾斗生於萬曆三十七年，爾默生於萬曆三十八年，爾路生於萬曆四十一年。孫女中僅知次孫女甘第大生於萬曆三十五年 考據見方豪徐文定公家書簡釋。

㈢ 甘藷疏 見古今圖書集成 草木典卷五十四。
㈣ 農政全書 卷三十八木部女貞 烏臼。
㈤ 家書第三件。
㈥ 農政全書卷三十三 蠶業 火倉。
㈦ 第四件家書大約作於萬曆三十九年（一六一一年）。
㈧ 第十件家書作於萬曆四十四年（一六一六年）。
㈨ 第十二件家書作於萬曆四十四年丙辰。
㈩ 家書第四件見註七。
㈪ 家書第一件見註一。
㈫ 家書第三件作於萬曆三十九年（一六一一年）。
㈬ 家書第九件作於萬曆四十四年（一六一六年）。
㈭ 家書第十件見註八。
㈮ 家書第十五件作於萬曆四十七年（一六一九年）。
㈯ 擬上安邊禦虜疏（作於萬曆三十二年）。

(十七) 漕河議（作於萬曆三十五年）。

(十八) 同上。

(十九) 同上。

(二十) 同上。

(二一) 處置宗祿查核邊餉議（作於萬曆三十二年）。

一一、殯葬利氏

光啓和利氏，情愈師生。論道講學的歲月，雖只有三年，彼此的交情則很深厚。光啓敬重利氏的人格，又佩服利氏的學識：

「昔遊嶺嵩，則嘗瞻天主像設，蓋從歐羅巴海泊來也。已見趙中丞吳銓部前後所勒輿圖，乃知有利先生焉。間邂逅留都，略偕之語，竊以為海內博物通達君子矣。亡何齎貢入燕居禮賓之館，月食大官飧錢。自是四方人士，無不知有利先生者，諸博雅名流，亦無不延頸願望見焉，拜聞其緒言餘論，即又無不心悅志滿，以為得所未有。而余亦以間遊請益，獲聞大旨也。則余所嘆服者是乃糟粕煨燼，又是乃糟粕煨燼中萬分之一耳。蓋其學無所不闚，而其大者以歸誠上帝，乾乾昭事為宗。朝夕瞬息，無一念不在此。諸凡情感誘慕，即無論不涉其躬，不挂其口，亦絕不明其心，務期掃除淨潔，以求所謂體受歸主者。……」(一)

萬曆三十八年（一六一0年）工部員外郎李之藻在京患病，家人等都不在京。之藻雖尚未領洗，利氏同他交情篤厚，親自日夜侍奉。之藻病癒，領洗入教；利氏則因勞致疾，一病不起，在床上躺了兩個多月，於五月十一日（陰曆為三月十八日）逝世。

利氏遺命不願運葬澳門，願意葬在北京。熊三拔、龐迪我跟李之藻商議選擇葬地。李之藻援引外人歸順，有欽賜葬地的前例，上疏奏請恩賜利氏葬地。

萬曆帝覽疏，傳旨禮部議奏。署理部事侍郎吳道南，奏請以二里溝，楊太監的佛寺，賜爲利氏安葬之所。楊太監曾自建佛寺，後因罪伏法，佛寺籍沒入官，萬曆帝御批著依議施行。禮部行文順天府尹，著以二里溝佛寺賜與西士。萬曆三十八年十月二十日，熊、龐兩司鐸入佛寺，動工改修佛寺爲天神之后聖堂。

光啓在家聞利氏去世，待自己的服滿了，立即動身入京，於萬曆三十九年初，抵京師。那時李之藻因父喪，已奔喪歸家，殯葬利氏事，便由光啓主持。

光啓進京，復官翰林院檢討。四月二十二日（陰曆三月十日）天神之后聖堂修改完竣了，光啓與熊、龐兩司鐸議定遷利氏的遺體入堂。遷柩日，光啓率信友等與禮。十字前導，信友持燭相隨，而司鐸護柩而行。柩入堂，存放堂中。萬曆三十九年十一月一日，諸聖節期，舉行安葬利氏禮。當天，先行諸聖節大禮彌撒，北京信友全體到堂。大禮彌撒後，繼之以追思彌撒。追思禮畢，熊三拔司鐸登臺致哀詞，述說利氏一生的事蹟。安葬時，光啓與眾信友，持燭前行，信友四人舁棺出堂，抵墓穴，下棺入壙，拿所毀二里溝寺內佛像的銅鐵，填入壙內。光啓親自舉鍾抛土，雙眼滿淚，他哭自己的恩師，自己的良友。葬後，他收藏下棺的繩索，留作紀念㈡。

熊、龐兩司鐸詳細地向光啓述說了利氏去世時的情景。他知道利氏囑咐葬自己在北京，爲剖明自己跟澳門葡商斷絕關係的心跡，使中國朝廷不因疑忌葡商而疑忌天主教。他也聽說利氏在去世前三日，常神志不清，口說囈語，說中國已完全歸化了，全國都信天主教，指示在那處修聖堂，在那處造修院。五十八年前，上川島上，方濟各，沙勿略臨死時，同樣的也說了這種囈語。

上川島上，方濟各，沙勿略嚥了氣，同年利瑪竇生於義大利馬車拉達。利瑪竇在北京嚥了氣，二里溝的佛寺改爲聖母堂。光啓想來很驚嘆天主的上智。

利氏曾因宦官口傳皇上恩旨，留在北京；但常想領得皇上的一紙上諭，作爲教士長住的保證。禮部的官員卻都不願代奏，利氏有意假藉宦官的手。光啓勸利氏不要交接宦官；宦官既不可靠，而且禮部必因忌宦官而兼忌西士，最好是直接上疏，請求皇上免頒官俸，准予留京，自居自給。利氏聽從光啓不交宦官，然卻不敢上疏，請免俸錢㈢。

於今利氏去世了，俸錢隨時可斷，留京西士應有長住之計。利氏終生假科學之名，得留京師。他的會友王豐肅(四)、龍華民(五)等認爲空費時日，來華爲傳教，便應明目張膽以傳教爲名，破除中國社會迷信。龍華民因而在韶州招起風波，被迫而逃。利氏遣郭仰鳳拆去韶州聖堂，以絕韶州人的疑心。王豐肅日後在南京招引大禍，幾乎滅絕了中國新起的教會。利氏臨危前，遺命龍華民繼任中國耶穌會會長。龍華民入京，聽光啓的勸導，沒有上疏請求傳教。光啓不久即得了時機，上疏保薦西士，助修曆法，西士因此得以長住北京(六)。

註：

(一) 徐光啓　跋二十五言　見增訂徐文定公集　卷一　頁十四。

(二) 利氏下葬的時期，各書所載，有不確實的。李問漁的徐文定公行實，說利子葬於萬曆三十八年十月，徐光啓與李之藻同治葬事。蕭司鐸的天主教傳入中國考　上冊　卷三，只說利氏殯於萬曆三十八年十月，不言治葬人。徐宗澤的奉教閣老傳略說徐光啓於萬曆三十八年聖誕時過南京北上，入京師後與李之藻同治利氏葬事。耶穌會史家Bartoli和 D'Elia 都說利氏安葬期是在逝世後次年的十一月一日，李之藻已在家守父喪，這最後一說，合於史實。按光啓除服入京，李之藻已回家守喪。這事光啓在刻「同文算指」序上也說到。光啓明明說：「惜余與振之出入相左。振之兩度居燕。」第一次，光啓除服，振之奔喪。第二次，振之除服入京，光啓南下：值余有犬馬之疾，請急還南，而振之方服除赴闕。

㈢ Opere Storiche di Matteo Ricci（Venturi）Lettera al. P. F. Passis. vol II P.379.

㈣ 王豐肅於南京教難後改名高一志。西名 Alphonsus Vagnoni. 義大利人，生於一五六六年，死於一六四０年於一六０五年來華。

㈤ 龍華民，西名 Nicolaus Longobardi，義大利人，生於一五五九年，死於一六五四年，於一五九七年來華。

㈥ 見裴司譯　現代中國文化之前驅徐光啓　聖教雜誌第二十二年　第十一期　頁六十八。

二一、津門墾荒

萬曆四十一年癸丑，光啓充同考官。八月，因疾，疏請南歸，退隱津門。因疾請退，似乎不是他引退的惟一理由，或許只是一種政治病。明朝的天下，那時正鬧著東林黨的黨爭，光啓不願漩在那種政治漩渦裡。

明朝的士大夫，寫史的人罵爲「狹義之程朱道學養成之八股先生，不足與語通權達變。」㈠他們很主張氣節；爲表現氣節，大家都願指斥執政的權臣和皇帝，他們卻沒有治國的主張，儘在一些小節目上，大顯諫諍的本領。憲宗成化四年（一四六六年）爲嫡母錢太后葬事，給事中毛弘率群臣伏哭文華門外，從巳刻哭到申刻。武宗正德十四年（一五一九年）欲出巡兩畿山東，黃鞏、舒芬等一〇七人，伏闕苦諫，一連伏了五日，被杖死了十一人。世宗嘉靖三年（一五二四年）生母鞏皇太后去本生兩字，楊慎、張翀等兩百餘人，伏左順門外哭諫，盡被捕下獄。後來又有張居正奪情議，萬曆建儲議，又有挺擊、紅丸、移宮三案，鬧得朝廷上人心不寧，無暇計畫天下大事。

那時天下的大事，最重要的是遼東的軍務。明朝的士大夫怎麼應付這事？遼東經略使熊廷弼說：

「今廟堂議論，全不知兵。冬春之際，冰雪稍緩，鬨然言師老財匱，馬上促戰。及軍敗，愀然不敢復言。比收拾甫定，愀然者復鬨然責戰。自有遼難而來，用武將，用文吏，何莫非臺省所建白，何嘗有一效？疆場事當聽疆場吏自為之，何用拾帖括語，徒亂人意哉！」(二)

這一語罵盡了當時讀死書而又多言的士大夫！可是他們多言的成效，竟能冤死熊廷弼和袁崇煥，叫明朝忘了天下。

不單是在朝的士大夫，好為空疏之議論，在野的士大夫更以指斥朝政為標榜。趙南星、顧憲成因與大學士王錫爵不和，被廢為民（萬曆二十一年）。憲成在故鄉無錫東林書院講學，指責朝政，趙南星、鄒元標立即附合，於是乃結成東林黨。朝廷上被攻擊的人也結黨以自保；於是便有宜崑黨、齊黨、楚黨、浙黨，同時互相對擊，皇上每天接到彈劾諫諍的奏疏，索性不閱，凡是疏上，多是留中不報。

在這種不安的政治氣氛裡，光啓見翻譯曆書事，因當時士大夫阻行新法，萬曆帝又漠不關心，不能有成；便因疾請退，隱居津門。

他退隱津門兩次；第一次從萬曆四十一年（一六一三年）到萬曆四十四年（一六一六年）隱居了三年。次年，受命往西北冊封慶王。禮畢，還朝，又請病假赴津門。再住一年，於萬曆四十六年（一六一八年）五月，銷假回京，上疏練兵。

當他奉命到西北冊封慶王時，他看到西北的荒地，便想到西北墾荒，試用水法。但是找不到同志合作的人，單身不能前往。他便計劃回上海，在家中重習農業。但是在天津他開墾了很廣的荒田，仍到天津學稼，講求佳種，引水灌溉，種藥，種葡萄，並研究撲殺蝗蟲的方法。他在家書上說：

「累年在此，講究西北治田，苦無同志，未得實落下手，今近乃得之。其一在天津，荒田無數，至貴者不過六七分一畝，賤者不過二三厘，錢糧又輕。中有一半可作水田，雖低而近大江，可作岸備潦，車水備旱者也。有一大半在內地，開河即可種稻；不然亦可種麥種秫也；但亦要築岸備水耳。其餘尚有無主無糧的荒田，一望八、九十里無數，任人開墾，任人牧牛羊也。其一處在房山淶水二縣，此則每畝價二錢，近大河可開渠種稻，每歲可收二三石也；只苦無人耳，我前番領得家眷及帶得幾個人來，今番便可留在此，做此事了，今只得要歸。且兩處各有可託的相知，尋覓來都不悟所以為妙也。今新寓中，頗有隙地，可種雜花草，家中可覓五色雞冠，並各色老少年子罌栗子，各色鳳仙子臘梅子，要好者，一一寄些來。」㈢

一、水利

在澳門墾荒的第一件事是試用水法，引水入田。光啓在京師時曾跟熊三拔司鐸講求西洋水利。覺得自己的許多水利問題，都能有一種新答案。他在熊三拔所譯《泰西水法》一書的序說：

「余嘗留心茲事，二十餘年矣，詢諸人人，最多畫餅。驟聞若言（利氏），則唐子之見故人也。就而請益，輒為余說其大旨，悉皆意外奇妙，了非疇昔所見。……迄余服闋趨朝，而先生（利氏）已長逝矣，間以請益熊先生。」㈣

光啓和熊三拔講求水法，參合中國和西方當時所有水法的優點。用水之法；若用江河之水，使用龍尾車爲車水器；用井泉之水，以玉衡車和恆升車做水車；用雨雪之水，則作水庫。各種水車的構造法，又作圖樣說明。水庫的方法，則近於現代水庫的構想了㈤。

退居津門，實行墾荒，水爲第一急需，他乃多方實驗。後來在崇禎三年（一六三〇年）上《屯田疏》，條舉用水的方法，便是津門實驗所得：

「用水之法，不越五法……（一）用水之源。源者，水之本也，泉也。泉之別為山下出泉，為平地仰泉。用泉之法有七：其一，源來處高於田，則溝引之。溝引者，於上源開溝，引水平行，令自入於田。……其二，溪澗傍田而卑於田，急則激之，緩則車升之。激者，因水之湍急，用龍骨翻車，龍尾車，筒車之屬，以水力轉器，以器轉水，升入於田也。車升者，水流既緩，不能轉器，則以人力、畜力、風力運轉其器，以器轉水，入於田也。其三，有源之水，行於漫地，易涸也，則為陂為壩以留之。其四，源之來甚高於田，則為梯田以遞受之。……其五，溪澗遠田而卑於田，緩則開河導水而車升之，急者或激水而導引之。……其六，泉在於此，用在於彼，中有溪澗隔焉，則跨澗為漕而引之。為漕者，自此岸達於彼岸，令不入溪澗之中也。其七平地仰泉，盛則疏引而用之，微則為池塘於其側，積而用之。為池塘而復易竭者，築土椎泥實之，甚則為水庫而畜之。……

(二)用水之流。……，流者水之枝也，川也。……用流之法有七：其一、江河傍田則車而升之，遠則疏導而車升之。……其二、江河之流，自非盈涸無常者，爲之牐與壩，釃而分之爲渠，疏而引之，以入於田。田高則車而升之，其下流復爲之牐壩，以合於江河，欲盈則上開下閉而受之，欲減則上閉下開而洩之。臣所見寧夏之南，靈州之北，因黃河之水，鑿爲唐來漢延諸渠，依此法用之，數百里間，灌漑之利，瀸潤無方。……其三，塘浦涇浜之屬，近則車而升之，遠則疏導而車升之。其四，江河塘浦之水，溢入於田，則隄岸以衛之。……其五，江河塘浦、源高而流卑，易涸也，則於下流之處，則爲牐以節宣之。……其六，江河之中，洲渚而可田者，隄以固之，渠以行之，牐壩以節宣之。其七，流水之入於海而迎得潮汐者，得淡水迎而用之，得鹼水牐壩遏之，以留上源之淡水。臣所見迎淡水而用之者，江南盡然；遏鹹而留淡者，獨寧紹有之也。

(三)用水之瀦。瀦者，水之積也，其名爲湖，爲蕩，爲洵，爲海，爲陂，爲泊也。……

（四）用水之委。委者，水之末也，海也。海之用，爲潮汐，爲島嶼，爲沙洲也。……

（五）作原作瀦以用水。作原者井也，作瀦者池塘水庫也。高山平原，與水違行，澤而不至，開濬無施其力，故以人力作之。鑿井及泉，猶夫泉也；爲池塘水庫受雨雪之水而瀦焉，猶夫瀦也。……」(六)

津門的荒地，「開河亦可種稻」，「雖低而近大江，亦可作岸備潦，車水備旱者也。」家書所言和屯田疏中所說相同。

二、改良農種

光啓在上海居喪三年，三年習農以求播殖佳種。到了津門，他更日夕講求繁殖新種，改良舊種，破除土地不宜的舊說：

「若謂土地所宜，一定不易，此則必無之理，立論若斯，固後世惰窳之吏，游閒之民，媮不事事者之口實耳……第其中亦有不宜者，則是寒暖相

達，天氣所絕，無關於地。若荔枝龍眼，不能踰嶺，橘柚橙柑，不能過淮。他若蘭茉莉之類，亦千百中之一二。……」(七)

「余故除排風土之論，且多方購得佳種，即手自樹藝，試有成效，乃廣播之。」(八)

在津門他試用從北京西洋傳教士所學到的種葡萄和種藥，昔年在上海也種葡萄，在津門寫信回家，指示兒子剪裁的方法，結果纍纍，一株可收數斗：

「……城外新插葡萄，秋冬間可剪去細枝，只留一根直上，仍用竹木綁定，令其勢直上，成一樹，待高與人齊，便如剪桑法，年年剪去細條，大約如喬海宇家，城中園內梅花堂，紫薇花樣就是。數十年後，具根如柱，亦只高四五尺，頂上攢出大幹如椽，亦只有七八條，長二三尺，如此則七、八尺地便是一株，一株上便可生子數斗。每一畝可收百石，此西洋法也。今山西安邑種既不妙，又令蔓半里許，子多在細條上生的，所以不佳耳。今用西洋法種得白葡萄，若結果便可造酒醋，此大妙也。」

算來凡接樹來自遠方者不能得貼，一定將原子原核多種些出來，待好接時，於本身上打下肥盛貼子接博，一定是好的。……鳥臼不知曾來否？亦可自浙中多討幾樣種來種出接之。但此意不可對浙中接臼人說，恐他不肯拿來，畢竟移得一兩株來爲妙耳。「山後河沿上，新插北京種葡萄，可耘去草，時用糞擁令速長爲妙耳。

「龐先生（龐迪我神父）教我西國用藥法，俱不用渣滓。採諸藥鮮者，如作薔薇露法，收取露，服之神效。此法甚有理，所服者皆藥之精英，能透過臟腑肌骨間也。但我處無各種鮮葉，今宜擇常用者，多方覓取道地之種種之，如六地黃丸，人參固本丸之類，此常用者。今我在此尋鮮人參，倘到底不得，只用參作細末雜在諸鮮葉中亦可。如麥門冬已自種，聞顧會浦家有鮮天門冬種在西門觀音堂內，可托人往覓其種。宿海有弟號俞心穀者，亦常到懷慶買藥材，可與宿海說要他帶些鮮生地及鮮何首烏、鮮年膝、鮮山藥回來種之。來年葑薁入南京，可託他與寧國王明友討貝母種。白朮自種了不消說，若要，亦可到紹興買的，易得也。山茱萸、酸棗仁、甘枸杞之類，亦可用子自種之。只要尋取當歸、遠志之類，可向人覓其種，我此中亦多方覓之也。又各種要用之藥丸，成熟時便可取了露，各種收藏，又經久不壞，待用時合來便是，所以為妙。芍藥亦可自種，須單台白色者方是，江陰人來賣牡丹者，常有根帶來，亦甚賤也，可尋買之。」(九)

在這封長信裡，光啓重覆地說尋種，各方打聽，多方拜託，他一心一意追求播植佳種。

在另一封家書上說：

「……天津大旱，近稍得雨，有麥八百畝，若每畝收得五斗，便分得二斗，有一百五、六十石麥，便不賠糧，並留得些做種也。陳大官且未可來，待秋間再收得幾百石糧，便可領種田的一兩人，經理其事，且有基本著落也。石龍、吳勝兩家已留在城中做小生理，且兼顧田地。何招、張本並山東傅信三備在莊上住，且種些旱田，明年種稻也。在城在鄉的，俱有頭緒，極易為生，但不知肯向上否耳。」(十)

他的農場真廣！麥田八百畝，又種水田，「俱有頭緒，極易爲生。」

黎明即起，歛心祈禱，靜神默思，對越天主。過後，出到田間，「躬執耒耜之器，親嘗草木之味。隨時採集，兼之訪問，綴而成書。」(十一)《農政全書》的荒政救荒本草十四卷，列舉親嘗草木的經驗，把可以吃的草木，分為草、木、米穀、菓、菜、野菜六部，每部又分花、葉、根、實、皮、莖、筍七種，總計可食者共四百一十四種。他列舉這些草木，告訴在饑荒的年歲，那些東西可以採來充飢，那些東西吃了中毒。中國素來一鬧荒年，便是難民遍野，朝廷沒有救濟的力量，難民只得拔草摘葉，多有中毒，絞腸漲腹而死的！光啓在全書第二十五卷末有云：

「荒儉之歲，於春夏月，人多採掇木萌草葉，聊足充飢。獨三冬春首最為窮苦，所恃木皮草根實耳，余所經嘗者，木皮獨榆可食，枝木葉獨槐可食，且味佳。在地下則燕篙、鐵荸薺皆可食，在水中則藉菰米，在山間則黃精、山茨菇、蕨、苧薯、萱，之屬尤眾。草實則野稗、黃藍、蓬蒿，蒼耳，皆穀類也。又南北山中，橡實甚多，可淘粉食，能厚腸胃，令人肥健不飢。凡此諸物，並救荒本草所載，擇其勝者，於荒山大澤曠野，皆宜預種之，以備饑年。」(十一)

三、種棉

北方土旱，宜於種棉，光啓就地觀察，看到棉種要稀疏，肥料不能過肥。他在《農政全書》上說：

「棉花密種者有四害：苗長不作蓓蕾，花開不作子，一也；開花結子，雨後鬱烝，一時墮落，二也；行根淺近，不能風旱，三也。結子暗蛀，四也。」

「總種棉不熟之故有四病：一秕，二密，三瘠，四蕪。秕者種不實，密者苗不孤，瘠者糞不多，蕪者鋤不數。」

「凡田，來年擬種稻者可種麥，擬棉者勿種也。諺曰：歇田當一熟，言息地力，即古代田之議。……凡高仰田可棉可稻者，種棉二年，翻稻一年，即草根潰爛，土氣肥厚，蟲蝗不生。多不得過三年，過則生蟲，。三年而無力種稻者，收棉後圍田作岸，積水過冬，入春凍解，放水候乾，耕鋤如法，可種棉，蟲亦不生。……」

凡棉田，于清明前下壅，或糞、或灰、或豆餅、或生泥，多寡量田肥瘠。……吾鄉密種者，不得過十餅以上，糞不過十石以上，懼太肥，虛長不實，實並生蟲。……」鋤棉須七次以上，又須及夏至前多鋤爲佳。……

「鋤棉者必須細密。昔有人傭力鋤者，密埋錢于苗根，鋤者貪覓錢，深細爬梳，棉則大熟。」(十三)

光啓事事實驗，在津門的農場裡，實習種棉，密疏有度，糞肥適量，麥田稻田和棉田，互相代歇。

但是北方種棉問題，不在種而在織。北方產棉不織布，棉花輸到南方，便值貴；南方不產棉而織布，棉不足用，乃買北方的棉，織了布再輸售北方，布價更高，光啓提倡在北方推廣紡織手工業，用北方的棉在北方紡織。北方爲什麼不能織棉呢？因爲北方風氣高燥。

「近來北方多吉貝，而不便紡織者，以北土風氣高燥，棉毳斷續，不得成縷，縱能得布，亦虛疏不堪用耳。……今肅寧人乃多穿地窖，深數尺，作屋其上，簷高于平地，僅二尺許，作窗櫺以通日光。人居其中，就濕氣紡織，便得堅實，與南土不異。若陰雨時，窖中濕氣太甚，又不妨移就平地也。」㈩

在西夏冊封慶王時，他訪問了這種紡家。當地人或不知住地窖的意義，光啓則洞悉濕氣和紡紗的關係。他在津門就主張習用這種方法在北方紡織：

「法當如前作窖，令長二、三十丈，廣三四丈，冒長廊，維簷作窗櫺開闔，以避風雨，于中經刷。或輕陰無風，纖塵不起，亦不妨移向平地。若作如此方便，其成布當盛吳下。第功力頗費，當如農桑輯要所云：藝桑之法，聚眾力成之。若有力者作此，計日賃用，亦大收僦直也。……」㈤

計慮人民的衣食，使用最確實而在當時又最科學的方法，朝夕勞作。他不謀累積財富，反而爲實驗耗費金錢，他一心圖謀改良農業，以鞏固國家的根本。

中國農人最怕天旱水淹，然而也很怕蝗禍，蝗蟲遮天飛來，把一連千里的青青麥浪或稻田，立刻吃成荒野！光啓在實驗農事時，很注意研究除蝗的良法。他後來在崇禎三年的《屯田疏》，疏中第三項論除蝗，說的便是在津門時所得的常識。

「臣聞之老農言，蝗初生如粟米，數日旋大如蠅，能跳躍辟行，是名曰蝻。又數日即群飛，是名曰蝗。所止之處，喙不停嚙，故易林名為饑蟲也。又數日孕子於地矣。地下之子，十八日復為蝻，蝻復為蝗，如是傳生，害之所以廣也。……故詳其所生，與其復自滅，可得殄絕之法矣。」(六)

在《屯田疏》裡論蝗蟲，他有一個新奇的發現；他說蝗蟲是由蝦子變的：

「或言為魚子所化，而臣獨斷以為蝦子，何也？凡倮蟲介蟲與羽蟲，則能相變，……若鱗蟲能變為異類未之聞也，此一證也。爾雅翼言，蝦善遊而好躍，蝻亦好躍，此二證也。物雖相變，大都脫殼即成，故多相肖，若蝗之形酷類蝦，其首其身其紋脈肉味，其子之形味，無非蝦者，此三證也。又蠶變為蛾，蛾之子復為蠶。太平御覽言豐年則蝗變為蝦，知蝦之亦變為蝗也。此四證也。蝦有諸種，白色而殼柔者，散子於初夏：赤色而殼堅者，散子於夏末；故蝗蝻之生，亦早晚不一也。江以南多大水而無蝗。蓋湖濼積瀦，水草生之。南方水草，農家多取以壅田；就其不然，而湖水常盈，草恒在水，蝦子附之，則復為蝦而已。北方之湖，盛則四溢，草隨水上，迨其既涸，草留涯際。蝦子附于草間，既不得水，春夏鬱蒸，乘濕熱之氣，變為蝗蝻，其勢然也。故知蝗生於蝦，蝦子之為蝗，則因於水草之積也。」(七)

生物學者可以笑光啓的話過於幼稚，蝦子沒有可變蝗蟲的。可是他說理的論證方式，則超過中國普通一般的文人，很近於現代的科學方法，這就是他研究西學的效果。

退居津門三年，他不是在求陶淵明的清福「……開荒南野際，守拙歸田園，……，戶庭無雜塵，虛室有餘閒。久在樊籠裏，復得返自然。」(八)

他在津門開荒，是他的學術工作。在京師裡研究天文算學，住在鄉下研究農學。然而他住在自然的懷抱裡，也不能不感到心曠神怡。「野外罕人事，窮巷寡輪鞅。白日掩荊扉，虛室絕塵想。」(九)這種清靜的心境，他因著宗教信仰，天天默想祈禱，悟對天主，更容易涵養了。在這種清靜的環境裡，他寫了《闢妄》、《輒咨偶編》兩書。但是他這時重要的著作，乃是《農政全書》的資料，且擬定書名爲《種藝書》。

註：

(一) 王桐齡中國史第三編　一九二九年版　頁四八六。
(二) 仝上　五七二頁。
(三) 家書第七件　作於津門　見徐文定公家書墨蹟。
(四) 泰西水法序　見天學初函　第三冊。
(五) 仝上。
(六) 屯田疏　見增定徐文定公文集　卷二。
(七) 農政全書　卷二。
(八) 農政全書　卷二十五。
(九) 家書第七件。
(十) 家書第九件。
(十一) 農政全書凡例　陳子龍語。
(十二) 農政全書　卷二十五。
(十三) 農政全書　卷三十五。
(十四) 農政全書　卷三十五。
(十五) 屯田疏。

(十六) 仝上。

(十七) 陶淵明歸田園詩。

(十八) 仝上。

一三、辯學章疏

光啓在津門退居了三年，於萬曆四十四年（一六一六年）五月奉旨復職。同年同月，南京禮部侍郎沈漼，上疏請滅天主教。

南京那時有一個佛教大和尙蓮池禪師，俗名沈株宏，禪名很高，他聽說利瑪竇在京宣傳天主教，曾作了一本《四天說》，說明佛法最上。光啓寫了一本《辯學遺牘》，答辯蓮池和尙，蓮池和尙後來死了，他的弟子沈漼便出而仇教。

南京的教務，自郭仰鳳司鐸往滬開教後，由王豐肅司鐸接管，豐肅傳教的心火很高，嫌利氏昔日所修的小堂狹隘不適用，四出勸募，集資新建一座西式的教堂，堂頂高豎一白石十字。

南京人每天對著這座白石十字，看著不順眼，越看越想天主教是洋教：洋教當然不應宣傳，黃髮碧眼的洋人，能有甚麼好心？《明史》說：「有王豐肅者居南京，專以天主教惑衆，士大夫暨里巷小民，間爲所誘，禮部郎中徐如珂惡之，……四十四年，與侍郎沈漼，給事中晏文輝等合疏斥其邪說惑衆。」㈠

沈漼本人因受蓮池和尚的禪教，不但反對王豐肅，於同年五月獨自上疏，請根絕中國各省的天主教，他的疏上說：

「近年以來，狡夷自遠而至，在京師則有龐迪我、熊三拔等，在南京則有王豐肅、陽瑪諾㈡等。其他省會各郡，在在有之，名其教曰天主教，臣初至南京，聞其聚有徒眾營有室廬，即欲修明本部職掌，擒治驅逐，而說者或謂其類實繁，其說浸淫人心，即士大夫亦有信向之者，況閭左之民，驟難家喻戶曉。臣不覺喟然長嘆……伏乞敕下禮兵二部，會同覆議。如果臣言不謬，合將為首者，依律究遺，其餘立限驅逐。」㈢

疏入不報，沈漼又連上兩疏，他誓必把南京的白石十字拆毀，把西洋教堂蹋爲平地。光啓於這年的七月，在邸報上見到了沈漼的奏疏稿，知道他疏上所說的士大夫，暗指他和李之藻等，他便上疏，明說自己信西士的教理，若是西士有罪，他理應按法連坐。

「臣見邸報，南京禮部參奏泰西陪臣龐迪我等，內言其說浸淫，即士君子，亦有信向之者。又云，妄為星官之言，士大夫亦墮其雲霧。曰士君子，曰士大夫；部臣恐根株連及，略不指名，然廷臣之中，臣嘗與諸陪臣講究道理，書多刊刻；則信向之者，臣也。又嘗與之考求曆法，前後疏章，具在御前：則與言星官者，亦臣也，諸陪臣果應得罪，臣豈敢幸部臣之不言以苟免乎！」(四)

他既然跟西士講究道理，跟西士考求曆法，他認識西士較沈漼僅由傳所得的必爲確實，他認識西士怎樣？

「臣累年以來，因與講究考求，知此諸陪臣最眞最確。不止蹤蹟心事，一無可疑，實皆聖賢之徒也，且其道甚正，其守甚嚴，其學甚博，其識甚精，其心甚眞，其見甚定。」(五)

但是皇上和朝廷的大臣，可以說是他一人的主見，因爲他自己信奉天主教，光啓建議由皇上和大臣們親自去察驗西士的言行。他以素有科學實驗的頭腦，列出試驗三法：

「倘以臣，一時陳說，難可遽信，或恐旁觀猜忖，尚有煩言，臣謹設為試驗之法有三，處置之法有三，併以上請。」

三種試驗法：第一把西士所帶來的書籍都譯成漢文，然後由朝廷大臣，審查各書內容，看是否違背中國先聖的遺訓，假若「果係叛常拂經，邪術左道，即行斥逐，臣甘受扶同欺罔之罪。」第二種試驗法，叫中國有名僧侶，跟西士們，互相辯駁，由皇上派大臣主持這種辯論大會，若是西士：「言無可采，理屈辭窮，即行斥逐，臣與受其罪。」假使皇上因爲第一種譯書試驗法，過費歲月，又以第二種對辯法，難定勝負，便請用第三種試驗法，就西士已譯和已著的書籍，詳加審查，「如其躋駁悖理，不是勸善戒惡，易俗移風，即行斥逐，臣與受其罪。」

既然說西士邪說惑眾，便該審查他們的邪說究竟說些什麼，邪妄又在那裡？把西士的書跟中國的經書對照一下，這是最合情理的辦法，反對西洋夷人的儒者，以爲洋書根本是狂妄，眞理只在中國的經書裡，有了經書，還用別國的書籍嗎？對照審查即是低看了中國聖賢，何況光啓認爲：「諸臣所傳事天之學，眞可以補益王化，左右儒術，救正佛法也者！」光啓知道萬曆皇帝沒有心管理這些閒書，朝廷大臣又有幾人願意看西士的書籍！他便陳述三種處置的辦法，實際上測驗西士們和信服他們教義者的人格，假使兩者的人格都高，奉公守法，豈能說西士們邪說惑眾，信教者被邪說所惑嗎？

三種處置法：第一法，令西士所在地，十家或二十家，同具一結，保證西士決無失德。找不到保證的西士，即不許留住。「如司教（西士）之人，果有失德猥行，邪言妄念，表率不端者，依今部議放逐迸流，甘結諸人，一體科坐。」第二項處置法，令每處信教的人，報官登記，年終時，地方官核查信教者有多少人犯法，「如從教人眾，一無過犯，兼多善行可指，正印官於司教之人（西士），優行嘉獎。如從教者作奸犯科，計人數眾寡，罪之輕重，甘結士民，量行罰治。」第三項處置法，請朝廷稍給西士們生活費，免得西士與澳門常通往來，以斷絕一切的嫌疑。「爲今之計，除光祿寺恩賜錢糧，照舊給發外，其餘明令諸陪臣量受捐助，以給衣食。足用之外，義不肯受者，聽從其便。廣海洋商，諭以用度既足，不得寄送，西來金銀，仍令關津嚴查阻回。如此音耗斷絕，盡釋猜嫌矣。」

這道奏疏呈上後，皇帝御批「知道了」。「知道了」那時算是很幸運，皇上說「知道了」，等於說「讚成奏疏說的道理」；行不行雖是另一回事，至少算是把沈漼的奏疏駁倒了。

幸而萬曆帝不是一位認真作事的皇帝！要是他真批准光啓的奏疏，下令實行三種處置法，後來的天主教會必定要責備光啓作祟了。光啓的奏議，是爲當日證明教士的人格，杜絕旁人的嫌疑，然而教會的自由，將完全被政府所剝奪。共產黨後來不是要人具結保證教士，逼迫教民登記，禁止教會接受國外的津貼嗎？不過光啓的建議，是在當時教會完全不自由和不安全裡，求一暫時的安全。

沈漼三上奏疏，不見御批，於是連合同鄉京官方從哲，交結內監魏忠賢，方從哲在那一年被擢爲禮部尚書兼東閣大學士，便函告沈漼教他先拿下南京的教士，然後請旨治罪，沈漼立刻把王豐肅和謝務祿兩司鐸拿獲嚴禁，又捕南京教友二十二人。於八月和十二月，兩上奏疏，以西洋教士爲白蓮教餘黨，請旨究治，十二月二十八日，皇上下諭，著照依辦，將在京的龐迪我、熊三拔和南京的王豐肅、謝務祿押解出國。

諭旨既下，一時無法挽回，光啓即勸龐、熊兩司鐸，自動南下，由禮部派人護送。兩司鐸乃沒有受押解的痛苦，安抵澳門。龍華民、畢方濟兩司鐸沒有指名被逐，便藏居光啓官寓，內廷太監乘機想爲楊太監謀報復，索回二里溝的墓地，光啓力爭，以二里溝乃皇上欽賜葬地，不宜擅動。因請禮部恩准教民，護守利氏塋園，龍、畢兩司鐸遂匿居二里溝堂中。

沈漼在南京，對於教會，大加討伐，苦打王豐肅和謝務祿，把兩人裝入木籠，押解廣州，拆毀南京教堂火燒聖像經典，開林斐理司鐸的厝棺，斃教友夏玉於獄，餘者二十二人一並充軍發落，這是中國教會的第一場風波，夏玉成了中國第二位殉道致命者。

南京以外，沈漼的勢燄延燒不到，杭州、上海和南昌的教士教友，都能幸免於難。楊廷筠家居杭州，屋裡藏匿教士六七人。李之藻官在高郵，每天發信，拜託友人救護西士，光啓在京，也馳函滬寧友好，以西士相托，他又致書家中，訓示家人收藏司鐸，家書上說：

「西洋先生被南北禮部參論，不知所由，大略事起東南，而沈宗伯又平昔稱通家還往者，一旦反顏，不知其由也。遽云為細作，此何等事，待住京十七年方言之！皇上藐若不聞，想已洞燭，近日又向近侍云：西方賢者如何有許多議論？內侍答言，在這里，一向聞得他好，主上甚明白也。余年伯不甚知諸先生，疏中略為持平之論，亦頗得其力矣。南京諸處，稱又驅逐，一似不肯相容。杭州諒不防。如南京先生有到上海者，可收拾西堂與住居也。」㈦

萬曆四十五年（一六一七年）沈㴶去官，一場風波乃告平息，光啓在這年的正月，陞左書坊右贊善，受命冊封慶王，婉謝賞銀，四月援例繳節，稱病，復回津門。

萬曆四十六年（一六一八年）五月九日，光啓銷了病假，回到京師，復任左春坊贊善兼翰林檢討的職務。萬曆四十七年（一六一九年）自京致書子驥說：

「舊年先生（神父）到，住在西園，今年若舊先生來，可仍在西園住；若有新先生來，可請于盤龍居住。如無房，可收拾幾間得在東園內者住。如少，再造一兩間不妨也。他盤纏自用，只房子或時常餽些食用足矣。……」(八)

光啓信教心誠，保護教士之心很切。在風波中，自願與他們受罪。在平日則在京在家，常予照顧。

註：

(一) 明史卷三百二十六。
(二) 陽瑪諾 Diaz Emmanuel 葡萄牙人 生於一五七四年 卒於一六五九年 於一六一〇年來華。
(三) 南宮署牘 見杭州 我們的教育 一九三三年第四十五期抽印本 第一七九頁。
(四) 辯學章疏 增訂徐文定公文集 卷五。
(五) 同上。

(六) 家書第十一件。

(七) 家書第十五件。

(八) 同上。

一四、通州練兵

萬曆四十六年（一六一八年），滿洲兵陷撫順，楊鎬出關，率兵抗禦，竟於第二年，四路大敗。

建州衛滿洲部努爾哈赤於萬曆四十四年，自立爲大汗，稱雄關外，萬曆四十六年，第一次與明朝大戰，四月，克撫順，七月，克清河。萬曆皇帝詔起楊鎬爲遼東經略使，率兵四十萬，往征努爾哈赤。楊鎬昔日當日本豐臣秀吉攻朝鮮時，曾率大兵往援，臨陣而逃，全軍慘敗，這次他率軍經略遼東，分四路進兵：令總兵馬林出開原，杜松出撫順，李如相趨清河，劉綎出寬甸。努爾哈赤探知了明兵的方向，期合八旗的軍隊，猛攻杜松，松戰死；再攻馬林，林退軍；又攻劉綎，綎死陣中；乘勝追擊楊鎬殘軍，攻破開原鐵嶺。萬曆帝急罷楊鎬，任熊廷弼爲兵部侍郎，兼右僉都御史，持節出爲遼東經略使，這時是萬曆四十七年六月。

光啓在這一年，已經奉到皇上的詔命，入京復職，在三月二十四日上疏請練新軍。

「近日遼東之戰，我有一可勝敵者乎？杜松、劉綎、潘宗顏皆偏師獨前，豈非無紀律乎？兵與敵眾寡相等，而分為四路，彼以四攻一，我以一攻四，豈非不知分合乎？戰車火器，我之長技，撫順臨河不濟，開鐵寬酋，皆離隔不屬，豈非無政教乎？出關四十里，遇水不能渡，遇險不能過，入伏不相知，豈非不知地利，哨探無法乎？如是而求幸勝，必不得之數也，今日用兵之要，全在選練。選須實選，練須實練。……如蒙採擇施行，容臣另疏詳奏。……」㈠

同年四月五日，再上一奏，題爲《兵非選練決難戰守疏》。兵須選擇，但不由各州縣召募來京，應在各地選募，擇好的送來京師：

「……但各州縣召募解京，恐所選未盡合式，遽令卻返，不止空費安家銀兩，尚須給發迴往資糧。苟因循姑用，未免又蹈去年覆轍。展轉思惟，終須就地選募，似屬長便。……簡試畢日，分別等第，塡註表冊，就行選委將領，各給安家衣鞋，及在途行月糧，陸續起發赴京。……若慮餉司缺乏，則新民教練，少止數月，多止一年，截長補短，半歲為期；……或疑時事方艱，無暇選練，臣謂正惟無暇，故宜亟圖，所謂七年之病，三年之艾，苟為不畜，終身不得。……」㈡

又於同年六月二十八日，上第三疏，疏名《遼左阽危已甚疏》，陳明救急的計策：

「一，亟求眞材以備急用。……目下權宜，似應令在京諸臣，各舉所知，不論大小官員士庶及罪廢人等，但有文武材略，乃至絕技巧工，開具所長，今應作何錄用，各送堂官，咨送吏兵二部。……」「一，亟造實用器械以備中外戰守。……今宜大破常格於前項薦舉人材，擇其知兵有識，心計智巧者，專領器局，仍博求海內名工名器，商榷製造。一切盔甲，……大小火器之類，務求精密堅緻，鋒利猛烈，數倍於奴。……」「一，亟行選練精兵以保全勝。……若不重事權，嚴責成，除宿弊，一法制，捐厚費，廣招徠，臣恐所募士卒，未必大異於前也。」「一，亟造都城萬年臺以為永無虞之計。……臣考歷代兵政之弛，兵勢之弱，未有如今日者也。居必戰之地，無可戰之兵，而求萬全無害，非有度外奇策，曷克有濟。臣再四思維，獨有鑄造大炮，建立敵臺一節，可保無虞。造臺之法，於都城四面，切附門桓，用大石壘砌，其牆極堅極厚，高與城等，分為三層，下層安置大銃砲，中層上層以漸差小。……」「一，亟遣使臣監護朝鮮以聯外勢。……竊考詞臣奉使該國，自有成規，臣今自薦，願當此任。……臣本文儒，未省軍旅，封胥禪衍之功，何敢遽以自許？至如古之良使，傳其信辭，士之有恥，不辱君命，臣雖不敏，竊有庶幾之心。……」㈢

萬曆四十七年七月二十四日，吏部會同奏請，以徐光啓出使朝鮮。七月二十六日，奉旨「徐光啓昨科臣祝耀祖說，不依遠差，著在京用，欽此。」七月二十八日，兵部題奏戎務需人，八月二日，皇上下旨：「徐光啓曉暢兵事，就著訓練新兵，防禦都城，吏部便擬應陞職銜，來說。欽此。」八月二十一日吏部上奏題銜，九月九日奉旨：「是。徐光啓陞詹事府少詹事，兼河南道監察御史，管理練兵事宜。欽此。」㈣

光啓於同年九月十五日上奏：《恭承新命謹陳急切事宜疏》，九月二十五日又上《兵事百不相應疏》，十月五日再上《時事極迫極窘疏》㈤。萬曆皇帝於十月二十三日降諭：

「皇帝敕諭詹事兼河南道監察御史徐光啓，近東方不靖，內備宜虔，各省直召募民兵，以資捍衛。練成之後，兼備應援，今新兵漸集，已經分布近畿，命將訓習，特命爾總理練軍事務。爾宜須佈條章，嚴申號令，不時巡歷揀選，綜覈其能否，賞罰殿最，……敕內開載未盡事宜，須悉心區畫。應

處置者，逕自處治，應奏請定者，奏請定奪；疏臻實效，可備緩急，以稱朕委託至意，爾其欽哉，故諭。」㈥

那時全國因爲聽到滿洲兵已打到關前，各省的府吏都招募援軍，遣送京師，這些援軍大都是不知戰術的閒漢，人數既多，有似烏合之衆，光啓所以說：「今日用兵之要，全在選練。選須實選，練須實練。」不然，這班烏合之衆，不但不能增加軍隊的武力，還要增加軍隊的困難。

光啓奉到皇上的敕諭，便在通州設營，選練新兵，他的主張是在各省的招募的民兵裡，嚴加選擇，選擇有力有才的人，加以訓練，對於所選的兵，待遇從優，不中選的人，遣送回籍。他原奏上曾說：

「臣所謂選士，非平日烏合之衆，蓋奇傑之士，衆中之翹楚也。一郡一邑，亦無幾人，既負異材，必須厚待。其製造器甲衣裳扉履，亦須數倍常格，此其勢自不能多；然而一人兼數人之餉，即一人當數十人之用矣。」㈦

皇上的敕諭，關於餉費，諭定向戶部工部和太僕寺四處取給：「所需糧器甲車馬，一切軍資，聽於戶工兵三部，并太僕寺取給。」因爲是向四處取給，四處互相推諉，沒有一處肯負責籌賞。又因爲敕諭說血四處取餉，外人便都說他的餉很多，凡是天下各路援遼的軍隊，路過京畿，向兵部索餉，兵部答說軍餉都在通州徐詹事處。這樣光啓既沒有餉可以練兵，而且還不知道怎樣爲一切援軍籌餉呢！四川石柱上官秦氏，率兵三隊，到通州索餉，浙江軍隊也到，大家索餉不得，怒而相殺。延綏遊擊盛以彰則因缺餉，在京畿譁變。光啓周旋於亂軍中，替兵士們向各處呼籲。他的朋友們，乃慷慨解囊，指揮胡桿，中書楊之驊，河南領兵官丁呂試、陶堯臣等都各捐助百金或千金。皇帝也賜他一些賞銀，他自己又墊發銀餉四百兩給盛以彰。各路援軍的餉銀，這樣纔能頒發。

所到通州的民兵，來自山、陝、河南。光啓具報皇上：「而通州先到山西民兵，數僅三千，尙皆露宿。目今天氣漸寒，若非速建營房，將何棲止？天津昌平兩處，何獨不然。」（兵事有不相應疏）。「不得已於三月二十二日（萬曆四十八年）巡歷通州，所見民兵半雜老弱，身無完衣，面有飢色，器械只總兵家丁三百名，弓箭完具，其中亦有鈍刀數十把，小銃數十門，此外眾兵執把，皆柳木數尺而已。既而閱操查點，見其劄營布陣，裝摢衝打常操之法，亦頗閑習，但向無教師及軍火器械，車輛馬匹，於實用技藝，皆所未諳。」（東事警急練習防禦疏）。

接收了這批民兵，光啓慎加選擇，遣散老弱的兵，實際可練的兵只有四千六百多人，糧餉時缺，器械不能用，各方面都掣肘。光啓後來向皇上奏明實在情形：

「臣於萬曆四十八年三月受事，據三營開教民兵共六千八百六十二名，逐一簡別，編立隊伍，行委標下各官教演火器，長短軍器，常以練習。續有三省解到逃名並募補教師家丁，扣至十一月實在兵丁七千九百二十五名，奉旨旨簡汰老弱三千一百七十名，存留兵丁四千七百五十五名，見在營操練。……

「器械。三省兵俱係鄉農，募到之日，武藝全然不知，器伏旗幟，止有官給小銅銃短鎗隊旗等數百件，亦不堪用。臣未經受事，該營各將官申請給內府盔甲軍火器械等項內，止有頭盔一種，堪受堅緻，餘皆朽壞鏽鈍，並一件堪用者。臣添請戊字庫存貯鳥銃二千門，止是機床，不堪咨取。……此外應造精甲利器大小砲位戰車等項，臣累疏題請，因錢糧不能應手，無法成造。……」(八)

練兵不但沒有餉，士兵且多有逃亡的，各路招募援軍，良莠不齊，良民和無賴之徒參半。良民素不知道作戰，故多有生畏懼的；無賴之徒則越分犯紀，兵法稍嚴，便乘機逃走，本可任他們逃去，這些人都無可訓練；然而束手任他們逃跑，新兵則無處可選。光啓下令勾引逃兵回營，逃兵竟多被勾引而回。泰昌元年乃加選汰，把八分之三的兵士，送還原籍，光啓在崇禎元年答辯智鋌的奏疏上說：

「臣練兵一事，除一切虛詞碎語，臣無可辯，亦不必辯者，不敢枚舉外，其所指陳，獨有逃兵買免一節，以為實事。不知兵非臣所招募之兵，而臣未受事以前，河南陝西僉派之兵也。良民不習兵革，又雇無賴以充之，安得不逃。逃者百之一二；且逃而勾，勾而必至，臣之法未廢也。其既至而放回者，則泰昌元年十一月奉旨汰兵八分之三，事竣之日，即已題知冊報部科矣。」(九)

在這種多方掣肘，四面楚歌的境遇裡，光啓仍舊本著愛國憂民的熱忱，親自在通州和昌平，按照手編的選練條例「逐名點選，覈其年貌，程其勇力」，「逐一辦析，逐一勸勉，自朝自暮，手口並作。」滿心希望能訓練一支新軍。

光啓於萬曆四十七年（一六一九年）十月五日上疏《時事極迫極窘疏》，求皇上下敕戶部工部切實照行，否則請另簡賢能：

「……伏望皇上速賜電決，如行臣之言，望敕下戶部，如臣原題餉銀；敕下工部，如臣原題盔甲、軍火、器械工料價值，各如數陸續給發。……如臣言不可用，即望聖明別簡賢能，使作速任事，以振威嚴，以圖鞏固。」㈩

同年十一月十九日又上疏：「剖析事理，仍祈罷斥疏」，因山西參政徐如翰論列時事，批評光啓練軍的條例。光啓在疏裡說：

「奏為愚臣材劣智疏，致來指摘，謹據下陳，剖析事理，仍祈聖明速賜罷斥，以無誤軍國事。……經月以來，祇以新衙門，無舊貫可仍；未奉欽敕，不敢輒便行事。至於事勢之艱，則兵非臣之所謂兵也，餉非臣之所謂餉也，器甲非臣所謂器甲也，瞻前顧後，展轉迴惶，臣之前疏，亦再言之矣。昨接邸報，見山西參政徐如翰論列時事，因及於臣。……今事勢之艱難若此，人言之指摘若此，正如羸牛駑馬，既其重任，且縶其足又從而撾其首，何能一前取進哉，是用慙惶警省，流汗沾背，更少遲迴，必誤大事。伏乞聖明即加顯斥。……」(十)

疏入不報，萬曆帝不許辭職，光啓勉強負責，於萬曆四十八年（一六二〇年）四月一日，上《東事警急練習防禦疏》，迫切地請求皇帝支持練兵的計畫。萬曆帝於當年秋七月駕崩，光宗即位，國號泰昌。光啓於泰昌元年（一六二〇年）八月二十日上《統御時事疏》，報告練兵事宜，呈請辭職，同年十月十六日，又上《巡曆已周實陳事勢兵情疏》，十一月十日，上《酌處民兵事宜疏》，陳報選汰民兵經過。十一月十五日，再上《巡曆控辭疏》，十二月十一日，上《簡兵將竣溝疾乞休疏》。熹宗天啓元年（一六二一年）正月二十一日，光啓奏《簡兵事竣疏》(十一)。二月二十一日奉旨「徐光啓屢以病請辭回籍調理，吏部知道，欽此。」光啓於同月二十七日上《謹陳任內事理疏》：

「除將三營事務行令副總兵參將倪寵統領訓練，其節制事宜聽候部覆措置外，合將總目大數，開列條款，具疏奏聞。……」(十二)

練兵一事就這樣結束了，開具清單，將兵馬、錢糧、器械，詳細說明，一腔熱火換來的只是一心憂愁：憂愁國事日非，東北虜寇步步進逼，明朝的天下到了末日！

註：

㈠ 敷陳末議以殄兇酋疏　徐氏庖言　卷一。
㈡ 兵非選練決難戰守疏　仝上。
㈢ 遼左阽危已甚疏　仝上。
㈣ 恭承新命謹陳急切事宜疏　仝上。
㈤ 三疏俱見徐氏庖言　卷一。
㈥ 增訂徐文定公集　卷三。
㈦ 兵非選練決難戰守疏。
㈧ 謹陳任內事理疏　徐氏庖言　卷二。
㈨ 再瀝血誠辨明冤誣疏　徐氏庖言　卷四。
㈩ 時事極迫極窘疏　徐氏庖言　卷二。
⑪ 剖斥事理仍祈罷斥疏　徐氏庖言　卷二。

(十二) 七疏俱見徐氏庖言 卷二。

(十三) 謹陳任內事理疏 徐氏庖言卷二。徐氏庖言卷是徐光啓退居上海時所編，大約在天啓七年或崇禎元年刻版付印。收有書牘，奏疏和疏辨揭帖，大多數是練兵時代的文件。然明刻本傳世極稀，因在清朝列爲禁書，應在銷燬之列。一九三三年徐宗澤神父曾以巴黎圖書館藏本影印行世。

一五、海防備倭

當萬曆四十七年，光啓回都，上疏請練兵，在第一封疏裡，自請監護朝鮮。明萬曆帝和日本秀吉爭朝鮮，打了七年的仗，死了幾十萬兵；雖然連接敗北，但秀吉死後，朝鮮總算仍歸明室，於今滿洲強盛了，明兵被驅入關，朝鮮便成了無主之地，努爾哈赤垂手便可拿去。光啓認爲放棄朝鮮以資敵人，可鑄成大錯，應該極力保守朝鮮，用朝鮮去牽掣滿洲的後路，努爾哈赤便不能長驅入關。光啓因奏說：

「皇上數年宵旰，殫財竭力，爭滅國於強倭之手。挈而與之，今者不賴其力，而棄之以資敵，失策之甚者也。」(一)

怎樣保全朝鮮呢？應該遣派大臣，宣諭朝鮮：一面監督朝鮮政府，防她勾結滿洲；一面督飭朝鮮上下，充實軍備。

「臣之愚計，請宜倣周漢故事，遣使宣諭，因而監護其國，時與闡明華夏君臣天經地義，加以日逐警醒，使念皇上復國洪恩，無忘報答。再與點破奴賊之巧圖惡併，是其故智，要盟僞約，豈足依憑？……察彼心神無二，就與商略戎機，令其漸強，可戰可守。若被誘脅，情形變動，便當責以大義，一面密切奏聞，以便措置防範。」

充當使臣的人，不宜過大過小。若選派名將，國內那時正需名將，不宜外調；若遣派小吏，朝鮮君臣將不服他的監護。光啓自請充使，以一片忠心，報效國家。

「臣本文儒，未習軍旅，封胥禪衍之功，何敢遽以自許！至於古之良使，傳其信辭；士之有恥，不辱君命；臣雖不敏，竊有庶幾之心。」

光啓上疏請出使朝鮮後，便和畢方濟神父(二)相議朝鮮開教的事，把利氏的《天主實義》重新翻印，預備帶往朝鮮。

萬曆帝覽了光啓的奏疏，諭令禮部議奏。禮部群臣卻回奏光啓有經世之才，不宜遠出。萬曆帝乃下敕，命他練兵。

天啓元年，遼東又告急，光啓再上疏請往朝鮮，兵部尚書崔景榮，從中作梗，慫恿御史邱兆麟彈劾光啓，大言貪功。監護朝鮮事，終歸不成。

朝廷不監護朝鮮，也是自量海軍實力不足，秀吉攻朝鮮時，海陸兩路往救，尙被打敗。於今僅靠海軍，豈能保全朝鮮！明末葉的海軍，連區區倭寇也不能肅清。倭寇的刀兵，雖不成大患，但在江浙各處，常爲民禍。明朝應付倭寇，有時主勦，有時主撫。後來因爲倭寇不滅而反多，於是勦不成則招，撫了乘機又勦。既不能滅寇，且使朝廷失去威信。光啓在天啓初年，乃有海防迂議，指斥這種招撫混用的戰術。

「竊謂此時，戰亦可也，撫亦可也。既撫而後殺之，則梅林（胡宗憲）不能得之于上，事之無可奈何者也。曷為隱諱其事，使其門士作為文章，盛稱招直（王直）而殺之者，胡之始作謀，展轉文飾，目為奇計。刻書盛行，天下後世，遂從而信之，遂從而奇之，遂從而效之。信之猶可也！不戰之名怯，誘之名詐，殺降之名不武；又曷為而奇之而效之乎！」(三)

堂堂中國禮儀之邦，怎可以用怯詐的戰術，治理倭寇？倭寇的基地既在海中，沿岸又有奸民作內應，或招或勦，都不能除寇亂。光啓獻通市的計劃，以絕倭禍。日本的君民，那時並沒有吞併中國領土的野心，他們所以在朝鮮在江浙各處入寇，是想跟中國通市，或爲報復中國私市奸商的欺騙。

「日本之賦民甚輕，其君長皆貿易取奇美，前者貢而市，與不貢而私市與絕市，而我商人之負其費也，君長皆與焉。故日本之市與否，其君與士民皆以為大利病。而昔日朝鮮之事與琉球之事，皆言求封貢市也，實不僞。」

因為不得與中國通市，日本乃北攻朝鮮，以求通於中國，又南圖雞籠、淡水，以逼我海口：

「丙丁以來，持法稍峻，至于內海交易，多亡其貲去者，稍稍絕迹，倭始不可堪。則北又求之朝鮮，而南又圖之雞籠、淡水。此兩策者，家康在事要脇之成謀也。……家康死，年近九十矣，而其子秀忠，亦僅二十餘，今方繼父職柄用事。……數年間，或未必能為秀吉。若通市則歲月不可待，度其勢必且踵故父之智，以南圖雞籠、淡水，而北朝鮮也。」

東北已有奴爾哈赤的稱雄入寇，中原又有群盜滋擾，若再去勦伐倭匪，國家更沒有安寧的日子；而且勢也有所不能。光啓所以主張實行通市：

「愚嘗有四言于此：惟市而後可以靖倭，惟市而後可以知倭，惟市而後可以制倭，惟市而後可以謀倭。」

日本所求的，既然是通市；許他通市，用良法去範圍他，便可以靖倭。通市後，彼此有往來，中國的商人也可以往日本，間接便可窺知日本的國情，觀察日本的動靜，這便是通市而後可以知倭。在通市時，我宜設法多購日本的軍器，但宜禁止中國的商船賣給日本。用中國的船和日本的軍器，隨時可以制倭。日本內部常有幕閣之爭，我若探知內中的底細，很可以乘機利用這類爭執以增加中國在日本的威信。

朝廷上的大臣，沒有一個人真的以倭寇爲憂，都認爲倭來，加以剿撫，便可了事。光啓兒時已聽祖母和母親講述倭寇，心裡常存著倭寇可怕的印象；「壬子之禍」已銘刻在他的記憶裡。在第二個壬子年（萬曆四十年，西曆一六一二年）他曾從京師寫信告戒家人，提心預防倭禍：

「此書萬分秘之，不可與人看一字，倭書二封，前日已寄回，此所言皆實話，非虛恐嚇聲也。前辛卯年（一五九一年）俞大伯，與我計議城守事宜，大略傳得一半于時。大伯決計於我，我告之一定不來，所以隨人講求戰守者，謂平安不可忘戰，正為今日地耳；今其時矣。以理勢度之，定不然，如入朝鮮時，傾國而來；計必輕兵來佔疆界，攻陷幾城堡。輕則擾害沿海居民，更輕則屯駐海上，脅求互市，此必然之勢也，斷無有此先聲，乃寂然不來之理；或徼倖彼國中自有大事變，則可耳。此豈可取必哉。來時我海上，必首攖其鋒。定得我在城中，又凡事得做主，又得錢粮數萬文在手，經營一年半年必可守。此卻必不可得。要說個戰字，甚難甚難，甚危甚危。我前時向汝說，要于南京或杭州卜居，正欲避去海上薄惡風習，且為子孫久計，覓一避匪之所；卻不意來得如此快。如今要弭匪，在廟堂甚易的，卻無一人夢想到此，所以決難倖免。汝今可秘密此意，雖骨肉至親，不可與明言。來年清明後，可以就桑養蠶為說，一家都搬出城外，住三個月，俟蠶事了畢，已是五月，若海上無警，可住到六月，初頭入城來，向後年年該如此。一聞海上警報，切不可入城，急急移到蟠龍趙行庄上，安頓了家眷，急備快船二三隻，并還捷足，打聽消息。賊一登岸，便可急走杭州。將家小上船，安頓松芳場西溪樓下等地方。身自入城，與郭先生、楊宗師、李我存老叔商量，尋一條路，到杭州府屬新城縣或臨安縣居住，此二縣或在城亦可，或在山間謹慎之地亦可。若有便房，就在杭州山間也得，只要

謹慎，民居稠密些住下了，再看勢頭。此事後亦不必一一逆料，計此時我必回矣。城外住，且不可露意，只說養蠶。」㈣

不可露意，因怕人家聽說了都起驚惶。一位翰林的家眷，已走出城外避難，誰不信翰林在京師所有消息更快更確哩！那不是要冒造言惑眾的罪名嗎？光啓自囑咐自己的兒子要萬分秘密。萬曆四十四年（一六一六年）他又致書家中，吩咐事先準備，以防倭寇來擊：

「時下南北多事；倭子必要通市，只在福建纏擾，似不通不止；而中外無一人知此事情，恐畢竟道要弄出事來，則浙直亦未能安枕也。上海甚險，令海船數隻，進浦攻城，十有九破，我前年說該避跡在蟠龍，以待有警，則望西行，不可忽也。倭未有遠志，大要只在脅市，但只沿海攻陷一兩城，或擾亂一二縣則退矣。所以略入內地，便不防也。便是青浦，也還勝上海十倍，此言不可忽也。」㈤

雖說他家後來並沒有走避倭寇，倭寇也沒有來擾上海；但在當日，時刻可以有倭寇突現於黃浦的危險，他知道朝廷上沒有人能採納他的海防計劃，所以他便時常提醒家人，一有倭寇的風聲，立刻遠走，再不要受「壬子之禍」。

註：

㈠ 遼左阽危已甚疏　見徐氏庖言　卷一。

㈡ 畢方濟 Francisaus Sambiaso 義大利人，生於一五八二年，死於一六四九年，於一六一三年來華。

㈢ 海防迂議　增訂徐文定公集　卷二。

㈣ 家書第五件　見徐文定公家書墨蹟影印本。

㈤ 家書第八件。

一六、退居上海

明神宗於萬曆四十八年七月駕崩，太子光宗即位，國號泰昌。登極纔幾天，忽一病不起，九月朔駕崩，太子熹宗繼位，年十六，國號天啓。天啓元年，光啓引退。熹宗在位七年，駕崩。皇弟繼位，國號崇禎，崇禎元年，光啓入京。他在上海退居了七年。

神宗臨危時，召大學士方從哲受命，輔佐嗣君。光宗大漸時，又以遺孤託從哲。明朝的宰相，沿例是三位或兩位大學士，從哲乃接引同鄉沈潅入閣，依爲心腹。沈潅再起，官爲禮部尙書兼東閣大學士。然而那時的實權，已不在宰相手了。熹宗信任一個宦官魏忠賢．政令都由他出。恰巧忠賢在做小太監時，曾在內書堂拜過沈潅爲師，沈潅於是更覺有靠山了。

光啓因練兵事，各方被人掣肘，不能成功，乃於天啓元年，在回家任詹事府少詹事後，即上疏稱病，復回津門。途中，遼東軍事告急，帝急詔追他回京，他立即再疏請練兵：

「本年四月該吏部題為緊急軍務等事內，奉聖旨『少詹事徐光啓即令回京，欽此。』臣原以疾請告，奉旨回籍，恐途中醫藥不便，暫居天津調理，旋已成行。不意來事敗壞，仰蒙皇上念臣犬馬之忱，期臣湊渤之用。雖病體未痊，而義無反顧；遂於本月十六日輿疾就道，十八日到京，二十陛見。……今日之事若盡用臣言，造台造砲，悉皆合法，而他日有一賊一馬，橫行城濠之外者，臣請以身執其咎矣。……」

四月二十九日奉旨：「這城守台銃既確任有齊捍衛，著該部會同議行。前條議練兵事宜，果有勝壽明驗，仍另行具奏。」㈠

天啓元年三月，清兵破瀋陽，殺總兵賀世雄和陳策，又陷遼陽。經略使袁應泰自殺。熹宗詔起熊廷弼，再爲遼東經略使，然以王化貞撫廣寧，節制廷弼。

光啓疏請練兵，又奏請購用西洋火炮。帝命兵部核議。沈漼駁議說這是開門揖盜，西洋人入內地，爲禍將大於滿清。光啓知道練兵必不能成，便上疏重申出使朝鮮：

「往年朝廷之行，聽臣所指，亦足牽其內顧。至於今日，又可連島夷，接礦民。為恢復計，臣請自行。」㈡

沈漼又與兵部尙書崔景榮從中阻撓。朝廷上既是一位年幼的庸君，又有一個兇殘無賴的宦官專權，沈漼且日念舊怨，光啓乃復請病，退歸津門，轉回上海。

天啓夏五月，山東徐鴻烈率白蓮教徒作亂，自稱中興福烈皇帝。深州人王好賢率聞香教徒，景州人于宏志率捧捶會眾，也共同起事。沈漼遂乘機指天主教爲白蓮教黨徒，西洋教士都有想做皇帝的野心㈢。沈的部屬徐如珂、王懋孳在南京捕拏教徒，上奏請求嚴治，又劾奏徐光啓、楊廷筠、李之藻，家中匿藏西士窩留禍首，一應革職，交部處議。

光啓這時已由津門回家，聽到南京的變動，便吩咐兒子備船，自己動身親往南京，拜訪南京禮部當局，爲被捕的教友說情。船行至半途，遇史惟貞司鐸㈣。史勸勿往南京，免生意外枝節，光啓乃折回上海。寫一長信，分送南京的士大夫，辯白天主教非白蓮教，南京教難幸而沒有擴大。

在滬寧的西士，都分別走匿光啓、楊廷筠、李之藻家中，四人藏居廷筠的鄉下山莊，三人藏匿李之藻山第，龍華民等則靜住在光啓的蟠龍村舍，乘機開教於余山。

徐如珂和余懋孳的奏疏，久不奉旨，未敢妄動；只把被捕的教友，提訊拷打。被指爲首要的八人，枷號示眾，一人身弱，禁斃獄中。其餘的人，經過一次板責後，開釋回家。

徐、余等這次沒有得到沈漼的助力，乃因爲葉向高主持正義以天主教實非白蓮教。向高兩次入閣，作了十多年的宰相，聲望高在方從哲和沈漼之上。

沈漼日圖擴張勢力，巴結內閹劉朝。朝廷上乃有人上疏劾他不軌。給事中惠世揚周朝瑞奏他：

「使其門客晏日華，潛入大內，誘劉朝等練兵。」㈤刑部尙書王紀也上奏彈劾他。他自覺不安於位，辭官歸里，次年，天啓四年（一六二四年）四月，卒於家。

沈㴶雖去了，熹宗忽又下諭，各省官民，不准聚眾習教。天啓七年丁卯（一六二七），邵守索捕李瑪諾、黎甯石兩司鐸㈥。兩司鐸藏匿光啓宅中。邵守竟下書到他家，兩司鐸想出庭辯論，光啓以爲不可，遣兒子驥護送兩司鐸到杭州楊廷筠家暫避，禍乃自熄。

光啓家居時，天啓三年十月，皇上詔陞他禮部右侍郎，充纂修神宗實錄副總裁。他辭官不赴任。

這時朝廷上，正是魏閹忠賢大殺正人君子的年代，魏忠賢曾改名李進忠，肅寧人，年少博戲，遭市井無賴輩的侮辱，憤而自宮，往投東廠太監孫暹，變姓名爲李進忠。因太監魏朝入宮做孝和王后的膳廚，后乃熹宗生母，熹宗那時是皇孫，天天隨李進忠閒遊。魏朝私通皇孫的乳媼客氏，進忠也與她私通。熹宗即位，進忠矯旨戍魏朝於鳳陽，隨即縊殺了他，進忠這時復姓爲魏，皇上賜名忠賢。天啓初，大學士魏廣微因御史楊漣罵他爲「門生宰相」，又因葉向高三次拒見，逐懷恨東林黨人，自造縉紳冊，送於魏忠賢，勸他按冊擯斥。楊漣於天啓四年，奏劾魏閹二十四大罪。一時繼續上疏彈劾的百有餘人。魏閹矯旨先拿屯田郎萬燝杖殺闕下，大罷東林黨京官，葉向高、趙南星等都被削去職。天啓五年冤誣內閣中書汪文言受熊廷弼的賄賂，殺之，假作他的供狀，誣告楊漣、左光斗、魏大中、袁化中、周朝瑞、顧大章等，和熊廷弼有所勾結，逮捕六人下獄，用刑拷打，把他們拷死獄中。

「引入（史可法），微指左公處（左光斗），則席地倚牆而坐，面額焦爛，不可辨，左股以下，筋骨盡脫矣。」(七)

「楊漣自下獄，體無完膚。及其死也，土囊壓身，鐵釘貫耳，僅以血濺衣裏置棺中，後櫬歸無葬地，置於河測，母妻俱棲息城樓。而忠賢仍令撫按追贓」(八)

「魏大中坐贓死。方溽暑殷雷，旨故遲遲不下。越六七日始出尸牢穴中，尸潰甚慘。」(九)

魏大中本是主張熊廷弼該判死罪的呢！熊廷弼於天啓二年，因王化貞不用的三方布置之策，被清兵打的大敗。化貞、廷弼兩人都下獄論死，化貞得免，廷弼於天啓五年棄市。

天啓六年，魏閹又逮殺高攀龍、周順昌、李應昇、黃尊素等人，天下於是只有向魏閹歌功頌德的人了。而且還有人上疏，請立魏閹生祠。監生陸萬齡竟上疏說：「孔子作《春秋》，廠臣（魏閹提督東廠）作要典；孔子誅少正卯，廠臣誅東林黨，禮宜並尊。」㈩魏閹的虎爪，也曾伸到光啓頭上。天啓三年時，他曾授意台臣智鋌，劾奏光啓，責他黨同伐異，又追論練兵事。光啓上奏，條駁練兵吞餉的誣詞，又駁附黨一事說：

「職入仕以來，即直門户分曹之日，每私憂之，以為必有近年之禍見。當事者多勗以包荒涣群之議，雖不能用，亦未嘗不見諒也。是以生平竟無所合。今云依牆壁；所依何牆，職不自知，但知從來牆壁，非彼即此。若依靠於彼，被言被逐，不待此時。若依靠於此，則當此之時，不宜被此言矣。非彼即此，又何依靠之有哉！」㈩

在明末朋黨傾軋的時，光啓以學者從政，力求居在朋黨以外。當黨爭的火燒遍天下時，光啓退居家中，雖拜禮部右侍郎，也辭不拜命。

天啓七年八月，熹宗忽患病，八月二十二日駕崩，遺詔以弟信王繼承大統。信王即位爲毅宗，國號崇禎，戍發魏閹於鳳陽。忠賢自殺，詔戮屍，又詔殺奉聖夫人客氏，盡除忠賢餘黨。

裁。崇禎元年，光啓入京朝賀，詔復職。十二月，加太子賓客，充纂修《熹宗實錄》副總

註：

㈠ 李問漁　徐文定公行實　徐文定公文集　卷首下。

㈡ 同上。

㈢ 明史紀事本末　十　卷七十。

㈣ 史惟貞 Van Spire Petrus 德人，生於一五八四年，卒於一六二七年，於一六一三年來華。

㈤ 明史紀事本末，十一　卷七十一。

㈥ 李瑪諾Diaz Emmanuel 葡人，生於一五五九年，卒於一六三九年，於一六〇一年來華。

黎寧石Ribeiro Petrus葡人，生於一五七二年，卒於一六四〇年，於一六〇四年來華。

㈦ 方苞　左忠毅公逸事。

(八) 明史紀事本末，十一　卷七十一。

(九) 同上。

(十) 同上。

(十一) 辨貴州道御史智鋌彈劾疏　徐氏庖言　卷四。

一七、樸素持身

「文定為人寬仁愿確，樸誠淡漠，于物無所好，惟好學，推好經濟，考古證今，廣諮博訊。」㈠

徐驥敘述父親的事蹟，描寫父親人格，「寬仁愿確，樸誠淡漠。」不是稱譽的空言，是光啓天天生活的事實。萬曆四十五年（一六一七年）奉使冊封慶王，照例新封王爺應向使臣送禮。光啓婉謝不受，慶王具兩百金和幣儀等物追送到潼關，他又婉謝。選練新兵時，萬曆帝頒賜賞銀，光啓存庫作爲新軍的餉錢，餉錢沒有用完，他封存移交給予繼任的人。「生平取予不苟」。自奉很薄，《南吳舊話錄》敘述徐文定公元旦失一襪帶以布條替代的軼事。張溥在《農政全書》凡例裡說：

「予生也晚，猶獲侍先師徐文定公。蓋歲辛未之季春也，公時以春官尚書守詹，次當讀卷。亟賞予廷對一策，予因得以謁公京邸。公進予而前，勉以讀書經世大義。予退而矢感。早夜惕勵，聞公方究泰西曆學，予邀同年徐退谷往問所疑，見公掃室端坐，下策不休，室廣僅丈，一榻無帷，則公臥起處也。」(二)

居處簡樸，平生常是一樣。後來陞大學士，身爲閣老，仍非常樸素。現在他退居家中，又當閹官，橫暴的氣燄，他更是樸素自持了。

閹官雖不枉誣他，政敵卻不讓他清白。沈潅入閣，懷恨光啓掩護西洋教士，乃唆使貴州道試御史智鋌上疏，奏劾徐光啓練兵失職，「臣不知光啓所練何兵，所濟何事，聽其言一片熱腸，核其實滿腹機械，無非誧官盜餉之謀。」光啓疏辯說：

「職非無官，待誧而後得官者也！不言兵，不任事，自有本等職事：如典籤試也，典武試也，充日講官也，充經筵講官也，管理誥敕也，充纂修官也，數者一一舍旃，而奔走兵間，何所為乎？同年同資為亞卿者十一人，六在職前，四在職後；而陞轉之期，職居十一人之末，所誧何官乎？餉銀費用極少，檄存獨多，具在疏冊及諸司文移中，已有專利。李大司徒桂亭每言邊方制將用財，若悉如徐練府，即吾部中絕不須費力矣。……盜餉一言綦重矣！可虛指乎？職兩年之內亦賠費已貲三四百金，一時同事者能言之，其不在事者聞不信也。出身任事，軀命且付之度外，三四百金細事耳，而人不肯信，不亦異乎？……」㈢

智鋌又說光啓「以朝廷數萬之金錢，供一己消遙之兒戲，越俎代庖其罪小，而誤國欺君其罪大」。

光啓答辯說：

「民兵之來，臺議部覆，該地方奉行僉派，將官統領既至信地，各餉司給餉。職於既到一年之後，續奉明旨，提衡其間，向所恭述就著訓練新兵者，是先有兵耶？抑先甲職耶？此兵是職所招耶？抑否耶？關支糧餉，特於本衙門掛號，一絲一粒，職無與焉，數萬金錢豈職所費乎？職所費者，本衙門紙紅廩給，於部議減十用一，……至遠購西洋大砲四位，內閣劉是翁議欲給價，問職幾何，職對言約得四百金，當於存剩銀內取用，為職請告，至今分文未給也。……」㈣

智鋌在進一步，攻擊光啓的人格：「迄今依牆靠壁，尙儼然列名亞卿，不亦羞朝廷而辱仕籍耶？所當亟斥光啓，以懲奸邪者也。」光啓必定是氣憤塡胸，一個依附閹黨的奸邪竟罵他是依附門牆？他義正詞嚴地說：

「職入仕以來，即值門户分曹之日，每私憂之，以為必有近年之禍。見當事者多昜以乞荒渙群之義，雖不能用，亦未嘗不見諒也，是以生平竟無所合。今云依牆靠壁，所依何牆？所靠何壁？職不自知；但知從來牆壁，非彼即此。若依靠於彼？則被言被逐，不待此時？若依靠於此，則當此時，不宜被此言矣。非彼即此，又何依靠之有哉。糾彈文字，獨有奸邪機械等語，無說可辯。第憶前輩李文清公有云：『奸則不庸，庸則不奸』當世以為名言。今啓口即曰迂腐，結語又曰奸邪，斯二者乃可合為一人耶？三人占，從二人之言，曰迂曰腐，人多以此誚職，職其可辭？奸邪機械，未聞有以相加者，職安敢獨承也！」(五)

迂腐常是謹慎，迂腐常是盡職，迂腐常是頭腦簡單；奸邪乃是機巧，奸邪乃是心多變化。光啓寧願人家罵他是迂腐，而不願被人罵爲奸邪。他居心樸素，心地光明，頭腦則是科學的頭腦，做事精密，務求澈底。他不是政客，他沒有朋黨，祇是一位正人君子，一位從政的學者。後來崇禎六年（一六三三年），他入閣爲相，刑部都給事陳贊化在奏疏中說他和周延儒爲同鄉密友承受衣缽。他答辯說：「職生平愚見，每謂植黨爲非，渙群爲是，是以孑然孤蹤，東西無著，苟利社稷，矢共圖之。有何衣缽？相傳何用？……」（衰病實深懇賜罷斥疏，增訂徐文定公集卷六）。

崇禎元年，光啓再上疏辯駁智鋌盜餉的誣告：

「盜餉之說，憑空著此二字，向使臣有分毫差錯，鋌亦何愛於臣，不一指實邪？總由臣與故輔魏廣微以文字語言，因懷忮害，秉政之日，數與人言，促臣赴任，而臣年餘不致，謂臣不入牢籠，故臣不允耳。」㈥

天啓四年，詔用光啓禮部右侍郎兼林院侍讀學士，協理詹事府兼纂修神宗實錄副總裁，光啓不肯到任。魏忠賢懷恨在心，乃有智鋌的彈劾。可是光啓的人格因著彈劾而更見清明。他以學者的心境，圖以科學救國，改良農業，練兵造炮，他從沒有想著官職。智鋌以小人之心度君子之腹，竟說他滿腹機械爲奸邪小人，光啓憤慨地說：「糾彈文字，獨有奸邪機械等語，無說可辯！」因不值一辯，因不辯自明。就是在辯冤時，他仍舊一片科學本色，一片樸素精神。

他曾作「賦得玉壺冰詩」，最後四句云：

「……懷霜臣節苦，匪石女心貞！瑤瑟朱弦在，俱應鑒赤誠。」

赤誠的心，絕無奸邪之言，也沒有機械之慮。光啓一生懷有風霜的苦節和匪石的真心，又有「題歲寒松柏圖」一詩，末四句云：

「……黛色欲參天，幹石柯青銅，幽志自疇昔，持此諧清風。」

松柏的骨幹，就是他的骨幹。他的一生的志氣，「幽志自疇昔」，樸素地和清風相偕。「題陶士行運甓圖歌」末尾說：

「……誰為點染圖中史，炯炯神明薄毫楮。披展再四忽自書，沈沈骨勇髮上指。」

陶士行的處境有些和光啓的時境相同。光啓心中很欣羨陶將軍的精神，感動得「沈沈骨勇髮上指」。

光啓留存的詩歌很少，祇有十四首，但卻能表達自己的感情。最後三首爲「北郊陪祀」和「南郊陪祀有感」。

「周官事地埒玄為穹，二至壇場報到祀同。三燭神光明泰折，千官環珮列齋宮。……」（北郊）

「碧落搖光上帝臺，周官奉壁侍祠來，龍旂不動黃雲護，爟光初通紫氣迴。……」（南郊其二）(七)

光啓當時已經信奉天主教以禮部官職陪祭天地，心中也有感想。他一生樸素清白的人格，也多得於天主教的精神修養。素奉利瑪竇爲師，蒙受啓發。遭遇越不順心，宗教信仰愈篤。退居上海時，延請畢方濟司鐸來上海，史書說天啓三年，光啓勸化一百二十人領洗入教，又和畢方濟著《靈言蠡測》兩卷(八)。

《靈言蠡測》（靈言蠡勺）論靈魂，靈魂在拉丁文爲Anima，光啓譯爲「亞尼瑪」，譯音不譯意。書哲學書，泰爲西畢方濟口授，徐光啓筆錄。開端「論亞尼瑪之體」。

「惜哉！吾世人迷於肉身，妄想亞尼瑪之至妙也。聖白爾納曰：有多多人能知多多事，而不知自己，覓多多物，而獨忘自己，求美好於外物，而未嘗旋想自心之內，有美好在也。人人自己心內有至美好之像，何必求外物乎。」(九)

反而求諸自心，很像宋明理學家的思想，更像王陽明的「心外無物」「天理在於人心」。但是光啓的思想和理學家的思想稍有不同，在「人人自己心內有至美好之像」一句後加註說：「至美好者，天。何獨人可謂之天主像他物則乎？物無靈，不能識天主，人之亞尼瑪能識之，能向之，能望之，能愛之，能得之，能享之，故曰有至美之像。」這一段註譯乃是天主教的信仰。

靈魂乃是人的「心」，理學家稱心爲「一身的主宰」。靈魂有「生能」、「覺能」，有「悟司」，即是生理，感覺和理性，又有記憶力。靈魂的本體，則爲自立體：

「亞尼瑪（靈魂）是自立之體，是本自在的，是神之類，是不能死，是由天主造成，是從無物而有，是成於賦我之所賦我之時，是我體模，是終賴『額辣濟亞』（譯言聖寵），終賴善行，可享眞福。」(十)

附註說：「以上數端下文詳言之。」下文按照士林哲學的方式，把每一端都解釋明白。在全書結束時論天主爲至美至善，爲靈魂的歸宿：

「無此美好，即為無為善之始，亦無為善之中，亦無為善之終，為萬善所係，皆在於此。其係屬也，如光係日，如熱係火，倍萬親切。此至美好，無時無處不施無窮之恩，無窮之善。……」「右所論至美好，是『亞尼瑪』（靈魂）之造者，是萬物之造者，是亞尼瑪之終向，是人之諸行人之諸願所當向之的。人幸認此，凡百無有差謬，如海舟之得指南，不迷所往也。求此則遇萬福，為此而死則得常生，為入患難之中則是大安樂，為此淪於卑鄙則是榮福，為此貧困則是極富厚，為此飢寒則是極飽暖，為此竄流則是鄉其本鄉，是人類所當敬，是泰西諸儒先所自奉事，所傳教人共相奉事，是因愛憐萬民親來降也，以其教光普照天下，令得天上眞福，是寔何謂？謂之天主。述此書者，無非令人在此世中認此事此，而身後見之，用享其福。」㈩

這一段結語不是畢方濟的話，「述此書者」是光啓。他筆述這本書及爲表揚自己的信仰，而願讀者也有他的信仰。信天主而求精神的天福，不求現世的物質可壞的福利。光啓信教虔誠，數十年如一日。天啓三年（一六二三年）他得到羅如望神父在杭州去世的耗音，便命家人同他一齊掛孝，為給他授予洗禮的司鐸守喪。泰昌年（一六二0年）他尚在練兵，接到耶穌會士聖伯辣彌諾樞機㈦致中國教友的信，他請送信的神父稍俟，自己轉身入房，穿戴了朝服朝冠，出至大廳，伏地四拜，雙手接信，起身拜讀。光啓敬重教會神長的心，出自己信仰的衷誠。他的孫女甘弟大出嫁許家，保有乃祖之風。受了光啓的薰陶，許甘弟大傳說：

「每到堂望彌撒聽道理，誦經文畢後，就率合家人與他女教友到堂門口，排成一行，面對祭臺，行三鞠躬禮；神父就挨在他們左旁答禮，也合手伸臂，下垂至地三次，（即作三揖）；夫人輩復跪地叩頭三次，神父也跪地三叩首；於是起立，夫人們復三鞠躬，神父答禮如初。繼而神父還敬，復跪地三叩首，夫人們亦跪地叩首答謝。」

兩個孫子，時與無賴之徒相接，告誡不聽。光啓一天守齋絕食，苦求天主，感化孫兒。孫兒知道了，乃悔惡求恕。㈧

後來復職晉京，一次忽聽說一個玄孫抱病，家中傭僕往廟裡行香。光啓大怒，馳書痛責兒子，命立即開逐傭僕。且疑玄孫的父母，事先知情，令這房孫兒分居，家產一毫無份。家中人央請郭仰鳳神父說情，以孫兒事前並不與謀，乃傭僕無知，一時做出違犯教規的大惡。光啓纔肯息怒，回信恕孫兒夫婦。在家書中也曾囑咐家人：「教中事，要用心，不可冷落。」

光啓的夫人居家，治理家事，一生模仿自己的丈夫的德性，事事樸素，處處謹慎，張紫臣編《徐光啓行略》云：

「公之夫人吳氏，誥封一品。感公之化，事奉天主極虔。公宦遊京師，夫人居鄉，操家有法，節儉自持，非瞻禮不衣紬綺。若遇大瞻禮日，衣公服，必誠必敬。平居布素，澹如也。遇誕日，子孫羅拜，夫人則布衣練裙，辭謝曰：我罪人，日負恩於天主，何敢當賀！汝輩有心敬我，惟向天主求赦我罪足矣。」(十四)

夫人的精神，也就是光啓的精神。

註：

(一) 徐驥　文定公行實　見徐氏宗譜。

(二) 農政全書張溥序。

(三) 疏辯　徐氏庖言　卷四。

(四) 同上。

(五) 同上。

(六) 再瀝血誠辨明冤誣疏　明鈔本徐文定公奏疏　第二冊。

(七) 詩十四首　見明刻本甲辰科翰林館課　卷十一、十二。

(八) 靈言蠡勺　見天學初函影印本　第二冊。

(九) 同上　見卷首。

(十) 同上　見第二頁。

(十一) 同上　見二卷結尾。

(十二) 聖伯辣彌諾（St. Bellarminus）生於一五四六年，十月四日，死於一六二一年九月十七日，義大利人，耶穌會士神學家，一九三0年諡奉爲聖人。

(十三) 一位奉教太太　相應理著　徐允希譯，土山灣一九三八年版，頁六十一。

㈣ 見上海徐家匯藏書樓影印本。

一八、農政全書

「文定公，……惟好學，……考古證今，廣諮博訊，遇一人輒問，至一地輒問，問則隨聞隨筆，一事一物，必講究精研，不窮其極不已。」㈠

「徐文定公忠亮匪躬之節，開物成務之姿，海內其瞻久矣。其生平所學，博究天人，而皆主於實用，至於農事尤所用心；蓋以為生民率育之源，國家富強之本。故嘗躬執耒耜之器，親嘗草木之味，隨時採集，兼之採問，綴而成書。」㈡

綴而所成的書，是《農政全書》，成書的時代是光啓退居上海的七年。後來七世孫徐如璋說：「農書之成實在天啓五年以后，崇禎元年以前。」㈢但六十卷的稿子，引用古書很多，決不是三年可成。《農政全書》草稿在第一次回鄉居喪時，必已經下筆，在天津屯田墾荒時，再繼續編寫，到了退居上海時，便把最後草稿寫定了。

孫兒爾默曾說：「先文定公留心農政，向有全書，而以王事鞅掌，未克見諸施行。」㈣

退居上海，光啓年已花甲，不便親手拿鋤犁了，便一面種樹果木，一面抄寫稿子。《農政全書》引用古今農書和經典很多，所說都有根據、開端第一卷第二卷爲〈經史典故〉，〈諸家雜論〉；卷三爲〈國朝重農考〉；卷四爲〈田制〉。四卷都是考據文章，引經據典，綜合各家的學說，說明農業爲立國的基本，所以這一編稱爲農本。〈經史典故〉，當時的翰林學士都讀過，都能引用。《諸家雜論》所引農書，則是專門學者所看的書藉了。《齊民要術》，王禎的《農業通訣》，王槃的《農業輯要》，鄺廷瑞的《便民圖纂》，以及歷代公卿所上改革農事的奏疏，光啓都多予引用，然後發揮自己的主張。陳子龍說：「文定所集，雜採眾家，兼出獨見，有得即書。」㈤卷二，論地利，光啓說明自己的主張：

「五地十二壤，周官舊法，此可變通用之者也。若謂土地所宜，一定不易，此則必無之理。立論若斯，固後世惰窳之吏，游閒之民，媮不事事者之口實耳。」㈥

這一條土壤可以適宜多類農作物的原則，乃是光啓長久經驗的所得，成爲他改良農業的重要主張。

農書的項目爲十二：

（一）農本（經史典故、諸家雜論、國朝重農考）。
（二）田制（光啓井田考）。
（三）農事（營治、開墾、授時、占候）。
（四）水利（水利工程、灌溉及其他利用，泰西水法）農田水利。
（五）農器。
（六）樹藝（穀物、菜蔬、果樹）。
（七）蠶桑（栽桑法、蠶事圖譜）。
（八）蠶桑廣類（木棉花、麻）。
（九）種植（種法、木、雜種）。
（十）牧養（六畜）。
（十一）製造（食物、營室）。
（十二）荒政（備荒、救荒本草）。

十二項目統歸三項重要主題：屯墾、水利、荒政。這三項主題，都和國家農政有關。因此這本書最後定名爲《農政全書》。

光啓一生所經歷的天災人禍，由《明史》和《明史紀事本末》大略計算，由嘉靖四十一年到崇禎六年（一五六二年——一六三三年），全國各地所有的天災，共計：水災凡一百六十一次，旱災凡六十八次，風災八次，雹災二十三次，地震二十次，蝗災十七次，黃河連年決口。各地常鬧饑荒，災民多流離失所。人禍除沿海倭寇和東北滿人入寇外，隆慶元年（一五六七年），有山東河南流民之亂，萬曆十年有浙江之亂，十二年有隴川之賊，二十八年，兩畿盜起，崇禎元年流寇蜂起。天災既多，飢民不免流爲寇盜。朝廷卻因宦官專橫，不知賑救，反而加稅。萬曆三十九年，各方請罷榷稅，皇帝不允。四十一年，反而加增淮楊田賦，天啓二年又增田賦，三年，魏忠賢括天下庫藏送京師，崇禎三年再增田賦。其他稅捐的名目很多，宦官兼任稅使，剝削人民，激起人民大憤，《明史》說：「山東通都大邑皆有稅監，兩淮則有鹽監，廣東則有珠監，或專遣或兼攝，大璫小監，縱橫繹騷，吸髓飲血，以供進奉。……」（明史 卷三百零五陳增）「二十七年（神宗）……三月……臨清民變，焚稅使馬堂署，殺其參使三十四人。……十二月丁丑，武昌漢陽民變，擊傷稅吏陳奉。……」（明史 卷四十四）萬曆三十四年，雲南指揮賀世勳等殺稅監楊榮。

光啓生在這種亂世，他所以主張改良農業，屯田墾荒，廢除漕運和宗祿，發展水利，提倡曬鹽織布。但使他最關心的，是荒年的飢民。《農政全書》的六十卷中，從四十三以下，有十八卷專論荒政，列舉救荒的本草。救國救民的苦心，在全書中都表現出來。

天啓五年（一六二五年），光啓致書王無近端尹說：「田居似適，而疢疾不除，即欲沉

酣典籍，栽蒔花藥，亦靡膂力，惟有杜門靜攝，或無大患，可勿貽知己憂也。」㈦

天啓七年，光啓復蘇伯潤柱史說：「年來家食，幸得安閒，第時嬰疾疢，每須靜攝耳。

在家居的清靜歲月中，避脫了閹宦的爪牙，雖心有救國救民的熱情，他所能做的事，祇是編寫《農政全書》。

萬曆四十七年（一六一九年），光啓在復太史焦座師書尾云：「種藝書未及加廣。」㈨在天津屯田墾荒時，光啓已開始寫《農政全書》，那時他名這書爲《種藝書》，不包括《農政全書》的全部題材，他所說沒有加廣。退居上海，他便著手加廣題材，把種藝以外的各卷加入。加入以後，全部草稿寫成，命名《農書》，但沒有親自寫成定稿。

「廣諮博訊，遇一人輒問，至一地輒問」。這是光啓求學的方法。他一生曾南至韶州，北至西北，又兩次赴澳門，把所問的人和事，記錄起來，集成巨冊。《農政全書》卷七論農事的水利，引《農桑通訣・灌溉篇》說：「……夫言水利者多矣，然不必他求別訪，但能修復故跡，足爲興利。」光啓加註駁說：

「世有幾處，古今有幾人，而不必別求他訪乎。」

把每處的見聞，互相參證，比較優良。《農政全書》裡這樣的例子多得很。

「井以深大為佳，如南方小井，則用未博，大而敞口，則汲者險懼。須如北方三四眼者，以容轆轤，即大善矣。其蓋則須極厚，上施石欄焉。」(十)

「老農云：開墾生地宜用鑱，翻轉熟地鏵宜用，蓋鑱開生地著力易，鏵耕熟地見功多。然北方多用，南方皆用鑱，雖各習尚不同，若取其便，則生熟異氣，當以老農之言為法，庶南北互用，鑱鏵不偏廢也。」(十一)

「江右木作槽碾，山右石作槽碾，皆取機勢，倍勝常輾。」(十二)

「今三晉澤沁之間多柹，佃民乾之，以當糧也。中州齊魯亦然。」(十三)

採訪以外，自作試驗。在天津墾田時，試驗旱田水田種麥種稻種藥。退居上海時，試驗接木佳種。荒政的救荒本草各卷，多處註明嘗過，乃是他親自口嘗。

「花葉俱嘉蔬，不必救荒，根亦可作粉，如治蕨法。遍歲洊飢，山民多賴之。

京師人食其土中嫩芽，名曰扁穿。花葉芽俱嘗過。」(十四)

馬蘭頭：「葉可作恆蔬。嘗過。」(十五)

竹節菜：「南方名淡竹葉。嘗過。」(十六)

獨掃苗：「可作恆蔬，南人名落帚。嘗過。」(十七)

蔄蒿：「可作恆蔬，嘗過。」(十八)

小桃紅：「嘗過，難食。」(十九)

白合：「嘗過。根本嘉疏，不必救荒。」(二十)

菖蒲：「難食。」(二一)

葍子根：「嘗過。吳人呼秧子根，棄地宜移植備荒。」(二二)

疾藜子：「本是勝藥。嘗過。」(二三)

黃精苗：「嘗過。根本勝藥，苗亦恆蔬。」(二四)

茅芽根：「嘗過」。葛根：「嘗過」，何首烏：「嘗過。根本勝藥，不必救荒」。瓜樓根：「嘗過。根本良藥。」(二五)

菊花：「嘗過」。金銀花：「嘗過，花本勝藥」。望江南：「嘗過。或名槐豆，或直稱決明。」茭荓：「嘗過」。(二六)

黃櫨：「嘗過」。椿樹芽：「嘗過」。(27)

酸棗樹；「嘗過」(28)

枸杞：「嘗過。子本勝藥，葉亦嘉蔬。」皂莢樹：「嘗過」。楮桃樹：「嘗過。子花勝藥。」

文冠花：「嘗過。子本嘉果，花甚多，可食。」(29)

御米花：「嘗過。嘉蔬嘉實，不必救荒。」(30)

馬齒莧菜：「嘗過。可作恆蔬。」苜蓿：「嘗過。嫩葉恆蔬。」(31)

丁香茄苗：「嘗過。恆蔬，亦作蜜煎。」(32)

上面三十種草木，光啓都註明「嘗過」。其他救荒可食的草木中，還有一些普通菜蔬，當然是嘗過的。在他所嘗過的草木中，註明何者是藥材。

救荒的草木，他用口嘗的試驗去研究實效。對於別的複雜農事問題，則用經驗又用推理的科學方法，以求答案。土地不宜的問題，他研究的結果，是氣候的寒溫。上海棉花早種多死，不是氣冷，是種植法不合。畜養白蜡虫，應從地域分佈，從蜡虫本身傳生情況，細加分析。

《農政全書》因此有作者的許多獨到見識。

《農政全書》的編寫，是在上海家居時的最大工作。崇禎元年離開上海入京朝賀新君，復職。次年五月升禮部左侍郎，協理詹府事。陳子龍往謁，光啓告以輯有農書：

「子龍謁之都下，問當世之務。時秦盜初起。公曰：自今以往，國所患者貧，而盜未易平也。中原之民，不耕久矣。不耕之民，易與為非，難與為善。因言所輯農書，若己不能行其言，當俟之知者。後三年，公薨。又二年，子龍於公次孫爾爵得農書而錄焉，偶以呈大中丞張公，公以為經國之書也。亟以示郡夫夫方公，公亦大喜，共謀梓之。」[33]

《農政全書》的刻印，是在光啓逝世以後。《明史》本傳說：「久之帝念光啓博學強識，索其家遺書，子驥入謝，進農政全書六十卷。詔令有司刊布，加太保。」[34]

家居上海時，光啓尚作了另一種試驗：在家曬鹽。崇禎三年所上《屯田疏》中第五款，乃論曬鹽之法：

「……臣久為此議，商民俱不信也；然閩人試之久矣，閩人之流寓臣鄉者，於臣鄉試之矣。臣又嘗試之於家矣，無有曬而不成者。但人情安於故習，難與慮始，即驗之一方，而又以為他方不然也。臣請姑試之一方，其願煎者聽，久而已嚮其利，當必靡然從之。」[35]

從來製鹽的方法：掬海水來煮或煎，費力費錢而得的鹽並不多。福建一帶乃用曬鹽：引海水入田，用太陽曬。

煎鹽費力費錢，要燒柴，要起竈，要用人工。曬鹽用天然的陽光，就省事多了。光啓說：

「曬鹽之利有五：其一，因海水之淡，雖不免於淋滷，卻得免於煎熬，所省功力，或澆淋，或耕種，可以寬貧竈也。其二，淮浙之地，居民既繁，薪價倍貴，近又有墾竈蕩為稻田者，薪盆不給。或欲禁民開墾，亦屬難行。今既不用煎熬，所省柴薪無數，價值倍賤，江淮浙直民竈，咸被其利。其三，兩淮竈蕩延袤千二百里，以頃計者四萬二千有奇，可當一大郡也。……若成鹽不用薪火，即可盡墾其田。……其四，往年場中鹽價每斤不過三四錢，近時貴至一兩之外，此何故，為薪貴也。今不用薪，又免煎煮，鹽價可減三分之二；即不然，亦當減半矣。其五，蘆鹽之入於官舫漕船，解鹽之入河南，廣鹽福鹽之江西，川鹽之入湖廣，皆以價賤也。

其價賤者，解鹽以風結，長蘆閩廣以日曬，四川以大井煎，皆不用薪也。今淮浙之鹽不用薪，其價倍賤，民何利於他省之私鹽？則越境私販，將不禁而自止。」

「此法既行，沿海皆池鹽，不費煎辦……。」㈥

這種方法，很合於科學思想，當然要靠政府的力量去推行。崇禎年間，天下已經大亂，政府沒有力量也沒有時間，後來鹽民看見曬鹽的便利，「當必靡然從之」。

光啓還提倡另一種優良的手工方法，以改良繅絲的技術。他創造了「五人一灶繅繭三十斤」的良法。舊日方法「二人一車一灶，繅繭十斤」費物費力。光啓的新法就便利多了。

光啓退居上海的時間，便消磨在《農書》和《屯田疏》的草寫和試驗；但他不忘精神修養之學，筆述了《靈言蠡勺》。

註：

(一) 徐驥 文定公行實。
(二) 陳子龍 農政全書凡例。
(三) 徐如張 曙海樓本校勘附識 後樂堂集序。
(四) 孫爾默 先文定公集引。
(五) 陳子龍 農政全書凡例。
(六) 農政全書 卷二。
(七) 致王無近端尹書 徐氏庖言 卷四。
(八) 復蘇伯潤柱史書 徐氏庖言 卷四。
(九) 復太史焦產師書 徐氏庖言 卷四。
(十) 農政全書 卷十七。
(十一) 農政全書 卷二十一。
(十二) 農政全書 卷二十三。
(十三) 農政全書 卷二十七。
(十四) 農政全書 卷四十六。

(15) 農政全書 卷四十七。

(16) 仝上。

(17) 仝上。

(18) 仝上。

(19) 農政全書 卷四十八。

(20) 農政全書 卷五十一。

(21) 仝上。

(22) 仝上。

(23) 仝上。

(24) 農政全書 卷五十三。

(25) 仝上。

(26) 仝上。

(27) 農政全書 卷五十四。

(28) 農政全書 卷五十五。

(29) 農政全書 卷五十六。

(30) 農政全書 卷五十七。

(31) 農政全書 卷五十八。

(廿二) 農政全書　卷五十九。

(廿三) 陳子龍　農政全書凡例。

(廿四) 農政全書版本有：

（一）平露堂本，明崇禎己卯（一六三九年）張國維方岳貢刊。爲陳子龍所編，平露堂爲陳子龍住屋名。

（二）貴州本，清道光丁酉（一八三七年）貴州糧道署刊。

（三）曙海樓本。清道光癸卯（一八四三年）上海王壽康刊。有徐光啓七世孫徐如璋的校勘附識。

（四）山東本。清同治甲戌（一八七四年）山東書局根據貴州本重刊。

（五）石印本。清宣統六年（一九0九年）上海求學齋根據曙海樓本石版。

（六）萬有文庫本。一九三0年商務印書館用山東本剪貼影印。

（七）中華書局本。按平露堂本，參校其他版本。

(廿五) 屯田疏，增訂徐文定公集　卷二。

(廿六) 仝上。

一九、火器禦敵

熊廷弼於天啓五年棄世，同年，遼東經略使孫承宗也遭罷免，新任經略使高第建議棄關外地，參政袁崇煥誓守寧遠，朝廷乃以崇煥統帥關內外諸軍。

天啓七年，滿洲兵入朝鮮，降服了朝鮮王，光啓痛惜昔日節制朝鮮王的建議，沒有被朝廷所採用，於今朝鮮竟作了滿洲的後翼。他又推知滿州既沒有朝鮮的後患，必將舉兵入關。天啓七年五月，清太宗果然進攻寧遠和錦州。袁崇煥死守，清兵不能下。魏忠賢卻忌刻崇煥，崇煥憤而辭職還鄉。

毅宗即位，於崇禎元年四月，啓用崇煥爲兵部尙書，督師薊遼。

崇禎元年二月，光啓奉旨，以原職禮部右侍郎起用。七月，進京。八月，充日講官。十二月加太子賓客銜，充纂修《熹宗實錄》副總裁。次年四月拜禮部左侍郎。

崇禎二年（一六二九年），清兵大舉入關，由龍井關破遵化，盡陷京東各州縣，十一月四日崇禎帝御平臺，爲薊門寇警事，命內閣兵部四臣奏對。光啓跪奏：

「即奏皇上所垂問者，未知是目前方略，抑事後方略。上曰：目前的也要奏，事後的也要奏。臣光啓奏言：臣見近今積弛積玩，士卒老弱，兵甲朽敝，難以應敵，必須精兵利器，方堪戰守。故於今年正月上疏，陳言兵事，欽蒙溫旨。此時若拮据措辦，得如臣奏有精兵三五千，今日之事臣，請自願領兵擊賊。上曰：曾有此奏。……後議及守城及城外劄營事，諸臣皆主守城，而總協獨主劄營，徐光啓曰：凡兵不止練戰，亦宜練守，今守城全賴火器，非素練不能。若營軍出城，則城夫皆屬平民，不知火器為何物，一時豈易習教。且勝負難期，一有差失，人心震動。昔遼陽之守，臣再遣書熊廷弼，謂城外列營置炮，萬分不可，只憑城用炮，自足盡賊。廷弼不聽，袁應泰繼之亦然。後大兵出城拒河而守，望敵潰散，火器皆為敵有，守陣者遂致無人。後袁崇煥守寧遠，不出一兵，殲敵萬眾，二者相去遠矣。次又有奏對者。後上起立，復問城內守禦，城外立營。畢竟何從。總協二臣奏訖，臣光啓復奏曰：古時無火器，故非戰不能守城。今火炮既能殺賊於城外，是坐而勝戰也。若城外勝負難期，不如守城為穩。上曰：既如此，定於守城，諸臣承旨退。」(一)

這是當時的一次最高軍事會議。光啓曾奉旨練兵，又專長火炮，故奉召奏對平臺。他便按照新軍器而用新兵法，火器守城勝於野戰，便不該用昔日「非戰不能守城」的戰術。崇禎帝採用了他的建議。

當他在通州練兵時，曾建議購造西洋火炮。他壯年時曾兩次赴澳門，親自觀察葡萄牙人的鎗炮。後來在京師時，又和西士談論西洋的火炮的用法。光啓在通州想到這時正是該提倡火炮的時候了。便寫信給李之藻，請他約楊廷筠，一同籌資，遣張燾往澳門購炮，又商請按察使吳中偉轉請制撫兩臺，沿途照料。泰昌十月，火炮運到廣州，朝廷上的大臣，群起非難，以為洋炮不宜用。於是西洋炮手，遣回澳門。張燾自備川資，運火炮到江西、廣信，棄置不用。光啓答辦智鋌彈劾的辦疏上說：

「至遠購西洋大砲四位，內閣劉是翁議欲給價，問職幾何？職對言約得四百金，當於存剩銀內取用，為職請告，至今分文未給也。」(二)

炮既不用，朝廷也不付價，光啓和李、楊兩位先生自掏錢包。天啓元年，光啓已經辭職引退，往寓津門，預備退居上海，以遼東事急，皇上召他回朝，他連上幾封奏疏，陳明須用西洋火器。

「詹事府協理府事少詹事臣徐光啓謹奏：為愚臣蒙恩內召，自顧無奇，謹申一得之見，仰乞聖明決策力行，可以保萬全事。……連次喪失中外大小火銃，悉為奴有，我之長技，與賊共之，而多寡之數且不若彼遠矣。今欲以大、以精勝之莫如光祿寺少卿李之藻所陳，與臣明年所取西洋大炮，欲以多勝之，莫如即令之藻與工部主事沈棨等鳩集工匠，多材料，星速鼓鑄，欲以有捍衛勝之，莫如依臣原疏建立附城敵臺，以臺護銃，以銃護城，以城護民，萬全無害之策莫過於此。……」㈢

上面一疏在天啓元年四月二十六日上奏。五月初九日又上「申明初意錄呈原疏疏」，和「臺銃事宜疏」，再請建臺用炮：

「……故造臺之人，不止兼取才守，必須精通度數，如寺臣李之藻儘堪辦此，故當釋去別差，專董其事。……然此法傳自西國，臣等向從陪臣利瑪竇等講求，僅得百分之一二，今略參己意，恐未必盡合本法。千聞不如一見，巧者不如習者，則之藻所稱陪臣畢方濟、陽瑪諾等，尚在內地，且攜有圖說。臣於去年一面遣人取銃，亦一面差人訪求，今宜速令利瑪竇門

人丘良厚見守賜塋者，訪取前來，依其圖說，酌量製造，此皆人之當議者也。……」㈣

同年六月，移工部揭帖詳細說明敵臺圖樣、規制和尺寸，並用一木造式樣，又開具所需材料數。㈤

但是朝廷大臣多以不可用，沈㴶更阻止重用西洋教士，光啓奏入，皇上雖批交部議，部議沒有結果，光啓乃退居上海家中。

崇禎元年，光啓入京。崇禎二年李之藻奉旨趕緊監製，以守京都。之藻那時的計劃很大，他奏議：「共備大佛郎機（火炮）一千六百零八架，鳥嘴等銃夾靶等鎗，共一萬一千九百一十三件，虎蹲等炮一千一百八十四位，火箭五十有萬二千枝。……」㈥可是明末的國庫，久已空虛，那裡去籌這項監製軍器的大款！這年十一月二十八日，皇帝再召對平臺！，開御前軍事會議，便深嘆軍器的缺乏。

「十一月二十八日，上於平臺召對。諸臣奏對訖，臣禮部左侍郎徐光啓奏言：臣向欲有所陳說，因西銃未至，城守為急。今此器旦晚將至，而胡虜列營城外，盤據搶掠。臣請得選士五千人或三千人，給與精好盔甲，權用大銃八門，副以甲銃百門，鳥銃三千門，結為軍營，轉而前，必可驅之出塞。如此臣請待自領之。上曰：若有此等器甲，將官領之亦可。但何處可得？即如外解盔甲，不輪好惡，便與驗收，安得有佳者。」㈦

光啓爲甚麼請自領兵呢？他自己曾主守城，現在西炮沒有到，滿洲兵圍城很急。光啓自請領兵轉鬪，願負當日軍情的全責。而且用銃，他自信爲專門；若叫他人領兵，用銃不得法，朝廷必定禁用西炮。因此，他雖是年已六十九的老漢，也願親自出馬。但是當時連最低限度的軍器也置備不了！

爲取西炮，光啓已經火急遣龍華民、畢方濟往澳門去購運。華民從澳門回信說葡商自願籌款募兵四百名，攜火炮十尊，由葡紳公沙的西勞和教士陸若漢率領，前來助戰，但是他們一行人到了南昌，朝廷忽下令，不准他們北進，把葡兵盡數遣回澳門。光啓奔走遊說于公卿間，得准葡紳公沙的西勞和陸若漢攜炮來涿州。光啓于崇禎二年十二月上疏，請自往涿州取炮。

「奏為控陳迎銃事宜，務保萬全事。臣竊見西洋火銃，近在涿州，……臣之愚見，大略謂此器之來，關係非細，必得車營步兵數千，內又須鳥銃手二千，騎兵可不論多寡，相翼而進，乃可十全，若只用騎兵，亦不論多寡，定然見敵而潰；此則至危至險，以國之大事僥倖萬萬不可也。本月初一日，曾遣騎兵九百，涿州護送步兵亦二千五百，而悉無火器，至劉李河橋，一聞敵訊，則閧然而散，此一驗矣。今敵暫去良鄉，其嚮導未必不潛為偵探；且都城之外至蘆溝橋，頃刻可達。萬一復蹈前轍，以輕兵前往，至于進退兩難之地，如前潰散，其為患不可言矣。此事經始于臣，臣不敢不圖其成；且計敵稍久，不敢不盡其愚。為此披瀝控陳如蒙皇上欲今速至，乞敕該部撥見在入援步兵一營，或三千四千，給以鳥銃二千門，臣請率之以行，到彼料理，刻期前來，遇敵則戰，可保全勝。所以必須步兵五百，為其遇敵不能走，既不能走，而又恃大小火器以無恐，則可以戰也。……倘步兵火器，又不可得，不若仍遵前旨，暫留守涿。如其不然，而為聊且之計，僥萬一之幸，臣心知其不可，不敢不言。恐以十餘年報國之苦心，翻成誤國之大罪也。無任激切惶恐待命之至。」(八)

大砲終因沒有護送的兵士，仍留在涿州。可是京師被脅，怎樣驅敵出關呢？光啓於崇禎二年十二月初七日上疏，請造火炮：

「賊去京師而不攻，環視涿州而不攻，皆畏銃也。今涿州之貢器既未即來，京師之守器，不宜分用；則任賊蹂躪旁邑，何時已乎？……故為後日計，且今之勢，似不得不亟行之法，當用二號西銃五、六十位，重千斤以上者，又須精造大鳥銃二、三千門，長四尺五寸以上者，其三號銃，則二廠各門所貯，亦可揀試應用也。二號西銃，臣頗諳其法式，但未經鑄造，尚待貢銃人至再與諮詢。今不得已，可令兵仗局二廠工匠，作速併工冶鑄，計二十日可就。……倘以臣書生之言，未便足信，可用百分之一，姑小試之。……京師之物料有限，工價炭價亦踊貴，臣謂宜令廣東福建巡撫諸臣，速造大鳥銃解用。而二號西銃，則太僕寺少卿李之藻，亦諳其法，今起用未至，亦可令與江南北撫臣，酌用銀兩或料價，或新餉，會同彼處監司，於蕪湖鑄造起解。彼中銅鐵煤炭所聚，可省半費也。伏惟聖明裁度施行，臣不勝悚墾待命之至。」(九)

皇上於崇禎三年二月初三日下旨著：「銃夷留京，製造教演事，徐光啓還與總提協商酌行，乃擇京營將官軍士應用，但不得迂緩，多事勸諭。及南北開局，亦不必行，該衙門知道，欽行。」(十)

光啓豈敢迂緩，於二月十二日即奏明教演日期，又奏請以兵部鄧委監督西洋人等職方司郎中郭士奇，經理錢糧。他昔日奉旨練兵時：「一應糧餉錢穀，皆屬餉部有司出納，止於臣衙門掛號支給，分毫未嘗經手。」尚有智鋌誣他呑餉，這次他更不願經管錢糧費用。二月十四日，奉皇上御批：「這火器製造教演知道了。務要精勤料理，速收成效。錢糧出納，著郭士奇兼管。其監督一切事宜，徐光啓併行稽覈。該部知道，欽此。」（十）

郭士奇經理錢糧，籌不到製銃的款項，鐵工又難雇，京師造炮事，終歸不能成功，光啓於崇禎三年四月二日上疏，奏明實情：

> 「其製造一節，先經奉旨與總提協商酌，奈該府除庫儲鋼鐵外，並無堪動錢粮，止有協臣閔夢得項下贓罰銀一千二百兩，又經該衙門自造火器，用過二百餘金。其存剩銀，約可造鷹鳥等銃一百門。而臣部與工匠人等，原無統轄，咨行工部取用，又攢造器甲，無從派撥。不得已，多方雇覓，厚值招徠，僅得二十餘人，旦夕督併，已造完大小三十門。其餘銃筒已完，機械未備。通俟訖工之日，進呈奏繳。」（十一）

衙門太多，號令不一；而且皇上准允光啓造炮，僅是試辦，既不給他充分的物力，又不與以必要的指揮權。各部部臣本忌製造西炮，視為異端，故多方掣肘。光啓以年近七十歲的老翁，且夕親自在火爐旁督工，也不過造了幾十門鷹鳥銃！這豈是他的初衷！但是他盡忠報國和提倡西學的心火，在這種烤火流汗而不見功的造炮工作上，更顯得愈老愈堅。

崇禎四年十月二十一日，光啓又上疏「敷陳愚見」，提議組織火器軍，像現今機械隊。

「臣今所擬，每一營用雙輪車百二十輛，砲車百二十輛，糧車六十輛，共三百輛。西洋大炮十六位，中炮八十位，鷹銃一百門，鳥銃一千二百門，戰士二千人，隊兵二千人，甲冑及執把器械，凡軍中所需，一一備俱。」

在疏內，更陳明勿疑，勿遲，急用人，勿惜財，各款。皇上御批「奏內各款，謹於戰守有裨，還著該部再行參詳，先擇目前要務緊關的條議酌覆。兵部知道。」㈤

滿洲兵於崇禎二年十一月，深入京東，施行反間計，散佈袁崇煥密約通敵的流言。崇煥竟被捕下獄，極刑論死。朝廷用孫承宗為兵部尙書，督師山海關。承宗到任後獲勝仗，滿洲兵乃暫退出關外，在這一役，清太宗知道了：「大兵制勝之道，在火銃，乃招徠明礮工，製紅夷（西洋人）火礮，令降將演習之。」

光啓曾奏疏上說：「恐以十餘年報國之苦心，翻成誤國之大罪。」當日怕火炮落在清兵手裡，清人將仿製，於今不幸竟成了事實！明朝朝廷既沒有造砲的決心，礮工乃被清人招徠招去！光啓爲修訂曆法，安置了西士羅雅各和湯若望在曆局，然也請他們協同造炮，湯若望後來口授給焦勗，焦勗筆記成《火政挈要》一書。

註：

㈠ 記崇禎二年十一月初四日事　見徐文定公集　卷三。
㈡ 辨疏　徐氏庖言　卷四。
㈢ 謹申一得以保萬全疏　徐氏庖言　卷三。
㈣ 臺銃事宜疏　徐氏庖言　卷三。
㈤ 見徐氏庖言　卷五。
㈥ 李之藻　謹維職掌議處城守軍需以固根本疏　增訂徐文定公集　卷六。
㈦ 記崇禎二年十一月二十八日事　見增訂徐文定公文集　卷六。
㈧ 控陳迎銃事宜疏，見增訂徐文定公集　卷三。
㈨ 再陳一得以裨廟勝疏　見增訂徐文定公文集　卷三。
㈩ 同上。

(十一) 同上。

(十二) 鎭臣駆求製銃謹據職掌疏　增訂徐文定公文集　卷三。

(十三) 欽奉聖旨敷陳愚見疏　增訂徐文定公文集　卷三。

(十四) 王桐齡中國史　第三編　五三四頁。

二〇、督修曆法

崇禎二年（一六九二年）五月初一日，日食。欽天監按大統曆和回回曆，推算日食的時刻；光啓推照西洋曆法，也推算日食的時刻，到了日食時，日蝕和光啓所推算的分秒正對；跟欽天監所推算的，則前後都不符。崇禎帝於五月三日，下諭禮部：「傳欽天監，推算日食前後刻數俱不對。天文重事，這等錯誤，卿等傳於他，姑恕他一次。以後還要細心。推算如再錯誤，重治不饒！欽此。」㈠

下次日食月食，欽天監若依舊法推算，一定會再錯誤；禮部人員很明瞭這一點。那時再招皇上的大怒，不但欽天監臣將遭重治，禮部的人員也怕株連。於是他們想起了萬曆年間徐光啓上疏改曆的事，便奏請修改曆法：

「臣等查得萬曆四十年十一月朔日食，欽天監推算得未正一刻初虧，而兵部員外郎范守已候得申時一刻，則是先天四刻，以此累疏駁正，該監亦稱候得未正三刻，則是先天二刻，以此具爭辯。臣部看得四刻二刻，總非密合。所以然者，授時曆本元初郭守正諸人所造，而大統曆因之，比于漢唐宋諸家誠為密近，尚未能確與天合，加以年遠數盈，至今三百五十年，未經修改故也。乞博選知曆之人，講求考驗，務期悉天合度，超越前古，以垂永久，未蒙皇上俞允，至今未果施行，今兩奉聖旨，仰見我皇上欽若授時之至意，稽古垂憲之鴻猷，臣等雖才識駑下，敢望竭蹶，以副隆指。僅依四十年十二月，四十一年正月部議二疏事理，斟酌增損，開到款目，具疏上請，伏候命下，遵奉施行，……臣於萬曆四十等年，疏舉五人，為史臣徐光啓、臬臣邢雲路、部臣范守正、崔儒秀、李之藻。今三臣俱故，獨臣光啓現任本部，臣之藻以南京太僕寺少卿丁憂服滿在籍，似可效用。」(二)

皇上覽了禮部疏奏，御批道：「這修改曆法四款，具依議。徐光啓現在本部，著一切督領。李之藻速與起補，蚤來供事。該部知道。」(三)

同年九月十三日，崇禎帝又手諭光啓：「頃因日食不合，會議宜請更修。特允廷推，命爾督領改修曆法事務。爾宜廣集眾長，虛心採聽，……西法不防于兼收，諸家務取而參合，用人必求其當，製象必覈其精。」(四)

萬曆三十九年，光啓已奏請改曆，推薦西士：龐迪我、熊三拔、龍華民等。崇禎二年

時，熊、龐兩司鐸都已去世了，光啓疏薦龍華民和鄧玉函，助修曆法。次年，鄧又去世，乃疏請選用湯若望、羅雅各兩司鐸。(五)

當利瑪竇在世時，光啓就有志和他用西法改曆，到他于崇禎二年九月二十二日在北京設「曆局」時，已經過了二十多年。這時他六十八歲，鬚髮銀白。但能行其素志，不但不以年老乞辭，心中只惜利氏沒有親眼見到，同時自己覺得可以安慰利氏在天之靈，把他的學識正式用之於中國，而且又能滿足利氏當年為教士謀久居的心願。

曆局既已設立了，欽天監則仍舊就是朝廷掌管天文的機關，曆局不能改革欽天監，欽天監倒是反對曆局。這又是跟製造西銃一樣，朝廷沒有辦事的決心，對西學尙不信任，僅叫光啓試一試。

崇禎三年（一六三〇年）十一月，光啓奉到皇上的聖旨說：「台官用器不同，測時互異，還著校勘畫一具奏。」(六)朝廷拿著學術當政治。政見不同時，主持人裁長補短，求一妥協；改良曆法，中曆西曆不合，便用中西合璧，以求畫一，光啓于同月二十四日，具疏回奏：

「臣等竊照定時之法，當議者五事：一曰壺漏，二曰指南針，三曰表臬，四曰儀，五曰晷。……總五事而論之，壺漏用物，用其分數。南針用物，用其性情。然皆非天不因，非人不成。惟表惟儀惟晷，悉本天行，私智謬巧，無容其間。故可為候時造曆之準式也。今若于准表准儀准針，任用一事，因以造日星二晷，以較定壺漏，用加減輕重之法，令遲速如意，則天正時刻，人人通知，在在畫一矣。……除赤道晷恆是先天半刻，可用原晷修改，或臨時扣減。定算正面晷，可于正方案界畫其星晷行漏羅經。待工完成之日，付該監臺官施行，並指授造法用法外，合應先行回奏。」(七)

光啓每天往觀象臺，親自測驗；龍華民、湯若望等詳細與以解釋。他在這一年的五月，已陞禮部尙書，年歲六十九，足力和眼力，頗感衰弱。在上了回奏疏後的第四天，測驗天文儀器時，在臺上失足，跌傷了腰膝。他于當年十二月二日上疏說：

「臣等近推本年十一月十二日冬至時刻，用儀器三事，累測日躔，如法布算，與該監原推不合。而該監原推，與近來議曆者所言又不合。欲求畫一，使人人暢曉，確然無疑；當於臬表二器，酌就一巧便之法。因於二十八日，前往觀象臺再備細行，考驗計劃。不意偶然失足，顚墜臺下，致傷腰膝，不能動履。」(八)

六十九歲的老翁，顛墜臺下，很可以有性命的危險。幸因上主保佑，沒有喪命，但是腰膝甚麼時候可以痊好呢？光啓怕因自己受傷不起，偃臥在床，擱誤了修曆大事，便一連兩次上疏，請准辭職，另選通曆者，繼續監修：

「寺臣李之藻物故，目下算數謄寫員役，雖不乏人。而釋義演文，講究潤色，校勘試驗，獨臣一身。即使強健踰人，尚苦茫無究竟，況今疾困支離，臥病一日，則誤一日之事，以此再申前請，伏乞勅下吏禮二部，商求堪用人員，更簡數輩前來供事。若使臣醫藥遂效，可速於告成。如或痊可未期，亦便於承接矣。」(九)

皇帝御批無容辭職，著多擇精曉曆法的人，到局協助。光啓在奉旨開設曆局時，用意爲推行西法。雖然欽天監的臺官死力反對，皇上也主張參合，光啓的初志不爲搖動。但爲推行西法，先該知道西洋曆學，尤其該使朝廷明瞭西法的優點；而且要使在這一次改曆後，西法常被採用，光啓便督促曆局人員，翻譯西洋曆書，他晚年的精力就完全用在這部曆書上了。

中國歷代所藏的書籍，科學書佔不到百分之一，中國古代有科學天才和心得的人，有點像醫生和工匠，自己的巧妙，不願傳於他人，少有把自己的學識著成專書，流傳後世，少數人寫了專書，則多已喪失。後代有心研究科學的人，都該自起爐灶，因此科學不能夠發達。光啓翻譯天文書籍，翻譯《幾何原理》，不但是提倡西學，也是爲提倡中國科學著作。他在第一次進呈曆書的奏疏上，說明翻譯西書，並不表示完全接受西法，乃在求能由西法再往前進：

「臣等愚心，以為欲求超勝，必須會通，會通之前，先須翻譯。蓋大統書籍絕少，而西法至為詳備，且又近今數十年間所定。其青於藍寒於水者，十倍前人。又皆隨地異測，隨時異用，故為目前必驗之法，又可為二三百年不易之法，又可為二三百年後測審差數，因而更改之法。又可令今後之人，循習曉暢，因而求進，當復更勝於今也。」(十)

在這一次的奏疏上，光啓說明翻譯曆書所有的計劃，分節次六目，基本五目。節次六目：有躔曆、恆星曆、離曆、日月交會曆、五緯星曆、五星交會曆。基本五目：有法原、法數、法算、法器、會通。崇禎四年正月，第一次進呈曆書，計有《曆書總目》一卷，《曆學法原》三種，（日躔曆數、測天約說，大測）《曆表》，《曆法法數》四種（日躔表、割圓八線表、黃道升度表、黃赤距度表），《曆學會通》。崇禎四年八月，第二次進呈曆書。按禮部原定的章程，每三月一次考驗成績，即該有書曆進呈。但因改稿潤色，只有光啓獨自一人，忙不過來，所以遲到八月纔有第二次的進呈。這次所呈的，有《測量全義》十卷，《恆星曆數》三卷，《恆星曆表》四卷，《恆星總圖》一摺，《恆星星圖像》一卷，《揆日解訂訛》一卷，《比例規解》一卷。

兩次所呈曆書，都是依原定翻譯計劃，先從基本五目，逐步翻譯。他在第二次呈書的奏疏上說：

「其法原法器，今測量全義並前測天約說、大測等書，已陳其大約矣。法數即立成表，各依七政本曆，附載會通止二卷，已經進訖。法算即係算術，暫用舊法，亦足供事。更有超捷深奧者，宜待異日，是前基本五目，略已足用。」(十)

崇禎五年四月四日，第三次進呈曆書。光啓因南方進貢的紙張已用完，買市上的紙張謄寫，但怕前後進呈的曆書，紙張不合，不敢進呈，故於崇禎五年三月十七日上奏，說明待南方進貢紙張到後，再加謄寫，進呈御覽。皇上批示著即進覽。光啓乃進呈曆書三十卷，計有《月曆離數》四卷，《月曆離表》六卷，《交食曆數》四卷，《交食曆表》二卷，《南北高弧表》十二卷，《諸方半晝分表》一卷，《諸方晨昏表》一卷。

第三次所進曆書，在依次譯撰原定計劃的《節次六目》。

「竊臣初次恭進曆書，開具節次六目：一曰日躔，二曰恆星，三曰月離，四曰交食，五曰緯星，六曰五星凌犯。除前二次共書四十四卷，內完過日躔曆指并表三卷，恆星曆指并表圖九卷一摺。今次過完月離曆指并表十卷外，其交食卷六卷，係是總論總表，日食月食所宜共用。而月食一法，附載其中。若日食一法，理數甚繁，尚須譯譔曆指約三卷，立成表約二十卷，今屬草將半。……五星一節，比於日月倍為繁曲。漢以來治曆者七十餘家，而今所傳通軌等書，其五星法不過一卷。……回回曆則有緯度、有凌犯，稍為詳密。然千年以前之書，未經而定，而兩書皆無片言隻字，言其立法之故，使後來者入室無因，更張無術，凡以此耳。今諸遠臣所傳，獨為詳備，而譯譔頗難，書成亦須二十餘卷，不能不少費時間。」(土)

兩年半的功夫，能夠譯成七十四卷的曆書，所費的時間短少，所費的精力則很多。光啓的門生張溥在《農政全書》序上說：

「聞公方究西曆學，予邀同學徐退往問所疑，見公掃室端坐，下筆不休。……予在長安，親見公推算緯度，昧爽細書，迄夜半乃罷。」

七十歲的老翁，從清晨到深夜，研究學術，可惜不能親自做完這件大事！晚年遇著一個滿城布衣魏文魁，自著《曆元》、《曆測》兩書，奉上朝廷。光啓摘出兩書的謬論，詳加駁正，著爲《曆學》一書。光啓去世後，文魁竟能入京，創設曆局，自稱東局，跟朝廷修曆的西局相抗衡。曆法遂分成四家，分爲大統、回回、西法、文魁。崇禎帝仍舊想折衷四家，以求劃一。但是歷次的日食月食，四家推算的時刻都不同，只有西法合於天時。崇禎十六年，皇上下諭以西法行於天下；然而臺官仍舊繼行祖傳之道，不願更改。滿清入關，順治元年八月，睿親王乃令用西法，名爲《時憲曆》，十一月著湯若望掌管欽天監。光啓改曆的遺志，纔得完成。光啓修改的曆，沿用迄到今日。

註：

(一) 徐文定公文集　卷四。

(二) 仝上。

(三) 仝上。

(四) 仝上。

(五) 鄧玉函Joannes Terrenz 德人，生於一五七六年，卒於一六三0年，於一六二一年來華。湯若望Adam Schall von Bell德人，生於一五九一年，卒於一六六六年，於一六二二年來華。羅雅各Jacobus Rho 義大利人，生於一五九0年，卒於一六三八年，於一六二四年來華。

(六) 增訂徐文定公文集　卷四。

(七) 仝上。

(八) 仝上。

(九) 仝上。

(十) 仝上。

(十一) 仝上。

(十二) 仝上。

二一、閣老文定

崇禎五年（一六三二年）五月四日，光啓奉旨以禮部尚書，拜東閣大學士，入閣爲相。他在前一年，曾上疏乞休。年歲既已七十，按大明會典的條文，他可以退居養老。皇上御批則稱讚他：「清淡端慎，精力正優，詞林允以資模範，不止休暦一事，著安心供職。」

(一)

光啓那時所有的職務，實在不止休暦一事。造銃一事，雖在崇禎三年停頓了，他尚兼有《神宗實錄》纂修副總裁，《熹宗實錄》纂修總裁。《神宗實錄》在崇禎三年底修成。《熹宗實錄》則在崇禎五年受命總裁纂修，未能纂成，就去世了。

明朝官制，內閣宰相以大學士充任。內閣大學士有四殿兩閣的六學士：華蓋殿（或名中極殿）大學士、謹身殿（或名建極殿）大學士、文華殿大學士、武英殿大學士、文淵閣大學士、東閣大學士。光啓入閣爲大學士時，周延儒位居武英殿大學士，溫體仁進位中極殿大學士。溫、周兩人奸婪機警，位居光啓以上，獨操大政實權，排除異己。

光啓入閣爲相，平日生活，仍舊是「清淡端愼」。他的書室臥室：「室廣尋丈，一榻無帷。」㈡出入使役，僅一老僕：「登政府日，惟一老班役，衣短後衣，應門出入傳語。古來執政大臣，廉仁博雅，鮮公之比。」㈢居家時，潤色曆書，不分寒暑：「冬不爐，夏不扇。」㈣

所得俸祿，一份留爲家用，一份獻於天主。崇禎元年八月，充日講官，他把講官的俸金，捧入教堂，獻於天主，作爲教士之用㈤。後來他把獻於天主的俸金，分成三份：一份濟貧，一份施給監犯，一份供給在京的教士。

他身爲閣老，兼爲尙書，在司鐸前，卑躬自持，自稱後輩。望彌撒時，常替神父輔祭，進退儀節，絲毫不苟。背誦拉丁經文，按著譯音，字聲清晰㈥。西士爲他在經堂，預備位置，排在衆人以前，他進堂與禮卻好混在信友中，跟他們一齊坐跪，有時小孩們擁擠，坐在他面前，西士叫他們走開，光啓說：「讓他們坐在這裡，這都是我的子弟。我跟他們一齊祈禱，心中很愉快。他們都是純潔可愛、安貧可嘉，我跟他們同禱，心更壯，更蒙天主垂允。」㈦

雖然在公私事最忙的日子，光啓從不疏忽每天的神功。清早行默想，望彌撒。晚晌行自省，誦玫瑰經。日間也多次行祈禱。宅中有一小堂，凡是朝覲拜客或入閣辦公，出門以前，常到小堂中瞻拜天主。他的住宅毗連西士教堂，兩牆間開一小門，每早他由小門往教堂與祭。西士來時，也由小門入府，不受拘束，彼此像是自家人。在京的耶穌會士奉有羅馬總長的訓令，凡事都該就商徐閣老。

光啓既入閣，龍華民司鐸得皇上特恩，可以帶中國修士邱永出入宮廷，向太監宮女們講道。太監龐天壽、溥樂德領洗入教，其餘宮女們領洗的，相傳有四百餘人。宮中設置聖堂，湯若望時常到宮中行彌撒。光啓默默地祝禱皇上也能進教！

徐閣老年已七十多了，公教的大小齋期，雖可以不守，他仍是遵行不差。而且還則效公教聖人們苦身克慾，常打苦鞭，著苦衣，飲食力主淡素。他曾作《克罪七德箴贊》說：「凡遇横流，務塞其源；凡除蔓草，務鋤其根。君子式之，用滌其心。」(八)

崇禎六年七月，徐閣老陞太子太保，兼文淵閣大學士。

二、

明朝的天下，在崇禎初年已經糜爛不堪。滿清兵雖在崇禎三年，退回關外，國內的流賊，則到處蜂起。

崇禎元年，陝西大饑，王嘉允倡亂，饑民往附。巡撫陝西都御史胡廷宴年老，最不喜人報盜，來報者決遭杖責，於是報盜的人沒有了，強盜卻一天比一天多。馬賊高迎祥竟自稱闖王。崇禎二年，朝廷派楊鶴總督三邊軍務。鶴則一心主撫，愈撫賊愈盛。崇禎三年，延安賊張獻忠起兵，自稱八大王。朝廷用洪承疇爲都御史，巡撫延綏。承疇善將兵，一時擋住了流賊的攻勢。崇禎四年，米脂賊李自成起兵從高迎祥，自稱闖將。

流賊起因，在於饑荒。光啓在崇禎三年六月曾上《屯田疏》(九)詳細建議墾田、用水、除蝗，禁私鹽、曬鹽，五大農政。他想把自己在津門農場所有的經驗，加以西洋的農學，用之天下。他又上疏《處置宗祿查核邊餉議》(十)明末宗室食祿不事生產的人，將近百萬，光啓建議授荒田給宗室食祿的人，叫他們開墾，自食其力。

兩疏都沒有得到皇上的批示。他自己入閣作宰相，實權把持在溫、周兩人手裡，也不能有實行農政修革的機會。眼見天下饑亂，坐不能救，心中徒自憂急。

徐閣老的兩位好友，楊廷筠李之藻這時也去世了。廷筠心志瀟灑，不喜官爵，家住西湖，著書講學。天啓七年(一六二七年)卒於家。他和徐閣老昔日雖沒有多少過從，但志同道合，敬禮天主，相助西士傳教。

李之藻則和徐閣老不但同教，而同心研究西洋科學，兩人都是利瑪竇的弟子。瑪竇自己曾說：「自吾抵上國，所見聰明了達，惟李振之徐子先二先生耳。」(十)之藻喪父守制，於萬曆三十九年被召入京，復南京工部員外郎舊職，四十一年改授南京太僕寺少卿。天啓元年，授光祿寺少卿。三年，辭職歸里。崇禎二年，曆局開設了，之藻被召還朝，參與修曆。次年，病重不起，十一月病危。訣別時，執光啓手，以西教士相託。

徐閣老這時感到自己真老了，很想退居靜息。他上疏懇賜罷休，皇上御批說：「卿忠誠勤恪，精力正優，朕方切倚任。」(十一)

翻譯曆書一事，尚沒有完成，徐閣老便打消辭意，想盡晚年的精力去完成這樁事業。但是閣務煩雜。他只能在夜間趕譯。他奏明皇上說：「猥以疏庸，荷蒙特簡入閣辦事。會因閣務殷繁，不能復尋舊業，止于歸寓夜中，篝燈詳繹，理其大綱，訂其繁節。」(十二)

日夜忙碌，年老不支，崇禎六年秋間，遂一病不起。閣老自知不能久在人世了，於九月二十九日，上疏請以山東參政李天經繼管曆局：

「臣以衰齡，嬰此重症，犬馬之力已殫，痊可之期尚遙，新成諸書共六十卷，……以上三十卷，略皆經臣目手，業已謄繕。……已上三十卷，尚屬草藁，內經臣目者，十之三四，經臣手者十之一二，亦可續寫進呈。其餘卷帙及教習官生續製儀器，并料理旁通諸務，尚須擇人省成，恐局無職掌；或致中廢。……李天經分管稅糧，在彼亦腹背之羽，非當六翮之用，稍為更置，似亦無難。而博雅沉潛兼通理數，曆局用之尤為得力。」㈣

病勢日緊，閣老於十月初六，上疏請羅雅各、湯若望，嘉賞他們修曆有功。

「遠臣羅雅各、湯若望等，譔譯書表，製造儀器，算測交食躔表，講教監局宜生，數年嘔心瀝血，幾於穎禿唇焦，功應首敘。但遠臣輩守素學道，不願官職，勞無可酬；惟有量給無礙田房，以為安身養贍之地。」㈤

安插了修曆的功臣和繼任人員，閣老又把修曆經費的賬目，一筆算清，於十月七日奏報皇上：

「錢粮一項，自崇禎三年正月至崇禎六年三月，共領户禮工三部咨到銀八百七十餘兩。臣逐項自行料理，纖悉明備，已開細數，封貯公所，因進內儀器，正在鳩工，難以遽行銷算，俟接管官逐件查封奏繳，臣敢先以總數報聞。恐溘露或不免乎朝夕，漏卮或誤于將來。則臣從來矢公節省之意，欽天報主之誠，兩失之矣。伏祈勅下該衙門謹將驗收在案。」(六)

這是閣老最後一次公文了，當天他即壽終。他的一生，從他自己口中說出：「從來矢公節省之意，欽天報主之誠！」享年七十二。逝世日，西曆一六三三年十一月八日。

當他自己知道「溘露或不免於朝夕」便常請羅雅各、湯若望兩司鐸，輪流坐在榻前談道。他三次行告解，恭領聖禮，臨危前領受終傅。家中人在京的，有來京應試的孫兒和外孫各一人。他們得在榻前送終。

崇禎帝聞喪，輟朝一日，追贈少保，諡文定。特遣太子少保禮部尚書李康開喪行祭。又徐閣老終後清寒如洗，乃遣文官卞希孔賫賜白金表裡燭帛香油白米柴炭，以行喪事。帝又賜祭九壇，加祭兩壇。再遣行人張元始護柩回上海，遣中書官夏儀給永衡錢治喪禮。

次年，遺體回上海。因時局不安，暫厝於南門雙園別墅。崇禎十四年（一六四一年）營葬於徐家匯肇家濱北原。

營葬典禮的第一日，潘國光司鐸率教友一百四十人，穿喪服，執白燭，抬十字架至雙園，置於閣老柩前。第二日，上海教友齊到雙園，排隊執紼，送柩到徐家匯墓地。第三日，潘司鐸舉行追思大祭，祝聖墓穴。上海縣知縣代皇上致祭，遂下葬。(七)

墓前石人石馬，華表牌坊，於光緒二十九年（一九〇三年）重加修葺，墓前另置大理石十字架一座，座旁刻誌立碑緣起。墓前石坊，正中額曰：「文武元勳」。石坊上的對聯曰：

「治曆明農百世師，經天緯地，
出入將相一個臣，奮武揆文。」

註：

㈠ 增訂徐文定公集　卷五。
㈡ 張溥　農政全書序。
㈢ 仝上。
㈣ 仝上。
㈤ Bartoli-Cina., Vol. IV. P. 173
㈥ Bartoli-Cina., Vol. IV. P. 315
㈦ 許母徐太夫人甘第大・柏應理著　徐允希譯　第六十二頁。
㈧ 增訂徐文定公文集　卷一。

(九) 增訂徐文定公文集　卷二。

(十) 仝上。

(十一) 我存文庫　李我存楊淇園兩先生傳略　杭州民二十二年版，第五頁。

(十二) 增訂徐文定公文集　卷五。

(十三) 曆法修正告成書器繕治有待請以李天經任曆局疏　增訂徐文定公文集　卷四。

(十四) 治曆已有成模懇祈恩敘疏　增訂徐文定公文集　卷四。

(十五) 進繳勑印開報錢糧　增訂徐文定公文集　卷四。

(十六) 潘國光Franciscus Brancati義大利西利人，生於一六〇七年，死於一六七一年，於一六三七年來華。

(十七) 見江南傳教史，譯文見許母徐太夫人甘第大，徐允希譯第二十四至第二十八。

附註

徐文定公的遺著，由他自己編輯者，有《徐氏庖言》和《農政全書》，文集則在一八九六年由李問漁神父第一次編印，收文二十七篇。一九〇九年，徐允希神父第二次編印，增至六十三篇，爲增訂《徐文定公集》。一九三三年徐宗澤再增訂爲八十九篇。文定公生辰四百週年時，王重民編一文集，共收兩百零四篇，詩十四首。然刪去文定的宗教論文。

徐文定公家書墨蹟在一九〇〇年第一次石印。一九三三年又再版石版。一九六二年，臺中光啓出版社影印，共收家書十五件，皆寄子驥書，附有寄孫書一件，子驥上父稟三封。

徐文定公的第七世孫徐如璋撰農政全書題記說《後樂堂集》沒有刻印。《後樂堂集》應該是文定的文集，沒有付印。文定公孫爾默更有一文，題爲文定公集引，當時有已編有文集，然未出版，遺稿散佚。爾默在文中述說文定一生的著作頗詳，玆引如下：

《六函》、《上略》、《下略》，《靈言蠡勺》、《幾何原本》、《芳蕤堂書藝》、《淵源堂詩藝》、《甲辰館課》、《考工記解》，《徐氏庖言》、《兵事疏》、《選練百字帖》、《屯鹽疏》、《農遺雜疏》《種棉花法》、《四書參同》、《方言轉注》、《墊農政》、《擬復竹窗天說》，《醫方考輯》、《北耕錄》、《宜墾令》、《農輯》，《兵事或問》、《選練條例》、《記里鼓車圖解》、《制彙》、《賦囿》、《語類》、《子書輯》，《子史摘讀》，《書算二十四則》、《古書法集》、《草書類》、《漕河評正》，《通漕編評》、《海防考評》、《屯田水利鹽法》、《農政全書》、《測量法義》、《勾股義》、《簡平儀說》、《平渾圖說》、《日晷圖說》、《夜晷圖說》、《九章算法》、《山海輿地圖經解》、《泰西水法》。

羅光全書

冊廿八之三

聖庇護第十傳

臺灣學生書局印行

謹以此書
敬獻於
聖母無原罪之后

聖庇護第十傳

目　錄

一、黎葉色鎮

一九一七年，義大利被德奧聯軍大敗於加波肋多（Caporetto），鄰近戰線的人民，棄家逃難，威尼斯省的黎葉色鎮（Riese）有一家人，出走逃難以前，在自家的牆上，用石灰塗寫著，「這是庇護第十的家屋，請加以愛惜。」

大戰過去了，這座小房，門窗緊閉，牆上沒有鎗孔，房裡沒有足跡。那兩句石灰寫的話，似乎一雙無形的手，擋住了軍士和鎗彈。

第二次大戰又起了，義大利又成了戰場，飛機轟炸了全國市鎮，各種膚色的軍隊，踐踏了整個半島，在黎葉色鎮內也走過交戰的軍隊。軍士走到一座小房前，看著牆一塊白色大理石碑，碑上刻著庇護第十的半身像，大家都肅然起敬。那座房子，又沒有毀於戰禍。

黎葉色鎮的這座小房子，即是庇護第十的出生地。一九二六年，庇護第十的妹妹瑪莉班去世時，遺命把這座房子贈與黎葉色市政府，市政府乃把房子作爲古物館，房中的一切陳設，都照舊日的原狀。在後院隙地，添建一廳，廳中三個長玻璃櫃，陳列庇護第十的遺物。

這座小屋，完全有貧寒家庭的色彩！進門一間廚房，廚房裡，靠牆一灶，灶上掛著七個粗磁盤，和大小不等的五個錫鍋，三個鍋蓋，廚房中間放著一張木桌，靠牆角處一條石梯。

沿石梯登樓，樓上一連三間臥室。正中一間，兩個窗戶，是父母的臥室。室內，空洞無物，父母的臥床，早被寡母賣掉了。市政府後來把床找回，然而已是破舊不堪，只剩幾塊木板，現在靠牆放在地上。近石梯的一間，是庇護第十的臥室。他陞了神父後，年年回家，常睡在這間房裡，房中床椅木櫃，都是他的舊物。床上草氈被褥，整整齊齊，像是等著主人當晚回來安睡。

後院的遺物廳，玻璃櫃裡排著的遺物，都是家中人所藏的。別處的遺物，物主都珍爲聖物，不願送來。櫃裡所見的，有教宗的眼鏡，白袍，紅帽……和親筆墨蹟。

小房對面圓場，立一石柱，柱上放著庇護第十半身石像。當他當選教宗以後，黎葉色人榮幸非常，要替他處處立石建碑，教宗乃囑咐不要在他生前，就把他石頭化了，僅許他們立下這座半身石像，石像面貌，尚形壯年。圓場大路，直通本鎮聖堂，聖堂內的聖洗泉，是庇護第十的受洗地，教宗逝世後，本鄉在泉上立碑，立像，石色潔白，字跡尚新，正中祭壇，懸一巨幅庇護第十油畫像，這幅畫是他榮登福品時，懸掛在羅馬聖伯鐸祿大殿，受人敬禮的。

站在這座小聖堂的大門外，可以一目看盡黎葉色鎮，一百家人家，排列在大路的西側，房屋都是一層平房，只有聖堂側的鐘樓，形似大樹參天，高聳雲際。鎮外一片田疇，這是威尼斯省的巴大納（Patana）平原，土地肥沃。遠處的亞爾皮山脈的克拉巴峰（Monte Gruppa'）常有白雪的素冠。初夏時，一眼都是麥浪；冬日，遍地白雪，也可以說是美景宜人。

黎葉色出過一位樞機，名慕尼各（Card. Monico），任威尼斯宗主教，慕尼各樞機也是詩人，曾作過一首詩，歌詠黎葉色的景色：

「福郎各堡南面立，
遙見樓閣雕畫檐，
北望雪中亞索洛，
廢墟中，
奇峰挺拔更雄健。
亞爾皮山遙遙立，
峰巒起伏如在眼，
高巖巨壁天被擋，
峰巔頭，
常被白雪白雲卷。」(一)

註：

（一） D.B.Zarbà.-Pio X. Roma 1944. P.2

二、瑪嘉莉大

黎葉色古物館昔日的家主，姓撒爾多（Sarto），名若翰，爲市政府的一個聽差跑信的人，他四十歲纔成家，娶妻三松（Sanson）瑪嘉莉大。三松氏以縫衣爲業。夫婦倆生子女十人，頭胎和末胎的兩個男孩，死在襁褓。活著的八個：兩男六女。大男名若瑟墨爾基阿，次男名安琪洛。六個女兒，名叫洛莎、德肋撒、瑪莉雅、安多尼雅、露絲、安娜。

這個十口之家，所有的家產，只是所住的小房，兩塊一畝見方的田地，一頭黃牛，還有市府跑信每月五十分錢的薪金，和縫衣所得的工錢。

但是這一家，富有人間最貴的產業：夫婦倆口富有家傳的宗教信仰。三松氏尤其信教虔誠。她和聖波斯哥的母親瑪嘉莉大，一同被今日義大利人作爲婦女的模範。

兩位瑪嘉莉大太太都是早年喪夫，用自己的雙手，操作養家；雖窮，不羨富，不苟取。養子有方，造成了兒子聖德的基礎。

三松氏瑪嘉莉大，是一個道地的威尼斯鄉下婦人，愛樸素，性爽直，整天操勞，全心信教，看她老年的一張照像，正襟危坐，上身端方，兩眼嚴肅，嘴唇緊閉，臉上微帶著憂容，我們知道她是一個飽經憂患，意志剛強的女中丈夫。

若翰撒爾多白天常在市政府聽差，有閒，趕著耕種那兩方小地，他不暇時教管兒女，只是心裡焦急地等著兒子長大，能夠助他一臂之力，大孩若瑟長大了，已經十一歲，身體壯實，可以替他跑信。忽然一天他說，要進修院；若翰心中一氣，悶口不言。三松氏瑪嘉莉大信仰深刻，認爲這是天主的特恩。便慢慢地勸丈夫，允許兒子修道。三松氏照管八個孩子，又幫著丈夫種田，夜間還趕著替人縫衣；她不是不希望有一個助手，但是天主既然要她的大兒，她爲愛天主，寧願不要助手了。丈夫看著她的信德，就被她勸服了。

大兒若瑟進了修院，第二年，若翰撒爾多竟因急病死了。三松氏料理了喪事，拭乾眼淚，吩咐大兒再回修院。家中的一群黃口小兒，由她一人養育。兩個大女兒已經知道拿針線，可以幫她縫衣，賺錢餬口。

八口人家，靠著兩方小田的收穫，那能養活呢？只有日夜趕作裁縫工。一次，兒子若瑟暑假回家，夜間談話時，三松氏嘆說：

「柏比，生活多麼苦呀！」

「媽媽，生活就是苦；不然，您那裡有功勞呢？」

大兒後來修道成功，陞了司鐸，第一次行彌撒祭禮時，三松氏領著子女們與禮。她那一天心頭的喜樂，比自己成了皇后還更高興。金錢和首飾，在她樸實的眼光裡，價值有限，不足使她眉開眼笑；可是作了司鐸的母親，實在叫她心花怒放。在她虔誠的信德裡司鐸不是耶穌的代表嗎？

大兒聽主教的命，往本堂服務去了，三松氏瑪嘉莉大在黎葉色的陋室裡繼續操作。她又忘記自己是一位司鐸的母親，只知道自己有七個子女。大兒偶而送一點零錢，但是大兒也該縫衣服。

若瑟司鐸後來陞了本堂總鐸，叫三個妹妹去替他理家。三松氏這時肩上的負擔，輕鬆了一些；可是家裡同時也缺少了三個縫衣的助手。

過了幾年，黎葉色鎮上的人得到若瑟撒爾多陞職的喜訊，大家向三松氏太太賀喜。她卻頭越白，背越屈，一年比一年老了。若瑟司鐸陞了滿杜亞的主教，回家的機會少了，母子不多見面。三松太太從不離開自己的陋屋，到兒子的任所。

最後一次，母子見面，若瑟撒爾多已陞了樞機。一八九三年十月十四日，新樞機撒爾多，榮旋故里。瑪嘉莉大太太老病臥床。樞機上樓時，尚能辨出是兒子的步履。老母願意看樞機的禮服。樞機便在第二天早晨，紅袍紅靴，頸掛金鍊十字，指帶寶石戒指，登樓拜母。三松太太驟見紅光滿身的兒子，啞口無言，只能說：

「柏比，你滿身都是紅的。」

「媽媽，你滿頭都白了。」

母子兩人無聲流淚，樞機想起在陞滿杜亞主教後，第一次帶著主教戒指見母親曾笑問她說：

「媽媽，你看這個多麼好！」

母親看著自己指上帶的年久暗黑的結婚銀戒指，悽然笑說：

「若我沒有這一個，也就沒有你那一個！」

這是女子作母親的光榮，作母親的驕傲。

一八九四年二月二日三松太太病故，撒爾多樞機立墓碑說：

「三松氏瑪嘉莉大，模範的女子，明智的夫人，拔萃的慈母，一八五二年五月四日喪夫若翰撒爾多，在憂難與喜樂中，平心靜氣，以男子丈夫的魄力，抱著基督精神，教養了九個子女。一八九四年二月二日，聖善去世，完成了勞苦犧牲的一生，享壽八十有一，若瑟撒爾多樞機率弟妹等，立碑紀念。」

三、赤足上學

若瑟撒爾多生於一八三五年六月二日，家人把若瑟縮成小名柏比（Beppi）。

小柏比體格結實，成天在田間奔跑，跟鄰近的孩童玩耍，有時替母親往泉邊汲水，有時幫父親跑信。清晨薄暮，則往教堂祈禱，充作輔祭小童。

到了入學的年齡，父親送柏比入鎮上的小學。第一兩年的考試，柏比都得了賞。

黎葉色鎮的小學，只有初級二年，三年級的學生，應該往七公里外的福郎各堡（Castel-franco）。那是有錢人家的子弟纔去的。柏比只得輟學。

十一歲時，柏比初領聖體。第一次心中懷著天主耶穌，柏比感到耶穌特別愛他，便許下自己要進修院。回到家中，把自己所許的，告訴父母。父親忿忿不樂，母親卻暗中鼓勵。

黎葉色鎮本堂司鐸胡撒里尼（Tito Fusarini）聽說柏比有意進修院，正中他心中的想望。胡司鐸早已理會柏比在輔祭時，端重虔誠。又聽說他常率領兒童往一公里外的淺忒樂肋聖母堂拜聖母（Cendrole）。他早已想到柏比可以成個好的修生。

胡撒里尼神父因此決定派柏比往福郎各堡上初級第三年，每天晚晌，副本堂雅姑茲神父

(Pietro Jaccuzzi)教他拉丁文。

從黎葉色到福郎各堡，於今有一條筆直的汽車路。遊客在福郎各堡下火車，雇汽車往黎鎮二十分鐘可到，這條汽車路是庇護第十登真福品後修造的，舊的一條路多繞大灣。

柏比往福郎各堡上學，走的是那條繞灣的舊路。來回步行十四公里(約當四十華里)。因午前午後有課，父親便托福郎各堡的一個朋友斐納基(Battista Finazzi)，每天中午接柏比到家。柏比早晨出門，母親瑪嘉莉大給他一口小布袋，袋裡裝著麵包和奶餅，作他的中飯，斐納基夫人看著這個壯實的孩子，常怕他吃不飽，每天給他加點東西。柏比不願白吃人家的東西，便幫斐納基的孩子，溫習功課。

四年的工夫，除了假期，柏比每天往來福郎各堡道上，從沒有逃過學。冬天下著大雪，刮著冷風，他的足跡，一步一步的印在雪上。身上衣服雖薄，年輕的血氣正旺，夏天的清晨薄暮，空氣涼爽，柏比走出黎葉色鎮，立刻脫下靴子，把靴用麻繩繫著，放在肩頭，自己赤著腳走路，到近福郎各堡時，拭去腳上的沙泥，再穿上靴子進城。午後下了學，走出福郎各堡城，又脫去兩靴，背在肩上。走到快進黎鎮時，他纔穿靴回家。一次半途，遇著本鎮的一個老者，架著牛車回鎮，老者叫他上車，一同歸去。牛車入鎮時，老者見他穿靴，很以為奇，便問他怎麼走路不穿靴，回家反倒穿靴子。原來他是怕走破了靴，父親多花錢。進城入鎮，赤著腳則不好看。

晚晌回家，吃了飯，跑到副本堂處讀拉丁文，從少就養成了這種不知道空閒，整天勤勞的習慣。柏比的天性很活潑，臉上常是笑嘻嘻的；可是他說一句話，算一句話，意志很堅決。他的天資格外聰明，在福郎各堡讀了四年的書，考試常是名列第一。

在最後一學年裡，弟弟安琪洛也一同去上學了；而且父親還買了一輛驢車。這大約是若翰撒爾多藉著妻子和女兒們的縫紉，積下了一點錢，或者是瑪嘉莉大三松，緊縮家裡的用費，再多趕幾次夜工，把節省和趕工縫衣所得，買了一輛驢車，免的兩個小孩，天天跑遠路。

黎葉色鎮，前些年有一個老頭兒，喜歡向人講柏比兄弟上學的事：「看他們弟兄倆去上學，很有趣。兩個都是小孩子，常常爭著架車，柏比總是得勝。他雙腳立在車上，揚著鞭，兩手緊握著轡繩，一拉一呼。」㈠

駕著車子，吆喝著驢兒，上了一年的學，小學六年已畢業了，柏比於今該進修院，父親和本堂司鐸都出不起學費，這有甚麼辦法呢？黎葉色鎮上的人，大家都搖著頭，說這事不會成功。

註：

（一） F. Zanetti-Pio X. aneddotico. Roma 1937. P.20

四、巴杜瓦修院

本堂神父胡撒里尼，多方沈思，找到了一條出路。一千三百六十三年，波洛讓（Bologna）城一位司鐸，在巴杜瓦（Padova）修院，設了獎學金，津貼貧苦修生，巴杜瓦教區隸屬威尼斯教省，威尼斯宗主教可以指定獎學金的一部份名額，在一八五〇年時，威尼斯的宗主教，恰好是黎葉色人慕尼各樞機。

胡撒里尼神父央請本區副主教加沙克朗德（Casagrande），給慕尼各樞機上書，請爲柏比指定一獎學金，書於一八五〇年七月二十七日發出，庇護第十後來曾對自己的朋友馬格松神父（Angelo Marcheson）說：

「要處在同樣的境遇裡，纔可以懂得一個青年心裡的憂急。青年知道自己該當進修院，但是家裡一分餘錢也沒有，他一心等著求著，從甚麼地方可以給他一點幫助。」㈠

焦心地等了三個星期，三個星期裡全家誠切祈禱，八月二十八日，加沙克朗德副主教轉來威尼斯宗主教的回信，允給獎學金。胡撒里尼神父收到了回信，向柏比說：

「柏比你跪下感謝天主罷！天主對你將來必有特別的措置，不久，你可以進修院了，你

可以跟我一樣將來做司鐸。」㈡

本堂和副本堂，讓出兩件青色長袍，作柏比的修院服裝，母親瑪嘉莉大趕著也縫幾件換洗的汗衣，九月十九日，柏比在本鎮聖堂行「穿衣禮」，胡神父給他穿上長袍，求天主和聖母，降福他的聖召，全鎮的人也來向他道賀，祝他前程遠大。瑪嘉莉大太太吩咐其餘的子女們，以後向大哥應該有禮貌。

十一月間，柏比提著一口粗布袋，袋裡裝著幾件粗布衣，由父親陪著，帶著本區主教的證書，往進巴杜瓦修院。

巴杜瓦離黎葉色約半小時的火車。在文藝復興時代，城內的大學享過盛名。城內的修院在義大利的修院中歷史最古，院中設有印書局和圖書館。

若瑟撒爾多在一八五〇年進修院時，年十五歲。修院的紀錄冊上記著：他「身材中等，體瘦，一身骨頭。」

這個一身骨頭的修生，在各方面，馬上顯出駕乎人上。修院的紀錄，連年都繼續寫他的好評。第一學年考試，成績居同班第一，紀錄冊上有院長的按語：「品行完全，上等的聰明，記憶力很強，前途無限。」第二年的按語是「出類拔萃」第三年攻讀哲學，教授們的評語是：「教義科：成績出眾，對於講義的各部份，都留心注意。哲學科：成績出眾，具有推理的智力，不平凡的學識。義文科：對文豪的作品，賞識力很高，作文，文筆通順，富於文學學識。希拉文科：徹底了解文規，翻譯正確。歷史科：對於近代史的史事和年系，學生中很少有像他一樣的了解。」哲學畢業後，攻讀神學。每年考試的評語，都是這樣的稱譽。最後一年的神學考試，紀錄是：「教義神學科：上下兩學期，成績出眾。講道科：口才成績，上下兩期，都出乎眾人以上。教授要理方法科，上下兩期，也是成績出眾。」㈢

每年暑假，柏比在家裡住三個月。早晨五點，起床，進聖堂行默想，輔彌撒祭。每週屢次領聖體。輔了彌撒，獨自念聖母小日課。白天，幫助本堂神父，幫助父親，做些雜事，晚晌，跪地念一章新約聖經，再和父母弟妹誦晚課。

暑假將完時，黎葉色的人家，彼此湊集一點捐款，送給柏比，作他買書縫衣和零用費。

在修院的第二年五月初，若瑟覺到心中很不安，坐臥不定，他去見院長，要求許他回家。院長問為甚麼。

「我父親有病！」他滿眼流淚答說。

「你家裡來信沒有？」院長很稀奇。

「沒有來信；但是我覺到父親必定有重病。」

立刻動身回家，到家時，父親病已垂危，一命歸天。喪事畢，再回修院，心裡切念家中的寡母。

過不多時，本堂胡撒里尼神父，年老多病，辭職退休。副本堂雅姑茲神父又調任他處。若瑟撒爾多感到本鄉已完全換了光景！昔日安樂地，今成憂苦鄉；但幸而還有母親在家。每年暑期仍舊回鄉看母。

第六次暑假時，母親借了一輛馬車，打發女兒德肋撒和她的丈夫駕車往巴杜瓦接他。柏比很感激母親的好心，把衣箱放在車上；叫妹子趕著車先走，他說：

「我高興看一看巴杜瓦城的街道。出了城，我纔上車。」

回到家，柏比請母親以後若派馬車，車上不要有女人，另外不要有年輕的姑娘，瑪嘉莉大太太笑說：

「德肋撒不是你的妹子嗎？」

「我知道她是我的妹子；但城裡的人怎麼能夠知道，他們只會說一個修生，同一個年輕的姑娘坐馬車！」

但是若瑟撒爾多並不是一個拘拘束束，不明世事的修生，他看事有判斷力，而且從少就好詼諧。某年暑假，一晚在本堂司鐸家裡遇著本區拉匝理教卿（蒙席 Lazzari）拉蒙席素愛自己「教卿（同主教）」的身份，衣服上常炫著紫色，這一天晚晌，他把手杖忘在朋友家裡。柏比獻勤去拿，剛走出門，忽然轉回來說：

「蒙席，朋友家裡的手杖有好幾根，我不願拿錯了，蒙席的手杖，是不是上面帶有紫絨的？」

大家一聽，哄然大笑，拉蒙席也明話意，張口笑說：

「小頑皮，快些跑！」

柏比早已飛跑出門了。

一八五八年，他給雅姑茲神父一信，說他節省用費，從修院的印書館買了《聖金口若望全集》二十四冊。巴杜瓦修院那時正選印教父們的名著，修院的印書館在一六九八年時，已刊印聖多瑪斯的《神學大綱》，若瑟撒爾多的哲學神學思想，多受聖師們的著作的薰陶。若瑟撒爾多又性好音樂，至最後一年，成了修院聖樂班的指導。

一八五八年夏，神學畢業，他優越地完結了修院的學程。九月十八日，在福郎各堡城聖堂，晉陞司鐸。

註：

（一） René Bazin-Pio X. Paris 1928. P.19.

（二） 同上。

（三） 見René Bazin-Pio X. 第二章。Dal-Gal-Pio X. 第一章。

五、東波洛副本堂

一八五八年九月十九日，若瑟撒爾多在黎葉色本堂舉行第一次彌撒聖祭。八年前的同一天，瑪嘉莉大曾看著柏比第一次穿著修生長袍，那時心中充滿著希望，也充滿著恐懼：誰敢保柏比一定達到目的呢！八年後，她在本堂裡已經看著柏比走上祭壇，穿著司鐸的祭服，他已是耶穌的司祭，他已登壇行祭，瑪嘉莉大這時心中一切憂懼都消失了，她只流著喜淚。

首祭後，若瑟撒爾多在家休息了一個月。十月中，接到本教區主教的命令，委他任東波洛（Tombolo）的副本堂。

「媽媽，我被派到東波洛去！我不太喜歡那個地方。但是長上既有命，我就動身。」㈠

東波洛是一個兩千人上下的小鎮，在黎葉色鎮以南福郎各堡以西。居民多半是牛販，生性粗暴，好飲酒，喜動口角，惡語瀆神，所幸的是尙保有鄉間的好習慣，樸素誠實。

撒爾多司鐸於一八五八年十一月二十九日到東波洛。瘦瘦的身材，滿頭栗髮、額高、眼大。所有的行李，是身上的一件青袍，一件黑大氅和手中的一口舊皮箱；箱裡幾件換洗的衣服，幾冊神學哲學書。但是他有兩件隨身的法寶：即是他少年的體力和內心的熱誠。這兩件法寶，正是東波洛本堂司鐸公斯當定義神父（Antonio Costanitni）所等候的，因爲他自己久已是體弱多病。

少年的撒爾多神父，馬上成了東波洛青年們的朋友。音樂班、運動會、教義科，接二連三地在幾個星期內都組織了。撒爾多神父教他們唱歌，跟他們一塊兒踢球，給他們講教義。一個晚晌，幾個青年講到了販牛，埋怨自己不識字，遭人的欺騙。撒爾多神父說：

「我們成個夜校罷！」

「巴不得了！」青年們齊聲答應。

第二天就開始報名；願意上夜校的，不單是青年，而且也有成年人。有的稍爲識字，有的完全不識字。

「識字和不識字的分成兩班，——撒爾多神父給他們說——市立小學的教員教那班稍識字的，不識字的歸我教。」

「爲甚麼你教不識字的呢？」別人問他。

「因爲更難，更費事。」他笑著答覆。

「我們該給甚麼報酬？」東波洛的牛販們，習慣講價交貨，便問他要甚麼。

「錢和報酬，我都不要；所要的，是你們要許下不再出言瀆慢天主！」

青年和成年人們，便一個一個地伸手和他握手。這緊緊的一握，就是表示接受入學的條件，每個人許下改除瀆神的惡習慣。

夜間有夜校，他白天更是沒有空閒。公斯當定義神父大半的歲月，消磨在病榻上，一切的職務，都靠副本堂代替。本堂神父的姪女說：

「每天清早，若瑟神父到本堂神父住宅裡，爽爽快快地問我叔叔今天有甚麼地方不舒服，若是叔叔回答今早身體不大好，不能夠起來。若瑟神父說：莫著急，莫著急，不要發愁，有事讓我去做。叔叔說：你今天有一次講道呢！他說：不必管這個講道，我也可以講兩次。

「若瑟神父身體很瘦，天天總是累的不堪，但是他自己似乎不理會，常像一架流動不息的機器。」(二)

一次，若瑟神父遇著一個鄉下婦人，舉起腳對她說：

「你看，我的靴底走穿了，走遠路去看你病在床上的老祖父，走破了我的靴。」

靴底，大約不是為看一個老病人走破的！他常是整天流動不息，靴底那耐得住呢！可是走路看病人，靴底受的摩擦，一定更多；而且藥鋪裡，常掛他許多的帳。他自己素來不生病，絕不吃藥，藥帳都是替別的窮苦病人買藥而掛的。

副本堂的收入很少；有時往鄰近教堂講道，略有額外的收入。積下來，寄往家中的寡母。可是若寄的稍晚，錢就流入別的窮人手了。

一次，他被邀去講道，得酬報費金元一元：這是一宗例外的大款。當他回來時，袋裡的金元卻不見了；已經在半途給了窮人。

又一次，他被喜大德拉城（Cittadella）的本堂，邀去作一次弔喪演講，回來時，高興地向公斯當定義神父說：

「他們給了我一個熱諾亞銀元。」

「於今你可以爲你自己買點東西了。」——本堂神父吩咐說：

「我已給了人了！」

公斯當定義神父睜眼看他，搖搖頭。他身上的衣服真是粗舊極了，另外那件大氅，別人都笑他是從戰場上帶來的呢！一次他到福郎各堡去講道，本堂司鐸勸他在鎮上買幾尺布，回來做件新的。講完了道，正要上街買布，忽然遇到他叔父。叔父走來訴苦，他便把講道的酬金，悉數給了叔父，自己仍舊披著舊大氅回來。

他床上的布褥，補綻加補綻，一天妹妹洛莎把自己縫衣積下的錢給了他，要他到喜大德拉城去買兩條新的。他謝謝妹妹，拿著錢走了，當他轉來時，卻是一雙空手，布既沒有，錢也沒了，他笑對妹妹說：

「布褥還可以再補，可以等一下纔買，沒有麵包吃的人，我不能叫他等著！」

鄉間本堂和副本堂司鐸的收入，多是農家所送的農產品。若瑟撒爾多神父每年也收得一些麥子，和一些玉蜀黍。一八六一年春天，地方上鬧饑荒。一個壯丁來找撒爾多神父，想借十個「呂耳」（義幣）作路費，到外省找工作。撒爾多神父說：

「有錢我一定給你。……錢……我那裡有！」

「玉蜀黍有沒有？」

「玉蜀黍是有！」

「那麼……」壯丁口吃吃地想說，又不敢說下去。

「那麼，你就去拿一口布袋來！」撒爾多神父很爽快地完結了壯丁的話。

壯丁帶著布袋來了，撒爾多神父指著屋角一堆玉蜀黍說：

「把這一堆分成兩半，你拿一半，一半留給我，你看好不好？」

「好極了！」壯丁的眼角，掛上了幾顆粗大的淚珠，臨別時，吻著副本堂的手，感動得說不出話來。

又一年的夏天，他剛收了三袋玉蜀黍。一個失業的窮人，妻子病在床上，兩個小孩嗷嗷待哺，若瑟神父去看他們，問失業的人說：

「你有一口布袋嗎？」

「我只要一點玉蜀黍粉，蒸一塊饅頭就夠了！」失業的人很謙和的答說。

若瑟神父卻給了他一布袋的玉蜀黍。而且吩咐妹子說：明天還有一個窮人要來，便把另一袋玉蜀黍給他。

餘下的一袋當然不夠自己吃。撒爾多神父並不掛心，他告訴妹妹：天主不會讓救貧的人餓死。

身上穿的那件青色長袍，實在破舊不堪了，青色將變成黃色了。妹妹們和朋友們都異口同聲地說應該縫一件新的，他想，這一回布是不得不買了。

他回到黎葉色鎮，上一家熟識的布店，說是要買一件青袍的衣料，選定了布，講好價，他忽然向布店老板說：

「巴斯卦先生，你聽我的喉嚨真好。我到東波洛作副本堂，學會了唱歌！」

他便放開喉嚨，大唱信經（Credo）布店老板懂得了唱信經的用意，笑著說：

「本來我就希罕，你這次來，衣袋裡規規矩矩竟分文不少！」

順手拉過帳薄，寫上「掛帳」（Credo）㈢把布交給了他。

黎葉色的人，大家看見過他從小長大，知道他捨己爲人。他要賒點布，那能不答應呢！

註：

（一）Maria Sarto羅瑪列品案件　第四十頁。

（二）A-Marchesan-Pio X.　P.113

（三）信經(Credo)是大禮彌撒的一段歌曲，這話的拉丁原文和義大利文的賒帳一語，聲音相近。

六、講道成名

黎葉色鎮上的牛販子，多是深夜回家，清早出門。當他們回家和出門時，經過若瑟撒爾多神父的窗下，窗口常見燈光，他們彼此問副本堂夜裡究竟熄燈嗎？

「說說實話，你一夜睡幾點鐘，可以算是睡夠了？」——一次他們真的去問副本堂。

「睡四點鐘就夠了！」——若瑟神父坦白地答說。

一天早晨，公斯當定義神父因故黎明出房，看見副本堂的門隙有燈光。彌撒後，便取笑他昨天過於累，上床竟忘記了熄燈，若瑟神父答說，那時他不是睡在床上，他已經是坐在書案前了。

「你起來這麼早幹什麼？」本堂神父睜著驚異的眼睛相問。

「有多少東西該讀該寫！」

深夜清晨，若瑟神父獨對書案，閱讀神學哲學書，預備講道稿。講道稿寫了以後，常念給本堂神父聽，請他指導。在第一年，一次，公斯當定義神父聽了他的講道稿，苦笑著說：

「若瑟神父，這不是講道，這是亂七八糟。以後再不要這樣了。」

說：

若瑟神父高高興興把稿子重寫了一遍，以後請本堂司鐸聽一遍講道稿時，本堂司鐸間而服，屢次笑著說：

「若是我去講，在這一點上，我就不這樣說。」若瑟神父爽爽快快接受本堂司鐸的指點，把那一處加以修改。後來，本堂神父越聽越佩

「若瑟神父，你加小心，你講的比本堂神父好，那就不高明了！」

公斯當定義神父同若瑟神父已經住了八年，徹底認識他的品格和才識，不但成了好友，而且很不願意他埋沒在東波洛。一八六六年的春天，本堂教區的一位參議，馬朗哥尼教卿（蒙席 Luigi Marangoni）因事到東波洛鎮，本堂司鐸乘機向他稱讚副本堂的才德。

「參議蒙席，請到主教府說一說，一位副本堂這樣有才德，被埋沒在一些牛羊販子裡，實在不大公道！」

「你說得有理。但是這個青年是從巴杜瓦修院出來的，本教區的人都不認識他。」

「那麼更應該向主教府去說。」

「你相信你的副本堂能夠在主教大堂作聖安多義節的講道嗎？……你知道這次講道非常重要，不單是本城主教大堂的聖職人員和教友們，都來聽講；而且每年講道的，常是有名

的講道司鐸。

「他很能夠去講。」

「好了！你的副本堂就請來主教大堂講道。」㈠

六月十三日，聖安多義節，撒爾多神父往德維索城（Treviso）主教大堂講道，他不知道本堂司鐸事前的週旋，但是講道稿是經過公斯當定義神父聽過的。本堂神父寫信催朋友們去聽：

「你們多約朋友去聽，回來告訴我，成績怎樣。你們留心我的話：不久的將來，我們就要見他作一個重要本堂區的總鐸，以後再要披紅戴紫．．．以後．．．？」㈡

聖安多義節的講道，轟動了全城，大家都問從那個村裡能來這樣一個口如懸河的青年司鐸？本區齊能理主教（Mons. Zinelli）賞識了這位副本堂。過了六個月，令他參加「本堂司鐸職」的競考，考試獲中。一八六七年五月二十一日，升爲撒爾匝諾城（Salzsno）本堂總鐸。

正當這時，奧皇割讓了威尼斯給法王拿破崙第三。拿皇又轉讓與義大利。撒爾多一家於是成了義大利的國民，滿了素日的心願。安琪洛原是充當警察，大家勸他不必改業，安琪洛卻認爲曾向奧皇宣過盡忠的誓，所騎的馬也是奧國政府的，自己應該先到奧京，講求奧皇免誓，把馬歸還奧國政府。他到了維也納，奧國警察局卻說，地既割讓，盡忠的誓失了效力，馬匹更是不必還了。

撒爾多一家清貧，兄弟姊妹爲人正直，舉止不苟。

註：

（一） Dal-Gal.Pio X. P,44

（二） René Bazin Pio X. P.38.

七、撒爾匝諾總鐸

撒爾匝諾是德維索教區的一個大本堂區，位在鄰近威尼斯教區的農村裡。市鎮上的人民，素稱富饒，智識程度也高。他們的總鐸，歷代都是教區很有聲望的司鐸，這次，鎮上聽說一個年纔三十二的鄉下副本堂，調升他們的總鐸，都憤憤不平。他們選派紳士和一個資格較老的市議會議員往見本區主教，要求收回成命。齊能理主教早知來意，在他們沒有開口以前，劈頭就說：

「我委任了東波洛副本堂作你們的總鐸，對撒爾匝諾，我可以說是很有功勞。我給你們選了一位金玉可貴的本堂神父，他雖沒有什麼頭銜，你們只要試一試，心中必定滿意。」

齊能理主教順手就給他們介紹新總鐸，他們剛被主教的一席話，說的還不知道答覆時，忽然看到一個灰塵滿頭，剛從鄉下趕到的青年司鐸，瘦面蓬髮，大家都瞠目相向，臉上顯出失望的神色。老市議員轉頭附耳向一個紳士說：

「主教說對撒爾匝諾很有功勞，……他真作了一樁美事！」㈠

齊能理主教沒有讓紳士們說明來意，吩咐新總鐸於七月十四日往撒爾匝諾上任。

七月十三日星期六，下午，若瑟撒爾多神父抵撒爾匝諾，三個妹子已經先到了，收拾了房屋。次日主日，大禮彌撒新總鐸登台講道。撒爾匝諾人覺得這位鄉下來的副本堂，講話很入他們那班城市人的耳。紳士們也感到主教的話大約不錯；「你們只要試一試，心中必定滿意。」新總鐸的口才，還可以配得上撒爾匝諾。

前任總鐸深居簡出，遇有人敲門，女僕先開小窗，問有什麼事。撒爾多總鐸到後，立刻開著大門；來見的人用不著敲門，可以直入他的辦公室。無論早晚，來者必見，見者必滿意而歸。

還是許多不來見的人，撒爾多神父便去找他們。他挨門依戶，拜訪本堂區的居民。一進門，就有他宏亮的笑聲，坦白的笑容，跟男女老少很和氣地談話，詢問家裡的光景。撒爾匝諾的本堂區，原先像是一口死靜的塘水，於今忽然感到水動了，雖然尙是微風起波，但大家理會水塘將要決口，死水將變爲流動的活水了。

撒爾多總鐸訪問了各家住戶，他已認識了本堂區，他知道第一樁該動的事，即是宗教教育，從小孩到成人，都應加上一番教理訓練。鄉村裡的本堂住戶少，本堂司鐸終年講要理，教友對於教義很清楚。大市鎭裡的本堂，住戶多，司鐸忙，宗教訓練便忽略了，城裡的人，知道教義反不及鄉下人。撒爾多司鐸把本堂區的教友分成各級的訓練班，每班每週一次受教義訓練，有不到的，下次必去找來。他寧願容忍教民不參加宗教儀禮，不願容忍教民不來受教義訓練，爲引起教理訓練的興趣，星期日下午，舉行對話式的教理講解，一位司鐸發問，一位司鐸作答。結果來聽講的人，不僅是本鎮的教友，鄰鎮的人也多有趕來的。鄰鎮的本堂司鐸因此有向主教抗議的：說是星期日下午，自己的聖堂都空了，教友被撒爾匝諾本堂吸引去了。主教答說：你們就不知道照樣去作嗎？

爲預備小孩們初領聖體，撒爾多神父更加用心。前幾年撒爾匝諾一對老夫婦，還能憶起若瑟總鐸講要理的光景。老婦人說在初領聖體前，一次聽講要理時，絮叨地跟同伴談笑，撒爾多神父走來，把自己的三角帽，用勁向她頭上一按，她一臉通紅，頂著三角帽。一直頂到講完了要理。老漢也說在初領聖體前，聽要理，常站在講台下面，稍微不規矩，總鐸把三角帽一扔，就扔在他的腦上，若是另一個小孩又頑皮了，撒爾多神父把三角帽抓去，按在那一個頑皮的頭上。因此小孩們都彼此計算著戴三角帽的次數，便知道了受懲罰的次數。(二)

本堂區若有病人，撒爾多神父常是自己去看，不叫副本堂替他，一個病人病久了，他便多次去訪問。白天，事務無論多麼忙，看病人，他是必要親身去。

一八七三年，撒爾匝諾發生瘟疫，病亡枕藉，民心惶惶。撒爾多神父晝夜奔走，給染疫的人，施行聖事。一天，他走進一個房間，黑沈沈地，只聽喊說：

「神父，我死了，我死了！」

「呵！你怎麼樣死了！你不是還活著嗎？」

「我就要死，我就要死，快些給我行告解！」

「當然，給你行告解。」撒爾多神父壯聲答應著。

忽然轉身向病人一個親人說：

「快到蘇加洛（Sogano）酒店買兩斤酒來，掛我的帳。」

聽了告解，酒也買來了，若瑟神父倒下一杯酒，勸病人喝，病人只搖著頭，咕嚕咕嚕地說：

「神父，我就死了。我不喝酒，……我喝酒就死了。」

若瑟神父理會了病人的心理。病人是信人家傳說醫生用毒藥毒殺染疫的人。怕酒裡有毒。他一舉手，自己把那杯酒喝乾。再給病人倒一杯，病人開始喝一口，又喝兩口，三口。喝了一杯，再勸一杯，連勸四杯。病人夜間發一陣熱，第二天病竟好了。

染疫死的人，都在夜間發葬，撒爾多神父是有葬必送，一路誦經陪著棺材入墓園。一個晚晌，他穿著小白祭衣，披著黑領帶，站在一口白板的棺材前。昏昏的黑夜，周圍都是死靜，三個抬棺材的人，呆呆等著，可是第四個人，總不見到。撒爾多神父便一聲不響，走到棺材一角，說一聲：走罷！他口誦聖詠，抬著棺材走。

瘟疫過去了，他總算好，沒有染上瘟疫；但是他一身已是骨瘦如柴，面黃，眼陷，朋友和妹妹們強迫他回家休息。過了一個月，精神纔恢復。

撒爾匝諾人，現在已經親身試過了，他們都愛他們的總鐸了。無論家事私事，大家都找他問主意。他過路時，一路都有人向他打招呼。小孩子看見他走來常是一擁而上，吻手牽衣。一個星期日午後，他從鄉下看了病人回來，走到將進市鎮時，遇著從多洛（Dolo）鎮來的一隊少年。少年們大聲呼嘯，趕著馬車迎頭衝他，路旁站著的撒爾匝諾人，看見多洛人的無禮取鬧，彼此一招手，舉著拳頭，向多洛人跑去。少年們看看來勢不佳，掉轉馬頭，一溜煙地逃了。

註：

（一）德委索列品案件 第五〇六頁。參看 E. Bacchion-Pio X, Arciprete di Salzano. Padova 1925. P.53.

（二）Don Cojazzi-Papa Sarto 見 "IlQuotidiano." 16 febraio 1951. Roma.

八、借債救貧

撒爾匝諾的居民，多半業農。市鎮外，阡陌相連，四望都是田疇，田間夾著溝渠，渠旁種著榆柳。

威尼斯省為義大利農產富饒的地區；但是鄉村裡也少不了窮人，春夏之交，兩年的收穫若不相接，窮苦的農民，竟至家無餘粟。撒爾多總鐸便提倡組織雛形的合作社，給農民們貸款。

市鎮上有幾家小工廠。一家絲織廠，由一猶太人主辦，廠主名雅古爾（Mose' Vita Jacur）。廠裡有女工三百人，撒爾多神父跟雅古爾接洽，改善女工的待遇。這個猶太人後來成為義大利上議院議員，終生和撒爾多神父為好友，常慷慨幫助他救濟貧人。

若瑟撒爾多胸中有一顆「欲濟天下」的大心，只可惜手不從心，手上常沒有餘錢。他唯一的兩件銀器：一隻銀錶，一個銀盤，不斷地在當鋪裡出入，窮人要錢時，銀器入當，手裡有了錢，再贖出來。

一天中午，妹子洛莎進到廚房，忽然兩手抱著腦袋喊說：

「啊呀！鍋子怎麼不見了！」

她剛把一塊肉放在鍋裡，架在灶上燉湯。出去祇一會兒，回來只見了空灶。若瑟神父笑說：

「貓吃了。」

「貓吃肉，怎麼吃鍋子？」洛莎心裡有些氣憤。

若瑟神父便把實情告訴她。剛纔來了一個窮人，妻子病了，家中四個孩子，中午沒有麵包，他便連肉連鍋，給窮人拿去，叫病了的婦人吃點肉湯。

「那麼今天自己吃甚麼呢？」妹妹睜著眼問他。

「麵包和奶餅！」

撒爾匝諾總鐸的收入，比較東波洛副本堂的收入，多過好幾倍。可是若瑟神父的飯桌上，常是清淡的蔬菜；有時則連蔬菜都不見，僅只見黑麵包。

一八六八年的冬天，天氣特別冷，冬天又特別的長。若瑟總鐸屋裡放著一大堆柴。一位來訪的司鐸問撒爾多神父說：

「你那堆柴，我看每天減的很快，你怎麼燒那麼多？」

「這裡的門都是開的。」撒爾多神父帶著半滑稽半認真的神氣答著。

「門開著，也不會燒那麼多的柴！」作客的神父仍舊懷疑。

「門開著，便有人來拿柴。」

「柴都拿了，你怎麼辦？」

「我還年輕，不怕冷。」

冬天終於過去了，那一年的收成卻又很壞。撒爾多神父向各處爲本鎮募捐，他自己認捐玉蜀黍二十袋。妹子們抗議說：「這是把自家所有的都捐盡了。」他的答覆是：「天主不會讓我們餓死。」

捐盡了玉蜀黍還不夠！一天，一個男子抱著嬰孩來受聖洗，向他訴苦，他又吩咐妹子，把屋裡所有的豆子，都給了那個男子。

有一個名叫德馬基（Andrea De Manchi）的窮漢，常向他借錢，但到期必還。撒爾多神父很喜歡他，他也很敬重總鐸。有一天，窮漢提著兩隻火雞，要送給總鐸。撒爾多神父笑說：「把雞提去賣了罷！我有麵包和奶餅就夠了，我不慣吃雞呢！」

總鐸住宅裡，有一輛馬車，若瑟神父往鄰近的市鎮時，間而坐一坐。照常馬車常是被人借走。過不多時，車子用破了，馬更累的不堪。一天，借車的人不習於駕車，把馬的雙腿跌得鮮血橫流。撒爾多神父憐惜那匹不幸的馬，央請一位來訪的舊友司鐸把車子賣了。舊友說：「我可以替你把馬賣了，車子是沒有人要的。」以後，來借車的，則要自己備馬了。

窮人來求接濟，凡是手頭上可以遇到的東西，他便順手給人。自己的衣衫和床上的鋪蓋，也有時不翼而飛。妹子們無法阻止，只好把緊用的東西藏起。他所有的衣服，雖有妹子們經常洗刷，縫補，但有時實在補無可補。一天早晨，來了一個叫賣的布販，恰巧遇著撒爾多神父的一位好友司鐸來訪。洛莎便偷偷地求長兄的朋友說：「若瑟神父連換洗的衣衫都沒有了，他昨天收到一點錢，請你勸他買幾尺布。」朋友答說：「盡力，盡力。」但是無法說服若瑟司鐸。他便吩咐賣布說：把布剪了。剪了布，講價。講好了價，轉身向撒爾多說：「布已剪了，錢歸你給。」洛莎喜的眉開眼笑，那次算是勝利了。

這樣捨己濟人的司鐸，天主不能不聽他的祈求。一天，他下鄉看一家教友，近處人家忽然失火，水少，火勢兇猛，無法撲滅，火焰已將延燒馬草堆，家中人號啕痛哭，撒爾多神父趕到，心中很不忍，大聲說：「不要怕！不要怕！火就滅了。」立時，火焰轉了方向，不一時，火竟自滅了，大家都驚爲奇蹟。

一年，鄉間的葡萄生了一種怪蟲，嫩枝變成了煙黃色，慢慢地就焦萎。居民心極不安，不知道殺蟲的方法。撒爾多總鐸告諭教友說：「下星期日，聖堂打鐘，我爲你們的葡萄林行祝福禮，你們同我一同祈禱。」祝福禮畢，蟲即絕跡。(一)

但是在金錢上，天主不大願意顯靈。鎮上的醫院，又舊又小。撒爾多神父勸募善捐，改建新醫院。得的捐款不敷用，他只得借款兩萬五千呂耳。這個數字，在當日說來驚人。

本區主教來視察教務了。撒爾匝諾人沒有不說總鐸好的。齊能理主教很高興自己前日所說的：「我委任東波洛副本堂任撒爾匝諾總鐸，對撒爾匝諾我可以說很有功勞。」今日完全應驗了。視察後，寫著評語說：

「本堂口的宗教精神很好。教民和本堂司鐸一心一德。教民勤領聖事，使主教心中很有安慰。領聖體的數字很高；小孩對於要理，有很好的訓練。一切關於宗教禮儀的節目，事事合法。」㈡

評語不能再好了；但有一樁事卻叫齊能理主教擔心，就是撒爾多神父的債務。債務的理由，千真萬確；可是若多積了債，將來怎樣還呢？他把若瑟神父召到府內，向他說：

「將來你會叫討債的人，把聖堂的燭台都拿去作抵押。為預防你再去冒險，我升你為主教府的參議。」㈢

若瑟神父慌忙辭謝，說自己是鄉下粗漢，不諳人情世故。齊能理主教接著又說：「即日發表你為主教府秘書長，兼修院神師（訓育主任）。」若瑟神父只好垂頭聽命。

怎樣把這事告訴妹子們呢？在東波洛時，妹妹洛莎和安娜已經助他理家，到撒爾匝諾，露絲也來了，理家的是三個妹妹。露絲後來和管聖堂的青年波斯金（Luigi Boschin），發生戀愛，被送了回去。於今他該往德委索城，住在修院裡，妹妹們不能去。

他從主教府回來，面有憂色，妹妹們心中有疑，便問他，主教說了甚麼事。他爽直地說：

「主教要我到德委索去做參議。我做司鐸，就是爲聽命。你們也該順聽上主的聖意，你們自己去作工糊口。」

送走了兩個妹妹，還清了一部份債。餘下的債，約定以後每年分期償還。交代了一切事務，告別了教友，他便往德委索城去了。臨別時，灑了許多滴淚。他寫信給朋友說：

「我離別我的教民，我的小學生，我的窮人，我的花木，我曾痛哭了一場。」(四)

在撒爾匝諾住了九年。撒爾匝諾當時一個當地土語詩人，作詩讚美他說：

「來時衣裳舊且破。

去時篋中沒汗衫。」(五)

註：

(一) 德委索列品案件　第三百三十，三百三十一，三百四十二頁。

(二) Dal-Gal-Pio X. P.70

(三) René Bazin.-Pio X. P.49.

(四) F. Zanetti.-Pio X. aneddotico. P.57

(五) Dal-Gal-Pio X. P.76.

九、修院神師

一八七五年十一月二十八日，撒爾多教卿（蒙席）第一次在德委索修院向修士講道：「可愛的青年修生們，你們不要想我是具有教育青年的長久經驗，具有豐富的神學和神修學的學識。也不要想我長於發表思想，知道穩當地引導你們，指點你們，藉著天主的助佑，在德行上前進。我不是這等的神師，這些長處，我一點也沒有。我只是一個鄉下的本堂司鐸，因聽天主的命，纔來到這裡。天主的聖意既是這樣，你們也只好安心聽聽鄉下的司鐸講道罷！若我沒有合於上峰所派定的職務、應有的才德也請你們原諒。」㈠

因爲他自己說沒有才德，修生們反而信他有才德了。修生們聽了第一次講道，彼此驚嘆說：「你聽了鄉下本堂神父講道嗎？一遍多麼好的道理。」

知道借債救貧的人，不能不愛青年修生。愛修生的神師，修生們一定全心信任，有疑必問，有答必從。德委索修院的修生們，立刻愛敬撒爾多神父。

一個修生，家中遭難，要緊有一百五十呂耳。他往見神師，撒爾多教卿答說：「我很抱歉，我手頭只有幾個呂耳！」

修生一聽，雙淚直流。撒爾多神師拍他的肩：

「不要哭，不要哭！明天你再來，誰知天主不想法呢？」

明天修生來了，兩眼包淚。撒爾多神師笑說：「好了！好了！我找著了！」遞給他一百五十呂耳，囑咐他說：「不久，你將晉司鐸。那時，你再慢慢還我。這些錢，是我特爲你借的。」

有些修生，家境清貧，缺衣缺靴。撒爾多神師曾經親身經歷過窮苦修生的困難，特別對他們表同情，盡量與以幫助。

但是他最注意的，是修生們內心的修養。他極看重司鐸的地位；所以對於修生的神修，很認真，很嚴格。一有錯，便直言不諱。旁人有責他過嚴的，他答說：「你們知道，他們是要晉司鐸的。現今若不教他們好好走直路，日後成甚麼樣的司鐸呢？」

修生們不怕他的嚴格；在他的嚴格下，大家感到一顆充滿慈愛的赤心。他儘管指責，修生們卻更加信任。

撒爾多神師在修院裡，不辭辛苦，每早講默想，每主日講聖經，每週作神修訓話，每月行反省日，每星期兩次聽告解。在嚴冬裡，修院不生火，他在一間小房裡，坐聽告解好幾點鐘，手足僵凍心常鎮定。附屬預備修院，有小學生初領聖體，撒爾多神師親自講要理。修院副院長勸讓人代講，他說那是神師的職務。

主教府秘書長，是主教府最忙的差使。撒爾多教卿在主教府，上午辦了五小時的公事，纔夾著皮包回修院。皮包裡有主教府來往的公文，夜間人靜時，他再繼續清理。每夜常是最後一個熄燈。隔壁的一位教授每每敲牆壁，勸他早睡：

「蒙席，上床去睡罷！公文留到明天再辦。工作太多，作事反少。」

「神父。你說的對，那麼你先請上床，好好睡去罷！」

他繼續燃燈工作。次早則是第一個首先起床。他的窗戶，向著西肋河（Sile）。河傍有幽靜的小園。在精神疲倦時，到窗前小立，對著窗外的一片幽靜，心神爽快。無論在工作怎樣繁劇的日子，他不改他愉快的心情，中餐晚餐時，和同席的教授們，談笑詼諧。

當時的一個修生，後來在德委索列品的案件裡作證說：

「撒爾多神師有種引人信任的吸力。他從不拒絕人，在人有疑難向他述說時，他絕不顯露絲毫燥急的神氣，常是細心的聽，不著急表示同情修生所說的疑慮和愁悶，修生問主意時，他常穩當地答覆他們，使他們心中平安愉快。」

「我們感到似乎天主指導他答覆我們，因爲他的答覆，常合乎我們的需要，除去我們的憂慮。」㈡

註：

（一） F. Zanetti-Pio X. aneddotico. P.62

（二） 德委索列品案件 第九百九十八頁。

一〇、主教府秘書長

撒爾多教卿身兼三職，主教府參議即主教大堂執事。早晨，給修生們講了默想，行了彌撒，到了主教大堂參加唱日課經和大禮彌撒等儀節，然後往主教府秘書處辦公。午後兩點，出秘書處，回修院午餐。下午，接見修生，聽告解或講道。

主教大堂執事（Canonicus），在義大利許多教區裡，因著古來的遺傳，多號稱「蒙席」（教卿）披紅佩紫，有的胸掛十字，儼然第二主教，撒爾多教卿在大堂行禮，身著禮服，禮畢，青袍黑靴，不顯一絲紫色。同班執事蒙席，俱抱不平，認為有損執事身份，但過了一兩月，別的執事，也放下了紫袍，都仿效撒爾多蒙席的樸素了。

齊能理主教，在當時義大利的主教中頗負名望。但那時已到了老年，不能親理教務；副主教也上了年紀，又多病；於是主教府的大小事務，都壓到秘書長的肩頭。當年與撒爾多教卿常常見面的一位司鐸，後來述說：

「在接見來客最忙的日子，例如每週星期二，鄉人趕齊上市，教區的本堂和副本堂神父們，也都上來主教府，你看他坐在主教府樓下的一間大房裡，你可以欣賞一幅美景。他的頭微側，臉上有永不變色的和氣。他接見一總的人，態度簡單自然，談話很短。……他的答覆快，但不偏急，叫人放心，表示信任。……所採的辦法，犀利堅決，……有從心內發出的滿臉笑。……司鐸們出來時，都覺滿意，無所掛慮。」(一)

齊能理主教曾告人說：「自己沒有見到一位像撒爾多教卿那樣勤快的秘書，誰也不能像他那樣的耐勞，見事就做，那樣的辦事有方，知道接見各等來見的人，解決各種複雜的棘手問題。」(二)

誰來求他幫助，總不會聽他推委，司鐸請他向主教進言，他常是盡心；但並不是不分皂白。一次，一位神父請代求主教改善某副本堂神父的待遇。他直爽地答覆，私人可以接濟，正式請改善待遇，於理不合；因爲那個副本堂的人品，該改正的點還多哩！

撒爾多蒙席有表兄弟兩人，都是本教的司鐸，彼此過從很親密。但是他從沒有乘機叫他高遷，而且當他後來任代理主教時，一個表兄弟反向後退了一職，他不偏袒親人的原則，終生不變。

承印主教府公文書信的印刷店，常是先印後算帳。一次印刷老闆，要緊有一千呂耳爲還債，向主教府要錢，主教府經理人口頭答應，手頭卻遲遲不交款，印刷老闆跑去見秘書長，訴說他自己情形的狼狽，撒爾多教卿大動於心，默思了片刻，然後給他說：

「不要失望！天主照顧一切的人，也照顧窮人，從不拋棄依靠他的人。我自己常是分文沒有，但很願意替你想法。」

他退到隔壁的一間房裡，翻箱倒篋，找出許多信封。在這些信封裡，放著公家和他人的存款，他從信封裡抽出所有的錢，再放進一張紙條，註明取出的數目。他湊足了一千呂耳，救了印刷老闆的一難。

一八七九年六月十二日，齊能理主教去世，教區參議票選撒爾多蒙席為臨時代理主教。臨時代理主教，職在維持教區現狀，不能擅自有所更改，主教府經費，因主教出缺，義大利政府大加減縮。代理主教函告威尼斯財政廳，財政廳回信，允每月增加呂耳一百。撒爾多教卿素不愛錢，但為主教府權利，乃嚴加抗議：

「一月呂耳一百！惟郵費已需呂耳四十！窮者僅可得富者之殘羹冷飯，然余既有教律與民律之文明，余不欲人之責余未為正義而爭也。」(二)

有人說修院的經費，漏洞百出。代理主教乃叫修院的經理，清報帳目，查出收支不符，立時開除了他。他自己本人把修院經費加以整理，穩定了修院的基金。

一八八〇年六月二十六日，德委索教區新主教加肋加里主教（Giuseppe Callegari）到任，撒爾多蒙席又退居秘書。新主教在任兩年，調任巴杜瓦教區主教。兩年裡，主教和秘書長成了摯友。庇護第十登極後，所選的第二位樞機，就是巴杜瓦的加肋加里主教。

繼任主教，名亞波洛尼阿（Apollonio Giuseppe）。加肋加里主教請撒爾多蒙席往巴杜瓦，任教區副主教。撒爾多蒙席回信謙辭說：

「雖心戀本區，情不欲捨；愛主教偉座之心，與偉座共赴艱難之情，將使僕不特趨奔前來，亦且飛赴座右。然思維再三，聞僕心有言：加肋加里主教不久即將見知於巴杜瓦，……余往，適足以增其困難也。」㈢

任代理主教時人多傳言他將任本區主教。撒爾多蒙席於一九七九年八月三日給一表兄寫信說：

「無論誰向你提起我，你可以坦白地答覆；我自己認識我自己相當清楚，我怎敢貪那種地位。……四年在主教府裡的經驗，使我知道那種職位上所有的荊棘、危難和責任，絕不是一根權杖的光榮所可抵償的。而且這點光榮也要煙消，想想聖斐里伯能里的話罷：「過後……過後……過後是死亡。」㈣

後來又有人傳說，他將升維遺匝（Vicenza）教區助理主教。表兄弟一再寫信給他。他在一八八〇年六月三十日答覆說：

「外間對我的傳說，都是毫無根據的空話，叫我心裡很不好受。你可以向朋友和相識的人，極力否認。你可以告訴他們，我連渺茫地也沒有想到那種高位。我知道自己的薄德，我

安心接受教會裡最小的職務。秘書長一職，爲一個小才的我，已經太高了。」(五)

他不認識羅馬教廷的要人，只來過羅馬兩次。第一次在一八七七年，教宗庇護第九舉行晉主教金慶，第二次在一八八三年，教宗良第十三，舉行晉司鐸四十五年大慶，他在領了教宗降福後，就動身回去了。他不認識羅馬，羅馬卻已認識了他。他連渺茫地也沒有想主教的高位，羅馬教宗竟決定擢他爲主教。

註：

（一） L. Ferrari-Dalle mie memorie Vicenza 1922. P.16. 見Dal-Gol-Pio X. P.85 .

（二） Dal-Gol-Pio X. P.93. -A. Marchesan-Pio X.P.214.

（三） Dal-Gol-Pio X. P.101

（四） 同上，P.99.。

（五） 同上。

一一、滿杜亞主教

一八八四年九月，亞波洛尼阿主教出巡本區各堂教務。一天午後，突然回到主教府，誰也不知道爲甚麼中斷了視察的日程。第二天早晨，秘書長照常在辦公室辦公，亞波洛尼阿主教走進辦公室，請撒爾多教卿一同往主教府小經堂。進了堂，主教說：

「蒙席我們一齊跪下祈禱，有一樁事關係我們倆人，我們要緊祈禱。」

秘書長莫明其妙，心中很有些不安。跪地祈禱了一會，主教起來，遞給他一張信紙，說是教宗於九月十六日委任他爲滿杜亞教區主教。

撒爾多教卿似是晴空聞了一聲霹靂，兩手抱頭，雙淚直流，一時心中紛亂，連主教所說鼓勵的話，也沒有聽清楚。回到房中，心緒漸漸平息，頭腦稍稍清爽，便拿起筆，向教宗寫呈文，堅辭新職。

辭職未照准，只好動身往羅馬，動身前，先回家看母，十一月五日，入凡蒂崗覲見教宗良第十三。後四日，由羅馬代理主教巴洛基樞機手，（Card. Lucio Maria Parrocchi）領受祝聖主教禮。當天午後，入宮，再見教宗，得良第十三賜贈胸佩十字一支，主教禮儀書五冊，觀畢辭出，教宗向人說：

「若是滿杜亞人不愛他們的新主教，那就是說他們不會愛任何別的一位主教了，撒爾多主教是主教中最可愛的。」㈠

德委索，撒爾匝諾和黎葉色，各處都很熱烈地慶祝新主教。在撒爾匝諾的聖堂裡，新主教兩次登台講道，重話九年前的舊事。夾在聽眾裡，有巴杜瓦的加肋加里主教。他特從巴杜瓦趕來，參加慶祝會。

黎葉色鎮上，更是家家作慶。為幫助當日柏比的修院經費，他們家家都拿過幾枚錢，今日看見昔日的柏比，陞了主教，他們每個都覺得自己有功，可以慶祝。撒爾多主教不想是錦衣還鄉，但願和同鄉人快樂快樂，一天晚晌，獨自和老母對坐談笑，舉著手上的主教戒指，問老母說：

「媽媽，你看這個多麼好！」

三松太太伸開自己滿了皺紋的老手，手指上戴著白色轉黑的結婚銀戒指，笑向兒子說：

「若我沒有這一個，也就沒有你那一個！」

次年二月十六日，義大利政府按當日的習慣法，聲明同意撒爾多主教任滿杜亞主教。新主教預備即日往滿杜亞就職。三月六日，親筆函滿杜亞縣長，祝望政教兩方，同心合作。信上說：

「新任主教兩袖清風，惟富有好心；無所貪戀，惟求益人靈。願團結眾人，如親如友。……愚謹向台端，伸手合作。愚衷心所喜者，在人自呼爲愚之同鄉愚之神子之日，愚能克盡爲友爲父之職也。」㈡

青袍黑靴，往巴杜瓦城訪問加肋加里主教。清早入城，往主教大堂想行彌撒，本堂司鐸看他是一外省人，便按例查問來歷，聽說來自德委索問：

「在德委索有甚麼職務？」

「甚麼職務也沒有！」撒爾多主教認真其事地答說。

「怎麼樣？一個職務也沒有，不是本堂司鐸？不是副本堂？」

「都不是！」

「我很希罕！德委索教區正需要神父哩！若是願意我向貴區主教說幾句好話，我很高興做。」

撒爾多主教謝了他。行完彌撒，往主教府。主教大堂本堂不久也到主教府，加肋加里主教向他說：「我給你介紹滿杜亞的新主教。」本堂司鐸一看，正是剛纔說在德委索甚麼職務也沒有的那位神父，不覺大吃一驚，紅色上了耳根，連聲抱歉請罪。

決定了動身往滿杜亞的日期，辭別了德委索城的舊友。動身前一夕，交給修院院長一個信封，囑咐院長說：「我沒有勇氣向修生們告辭，請你在我動身以後，向大家把這封信念一念。告訴他們，我把他們每個人都放在心裡，叫他們多為我祈禱。」㈢

通宵沒有安眠，兩眼常是淚滴，九年來，修院成了他的家。次早，天尚未亮，他悄悄地走出修院。附近有一輛馬車等著他，他坐上馬車，直奔火車站。

註：

（一） René Bazin-Pio X. P64.

（二） A. Marchesan-Pio X. P.236.

（三） Dal-Gal-Pio X. P.106.

一二、整頓教區

一八八五年四月十八日，撒爾多主教到滿杜亞上任。

滿杜亞（Mantova）位於義大利北部平原，爲當年最難治理的教區。前任主教洛達（Mons. Rota）任主教九年，（一八七一——一八七九），曾遭馬松黨的逼害，被拘禁又被驅逐。馬松黨派的社會黨和猶太人，狼狽爲奸，横行城鄉。本區教民，多信唯物的社會主義；本區司鐸，多不留心職責。在新主教到任的前八月，主教府參議亞爾提各司鐸（Roberto Ardig）竟傾向唯物論，脫了司鐸的青袍，還俗結婚，往巴杜瓦大學教書。

撒爾多主教上任視事後，第一件新政，在整頓教區修院。沒有優良的司鐸，怎能有善良的教民？況且滿杜亞區司鐸的人數，不夠應付需要。撒爾多主教於一八八五年六月二日寫信給朋友說：

「我缺少司鐸在修院作教授！在城裡在教區裡，處處我都缺少司鐸。真叫人失望。」㈠

七月二十四日，又寫信嘆息說：

「八月第一星期日，我也將要行禮，祝聖一位新鐸，一位五品。這是我的修院今年所有

的收穫，真太可憐了！叫我心痛！我要緊最少有四十位新鐸。」(二)

整頓修院，便成了急逼不容緩的要事，是年七月五日，撒爾多主教向全教區發佈公函，通告教民，說他最關心的事，在於擴充修院房舍，提高修生教育。大家都痛心許多本堂區，或者是本堂司鐸年老，無人補充，或者是荒涼空寂，沒有神父。全區教友應該同舟共濟，在精神上在物質上，協助修院的復興。

過了一年，滿杜亞修院已有大小修生一百四十七名。因缺少司鐸作教授，主教自己教倫理神學和音樂。

一次，撒爾多主教巡視教區時，到了一鄉鎮。鎮上有從修院回家的一個修生。主教便問他為什麼不再回去。

「我的父親出不起學費！」修生憂愁地答說。

「你有聖召沒有？」撒爾多主教雙眼釘住青年，沈重地發問。

「我有！」青年毫不遲疑地答覆。

「那麼若是你父親沒有錢，我有錢，你回修院去！好好地讀書，勉力成一位好神父。」

青年回了修院，不花學費，成了司鐸。

撒爾多主教修改了修院章程，整頓了院中的規律。他在主教府時，每天必往修院，同修生們談笑。他認識每個青年的性格，面訓耳提，待他們像自己的眼中珠。九年任主教職，培植了一百七十多位司鐸。

培植司鐸，爲教區的基本事業。但爲指揮和發動教區的教務，先應認識教區的情形。撒爾多主教到任後，剛過了四個月（八月十八日）通函本區司鐸，告以即將開始「教務視察」，竭盡自己的體力，要走遍全教區的各本堂。囑咐司鐸們，在主教到時，應避免一切花費。

「每位本堂神父緊緊記著：若是他給我預備了他自己每天所吃的飯，不請客，不加菜，若是他同我分吃他每餐的便飯，我在動身離別時，心裡絕對會滿意。我所高興的，是在早晨，能同許多教友們，一齊在教堂祈禱。」㈢

視察教務時，清晨即起，默想畢，進堂聽告解，按時行彌撒，向教友們講道，傳堅振聖事。早餐後，視察本堂檔案處，翻閱文件和各種登記簿；然後往看本堂區抱病的教民。回來時，若是午飯尚未預備好，便往本堂司鐸的書房，看看架上有甚麼書籍。若見神學書籍積上灰塵，拿出來，拭去塵，放在桌上，暗暗指示本堂司鐸，應該多多翻閱那冊書。中飯後，跟本堂司鐸和副本堂長談，聽他們報告本地教務和民情，那一方有困難，那一方有發展。下午，進聖堂，考問小孩的要理，聽他們的告解，傍晚，給教友們講解教義。凡有來請見的人，隨來隨見，夜深也不拒絕。

滿杜亞教區那時有本堂一百六十四區，撒爾多主教費了兩年工夫細心地視察了每個本堂，多數本堂區的情形，令他心中焦急。一八八六年十月三十日，他寫信給加肋加里主教說：

「……這裡就好似在外教的國家裡一樣！你想一個三千教友的本堂，主教行彌撒時，僅只有四十幾個女教友望彌撒，僅只有八個人領聖體……講要理時，大約有一百個小孩，還有一百個好奇而來的成人，主管本堂教務的人，還想勸服我，說情形並不如我所想像的那般壞！」㈣

視察完畢，知道了教區的現狀，乃決定召開教區會議（Synodus dioecesana）。一八八七年二月十六日，通函本區司鐸，囑咐他們盡心籌備，使會議有良好的結果，每人研究是否有可建議的事，但所建議，則應切近實際，可以見諸實行，議而不行，將使會議失去威信。

滿杜亞教區最後一次教區會議，是在一六七九年舉行的。兩百年中，教區情形有了許多的變換，主管的人則保守舊例，許多該廢該興的事，都沒有做。撒爾多主教經過一年多的籌備，於一八八八年九月十日舉行教區會議開幕禮，參加會議的司鐸，共約兩百，會議三天。凡關於教區內的宗教教育，要理訓練，初領聖體，婚姻聖事，宗教社團，宗教出版事業，以及政教兩方的聯絡，都詳加討論，規定條文。撒爾多主教很滿意司鐸們參加會議的熱烈，感激他們的誠心。會議閉幕後，把全部議案的拉丁原文附加義文摘要，印成小冊，分散全教區。

議案公佈後，撒爾多主教願意知道議案執行的成績。次年，一八八九年五月二十五日，通函教區司鐸將即舉行第二次教務視察：

「第一次教務視察，是你們的主教，以基督的聖名，來問候你們，來認識你們，來與你們接談。……於今既舉行了教區會議，我很高興宣佈第二次教務視察，即將舉行。這次視察，有教區會議議案可以遵循，爲你們爲我，兩方都較便利。」(五)

在教區會議議案中，撒爾多主教最注重宗教教育和要理訓練。每一位本堂司鐸星期日該給小孩們講要理，該向青年們和成人們講教義。若本堂司鐸，無故疏懶，不盡這種職責，良心上即負重罪。撒爾多主教又禁止本堂司鐸在星期日接受邀請往別處講道或參加禮儀。星期日，本堂司鐸該在本堂裡。

一次，聽說鄉間一位本堂司鐸，星期日下午，常常出去閒遊，不講要理。撒爾多主教在一個星期日下午，驅車往本堂，本堂司鐸已經出門。主教命管堂的人打鐘，集合教友，自己給他們講教義。本堂司鐸在外，忽然聞到鐘聲，不知道有甚麼事，趕回來探視，卻見主教在堂講道。連忙道歉請罪，說是被人約請，不能不出去片刻。撒爾多主教笑說：「很好！下次有人請你時，你先通知我，我便來替你講教義。」那位本堂，自後星期日，即使有人三跪九叩請他出去，他再也不敢出門了。

一位本堂司鐸，貪睡晏起，教友們早晨爲辦告解，常要等候很久。主教勸戒他，他早起幾次，後來又依然如故。一個清早，撒爾多主教驅車來堂，看見教友們等著辦告解，便入神工架。過了些時，本堂司鐸起來了，很驚訝自己的神工架裡坐著有人，走去把布簾一掀，卻面對著自己的主教。以後，他便常是按時必起了。

又一位本堂司鐸，遇著有病人延請，他常常遲遲不去。一個晚晌，一個病人遣人請他，他答說明早去。人家把這事立時告知了主教，撒爾多主教馬上出府，去看病人，給他聽了告解，然後順路走到本堂。本堂神父慌忙出迎，預備款待。主教吩咐說：「不必麻煩，我來告訴你，我已經去看了那個病人，聽了告解。於今你去替他送臨終聖體！」

一個本堂區，有家富翁，家中常是花天酒地。一個星期五齋期富翁請本堂司鐸午宴。本堂司鐸要求東家備一素菜，便去赴宴。撒爾多主教聽到了這事，傳該本堂司鐸來，責備他一頓。本堂司鐸答說自己並沒有吃葷，撒爾多主教怒道：「就差了沒有吃葷！明天夜裡，若你本堂區，有一家舉行跳舞會，請你去赴會，你也可以去。我責備你，你也可以說：我並沒有跳舞；那便甚麼過錯都沒有了！」

本堂司鐸受罰行默靜數日，反省反省，以後食必擇地。

大家都說某一本堂司鐸，聲名狼藉。撒爾多主教屢次勸告他；可是聲名狼藉如故。撒爾多主教不願發案傳審，便想勸他自動辭職，命本堂司鐸默靜數日。默靜畢，主教問他良心上，有天主的啓示否。本堂神父答說：「自己的良心，好像聽到天主叫我繼續任本堂，改過遷善。」撒爾多主教則說：「我也求了天主，似乎天主說叫你辭職。你再去默靜幾天罷！看看天主究竟怎樣啓示你。」第二次默靜後，本堂神父簽名辭職。

一天，一位本堂司鐸，來見主教，說自己本堂區有古來傳下的習俗，舉行聖母出巡禮時，女教友抬聖母像，這次教區會議，則已明文禁止。他求主教開例，讓本堂區保留原有的習俗。撒爾多主教平心靜氣地讓本堂神父把話說完，然後舉手指著房門，叫他退出去。這正是觸犯了他在教區會議以前所說：「議而不行，將使會議失去威信。」

撒爾多主教素日爲人，溫和可愛，人都以爲他生性柔和；然而在應該剛強的時候，他卻有斬釘斷鐵的勇氣。在他登教宗位後，淺薄的觀察者，忽略了他這種「直而溫，彊而義」（書經 皐陶謨）的德性，把許多重要的措施，歸之身旁掌握的樞機。實則他遇事盡責，從不退縮。

滿杜亞城當年爲慶祝義王翁白爾多的生日，在三月十四日那天，全城軍政長官到教堂參與謝恩求福典禮。禮畢，全體又往猶太人教堂，參與同一意義的宗教禮儀。撒爾多主教到任的第一年，先期函知滿杜亞省長，若是當天軍政長官仍舊參與猶太教禮，他便禁止公教教堂，舉行爲國王求福的儀典。一時全城軍政當局，憤憤不平，人民也是議論沸騰。省長乃向政府首相克里思俾（Crispi）請示。首相索性反對宗教，回示兩方教禮，一律不必參與，撒爾多主教日後向人說：「無論怎樣，克里思俾總算幫我取締了一種傷風敗俗的事。」在義大利全國信天主教的國家裡，行政長官豈可把公教教儀跟猶太教儀相混！

本教區加富里亞納縣（Cavriana）本堂司鐸一次來報，該縣縣長爲凌辱教會，下令在義大利軍隊入羅馬，驅逐教宗的週年日，即九月二十日，縣內聖堂應鳴鐘作慶。本堂司鐸無法阻止。撒爾多主教恰巧視察教務到該縣。習例，主教入城時，聖堂鳴鐘歡迎。這次，竟鴉雀無聲，鐘樓噤若寒蟬。大家都很稀奇。傍晚，撒爾多主教登台講道，說明自己曾禁止今天鳴鐘，因爲聖堂的鐘已被人所褻瀆。縣內竟有人鳴教堂的鐘，慶祝教宗和教會痛心的暴舉。主教又聲明聖堂的鐘隸屬教會神長，不容政府干涉。以後，九月二十日，加富里亞納縣再不鳴鐘作慶了。

波奇阿魯思哥縣（Poggio Rusco），社會黨人勢力囂張，縣內所生嬰孩，幾乎一半不受聖洗，一年，社會黨人妙想天開，決定在義大利奪取羅馬的英雄加里巴爾提（Garibaldi）去世週年，在教堂舉行十八個小孩受聖洗禮。且向本堂司鐸說明，行洗禮時，縣城軍樂隊入聖堂，奏加里巴爾提進行曲。本堂司鐸回答，洗禮可行，樂隊不能入堂，進行曲決不可奏。

社會黨人接受了這種條件。但是在洗禮開始時，軍樂隊一擁而入，立時鼓號喧天，在教堂內大奏加里巴爾提進行曲。本堂司鐸馬上停止了洗禮，電告主教。撒爾多主教於次日，趕來縣城，嗚鐘召集市民，宣言本人臨時代行本堂司鐸職務。每天登台講道，訓告市民賠補褻瀆聖堂的大不敬，又敦勸市民把沒有受洗的小孩們，送來傅洗。全縣小孩們，於是魚貫被引入堂，領洗領堅振。撒爾多主教在離別縣城時，竟能感謝天主，把壞事變成了莫大的善事。

「柔而立，直而溫，彊而義」這種不傲不屈的精神，乃能把滿杜亞教區的沉沉暮氣，變爲蓬勃的朝氣。

註：

(一) Dal-Gal-Pio X. P.110
(二) 同上。
(三) 同上，P.124.
(四) 同上，P.127.
(五) 同上，P.134.

一三、溫和愛貧

滿杜亞的市民日報（IlCittadino）曾記錄撒爾多主教的生活說：

「清晨五點，在小堂行彌撒。主日或聖節日，彌撒後，往主教大堂聽告解。差不多從不用早餐，僅只喝一杯黑咖啡和一口Fernet藥酒。誦了日課，開始辦公，每天的事，既多且忙，而又常是一樣地無變換。夜間，全城入睡，主教府裡辦公室的燈，半夜不熄。接見來客，沒有規定的時間，好似一個好爹爹，誰來就見。對於富人，很和氣；對於窮人，更和氣。來見的人，只要沒有作過大錯事，出去時，都是面有喜色。……若是你犯了大過，主教則言如烈火，責斥過失；又用溫和的言語，提拔你走上正路。」(一)

主教府應門的人，是他的妹子或隨身秘書布肋散神父（Bressan）。有時妹子們出去了，秘書很忙，撒爾多主教每每自己開門，延進來客。一個清早，主教聽見門外有人敲門，起身去看，是一位年輕的「教卿」（蒙席）。教卿自己介紹自己名叫拉提（Mons. Achile Ratti），來滿杜亞圖書館作些研究工作，特來拜訪。因在大門沒有找到看門的人，自己直闖進來，很覺抱歉。撒爾多主教連忙笑說：

「大約還沒有行彌撒罷？」

「謝謝，彌撒已經在大堂行過了。」

「那麼便請喝一杯咖啡。」

主教走出辦公室，一聲喚洛莎，一聲叫安娜，一聲喚瑪利雅。三個妹子都不作聲。撒爾多主教說：「她們都尙在堂裡望彌撒。這沒有關係，我們自己到廚房去。」

主教自己開火燒咖啡，自己找糖，找麵包。拉提教卿後來即位教宗，號稱庇護第十一，親口述說這段軼事：庇護第十爲庇護第十一親煮咖啡！

撒爾多主教親自下廚房，當年必定不只一次，當滿杜亞舉行聖類思逝世三百週年時，義大利公教進行會負責人肋澤拉（Rezzera）和波諾米（Bonomi）到滿杜亞見主教，商議組織一朝聖團。那一天，恰好逢大齋，主教問兩位來客在那裡用中飯，來客說早上喝了咖啡，午後一點半就要上火車，來不及吃中飯，正好守守齋。撒爾多主教說：

「這不能！聖教會叫守齋，並不是叫人餓死。你們兩位在我這裡吃頓窮飯罷！」

那時，還不到吃飯的時間，管家的妹子們都不在家，他自己下廚房，找出罐頭沙丁魚，核桃，麵包和酒，擺到桌上。兩個來客後來常說：那次是他們一生最快樂的午宴。不宴菜，在宴人情。

撒爾多每天的飯，常是窮人的飯。因爲所有的錢，不夠救濟窮人。撒爾匝諾的猶太人雅古爾，曾贈他一隻很貴重的寶石戒指（主教權）。過不多時，雅古爾太太來看他，眼睛常望著主教手上的戒指，撒爾多主教理會了，便笑說：

「這顆發光的寶石，只是一塊有色的玻璃。原來的眞寶石，已經借給人賣了！」

每天來主教府請求接濟的人，男女老少，不絕於路。滿杜亞那時有一名歌女，曾享過盛名，年老了，錢名雙空。一天來見主教，訴說自己的苦命，主教當即送些錢。府裡的人，後來都批評那個女人不配受接濟。撒爾多主教憤然說：

「她沒有拿我的錢，所拿的錢，是天主的。」

一天，秘書拿來一本小冊子。從第一頁到末一頁，都攻擊撒爾多主教。冊上沒有作者的姓名，大家都知道是社會黨人莫能達（Alcibiade Moneta）所寫，秘書勸主教起訴，訟他毀謗，撒爾多主教說：

「你們不知道他不是要緊有人訟告，是要緊有人替他祈禱？」

莫能達沒有吃官司，但是行商失利，竟致蕩產，被債主逼得無路可走。撒爾多主教聽到消息，囑咐一個善心太太說：

「請拿這點錢給莫能達的妻子，但不要說是誰給的，若是她硬要知道給錢的人是誰，你便說是那位最慈心的太太—聖母。」

滿杜亞城省立中學的一位教授，病重垂危。這位教授小時領過洗，生平則不信神，所以不願在去世前領受終傅聖事。撒爾多主教替他憂急，寢食不安。最後託人去問教授，是否願意接見「朋友撒爾多」。教授一聽，不好拒絕。撒爾多主教便連夜趕去看他。第二天早晨，全城都知道了，那位教授已經向主教行了告解，領了聖體，受了終傅。

教區裡有一個背教的司鐸，病已很久，不願歸正。撒爾多主教親自去看他。一進房門，病人厲聲怒罵，說他自己所以有今日，過在以前的主教，把他逼上了梁山。撒爾多主教一言不出，讓他洩完了怒氣，溫言相勸，背教的司鐸，竟回頭了，得了善終。

勸化罪人，最是表現聖人的德能，聖撒爾多在滿杜亞時，別人說他曾顯靈治病。為主持聖類思三百週年，他在聖類思故鄉，住在一個學校裡，校役巴斯多里（Pastori）侍候殷勤。一天，校役滿面憂愁，哭告主教，家中小兒中了傷寒症，命在旦夕。主教往他家裡看視，眼見校役夫婦的焦急，便安慰說：「安心，小孩不會死！」小孩竟無藥而癒。

滿杜亞地稱富饒，但是人口過剩，有些人便移殖美洲、澳洲。撒爾多主教很痛惜這班離井背鄉的人，尤其懷念著在美洲、澳洲得不到義大利司鐸的照顧。一次，他對三百零五個移往美洲的教民說：

「你們在這裡領了聖洗，學習了經言；你們在這裡初次領了聖體，多以參與了天主的聖節；於今你們要離開你們的本堂，你們往遠方去。在那邊，一年一次可以見到神父。想到這裡，我不能不痛心。」

說時，泫然淚下。親手分給每人一冊教義要理，幾件宗教紀念品。誠切囑咐他們，莫忘懷故鄉。

因此撒爾多主教很關心社會問題，極力贊助那時義大利新起的「公教社會運動」，又提倡組織「公教進行會」。義大利公教進行會當時取名「公教集會工作」（Opera dei Congressi Cattolici），一八九〇年，在洛提城（Lodi）開全體大會，撒爾多主教演講，激勵會員，加緊團結。

撒爾多主教濟貧愛人的德名，已傳遍義大利。一八九一年，聖類思逝世三百週年大慶，又名震全國，教宗良第十三，乃於一八九三年，擢升撒爾多主教為樞機，調陞威尼斯宗主教。

註：

（一） F. Zanetti-Pio X. aneddotico P.81.

一四、擢升樞機

威尼斯宗主教雅各斯提尼樞機（Card. Agostini），於一八九一年除夕病逝，遺缺過了兩年，還沒有繼任人。威尼斯主教自古習稱宗主教（Patriarca）多爲樞機，爲義大利最重要的主教之一。一八九三年三月，報上忽傳出消息，說是滿杜亞的主教，將調往威尼斯。事實上在這一月裡，撒爾多主教到過羅馬，聽到國務卿蘭波拉樞機（Card Rampolla）說教宗有意選他作雅各斯提尼樞機的繼任人，他向國務卿說盡了各種理由，堅持不願接受，國務卿答應把這事作罷！他已安心回了教區，後來他見到報紙上的傳說，心中生疑，連忙上書教宗，懇切言辭，他在五月九日，給巴杜瓦的主教寫信說：

「我馬上上書教宗，舉出許多理由，求聖父免賜樞機的高爵。於今我是一半惶恐，一半希望；可是惶恐更多於希望。那只有承行天主聖意。」㈠

他希望教宗接受他堅辭的理由，但又惶恐教宗不接受，正在惶恐和希望兼半時，國務卿樞機在五月中給他一信，說明若再堅辭，教宗心中將很不痛快，他只好承行天主聖意了。

六月七日，撒爾多主教覲見教宗良第十三。老教宗很親熱的接待他，並且說明，自己是陞滿杜亞的主教爲樞機，並不是因爲他調往威尼斯宗主教，假使法律家不生阻難，新樞機在未到威尼斯上任以前，保留滿杜亞主教銜。樞機的榮爵是給撒爾多主教本人的。㈡

六月十二日，教宗召開秘密御前大會，發表撒爾多主教爲樞機，六月十五日公開御前大會，教宗任命撒爾多樞機調威尼斯宗主教，在未履新以前，兼任滿杜亞代理主教。

羅馬的六月天氣，已經很熱悶，陞樞機的儀禮節目很多，似乎有點繁文縟禮罷，新樞機等紅袍紅氅，或進或退，一次，忽有人傳說，撒爾多樞機頭暈，身體不適，教宗的御醫趨前看視，幸而是不實的謠傳。作完了各種儀禮，接見了教廷各部首長和駐教廷的外交團，回拜了羅馬的新舊樞機，六月二十三日，撒爾多樞機回滿杜亞。

滿杜亞闔城上下，排列在由車站到主教府大路的兩旁。城中貴紳黎巴弱公爵（Conte Di Bagno）架著自己的高車，迎接撒爾多樞機登車回府。馬車剛出車站，人叢中擁出一隊青年，解開了馬，前挽後推，簇擁著新樞機的高車在歡呼夾道的路上，緩緩地走向主教大堂。一個街角裡，站著一隊社會黨，大喊打倒樞機，中間一個散髮瘦面的大漢，嘶喊更兇。撒爾多樞機走過時，臉上作著憐惜的微笑。

過了幾天，在一家咖啡店前，人家看到那個嘶喊打倒樞機很兇的瘦漢，低頭寫信，神氣似乎很頹喪。別人問他爲了甚麼，他說家中絕了糧，正在寫信求撒爾多樞機接濟。別人便問，是否記得前幾天的拚命嘶喊。他臉上慘笑，自己相信樞機不會計較以往。撒爾多樞機果然不計以往，遣人把他叫去，笑對他說：

「這次的救濟費，特別的多。上次你喊打倒我，賣的氣力也比別人多。所以你要緊多吃點東西，恢復恢復你的氣力。」(三)

從此，他開口閉口只是稱讚樞機了！

各處都邀請新樞機主持典禮，新樞機則是天天想回家探母。老母那時已臥病床褥，不能出門，弟弟安琪洛在他動身往羅馬時，曾請陪他去領紅帽紅冠。他曾答覆說：

「我很高興你一同去，可是沒有錢給你作盤費。」

「錢，我自己有。」

「你有多少錢呢！」

「我多少積了兩百呂耳。」

「兩百呂耳！你真富了！拿兩百呂耳，你可以走遍天下呢！」

弟弟安琪洛便在羅馬參與了各種典禮。老母則在病榻上等著見榮晉樞機的兒子。

十月十四日，新樞機回黎葉色鎮，沿途火車站有東波羅和福郎各堡的人擠擁歡迎。黎葉色鎮三天舉行大典，家家慶祝。三松老太太看見兒子的樞機紅袍，喜的滿眼流淚，她覺到自己可以安然謝別人世了。樞機看見老母的滿頭白髮，也預覺這次將是最後的母子聚會了，感傷流淚。

各方的慶祝完畢了，義大利政府對威尼斯新主教的人選，還不聲明同意。威尼斯舊爲獨立國，後來屬於奧國。奧皇因教宗庇護第七的恩許，有推薦威尼斯宗主教的特權。義大利政府既得了威尼斯，貪想保留奧皇的舊制，仍舊推薦威尼斯宗主教。撒爾多樞機沒有經過義王的推薦，義政府便拒絕予以同意。教廷認爲推薦威尼斯宗主教，乃是教宗恩許奧皇的特權，並不隨著威尼斯而轉移。況且義大利政府，還沒有得到教廷的承認，與教廷爲敵國呢？

兩方堅持不讓，撒爾多樞機乃有意辭宗主教職，然而一個法律問題，不是辭職可以解決的，教宗因此不允辭職。外間又傳撒爾多樞機將調往羅馬，出任教廷一部部長。他在一八九四年三月寫信給朋友說：

「外間作談笑資料，所有的傳說，都是毫無根據，而且也不可能。這大約是二三好心人，自己所作的希望罷！可是我自己決不這樣希望。我作了五十九年的林中自由鳥，真不想去被關在籠裡。」㈣

到教廷聖部辦事，他看作被關在鳥籠裡，沒有做主教的自由。後來選任教宗，他便把凡蒂岡嘆爲一座美麗的鳥籠。

威尼斯不能去，羅馬不願往，他繼續在滿杜亞主理教務。一八九四年九月，德委索一舊友雅弱肋提教卿（Mons. Agnoletti）來訪，聚談舊事，快活了幾天，舊友在動身回去的前一晚，告訴次日的火車很早，動身前行彌撒。第二天清早，老朋友要行彌撒，不見輔祭的人，便問說：

「樞機，輔祭的人呢？」

「他在這裡！你問甚麼？」

「樞機輔彌撒？」

「怎麼？你想我不知道輔祭？你太小看一位樞機了！」

一面說，一面相幫老朋友穿祭衣，跪在他身旁，輔祭如同小孩。

就在這九個月裡，教廷把東菲義大利殖民地厄里忒肋亞（Eritrea），成立一監牧區，任命一義大利教士為監牧，義政府表示感激，便聲明同意撒爾多樞機任威尼斯宗主教。

滿杜亞人聽說了，成天結隊往主教府，向撒樞機送別。主教府秘書嫌來客太多，而且多半是窮人，便設法阻止。一次，一個窮太太，弓著背走上樓梯，值日作招待的修士，順手給她救濟費，打發她走，窮太太不收錢，硬要見樞機，大聲吵鬧。撒爾多樞機聽見了，開門出來，吩咐修士說：「讓他們自由地來見主教！在動身以前，我要看看一總的人。」老太太和樞機談了話，出來對修士說：「跟樞機講話倒容易，跟你們這輩昨天剛生下來的孩子們講話，真難！」

又一次，來了一個鄉下老頭兒，手裡提著一隻籐籃，值日的修士，給他救濟費，老頭兒說：「我來不是求哀矜。我走了三十公里，整整走了一通宵，是爲來見樞機。」修士往內通報，立即被接見，老頭兒走到客廳門首，看見樞機立身等他，蹣跚地不敢前進，囁嚅地說：「大人，聽說要走了。我還記得大人到我們鄉下來過……我想大人在走以前，嘗一嘗麵條。」他獻上籐籃，籃裡有白麵粉一包，雞蛋六個，足夠作一頓飯的麵條。

十一月十一日，撒爾多樞機在滿杜亞主教大堂，末次舉行大禮彌撒。彌撒中，講道，沒有提到向教民告別。彌撒後，別人問他，他說：「你難道高興看見主教在講道台上流淚嗎？」

他也不願在車站裡，對著大家流淚。滿杜亞全城預備歡送他上火車。撒爾多樞機卻在十一月二十二日清晨四點，全城尚沈在睡夢中時，偕著三位司鐸，滿身青帽青袍，悄悄入站，登上火車。他又是一次偷著走了！

註：

（一） Dal-Gal-Pio X. P.209.

（二） René Bazin-Pio X. P.88

（三） Dal-Gal-Pio X. P.211.

（四） Dal-Gal-Pio X. P.217.

一五、威尼斯宗主教

威尼斯乃水上的仙都，爲人世的奇景，在連接大陸和水城的長堤上，看著層樓大廈，躍出水中。夜間遙望水城燈光，似乎船燈相結，舳艫千里。

全城建在海中，一條街一條港，千百小橋，連接街巷。沒有車，沒有馬，只有無數的小艇，渡著遊人。城中穿城的大港，號稱「大運河」。運河兩岸，立著最華麗的樓房，白石雕窗，畫棟臨水。

「大運河」由火車站到聖馬爾谷殿。殿稱金殿；殿外金色細石，鑲嵌牆壁；正門上，銅馬四匹。殿前一廣場，三面高樓圍繞，樓下遊廊，商品奪目。夜間萬燈齊明，拿破侖曾嘆爲人世最美的街市。廣場右角，有聖馬爾谷鐘塔，紅色細磚，高矗天際。大殿側，有諸侯府（Palazzo Ducale），威尼斯獨立時爲獨立諸國執政侯的府第。侯府作長方形，牆壁衣白色大理石，雕鏤細緻，遠望有如象牙的瓊樓玉宇。

一八九四年十一月二十四日下午，撒爾多樞機乘著花艇，由大運河進威尼斯城。全城萬鐘齊鳴，城民擁擠運河兩岸。岸側樓房，掛燈結綵。花艇抵馬爾谷碼頭，樞機捨艇登岸，由全教區司鐸，接入聖馬爾谷殿。

次日，大禮彌撒，全殿金石鑲成的牆壁，照著萬盞明燈，彩色奪目。撒爾多樞機高冠權杖，登講道台，第一次向威尼斯人訓話：

「若是我不愛你們，我來這裡作甚麼？耶穌託付自己的羊群給伯鐸祿時，三次要求他，保證自己確實愛他。這就是告訴我們，作人靈魂的善牧者，要具有高度的愛情。

所以我從今天起，我愛你們全體。我愛你們不是用世上的愛情，是用天上的至大的愛情，只謀你們靈魂的利益。我雖然還不認識你們，我心裡已經藏著你們每一個人。

本堂司鐸們、聖職人員們、市政府長官、貴族、富人、平民、窮人、你們和我，合成一個家庭，你們作我的心，成我的愛，我不向你們要求甚麼，只要你們以愛還愛，我希望你們能夠坦白地說：我們的宗主教，心地正直，遇事不妥協，他高擎著教宗的旗幟，他所求的，只在保障真理，提倡善舉。……

一位主教有宣講真理的職責。這種真理，是天主在聖經上所默示的。主教在教民裡，對於這種真理，有忠信解釋的義務。一位主教，怎樣可以捍衛真理，不被社會上攻擊真理的狂言所淹沒呢？聖經上說：禍哉啞吧狗！禍哉守夜的兵卒，不喊口號！因此，我有神聖的義務，為捍衛真理，坦白直言。這樣，對於任何人的喪亡，天主不致於要我交帳。

工作即是快樂，勞苦乃是光榮。主教舉行儀禮，講道、訓話、傳堅振；你們佩服他勞苦工作。但是主教的工作，最可欽佩的，是他走入民間，跟被人輕看的平民們相週旋，舉手祝福他們，用和平愛情的言語，安慰他們的窮苦。

主教的金銀，昔日稱爲窮人的金銀。但是今日主教們，已經沒有金銀，他們的錢箱常是空的，他們沒法救濟人的窮困。因此，每位主教，心中都有痛苦；他知道有多少人憂苦流淚，有多少鰥寡孤獨，死於貧乏！自己設法救濟！有錢的人們，請你們協助你們的宗主教，行善濟貧。神子們，你們便可以說救濟了耶穌！

呵！在現在不幸的時代，多少人走入歧路，竟至喪亡！若是這些人是我的神子，叫我怎樣地傷心！我可以告訴你們，爲救他們，我寧願犧牲我的血，和我的生命。爲救他們，我不惜任何代價。爲救一個靈魂，若該接近惱恨公教主教的人，我也高興去。只希望我的工作，中悅天主的心，可以收到效果。但是若不見效，如同在荒野裡工作，我還是高興去做。我只願用古經馬大弟亞的宣言，向你們呼號說：凡是忠守天主規誡的人，你們都跟著我來，你們來幫助我，來同我一齊工作。我求天主賞賜你們豐富的聖寵。我也誠心祝福你們。」㈠

第二天，威尼斯的抗敵日報（La Difesa）讚譽新宗主教的訓話說：「我們的宗主教，可以說是有講道的妙術，他的言辭有宗徒的氣態，深入人心，服人動人，他不像那些說話文雅的人有裝飾，悅耳動聽，但不入人心。我們的宗主教，剛一開始講道，已經就引人注意，

得人的同情。」(二)

到任第三天，撒爾多樞機親自到聖西握斯多島（Peschiera di S Silvestro）給一病重的貧家少女，傳堅振聖事。從小島繞道往城中聖若望葆樂醫院，看視病人。十二月二日，往男女監獄看問牢中囚徒。又往聖安娜醫院慰問病人。後兩日，往育嬰院，看院裡所收留的小孩。十二月十三日，往城中軍醫院，十四日往看精神療養院。

威尼斯人聽到宗主教的行蹤，明瞭了宗主教的性格人品。他的工作大綱，只是一個愛字。

註：

（一） Dal-Gal-Pio X. P.234-236.

（二） 同上，P.233 n.2.

一六、聖職人員

威尼斯人送給新宗主教的禮物，是一隻烏木小艇。船頭船艙，鏤雕花紋，划小艇的水手，穿著花邊鑲衣的中古服裝。

撒爾多樞機，每天午後，稍有空閒，坐艇到馬爾谷碼頭對岸的聖喬治島，上岸看教區的修院。

從碼頭到修院，有一條小石鑲路的古道，道上少有行人，只有海水的浪聲。撒爾多樞機每星期多次踏著這條古路，披著海風，敲修院的大門。

威尼斯修院，辦理素稱完善。但是撒爾多樞機覺得管理和課程，尚該改善，他便親筆訂立修院章程，把附設的院外學生宿舍關閉，避免修生和世俗學生相混。在修院創立一公教法學院，請求教廷立案，准授法學博士學位。

一八九五年正月十七日，撒爾多樞機向全教區聖職人員，發佈通函，討論宗教教義教育，督責聖職人員，忠心守職，勸戒他們少作漂亮的演講，多向教民講解教義：

「講道過於多，訓練則過於少，應該把漂亮辭句的演講，拋在一邊，向教民用簡單誠切的言語，講解信仰的教理，講解教會的誡律，和福音的訓示，以及倫理方面的善德和惡習。教民中，常有受過高等教育的，對於公教教義，或是不知，或是誤解。他們的教義要理、智識，不及一個愚蠢的兒童。在講道時，司鐸應多顧及靈魂的利益，不要只顧辭句的美麗。教民們所渴望的，是真理，你們便該給他們靈魂所急需的智識。」㈠

爲認真講解教義，應有充分的學識，一位司鐸出了修院，便應該繼續求學。撒爾多樞機爲本區司鐸，組織了定期的學術演講，整頓了倫理問題的討論會。

一位年老的司鐸，自以爲歲數高了，可以不來參加倫理問題討論會。多次不來出席。撒爾多樞機質問他。他答以上了年紀，可以不必再學了。樞機告訴他說：「請你來與會，你可以指教別人！」老神父受了樞機的指教，以後每次都來到會，「指教別人了！」

若一位司鐸偷懶，不奉上命；那是撒爾多樞機最不容忍的事。有幾位司鐸，不按時參加每月的司鐸退省日，藉口說事忙。撒爾多樞機半笑半認真地引用聖經的話說：

「他們既沒有娶了妻子，又沒有買了五條耕牛，當然可以來。」

停了一會兒，認真地說：

「他們若要逼我，用更可服人的理由來勸戒；那就叫我心裡很不痛快。」

大家都懂得「更可服人的理由」暗示著甚麼。那是暗示著要按法處罰！司鐸們沒有再藉故不來參加退省日的了。

一位年輕司鐸，不高興奉調出城，希望在城內跟家人同住。撒爾多樞機吩咐他說：

「你去罷！不然，在城裡你便不能行彌撒；這叫我很痛心。」

又一位司鐸，被委到一本堂任副鐸。他往見樞機，要求另換他職，他說本堂司鐸的脾氣很難相處。樞機安慰他說：

「你去罷！第一次本堂神父跟你起衝突，你寫信給我；我馬上來安頓一切。」

樞機曾下令，禁止教區司鐸在行教民的殯禮時，在聖堂作讚譽亡人的弔詞，違令者處罰，禁止舉行聖事。一次，一個號爲救國英雄的教友（奪取教宗國土）死了，許多人勸一位神父作演講，神父答應了。當他剛下講道台下，樞機主教處罰的命令已經到了，罰他停止彌撒。但是樞機憐他窮苦，在他停止彌撒的期間，每天給他相當於彌撒獻儀的津貼費。

號令嚴明，撒爾多樞機不容屬下司鐸萎靡不振。他自己以身作則。天沒有亮，就起床；深夜一點鐘，纔上床休息。一次，下著大雨，兼發大風，全海怒號。撒爾多樞機動身，步行出門，往城內救世主本堂，參加一個集會，主教府裡的人都勸他不要冒著風雨出門。

「叫人家等著」——樞機答說——「總不是好事；另外是作人上的，更不應叫人家久等。不然既是失禮，又缺愛德。」

他便撐著傘走了。司鐸們的演講會，倫理討論會，每年退省週；每週退省日，都在主教府舉行。撤爾多樞機親自主席，退省日他自己講道。

但不是一切的聖職人員，都高興樞機主教，這般的認真作事。一次，一個老友來見樞機，談到幾位司鐸，作了一些令樞機不快的事，嘆息說：「這些司鐸都受過樞機的恩惠。這樣作法，真令人難堪。」

樞機正色說：「這句話說的不對。我沒有想到你會說這樣的話。施恩難道爲望報呢？切不要再這樣說了。」

註：

（一）Dal-Gal-Pio. X. P.239.

一七、社會思想

一八九四年九月五日，在沒有到威尼斯上任以前，撒爾多樞機給威尼斯教區發第一封教務公函。公函上說：

「政教分離論，把天主從政治方面趕走了；懷疑論的各種學說，把天主從學術方面逐出了；實證主義，把天主從美術方面驅逐了；肉慾主義而成的倫理，把天主和法律分離了；現在人們還想要把天主從家庭裡驅出去，他們要把家庭的基本，消滅宗教的意義，使婚姻不再有聖事的聖寵。

那麼，我們應該第一就攻打現代社會為首的大惡：這種大惡即是褻瀆神明，以人替代天主。要緊把聖經上的規誡和勸告，把教會工作的學理光明，運用到各種問題上去，對於這些問題，聖經和教會，都已給了明瞭的和有效的答案。例如教育、家庭、和產制，社會權利義務……社會上的各種階級，最要的是基督的和睦。所以我將來在你們中間，所有的使命，就是在於使天上與人間，不生衝突。使一切的事，都歸屬天主的治權，都聽耶穌和他在世代權教宗的指導。」(一)

到威尼斯以後，撒爾多樞機繼續以往工作的熱誠，督率本區的聖職人員，力求教民生活的革新。

他第一件操心的事，是宗教教育，威尼斯人民的教義訓練，雖較比義大利中部和南部的人民爲高，但是程度還是淺。撒爾多樞機苦口婆心，勸司鐸們少作漂亮的演講，避免浮華的講道，用樸素的言語，多給教民講要理。他自己常登台講道，講教義，作訓話；詞句簡樸，說理清爽，深入人心。

一個馬松黨人，病已臨危了，願意一見司鐸。家人和朋友卻竭力阻止，不容司鐸進門，且加恐嚇。撒爾多樞機得了訊，進入聖堂，跪禱片刻，恭取聖體，自己去看病人，家中人有說醫生囑咐不宜見客，有說病人不喜見教士，有說病人神志不清，有的竟出言譏諷。樞機挺身直入病人寢室，反手關上門，給病人行了告解，聖體和終傅。出門時，滿臉笑容，向屋裡人握手言別。

威尼斯的軍醫院，一年復活節前，神父講了退省週，預備病人滿四規，竟有三十多個病人，不願告解。一天撒爾多樞機便親自來醫院行彌撒。彌撒中講道，聽的人大動於心，拒絕滿四規的病人，彌撒後都向樞機行了告解。

到威尼斯纔半年，撒爾多樞機宣佈將視察教區。於一八九五年五月二十一日，發佈公函，對全區本堂司鐸們說：

「我來視察，是爲叫你們記得一椿事：即是說我們信仰的創始和完成者—耶穌基利斯督，常是不變換；他昔日怎樣，今日還是一樣，將來也仍是一樣。我來視察，又爲肯定一件事：即是天主所默示的眞理，帶有永久不變的標記。人間的智慧，不能給基督所講的教義，加上片言半語。

我來視察，要告訴你們，眞理只有一個，信仰只有一個，教會只有一個。眞理和信仰，存在教會裡。誰脫離教會，誰就要徒勞無效。」㈡

這封通函，和在滿杜亞所發的公函，內容有些不同了。視察威尼斯教區，特別注意思想。十九世紀末葉，歐洲公教學術界鼓吹一種時髦主義。主張教義隨時代變換，迎合時潮。在滿杜亞時，撒爾多樞機已告戒聖職人員，莫隨這種時風。威尼斯素爲文化繁盛之地，時代風氣更易流行。宗主教因此特別關心，怕聖職人員受這種風氣的渲染。

在這一年裡，威尼斯城舉行了聖馬爾谷殿建築七百週年。四月二十五日，聖馬爾谷節，七百週年大慶期，樞機登台講道：

「威尼斯自由邦，當日認爲自己可以自豪；因爲他們的長官公開地信奉天主。威尼斯人當日不單在家庭以內，信奉公教，他們在國家的公共事業上，也表示信奉天主。

當日的時代，政治不吝嗇向天主屈首；因此國家的威信，受人尊重，國家也受尊重。

那時人民享有自由，然而自由並不是放任。放任則已是專制。若是一天，人們不願敬服一位導師，大家都願成為導師。一個民族大家都是導師，便要失去導師，變成獨裁者的奴隸。

可憐的人民，為欺騙你們，有人說你們是主人翁；然而你們卻躺倒在灰塵裡，替那些欺騙你們的人作坐凳，他們圖謀站在你們身上往上爬，你們該起來反抗。

服從天主，並不是作奴隸。天主是我們的大父，服從天主，乃是作天主的兒女，兒女是家裡自由的人，不是家裡的奴隸……」㈢

義大利雖是一個公教國家，人民百分之九十，是領洗的公教徒。但是多數人只有教徒之名，而無其實。政府的政治，那時以無信仰為立場。撒爾多樞機告戒威尼斯人，若想脫離信仰以求自由，所得的必是成為奴隸。威尼斯昔日的獨立政府，公開地奉信天主，人民的自由幸福，較比今日無信仰的政府的時代還要高呢！

義大利當日推行公教思想的組織，有「公教集會工作」。這種組織召集全國的公報人士，每年研究各種社會問題。總部設在威尼斯。撒爾多樞機常去參加他們的集會。一八九五年十一月二十三日，參加威尼斯省區集會時，撒爾多樞機訓話說：

「我只說一句話，囑咐大家一樁事情：就是工作，不須要多作演講，閒話讓政客們去說，我們只應當工作。每一個本堂區的會員，應相幫本堂司鐸進行教務；講解要理，助理教產，勸和家庭……。這樣使教宗，能夠有效地假教友的力量，去保障教會的權利。幾時教會的權利受剝奪，人民就要失去信仰，失去倫理。」㈣

那是義大利政府，因強奪了教宗國土，還沒有簽訂「辣德朗條約」，和教廷爲交戰國。教宗庇護第九曾禁止公教人參政。但是義大利公教智識人士，對於社會工作，已有人主張應該參加政治，彼此意見不合。撒爾多樞機知道公教人的力量，在於團結，人心一分，在社會上就失去影響。他因此竭力勸導「公教集會工作」的會員，在基督的愛德裡，同心同德。

二十世紀初葉，社會主義很時髦，而且來勢很兇，常發生武力的暴動，而且把教會也放在該反對的侵略階級裡。教會人士大起反響，極力攻擊社會主義。撒爾多樞機則以爲僅僅攻擊或禁止社會主義的思想，不足以挽回局勢，社會裡的窮人，實在是受人欺凌，應當從窮人方面，提倡合理的保障。一九〇一年社會黨人在威尼斯組織大罷工，圖謀吸收煙草公司的兩千工人。樞機便親自到煙草公司，召集工人訓話，保證改善待遇，工人們全體鼓掌贊成，拒絕罷工。

威尼斯有一小島，名布郎諾（Burano），以織花邊爲業，著名全國。但因銷路不良，花邊工業漸漸衰落，手工技術幾乎失傳，島上居民，也因此失業。樞機乃整頓一家花邊手工廠，招收島上四百女工，又通函教區司鐸，囑咐協助推銷。

當撒爾多樞機第一次進威尼斯城時，「大運河」兩岸，家家懸燈結綵，只有市政府的門緊閉，寂無人影。那時市政府，由馬松黨人把持。次年七月，市政府改選，撒爾多樞機發給教民三句口號：「預備、祈禱、投票。」在主教宮署，召集城內各本堂司鐸和公教各團體負責人，舉行籌選會議，指示機宜，發動和非公教的團體一齊合作。七月二十八日市民投票，公教人大勝，新市長克里馬尼伯爵（Conte Filippo Grimani）為一虔誠的公教徒，後來終其生，連任市長二十五年。

一八九六年威尼斯省主教會議，宗主教提議次年的國際聖體大會，在威尼斯舉行，以賠補上年賊竊城內聖堂的聖體盒，拋擲聖體的大惡。全省主教一致贊成。教宗良第十三欣然批准。一八九七年八月九日，國際聖體大會在威尼斯聖馬爾谷殿開幕，盛典空前。威尼斯全城成了一大教堂，水面飄蕩著聖體歌韻。

聖馬爾谷殿殿側的鐘塔為全球著名建築之一。一九〇二年七月十四日，鐘塔忽然坍倒。全城人，如同自己倒了家屋，人人痛心，決定重築鐘塔。一九〇三年四月二十五日，聖馬爾谷節，舉行鐘塔奠基禮，義王和義政府，派代表與禮。義政府代表教育部長納西（Nasi）素無信仰，致辭時，追述昔日威尼斯獨立國反抗教宗葆樂第五，自由國元首諸侯，給威尼斯人的口號說：「第一是威尼斯人，然後公教教徒。」撒爾多樞機起立致詞，面色嚴肅。大家都感到他要答覆納西。樞機說：

「威尼斯人，我慶祝你們，因爲你們表示不是你們祖先的不肖子孫。你們的祖先深信一條真理，即是『若沒有上主的照顧，你們白白地興工建築。』你們的祖先，在開始建築這座城時，——這座崇信基督的城池——他們擇定開工日，即在基督救贖工程開始的紀念日。他們後來無論有甚麼工程，在勵工時，先必呼求天主的聖名，請求聖母的祝福……

我預祝新鐘塔因著上天的祝福，重又興起合於藝術的風度，和這座大殿，和這個世無雙的廣場，互有調協，我預祝聖馬爾谷鐘塔，因著上天的祝福，重又興起，從奠基到塔頂，不遇傷害工人的厄運。我預祝聖馬爾谷鐘塔，因著上天的祝福，重又興起，很快的能見到那一天，鐘塔的鐘聲，再能宣揚威尼斯的光榮：歌唱著：天主受享榮福於天，良人受享太平於地。」(五)

這是撒爾多樞機最後一次向威尼斯人的演講。上天天主，居於中心，跟他第一次給威尼斯人的公函，前後互映。

註：

（一） René Bazin. Pio X. P.94.

（二） Dal-Gal-Pio X. P.267.

（三） Dal-Gal-Pio X. P.257.

（四） La Difesa日報——一八九五年十一月二十五日。

（五） Dal-Gal-Pio X. P.321.

一八、教民之父

「在滿杜亞時，我是窮；到了威尼斯，我簡直成了乞丐。」撒爾多樞機一次給一位要求津貼的司鐸寫信時，曾寫了這幾句話。

宗主教的薪金。每三月領取一次過了一個半月，錢必用光了。下一半個月則靠借貸；因為撒爾多樞機把錢給了窮人。

一位司鐸，代表宗主教每月送款到一孤兒院，作兩個孤兒的生活費。這位司鐸有次述說：

「一天，我往主教府取款，竟叫我很失望，聽到宗主教坦白地說，自己手中一分錢也沒有了。他為湊集兩百呂耳，救一個家庭的急難，連妹妹們的私蓄都用了。宗主教說：看著一個人跑在跟前求救，作主教的人，有什麼別的辦法呢！」

在威尼斯修院裡，撒爾多樞機設獎學金十名，每月由自己的薪金支付，津貼十個家庭貧寒的修生。

一天，一個失了家產的老人，向樞機求救，他答應說：

「真對不起你，我手中連分文都沒有！就請你把這尊小象牙十字架拿去。這是一件藝術品，很有價值，你大約可以賣得些錢。」

這尊象牙十字架，據說是教宗庇護第九的遺物。

撒爾多樞機只有一件貴重的東西，不能出當出賣，救濟窮人，他心中有些抱歉。一天，他向朋友加爾米納提神父（Carminati）說：

「年代已遠了！你記得從前一隻銀錶，在東波洛和撒爾匝諾，常常上當鋪，於今不能做了。這隻金錶是波爾朋王室加祿王爵（Don Carlo de Borbone）送給我的，他爲逼我保存這個錶，特別在錶背刻了宗主教的徽璽。」

威尼斯城有些小鋪子，間而一星期也沒有上門的顧客。樞機憐惜這班窮商人，自己穿著司鐸的青袍，故意到小店裡買些零用東西。出外散步時，有時遇著窮苦的漁夫，便裝著高興吃魚，叫隨行的秘書買魚。凡是窮人到宗主教府請見，不論早晚，必定接見。秘書和侍僕有時遣走了幾個。樞機責斥他們說：

「你們記著！窮人，該讓他們先來見我，見在別人以前！」

樞機私人的生活，跟昔日作本堂司鐸時，一樣的樸素，三個妹子管家，她們自己上街買菜。宗主教府只有秘書一人，掌小艇的划手一人。多次，有客敲門，樞機自己開門延客，笑說：「願意見宗主教嗎？在下就是！」

宗主教也不愛熱鬧的排場。一八九九年八月，被請到克肋思班諾城（Crespano），主席學年閉幕禮，料到火車站，必有歡迎的群眾，便提早動身的時刻。寫信告訴那邊的一位司鐸，在某天某刻，駕馬車到車站，接兩位威尼斯神父。火車抵克肋思班諾車站，那位司鐸，忽見撒爾多樞機下火車，忙想通知站長。樞機連忙舉手作勢，叫勿聲張。

一九〇一年八月四日，撒爾多樞機登威尼斯的克拉巴（Crappa）高峰，祝聖聖母像，紀念二十世紀的紀元。峰高一千七百公尺，樞機騎著騾子上山，領著一萬朝聖的人。下山時，朝聖的人，採摘雪中的白星花，編成圓冠，加在樞機的帽上，他們沒有預料白星花的白冠，預示了兩年後，撒爾多樞機白袍加身，踐登教宗高位。

一天，樞機步行，往傳一病重小孩的堅振，半路遇一婦人，抱著小孩。小孩喊說：「媽媽！媽媽！你看教宗。」秘書聽到了，引聖經上的話細聲說：「從嬰孩口中……」話沒說完，樞機用手腕觸他：「莫要胡說。」

威尼斯人似乎有這種預感，可是他們愛戴自己的宗主教，又捨不得他走。

一九〇三年七月二十日，教宗良第十三，以九十歲的高壽，駕崩。撒爾多樞機於七月二十六日動身往羅馬，參與教宗選舉會議。秘書白肋散司鐸忙著收拾行李，樞機吩咐甥女雅瑪莉雅（Amalia）說：

「去看若翰神父在幹甚麼！你告訴他，上羅馬並不是去美國。」

外甥女卻答說：「開了選舉會，馬上請回來！」

樞機登小艇往火車站，威尼斯全城鳴鐘，人民都站在橋上和兩岸，鼓掌送行。火車站前，人山人海，樞機登岸入站，大家齊喊：「樞機，請早些回來。」

樞機五臟爲之動，伸開兩手，大聲答說：

「或死或活，我一定回來！」

舉手祝福威尼斯人民，登車出發。那時是午後兩點三十五分。車出威尼斯城，走過長堤，樞機憑窗望聖馬爾谷殿金色殿頂，泫然淚下。

一九、當選教宗

教宗良第十三，御極了二十五年，號爲「天上之光」，他的才智學識，在歷代教宗裡可稱稀見，他是哲學家，神學家，兼拉丁詩人，對於現代的各種社會問題，頒發通諭，指示詳細的原則。當然教皇國在一八七〇年，被義大利吞併以後，國際上多以爲教宗的地位將一蹶不振，良第十三竟能使教宗的地位，在國際上較比沒有失國以前還更高，所以在他已年近九十時，各方紛紛議論繼承人選，大家都感到他的偉業，難有續人。一九〇三年七月二十日，他駕崩了，繼承人選，立時成了國際輿論的中心，多數人推測只有國務卿郎波拉樞機可以繼承前任教宗，法國一家報紙也提到撒爾多樞機，說他「差不多總不上羅馬，……絕對不用手段。撒爾多有威尼斯人的崇拜。」㈠

撒爾多樞機從威尼斯動身時，向人借了三百呂耳，作來回的路費吩咐秘書白肋散只收拾幾件隨身的東西。他自信在羅馬最多住兩個星期。

二十七日清晨抵羅馬，下榻龍巴爾提學院，教宗良的遺體，已入殮閉棺，葬於一臨時石墓中，各方趕到羅馬的樞機，每天舉行選舉籌備會，在籌備會中，法國波爾多（Bordeaux）

總主教肋各樞機（Lécot），坐在撒爾多樞機身側，一次，問他來自那個教區，他操拉丁語答覆，說自己不講法文。

「不講法文？那麼便不能作教宗！作教宗的應該會講法文。」肋各樞機也用拉丁語答他。

「正對！我不能作教宗！感謝天主大恩！」撒爾多樞機含笑作答。

七月三十一日，教宗選舉開幕，全球當時有六十四位樞機，兩位因病不到，三十一日傍晚八時，六十二位樞機列隊入凡蒂岡西斯篤殿，按法宣誓，選舉會秘書長墨里德瓦總主教（Mery Del Val），選舉場監督智奇王爵（Prince Chigi）也繼續宣誓，樞機院院長阿肋里亞樞機（Card. Oreglia）偕秘書長和監督，巡視凡蒂岡宮各門，上鎖加印。

西斯篤殿，以壁畫馳名全球，正壁的終審判圖和殿頂的造世圖，是大畫師彌格安琪洛的傑作。兩側的耶穌傳和摩西傳，也是文藝復興時名家的作品，在這座藝術之宮裡，舉行教宗選舉會，兩側靠牆，安置樞機坐位。坐位都是紅緞紅緌，上覆華蓋，形如寶座，因坐在座位上的每位樞機，都是候選的教宗。小殿正中的祭壇，設在終審判圖下。圖上耶穌躍然起立，呼出判詞，就在這座祭壇的中央置一票箱，投票時，每位樞機離位，捧票走到祭壇前，在審判萬民的耶穌的嚴肅眼光下，投票入箱。

八月一日，午前，彌撒畢，舉行第一次投票，西斯篤殿的殿門緊閉，殿內只有投票的樞機，樞機院院長同兩位被選監票的樞機，開啓票箱，唱讀被選姓名，第一次投票結果：國務卿郎波拉樞機得票二十四，傳信部長歌提樞機（Card. Gotti）得票十七，撒爾多樞機得票五，共餘十六張散票，按法，被選人應得票數三分之二。第一次投票沒有結果，西斯篤殿頂的煙囪，照例放出黑煙，聚集在聖伯鐸祿廣場的民眾，知道沒有選出新教宗。

八月一日午後，舉行第二次投票，每位樞機，顫巍巍地捧著票走向祭壇，眼看壇上的終審判圖，心上都戒慎恐懼終審判日，這次選票，要受耶穌的審判。投完了票，宣讀票數，郎波拉樞機二十九票，歌提樞機十六票，撒爾多樞機十票，餘下七票散票，西斯篤殿頂煙囪，又是一次黑煙。

次日上午，第三投票以前，奧國克拉各維亞主教布籍納樞機（Card. Puzyna）忽然立起來，懷中取出奧皇方濟若瑟的聲明書。宣言否決郎波拉樞機當選。宣言驟然而來，有似乎殿壁圖上天神的號角，轟然一聲，大家震的耳聾，茫然四顧，稍一定神，樞機院長阿肋里亞憤然起立，嚴詞抗議，選舉教宗，爲樞機院的神權，不容任何政權的干預，奧皇的聲明，置之不理，郎波拉繼起發言，聲音莊重平和：

「我很痛惜教會以外的一個政權，侵犯教會的自由，侮辱樞機院的尊嚴，因此我鄭重抗議。至於對我自己卑微的私人，我聲明這種遭遇，爲我最有光榮，最恰我心。」㈡

布籍納樞機面色慘白，汗流如雨，第三次投票的結果，郎波拉樞機二十九票，撒爾多樞機二十一票，歌提樞機九票，散票三。二號下午第四次投票，郎波拉樞機得票三十，撒爾多樞機二十四，歌提樞機三，散票五。

在選舉會的第一天，撒爾多樞機同樞機們的談笑，怪他們拿他開心，選票上有他的名字。第二天下午，他心緒不安，他的票數已上到第二了，在第四次投票以後，見自己的選票又增，便聲明將不接受當選。

八月三日，午前，第五次投票，撒爾多樞機名列第一，得票二十七，郎波拉樞機二十四，歌提樞機六，散票五。

中午，樞機院長派選舉秘書長，用樞機院的名義，正式問撒爾多樞機，是否堅持不願當選。墨里德瓦迷說這次訪謁的經過說：

「我立刻去尋撒爾多樞機。人家告訴我，撒爾多樞機不在房裡，大約在「葆樂小殿」裡可以遇到他。

那時是正午，我進小殿，殿中靜寂暗淡，聖體前的長明燈，火光閃閃，祭壇上，在「善導之母」聖像前，燃著幾支蠟燭，我看到在靠近祭壇的大理石地板上，跪著一位樞機。樞機收歛心神，在虔誠地祈禱，他兩手支著頭，兩腕靠著一條小凳。

那位樞機就是撒爾多。我悄悄地走到跟前，跪在他身側，細聲將樞機院長的話，轉告了他，他聽到我的話，抬起頭來看我，雙眼含著淚。我對他那一幅憂急的面容，屏聲靜氣，等待他的答覆，樞機和氣地說：『是！是！蒙席轉告樞機院長，給我這個大恩，改選他人。』」㈢

八月三日，午後第六次投票，撒爾多的票數，增到三十五，郎波拉退到十六，其餘歌提七票，散票四。

當晚，許多樞機都勸撒爾多樞機接受當選。米蘭總主教獲拉理樞機（Card. Ferrari）說：「你要回去，就回威尼斯去罷！可是你的良心，終生不能太平。」撒多里樞機（Card. Satolli）也力勸接受，聽他答說已經許下死活總要回威尼斯，撒多里樞機便說：「保不定就是死著回去，火車常出險呢！可是違抗天意，死了，怎樣見天主？」他被這些話，說的心神更亂了，一夜不能安寢，輾轉床褥。郎波拉樞機住在隔壁，敲門，勸他靜心休息，他悽然說，「於今兩方對換了，前兩夜是我勸樞機靜心安眠呢！」

八月四日，樞機們大家都笑容滿面，步履也輕捷了，大家知道當天必定可以結束選舉了，上午第七次投票，撒爾多樞機以五十票當選，其餘郎波拉十票，歌提兩票。唱票畢，樞機們全體起立，樞機院長操拉丁語，照例問被選的人說：「你是否接受當選為教宗？」撒爾多樞機默然不答，淚如泉湧，過了片時，用聖經的話答說：「請免了我喝這苦爵罷！但只奉行天主的聖意。」

樞機院長認爲答語不明，再依例問道：「你是否接受當選爲教宗呢？」

「現接受當選，視同接受一支十字架。」

「願用甚麼名號呢？」

「我既然要受苦，便採用受苦最多的教宗的名號，我號稱庇護。」

西斯篤殿的大門開了，禮官等進殿，將六十一個寶座上的華蓋放倒，留著撒爾多樞機座上的華蓋，新教宗退到殿側便室，更換教宗白袍，然後，再入殿，端坐祭壇前，接受樞機們的朝賀。

西斯篤殿的煙囱，這時放出白煙了。教宗已選出的消息，一瞬間傳遍了羅馬，羅馬人趕著往聖伯鐸祿廣場，首席五品樞機馬智（Card. Macchi）從聖伯鐸祿大殿正門陽台上，照例向大眾操拉丁語說：「我給你們報告一個大喜訊，我們已經有了教宗，即撒爾多樞機，他取號庇護。」全場鼓掌，一時雷鳴，大家魚貫進聖伯鐸祿大殿，恭候新教宗的祝福，庇護第十立在大殿正面的窗欄前，第一次祝福全羅馬和全球的教民。

從大殿回宮，宮內人員請問指定居所，庇護第十同內侍等商量，指定宮中第三樓，爲臨時住室，吩咐一切從簡，房中不要安置鏡子。

薄暮八點，選舉秘書長登樓請見，呈上致各國元首的公函，請求簽署，墨里德瓦總主教說：

「明知聖父今天累極了，本不敢再來煩勞，但要緊簽署致各國元首的公函，正式通知當選。」

「對！對！蒙席，你不是也累極了嗎？我看你這幾天多麼忙。」

庇護第十抽出一張白紙，在紙上寫著「庇護第十」，笑問秘書長說：「這樣好不好？」

簽署完畢，墨里德瓦向教宗告辭，請求祝福，說明自己的職務已經完結了。庇護第十驚訝說：

「蒙席，怎麼你也捨了我呢？不要走，你暫時留在我這裡……留在這裡任代理國務卿。」㈣

深夜就寢，心緒不寧，久不就寐，又聽到門外有沈重的腳步聲，踱來踱去，起來開門一看，一個值夜的瑞士警衛，在走廊裡走著，警衛一見教宗，屈膝行禮，庇護第十靄然說：「好孩兒，你去睡罷！這樣為你也好，為我也好。」

註：

(一) René Bazin-Pio X. P.119.

(二) Dal-Gal-Pio X. P.332.

庇護第十當選後，立即下令，嚴禁以後教宗選舉會中，樞機代表任何政府，發表意見，違者褫職，按現行教宗選舉法，選票經過，俱不能透露會外。

(三) Mery del Val.-Pio X. Padova 1949. P.15.

(四) Mery del Val.-Pio X. P.22.

二〇、加冕登極

八月九日，庇護第十行加冕禮。

清晨，聖伯鐸祿大殿，擁擠著十萬民眾，殿內沒有一寸的隙地，樞機、主教、教廷要員、外交團、羅馬貴族，穿著各式的禮服，按次排列在大殿，「寶座祭壇」的兩側。黎葉色、東波羅、撒爾匝諾、德委索、滿杜亞和威尼斯的朝聖團，聚齊在正中大祭壇的周圍。大殿裡各處張掛告示，禁止鼓掌歡呼。

庇護第十由宮廷儀仗隊，導引入殿，教宗坐敞輿，至殿前遊廊，下輿登寶座，接受大殿供職的要職員的朝賀。朝賀畢，登輿進殿。銀號齊鳴，掌聲四起，教宗忽然立起，站在敞輿上，用手指置唇前，吩咐停止鼓掌，全殿頓時息靜。聖殿爲天主之宮，教宗也不過是天主的僕人；在主人宮裡；僕人不當受歡呼。他所以不願保留殿中鼓掌的習慣。

敞輿抵聖體小殿，教宗下輿，跪拜聖體，祈禱良久。然後步行往聖額我略側殿，行更衣禮。教宗登御座，樞機等，魚貫往朝。更衣畢，教宗著祭服，走向正中祭壇。行時，禮官一位，手持掃帚，燃火燒帚，跪向教宗說：「聖父，世上的榮華，常是這般煙消。」

行抵正中祭壇，教宗開始大禮彌撒。六品唱聖經時，用拉丁文和希臘文。領聖體時，教宗跪於寶座祭壇前的御座上，用金管吸取聖血。彌撒畢，正式行加冕禮。教宗坐於正中祭壇上，首席五品樞機馬智，手舉三層皇冠，加於教宗頭頂，口中念說：「請接受這三層高冕的皇冠，你該知道，你是王侯的公父，人世的仲裁，上主耶穌在世的代權。敬祝上主耶穌，世世享受光榮。」

黎葉色鎮昔日赤足上學的童子，今日成了普世王侯的公父，走到了人世權威的極頂。但是他只看到教宗尊位的重任。

「剛壓在我肩上的重十字架」——當選的次日，教宗寫信給巴杜瓦的主教說——「使我尙神志不清。我感覺要緊給好友寫幾句話。你想不到我怎樣希望見著你，把我滿懷的感想，傾注你心。但我沒有勇氣，馬上叫你來羅馬……」(一)

三個妹子洛莎、安娜、瑪莉雅，已經來羅馬。教廷舊例，教宗的兄弟姊妹應加尊銜。國務院文書處向教宗請命，教宗不答。再請命，庇護第十回示說：「稱爲教宗的妹子儘夠了！」

有人建議，弟弟安琪洛應召到凡蒂崗。庇護第十答覆，安琪洛的職業，做一小鎮的郵局局長，足夠生活。照例，教宗的姪兒外甥，若是司鐸，便進宮供職。庇護第十很愛外甥葆阿林司鐸（Battista Paolin），大家都請召他進宮。教宗說：「若望是一位很好的神父，但還年輕，應該經管教友。他有一個本堂區，在那裡比在一座宮裡好。」

教宗的廚房，原有佣人七個。庇護第十命把七人都調用他處，廚房只調巴杜瓦修院的一個廚子來管理。廚子自己上街買菜。

第十七世紀時，教宗吳爾巴諾第八規定宮中儀節，教宗獨自進餐，庇護第十，當選的次日，命秘書陪同用飯，宮中人答有礙成規，教宗笑說：「以前的教宗，規定獨自進餐，我用同等的權力，規定不獨自進餐。」命隨侍的兩個秘書：白肋散教卿和白洗尼教卿（Moms Pescini）一日三餐，一同陪食。秘書另坐一桌。

三個妹子，和一個甥女，住在聖伯鐸祿廣場外一條小巷裡，每週，數次進宮，坐談一小時許。當選教宗的次年，聖若瑟節，白肋散秘書在自己的飯桌上，多排了四個坐位，午餐時，請教宗的妹子甥女入席。給教宗賀主保節，以後，每遇大節期，妹子等屢被請入宮午餐。

加冕禮後，威尼斯省各處的朝聖團，入宮朝賀，教宗在宮中葆樂小殿，爲他們行彌撒。八月的天氣很熱，教宗心中又很感動，彌撒後，忽然暈眩，過了幾分鐘纔清醒。在朝聖團裡，有教宗的妹夫。白肋散秘書從人叢裡把他叫出來，吩咐他進裡面去，單獨見教宗。妹夫走到廳門，持矛的瑞士警衛，攔住去路。他一聲不響，連忙退回。白肋散見他退回，料到了他的遭遇，囑咐他告訴警衛，說是教宗的妹夫。瑞士警衛看著村夫又走來，又照樣攔路，他鼓起勇氣，細聲說：「我是教宗的妹夫。」警衛一聲口號，站在旁邊的警衛，立刻排成隊伍，擎起長矛，立正行禮，等他走過。妹夫不知用意，大吃一驚，連忙又縮回去了。

全球的人，都知道新教宗原是一個村夫。大家用稀奇的眼光，等著新教宗的設施。新教宗的第一件設施，是給羅馬的窮人，施捨十萬呂耳，給威尼斯的窮人，施捨五萬呂耳。

八月六日，新教宗正式接見駐教廷的外交使節，使團領袖葡萄牙大使致賀辭。教宗作簡單答詞。然後周行全廳，接見使團人員，隨即退出。使團覲見新教宗後，往訪新代理國務卿。普魯士公使問墨里德瓦總主教說：「蒙席，請告訴我們，這位教宗爲甚麼一見就會使我們傾心呢？」別的大使公使也都說：「請給我們說一說。」可是代理國務卿也只能說，自己剛認識新教宗，也是一見就傾心。㈡

近代每位新教宗的行政大綱，常是在第一封通諭裡，公佈全球。庇護第十在當選後的第二月──十月四日，頒佈了第一封通諭，名爲"Ex Supremi Apostolatus Cathedra"（從教務最高的講座）。㈢他的行政大綱，總括在一個標語裡「因著基督，整頓一切。」（Justauare Omnia in Christo）

「仗著天主的德能，我們聲明在教宗任內，所有的行政大綱，就只是因著基督，整頓一切，使基督成一切事的中心。當然有些人，他們專門以人世的利害，計算天主的聖事；他們必要審查我們的路向，把祂屈解到政治上的企圖，和政治上的黨爭。爲斷絕這班人的妄想，我們決斷地向他們聲明，仗著天主的助佑，我們不願意作任何別的事，我們只是天主的職員，我們只隸屬於天主的權威。天主的利害，即是我們的利害；爲著天主的利害，我們將鞠躬盡瘁，死而後已。因此若是有人，向我們請示一句號令，包括我們的意向，我們就常向他說這句：「因著基督，整頓一切。」

二十世紀初年的世界，卻正是反對基督的世界。庇護第十說：「誰不知道今日的社會，所有的病症較以往更重更深呢？而且天天加壞，病已深入膏肓，使它快要到喪亡了。可敬的神昆們，你們知道這個病症是甚麼：即是離棄天主，反背天主。」因此人們雖是渴望和平，而不得有和平。

「因爲逐出了天主，就是逐出了正義。沒有正義，一切和平的希望都要成爲幻影。……我們知道，有許多人因愛慕和平，追求安全的秩序，他們彼此成群結社，希望作成社會秩序的有力份子。但可惜，這也不過是一種虛想，一切都是徒勞。在紊亂的社會裡，唯一能作成社會秩序的有力份子，只有一種，就是信從天主的份子。對於這一點，應多加宣傳，應盡力發動，使真正愛和平的人們，都歸向到這種信念。「但是歸化人類，轉向天主，使人信服天主的尊嚴和號令，這一切都要全靠耶穌基利斯督。因此，我們所說的因著基督整頓一切，和歸化人類信服天主，同是一事。」

「那麼，有那一條路，可以引我們走向耶穌呢？可敬的神昆們，你們已經看到，這條路排在我們的眼前，這條路即是聖教會。因此你們可以見到我們和你們該有的職責了。我們共同的職責，是在引著這個已經遠離基督的訓示的人類。服從教會，教會再引他們服從基督，基督再引他們服從天主。」

為能盡到自己的職責，教會第一該注意的，是培植優良的聖職人員。庇護第十囑咐全球的主教們，盡心管理各自的修院，務求能夠栽培一班德學兼優的司鐸。

司鐸們最重要的職務，則在宗教教育。社會的反背天主，由於人們不認識天主。大多數的公教教友，不明教義。然而人們都有願意認識天主的慾望，司鐸們便該滿足這班人的慾望，用確實的學識，給他們講解教義。

教會為整頓一切的事，不能僅靠聖職人員，教會要求教友們也盡一分的責任。聯合全球的教民，在主教指導之下，進行這種因著基督整頓一切的偉大工作。庇護第十結束他的第一封通諭說：

「祝望天主，仁慈無限，早日使人類革新，歸於耶穌基利斯督。」

註：

（一） Dal-Gal-Pio X. P.345.

（二） Mery Del Val-Pio X. P.26.

（三） Acta Pio X. v.I P.1-16.

二一、選任國務卿

新教宗登基後，教廷各部部長照例都不變動，只有國務卿，則須另加任命。良第十三的最後一位國務院郎波拉樞機，自一八八七年五月得教宗良的任命，居國務卿職十六年。良第十三駕崩，國務卿隨即停職。

庇護第十，在被選的當天，任命墨里德瓦總主教任臨時代理國務卿。

教廷的聖部，由各部首長直接向教宗負責，沒有首相或國務總理。一切大權，操在教宗之手。國務卿掌管國務院，輔佐教宗指揮教廷的外交和一切與政治有關的事務。其他各部首長按期一週或一月覲見教宗，報告部務，聽取裁決。國務卿則每晨入見教宗，共商天下大事。國務院設政務常務兩次長。兩次長也輪流每日入覲。

墨里德瓦代理院務，過了兩月，教宗還沒有決定新國務卿人選。庇護第十素不來羅馬，不熟識教廷的樞機，不能在短時間裡，找出一位政見相同，又得他信任的國務卿。按照慣例，教廷任用人，代理某職，日後即命他真除該職。可是，代理國務卿墨里德瓦，年纔三十八，又屬西班牙籍，而且還沒有升樞機，大家都以為他不能真除。

十月十八日，忽然傳出墨里德瓦被任國務卿的消息，全球驚爲一件奇事。墨里德瓦自己述說他任命的經過說：

「一九〇三年十月十八，星期日，上午，我照常陪教宗坐談半小時，處理所有的事務。當我起身告辭時，教宗交給我一個大信封，信封上有教宗親筆寫的地址：地址是寫給我的。教宗好像是想起了一樁剛已忘記了的事，向我說：『呵！蒙席，這個是給你的。』以往，教宗也曾交給我一些信封，信封裡封著一些重要的文件。因此，這一次，我收到信封，一點不稀奇，也不大注意。我把信封夾在別的文件裡，簡單地回答：『聖父，我研究了以後，明早奏明結果。』」

走過長廊，回到我的辦公室。路上遇到莫謙尼樞機（Card. Mocenni）。樞機的神氣，看來是當天早晨見到教宗，知道一些事情。

莫謙尼樞機待我素來很好，當我八年服侍良第十三時，他對我常是很親熱。這一天早晨，他用他的粗燥的語氣問我說：「今早我們可以有甚麼消息呢？……誰是新國務卿？」

我答應說：「我可以保證樞機，我是一點也不知道。教宗從沒有向我提起這件事。」樞機的面色忽然變了，很驚訝的說：「這是怎麼回事？……你到我的房裡來。」我跟著樞機，進到他的辦公室。（莫謙尼樞機任教宗宮宮長）樞機一再地追問我。他以爲絕對不可信，怎麼我不知道教宗的決議。我再三答說今早覲見教宗，沒有特別事故，對於未來的國務卿，連一句話也沒有提。只是我臨別時，教宗在許多文件裡，交給我一個信封。

樞機喊說：「一個信封？……在甚麼地方？……爲甚麼不開呢？」

我開開信封，大略地看看內容。我不勝驚惶。莫謙尼樞機微笑地看著我，像是事前已經知道一切。他親熱地在我肩上輕輕一拍。

信封裡，除親筆信外，夾有一大包的鈔票；因此信封裡看來東西很多。聖父多情，要我接收這種禮物，爲酬報我兩個月不願領取薪俸，也爲相幫我升職時該有的費用。

教宗的親筆信說：

致代理國務卿墨里德瓦總主教。

蒙席閣下：

樞機等曾選用閣下爲選舉會秘書長，閣下盛情，又願於此數月肩任國務卿之勞瘁，忠心盡職，謹小慎微，因是余欲閣下正式任余之國務卿。

十一月九日，余於下次御前大會，陞任閣下爲樞機；以滿余心中感恩之情，且余可以告閣下者，余之處置，中悅眾樞機之心，彼等與余，俱佩閣下所得天授之才德，俱信閣下於教會，能有更多的貢獻。

為玉成此事，余特頒賜閣下以宗座遐福。

庇護第十，一九〇三年十月十八日，梵蒂崗。」

我的心緒稍定後，立刻入見教宗。聖父盛情相接，但不許討論他所採的決議。教宗吩咐說：他既這樣決定了，我只有俯首聽從天主的聖意，他自己本人，接受教宗的重任時，也是俯了首，服從天主。」㈠

但是外間的批評，不因此而減少。這些批評，也傳到教宗的耳中，教宗後來對一位樞機，說明自己任命墨里德瓦的理由：

「我選了他，因為他通多種語言。他生在英國，在比國受教育，國籍屬於西班牙。他是外交官的兒子，自己也是外交官，他明瞭世界各項問題，而且為人很簡樸，有聖人的德操，每早來奏呈世界大事，我從來沒有見到可以指責的地方。他辦事總不半途妥協。」㈡

墨里德瓦的父親曾任西班牙駐教廷大使，為西班牙貴族。一八六五年十月十日，他生在倫敦，母親為英國人。他的父親在大使任滿時曾引兒子覲見教宗良第十三，把他託於教宗，他有志修道。良第十三很鍾愛青年的墨里德瓦，在他還只領了五品聖職，沒有晉司鐸以前，就升他爲「蒙席」，於一八八七年派爲恭賀英皇后維多利亞金慶特使團秘書，次年又派爲弔唁德皇威廉一世並恭賀新皇福里得里克二世特使團秘書。在這一年的十二月，他晉陞司鐸。次年隨教廷特使團往奧京。一八九一年，任爲教宗的「中常侍」。一八九八年，任教廷外交學院院長。後兩年，升總主教。一九〇二年，充教廷參與英皇厄杜亞二世加冕禮特使。一九〇三年，因教廷御前大會部秘書長，在良第十三逝世以前數天去世，教宗選舉會沒有法定的秘書，樞機院乃選他充教宗選舉會秘書長。

墨里德瓦生於貴家，習於外交禮儀；庇護第十出於寒門，最不愛虛文儀節，然而兩人都是德性湛深，愛簡樸，喜捨己，因此性情很相投。庇護第十終生信任墨里德瓦，一次有人勸他改換國務卿。教宗憤然答說：「叫我們離開墨里德瓦？那更好是割掉我們的腦袋。」㈢

每年逢到國務卿的主保節，庇護第十常寫一封親筆信，帶著一件禮物差人在國務卿未入見以前送去，給他賀節。墨里德瓦樞機陞司鐸二十五週年，教宗親筆給他寫信說：

「因著樞機的謙虛，沒法知道首次獻祭二十五年的確定日期；但是我希望樞機同樣地接受我的祝賀；祝賀樞機能見到晉司鐸，陞主教，和升樞機的五十年金慶。同時也希望樞機高興接受我的一點賀禮，以表示我心中感激之情；感激樞機年來明智忠誠，廉潔從公，助我治理教會，不惜犧牲，希望天主也用豐美的聖寵，作爲酬謝。」㈢

這不是一位元首寫給一個屬下的手諭，這是朋友寫給朋友的賀函。庇護第十待自己的國務卿，又親熱，又禮貌。遇事必共同商量，他的意見，常是計出必從。

墨里德瓦樞機敬重庇護第十，超過中國所說的：「士爲知己者用。」他景仰庇護第十爲聖人，爲恩師。庇護第十逝世後，他每年夏天，往黎葉色拜訪庇護第十的故居。他自己死時的遺囑，希望能夠葬在庇護第十的墓側。

庇護第十於今登了聖品，墨里德瓦列品的案件已經開始。他們兩位，真可以說是聖人識聖人。

註：

（一） Mery del. Val-Pio X. P.35-39.

（二） Mons T. Cenci-Il Cardinale R. Mery del Val, Roma 1933. P.138.

（三） Ferruceio de Carli-Pio Xie. ilsuo tempo.Firenze. P.157.

二二、改革聖樂

庇護第十在威尼斯識到了一個音樂天才。

當他受任爲威尼斯宗主教，因著義大利和教廷的爭執，不能上任視事時，一天，有一個音樂教師引著自己的兒子，到滿杜亞來見他，音樂教師名若瑟白樂思（Giuseppe Perosi），他的兒子名老楞佐白樂思。少白樂思那時年二十二歲，有志陞司鐸，父親把他託給撒爾多樞機，請求提拔，給他學習音樂的機會，在一八九〇年十一月，洛提城開「公教集會工作」的會議時，撒爾多樞機曾欣賞過少白樂思表演鋼琴，很賞識他的天才。這次，聽了他父親的付託，立刻任命他爲威尼斯馬爾谷殿的音樂導師，先派他到威尼斯去，次年樞機也到了威尼斯，白樂思便住在宗主教府裡，一面研究音樂，一面攻讀神學。一八九五年，撒爾多樞機祝聖他爲司鐸。

一八九七年，威尼斯舉行第五屆國際聖體大會，撒爾多樞機示意白樂思作「耶穌受難聖曲。」十二月耶穌受難曲前部，在米郎大戲院演奏，一鳴驚人。次年，又作「耶穌顯聖容聖曲」，「賴柴魯復活聖曲」，和「耶穌復活聖曲」演奏後，全國輿論大加讚揚，教宗良第十

三升他為梵蒂崗西斯篤殿音樂導師。西斯篤殿音樂導師，乃教廷的音樂導師。㈠

白樂思的聖曲，為近代音樂開一新生面，他的聖曲把教會傳統的聖樂和近代歐洲俗樂，互相調溶，聲調樸素，表情真摯；在樂器與人聲的合奏中，能聽到幽雅入神的「額韻」。

近代教會的聖樂，因受歐洲俗樂的影響，漸漸放棄了古傳的「額韻」，於是聖堂似乎成了戲院，只聽到雄壯或瑰麗的歌聲，互相追逐，互相爭巧；宗教的情感，則已失去無遺了。庇護第十生性喜音樂，很痛心當時聖樂的流弊，在威尼斯時，已借著白樂思的天才，改革教區的聖樂，使歌調由繁入簡，充滿宗教的熱情。

他即位為教宗，馬上想把白樂思聖曲的成績，標示全球，將教會的聖樂，引上正軌。聖樂的目的，在導引人心，歸向天主，不是在於快樂人的耳官。

一九〇三年十一月二十二日，庇護第十頒發「自諭」，改革聖樂：㈡

「在管理教務的許多思慮中，最重要的一種，無疑地是在加增天主聖殿的尊嚴；因為在聖殿裡，舉行教會最崇高的聖事，……因此在聖殿裡不宜有任何事，可以擾亂或減少教友們的熱情或敬心；不宜有任何事，可以引起合理的敗興或反感；更不宜有任何事，可以直接玷辱聖事儀典的尊嚴和神聖，……對於這一點，我們不能列舉可能有的各種惡習。我們於今只注意最普通的一點，——這一點最難絕根，所以最容易引起人的痛惜，——這就是對於聖樂的一切惡習。我們曾經觀察到，或是因爲這種藝術的本性流動易變，或是因爲時代的興味和嗜好隨時改換，或是因爲戲院俗樂對於聖樂的不良影響，或是因爲音樂所引起的興趣不常走正軌，或是因爲對於聖樂的許多成見，——即使是一些誠心和有威望的人——死守不改，因此便常有要把聖樂引出正軌的傾向，使聖樂失去爲教儀效勞的宗旨。……我們因此視爲我們的第一種責任，申斥凡是在教儀上和教會敬禮上所有不合法定的惡習，都應視爲非法。……

聖樂既是合成教會盛典的部份，更分有教儀的共同目的。這種目的，在光榮天主，提高教友的精神，聖樂而且還是爲增加教儀外表的隆重。因此聖樂的歌調，在使後教儀經言原文的拉丁語，加增感人的效力，使能容易動人的心。既是這樣，聖樂便該具有教儀的特性，在結構上表示聖善。」

聖樂因此該是聖樂，不能跟俗樂相混，更不能把聖樂變成了俗樂。在聖堂歌唱的人，也宜除去俗氣，衣冠宜整，男女不相混。吵雜叫囂的鑼鼓，更該摒在教堂以外。聖樂的歌調，宜合於藝術，含有精神的高尙美性，歌辭純潔，協於樂譜；不宜重覆多回，以後慢聲委靡，有失尊嚴。

庇護第十不但是說明了這些原則，在「自諭」的第二部，詳細規定了實際方法。諭令各區主教，組織教區聖樂委員會，提高修院的音樂教育。羅馬各大聖堂，首先改革樂譜，作全球教會的模範。教廷聖樂學院宜加整頓，培植音樂人才。

十二月八日，又手諭羅馬代理主教肋斯畢智樞機（Card. Respighi）著令認真執行上月改革聖樂的諭令，次年四月二十五日頒佈額韻經本，通行全球，以求劃一。

庇護第十並不是反對近代音樂要加禁絕。也並不是主張在聖樂上，只用「額韻」。他所禁絕的，是在教堂內歌唱絕無宗教意味的俗樂。墨里德瓦樞機曾述庇護第十「批評一些固執的人，願意走向極端，把凡不是純粹額韻的音樂，都除在音樂以外，教宗說這是一種過激的怪性。」㈢

註：

（一） Teodoro Onofri-Pio X nei ricordi di Lorenzo Perosi見" Osservaotore Romano." 一九五一，七月二十七日 F. B. Felicini-Gliottanta anni di Perosi. 見"Il Quotidiano" 一九五二年十二月二十三日。

（二） Pii X v. I. P. 75-87.

（三） Mery del Val-Pio X. P. 83.

二三、制定法典

庇護第十登基，國務院政務次長嘉斯巴里總主教（Mgr. Pietro Gasparri）入見奏事。教宗問：

「政務部現在有什麼工作？」

「聖父，於今是該編纂教會法典的時候了！」

「這事有可能嗎？」

「聖父，可以辦到！當然是一樁難事；但是爲聖教會有無限的利益。」

「好罷！那麼我們就辦，即使我們不能親自頒佈這冊法典，我們的繼任人，一定可以頒佈。」

「不！聖父自己得頒佈這冊法典，我們大家一面求天主，賞賜聖父能夠享有前兩任教宗的高壽，一面盡力趕緊編纂，務使這冊法典稱爲庇護第十法典。」

教會現行法典的編纂，就在這一次談話中決定了。消息傳出後，各方都懷疑事情能否成功，巴黎教會大學法律教授瑪尼（Many），連作兩篇演說，說法典的編纂，必要徒勞無功。

但是庇護第十不是見難而退的人，嘉斯巴里更是計劃編纂，已經多年。一九〇四年五月五日，教宗頒佈詔書，諭定編纂法典，任嘉斯巴里爲主持人。

嘉斯巴里生在一八五二年五月五日，故鄉在義大利中部烏西大山村（Ussita）。父母以畜牧爲業，二十五歲陞司鐸，繼續考有哲學、神學、民律和教律博士，任羅馬傳信大學法律教授，從法律名家墨爾德樞機（Mertel）遊，充秘書。因著墨爾德樞機的介紹，教宗良第十三派他爲巴黎教會大學法律教授。在法京住了十九年，升爲教廷駐祕魯大使，後四年，調任教廷國務院政務次長。在巴黎執教時，他的法律著作，已經名聞法律界。

這位法學家，爲人梗直，少言笑，舉止不拘儀節，但是他的觀察力極強，意志剛毅。庇護第十登基，他便看到新教宗勇於辦大事。他平生編纂法典的抱負，可以因著這位教宗去實現了。

公教法典的編纂起於克拉濟亞諾（Gratianus）。克氏在十二世紀時，以私人名義，編纂了一部教會法令集成，後來竟成爲大家公認的法典。他以後又有五重新法令集成，都編於十二世紀和十三世紀之交，一二三四年教宗額我略第九，以聖賴孟多爲主編，總收以往的法令，編成了後代著名的《額我略法令集成》，以後的三世紀，又附加了四部增訂集。十五世紀後，再沒有新的法令集成了，教宗格肋孟多第八雖曾預備編纂，然而沒有實現。後代教宗則只是繼續頒佈法令，因此造成了教務行政上一種很大的困難：「因爲第一，不能知道清楚，現在實行的法律，究竟有多少。第二，有些法律，在當日頒佈時，很適合時宜，於今時勢變遷了，法律已難見諸實行，然不知究竟是否作廢。第三，前代法律有與後代法律相衝突者，不知該怎樣有合法的解釋。第四，後起的合理習俗，有與前代法律相齟齬者，不知究能發生習慣法的效力否。第五，對一些事件，法律沒有明文規定，則不知應若何定斷。第六，法律集成等書過於繁亂，檢討很不容易。」(一)

庇護第十，一生治理教務，親身經歷過這些困難。他知道教會的主教們，都希望有一種完備的新法典，遇事知道有所遵循。因此嘉斯巴里的建議，正中他的希望。他敏銳的眼光，也看出建議的人恰好是做這種工作的理想人物。

嘉斯巴里不是一個富於幻想的詩人，他研究法律，素重實踐。在建議編纂法典以前，他已估計一切的困難。後來在去世前幾個星期，參加世界公教法學會，他作了一篇演講，追述當日編纂法典的阻難說：

「誰也可以明瞭當日研究聖教法律的困難，而從以下所說的更可看的明瞭：一、《教宗上諭集成》，教廷各聖部與法庭的《法令和答案集成》，《脫弟騰公議會紀錄》，《教宗大事錄》，等書，僅以年代的先後爲標準，較古的《克拉濟亞諾法令集成》，則並此年代的次序也沒有。其餘的法令集成更多是殘缺不全，遺漏的法令很多。二、從教會法律的史料中去研究，也是收不得效果，反而常給研究工作添加困難，因爲或是與法律集成相重覆，或是史料與法令不分，未成的草案，而混於法令以內。三、各聖部的一些答案，雖然都是對於一局部問題而發的，而實際上多可引伸爲普通的法規。爲研究這些法規，須得費去許多工夫。四、對於一些事件，教會法律完全沒有規定，因此便當向羅馬法或法律家的意見去探索。……既是如此，真沒有方法，可以給教會法律下一界說，祇能像黎維物（Livius）稱羅馬法爲一些法令再上一些法令的大堆。」㈡

編纂教會新法典，就是要從這一大堆的法令再加法令裡，編出一冊有系統的法典，前代的法令，可存者存，該改者改，該加者加。庇護第十親自監察指示編纂的工作，一九〇四年，三月二號，他交給國務卿樞機，一個親筆寫的組織草章，草章上說：

「更好在第一次開會時，就決定以下數款：

（1）任命兩個副秘書，（人選可自嘉斯巴里指定），相幫嘉斯巴里蒙席，預備開會時的討論案，在嘉斯巴里不能出席開會時，代他出席。

（2）任命本城顧問。

（3）選派一位或兩位樞機，爲顧問會議主席。

（4）行文全球主教：A、請在該地選定一法律顧問，或派來羅馬，或與羅馬往來信件，表示意見。B、請指出教律上何者該與以修改，並表示該怎樣修改。

（5）決定每月樞機委員會開會次數，顧問會議開會次數。

（6）是否一切顧問，同時研究法典的一章，或更好每人分章研究，共同討論。

（7）囑咐應即開始工作，不要遷延，等候時機。」㈢

編纂法典的詔諭頒佈後，嘉斯巴里總主教任編纂委員會總秘書，巴車里蒙席（Eugenio Pacelli）（現任教宗任副秘書）編纂委員會分上下兩級，下級委員會由法律學者三十餘人組成，分甲乙兩組，每組每週集會一次。每組開會前，嘉斯巴里親作草案，先期付印，送發各委員。開會時，就草案討論，討論畢再付印，送交上級委員會。上級委員會，由二十五顧問組成，就下級委員會決定之草案再開會討論。開會時因人多，意見紛歧，每一疑難，常爭論一小時，後乃改爲書面討論。秘書長將下級委員會之草案，陸續寄送每個顧問，顧問在收到草案後，十五天以內，以書面就草案發表意見。秘書長收到顧問等的意見書，加以整理，移交下級委員會，再開會討論，第二次討論議決的草案，送交最高委員會審查，最高委員會由樞機數人組成，嘉斯巴里任該會秘書。樞機委員會審查草案，如有認爲該修改者，批交下級委員會修改，如遇有疑難，則呈請教宗指示。墨里德瓦樞機述說：

「當編纂工作進行時，有時遇到各方意見不合，很難決定該加的或該改的法律。因爲贊成和反對的，兩方都有理由；各處主教們的所表的希望，彼此互有衝突；羅馬的法律顧問，又堅持自己的主張，於是要緊特別加以考慮，庇護第十便用他自己素有的實際觀察力，按照所認爲最好的理由，公佈一道法令，作爲一種試驗。試驗的成績，在法典最後的草案裡，或者全文加入，或者修改，或者廢除。」(四)

這樣，一九〇八年，庇護第十創設教廷公報（Acta Apostolicae Sedis）在公報上，陸續公佈教諭組織法，教會婚姻法。

一九一二年，春天，全部法典草案經過了最高委員會的審查，庇護第十於三月二十四日，把法典草案頒發全球主教，諭令主教們或親自或委派法律學者兩人，就法典草案加以研究，研究後，呈報各自的意見。

兩年後，庇護第十駕崩，應驗他所說的：「即使我們不能親自頒佈這冊法典，我們的繼任人，一定可以頒佈。」

繼任人本篤第十五，在一九一六年十二月四號，召開御前大會，宣佈將頒佈法典。次年聖神降臨節正式頒佈。

這時嘉斯巴里已經作國務卿樞機了。

註：

（一）羅光—羅馬公教法學界泰斗嘉斯巴里　新北辰　民二十四年，十二月號。

（二）同上，並參考　Gli atti del Congresso internazionale Giuridico a Roma 1934

（三）Mery del Val-Pio X. P.94.

（四）同上。

二四、宗教教育

教宗良第十三，時人稱爲「天上之光」，他用「通諭」，訓誨全球教民。他的通諭，陳說學理，對於社會各種問題，指示途徑。老年時，滿頭銀髮，身高體瘦，白袍飄飄，望之有如天上降來的天使。他的理智，飛在人上；他的姿態，也不同於凡人；大家恭之敬之，然而覺到距離很遠。

庇護第十來自民間，喜與民眾接近，而且好講淺近的教義要理。登位以後，凡蒂崗宮乃有從古未見的一種奇景。星期日下午，羅馬百姓，男女老幼，魚貫進宮，集合在「達瑪索天井」裡，聽教宗講要理。庇護第十站在紅毯舖地的講壇上，用樸素的言語，向他們講道。這似乎回到上古聖教初興的時代，像如教宗聖良，聖額我略等，星期日在聖堂向民眾訓話。

教宗是羅馬城的主教。庇護第十便認爲自己有向教民講解教義的職責，而且願意天下的主教司鐸，都感到這種責任心。一九〇五年四月十五日，頒佈「痛心」通諭，督催加強宗教教育。㈠通諭上說：

「人們的意志，因著原罪的餘毒，忘記了天主，一心愛虛假，求荒謬。這種意志，既走入歧路，又被慾情所蒙蔽，要緊有一個領導者，指給他正路的方向，引他到所拋開的正義大道。這個領導者，乃是我們的心靈。但是這個領導者，自己看不到光明，不認識天主，那就要像盲者引盲者，一同掉入深坑！……

耶穌的教義，乃唯一的教理。祂給我們宣講天主，宣講天主的德能。祂所講的超過我們理智所可想的。……耶穌的教義，乃唯一的教理。祂給我們宣講人的尊高品位。人是天主的義子，人的歸宿，是在永遠同天主幸福地生活。因著這種品位，基督乃教訓人應該彼此相愛如兄弟，在世上生活著，應配稱爲光明之子，不該在飲酒作樂，淫逸放恣，好辯鬥爭中度日子；應該加惠於人，且該加惠仇敵；應該把精神利益看在暫世利益以上；應該看重謙遜，作爲真正光榮的根基，抑制驕傲。

就是這種教理，教給人們以精神的智慧，使不落於肉慾的假慧。……因此只有耶穌的智慧，可以給我們心靈上一種光明，使易於求到真理。也給我們意志一種熱情，叫我們的心靈，舉向天主，藉著修德行善，同天主相結合。」

那麼使教民受宗教教育，明瞭信仰的教義，即是給他們該有的生活指導。現代歐洲社會所以遠離了宗教，即是因爲教民多不認識自己的信仰，教會的負責人應該盡力補救。庇護第十在通諭裡規定：

「在每主日（星期日）和聖節日，——沒有例外——本堂司鐸應該用一點鐘，給兒童們講解要理。

在堅振和初領聖體以前，兒童應該有一期特別的教理訓練。

在每個本堂區，應正式成立教理會，在司鐸少的本堂區，應借助教友作教授要理員。

在各大城市，城中有大學或中學，爲學生們應組織教義班，講解信仰上的真道，以助成宗教訓練。」

這些條文，後來都收在新法典裡，成了教會通行的法律。

在一八八九年時，義大利主教在畢亞淺匝（Piacenza）舉行全國教理教育會議。庇護第十那時任滿杜亞主教，因爲視察本區教務，沒有前去參加。他給教理教育會議寄去了一篇演辭，建議大會上書教宗，講求頒行劃一的教理本。良第十三接受了這種提議，但沒有付諸實行。庇護第十便指派了一個委員會，編定義大利教理本。一九一二年十月十八日，手諭羅馬代理主教肋思畢智樞機頒佈新教理本，著令採用。手諭說：

「從我們開始任教宗時，就特別注意教民的宗教教育，尤其是兒童們的宗教教育，因爲我們相信，今日教會所遭遇的困難，多是因爲人們不明教義，不識教規。……

我們乃將舊日的要理本，加以修改，編成一種新縮本，親自加以審查；且令義大利全國主教，也各自審查一遍，表示對全書的意見，又按每人的經驗，指出該修正之點。既然各位主教，都贊成這種要理本；而且我們又令按照他們可貴的指示加以修正；我們認為不必再等了，可以用新要理本代替舊本子……」(二)

新要理本，後來譯成了他種語言，直到現在還是教會要理的標準課本。

註：

（一） "Acerbo nimis" Acta Pii X VII. P.69-84.

（二） Acta Apostolicae Sedis 1912. P.690.

二五、社會問題

教宗良第十三在一八九一年五月十五日，頒佈「新事故」通諭（Rerum Novarum），討論勞工問題，指示解決問題的原則。「新事故」通諭成爲現代公教社會事業的大憲章。

庇護第十生於寒家，在農村管過本堂，在工商繁盛的威尼斯當過主教，一生與貧民相接近。他對於社會問題，有親身的經驗。登教宗位後，繼續良第十三的精神，指導當時公教界的社會事業。把發生的幾種糾紛，明正地予以處置。

義大利當時的公教社會事業，因著政府與教廷的特殊關係，公教界人士，內部發生糾紛，義大利政府攫取了教宗的國土，那時兩方還沒有簽訂和約，維持一種交戰狀態。教廷不承認義大利政府，禁止義大利公教人參政。但因爲公教人士不參政，義大利政府被馬松黨人所操縱，而且社會主義在社會上極力活動，吸引有血性的青年。公教從事社會事業的人，乃有一派主張把「公教集會工作」的組織，改爲「基督民主」集團，正式作爲政黨。另一派則主張保留「公教集會工作」的宗教性，從事社會活動。兩派相持不下。主張組織政黨的一派，多屬激進青年，思想不純，因遇到教廷的阻難，乃倡政治脫離倫理，教民組織政黨完全不受教會的干涉。

庇護第十在登極後的第四月，（十二月十二日）給義大利主教頒佈「基督人民運動」通諭(一)。把前教宗良第十三的社會原則，作一摘要，歸爲十九點，裡面是：

1. 社會按天主所定的，由各不同的份子構成。以人爲的方法，勉強使社會上的人，完全一律平等，決不可成，而且那就是摧毀人類社會。
2. 社會上的人，他們所有的真正平等，在於都是天主所造，都是愛耶穌聖血所救贖，日後都要同樣受天主的審判。
3. 因此，社會裡有治者和被治者，有貧富智愚，有僱主勞工。這種階級並不反對天主所定的天理。但各種階級應以愛德，互相聯絡，互相扶助，以達到人生的目的。
4. 人對於物質，不僅是有享有權，也可以有私產所有權。
5. 私產權爲人性的權利，由人的勞力所造成。但是私人應該合理處置自有的財產。
6. 爲減少勞資雙方的衝突，便該極力維持正義。凡相反正義的事，都宜加以糾正。
7. 勞工在正義上的義務，在於遵守自由訂立的工約。爲爭取自己的權利，不宜採取暴力。
8. 資方在正義上的義務，在於償給公平的工銀，勿攫取或騙取工人的儲蓄，給與工人以信仰的自由，不加重超過體力或年齡性別的勞動。

9. 愛德的義務，要求資方接濟貧苦的工人。

11. 勞資間的結社，如工會，如保險等制度，可以協助解決勞資兩方的糾紛。

12. 「基督人民運動」或稱「基督民主運動」，所有的目的，在按照公教教義的倫理原則，從事社會事業，因此不能違背教會神長的指導。

13. 「基督民主運動」，不宜干與政治，不能爲政黨所利用；只在按照福音的原則，爲人民服務。

19. 公教作者在維護勞工的權利時，不宜使用過激的言詞，使勞資兩方，懷恨積怨。公教作者，應記住耶穌願人類彼此相親相愛。

次年，一九〇四年六月十一日，又頒佈通諭，重申上次的訓令。但是義大利主張從政的教民，由教士慕里（Romulo Murri）的引導，公然反對教會神長，不接受教宗的指示。庇護第十於同年七月二十八日，函諭義大利主教，解散「公教集會工作」的組織，同時加強義大利的公教進行會，使已經組成的青年部，多有發展。因此義大利日後宗教性的公教進行會，和基督民主運動，分道揚鑣，基督民主運動近年組成政黨，指揮義大利政治。

法國公教社會事業，結成「西翁」組織（Sillon），提倡教宗良第十三的社會原理，很有成績。後來這種組織採用法國革命的標語：自由、平等、互愛，在解釋上，離開公教學理，竟至主張廢除治權，廢除資產階級，廢除學術界；人民全體在政治經濟學術上，一律平等。庇護第十乃於一九一〇年八月二十五日，向法國全國主教，頒發通諭，㈡痛駁這種謬說，責爲反背教理，擾亂人心，驅使勞工受人宰制。「西翁」因此瓦解。法國公教社會事業，另有新興組織。

德國的公教社會事業，也因著一種特殊問題，發生糾紛。德國的天主教民和基督教民，互相雜居。西德天主教教徒較多，東德普魯士，基督教民較盛。德國公教社會事業的組織，於是發生純公教組織和聯合基督教組織的爭論。在天主教民較多的西德，公教人士主張聯合基督教人共同組織，在天主教民較少的普魯士，公教人士主張單獨組織。庇護第十於一九一二年九月二十四日頒佈通諭㈢，諭令公教社會組織，應取純粹公教組織制。通諭上說：

「我們毫不遲疑地聲明：每一個公教人，無論在私人生活上，在政治社會上，第一種該盡的義務，應是堅決地，公開地服從教會對於人生所講的原則，毫無畏懼。」

這就是「因著基督整頓一切的原則」。不但在社會事業上，在一切的事業上，庇護第十的主張常是一貫，絕不妥協。

註：

（一）"Azione popolare Cristianae" Acta Pii X. VI. P.117-125.

（二）"Notre Charge' Apostolique" Acta apostoalicae Sedis. V.II. P.607-633.

（三）"Singulari Quadam Caritate." Acta Apostolicae Sedis. V.IV. P.657-662.

二六、法國政教之爭

庇護第十不妥協的精神，在法國的政教之爭，表出光芒萬丈。他「柔而立，彊而義」的德性，使法國反對教會的人，也對他表示佩服。

路易拿破崙失敗後，法國第三共和政府出現。法國公教界的名流，多傾於王室，不願與共和政府合作。教宗良第十三，因爲義大利馬松黨人不能與教廷言和，乃謀與法國政府接近，暗示法國教民，放棄帝制，改向共和。㈠法國政府終教宗良第十三的一生，在國交上，對於教宗常表敬重；但在內政上，一意貫徹反對宗教的政策。

一八八二年，三月二十八日，法政府取締教會私立初級學校，禁止宗教科目。

一八八四年七月二十七日，法政府頒佈婚姻法，採用反對教會婚姻法的法規。八月十四日，廢除國會開會時的祈禱儀式。十二月二十九日，禁止教會社團置有產業。

一八八六年十月三十日，禁止修會修士擔任教職員。

一八八七年七月十五日，下令司鐸一律服兵役。

一九〇一年七月一日，頒佈人民有結社自由之法律，同時卻禁止自由設立修會，修會應有國會的認可。

一九〇三年三月，國會拒絕討論認可五十一個男修會和九十一個女修會的法案。

一九〇四年七月七日，禁止修會辦理教育，又令專辦教育的修會，於十年內應自動解散。(二)

這一連串限制教會自由的法令，愈來愈緊，越走越兇。教會的權利幾乎盡被剝奪了。庇護第十登位後，過了四個月，即於十二月二日，親筆函法總統魯白（Loubet），慨嘆成千的法國修士修女，被迫奔往外國，修會要求合法的認可，議會竟拒絕討論。這種趨勢，不但是預備政教分離，而且必要使法國喪失遺傳的宗教特性，社會人心更將浮動，減低法國的國際聲威。教宗在信上最後說：

「萬一不幸，假使這種預料竟成爲事實，我們雖然痛愛法國，有如痛惜教會的長女：但我們剴切聲明：聖座若被逼到這種極端時，對於自己的職務，對於自己的神聖使命，凡是環境所要求的一切處置，聖座必不失責。至於那時可以產生的結果，應由他方，獨負其咎，聖座只深信法國教會保有自存的發育。」(三)

法總統等到次年二月十七日，纔作答覆，滿紙虛辭敷衍，說是按據法國憲法，總統不能干預政府政策。

過了兩個月，四月二十四日，法總統魯白忽然正式來羅馬，回拜義王。從庇護第九在一八七〇年喪失國土後，教廷不容忍別國元首來羅馬訪問義王，因為這是無形中承認羅馬作義王的首都。一九〇三初夏，各方紛傳法總統將來羅馬答拜義王的訪問。良第十三的國務卿，訓令教廷駐法大使，照會法國政府，若法總統回拜義王，不來羅馬，選定義國另一城市，作會晤地，教廷可不抗議，若來羅馬，教宗必將抗議，且將拒見法總統。

在那一年，法總統沒有來義大利。

次年四月，法總統竟來了，而且來羅馬拜會義王！號稱教會長女的法國，竟正式公開地侮辱教宗！素來責備義王併吞教宗國土的法國，今日隆重地承認羅馬為義王的首都！莫非法國政府，以為良第十三的繼任人，不會繼續前教宗的政策，向他們抗議嗎？四月二十四日當天，教廷即向法政府提出書面抗議，且訓令教廷駐外使節，把致法政府的抗議書，轉知各駐在國政府。法國境內的摩拉哥小獨立國的攝政王，把消息透露給巴黎「人文報」（L' humanite'），五月十七日，該報披露教廷抗議書全文，又載教宗有意撤回駐法大使。五月二十日，法國駐教廷大使尼撒爾（Nisard）面見國務卿墨里德瓦樞機，以法國國務總理名義，質問「人文報」的消息，是否屬實，請即當面答覆。墨里德瓦樞機請法使作一書面公文，教廷即以書面作答，法使謂時間已迫，不閒作書，墨里德瓦不願口頭答覆，尼撒爾拒絕用書面公文，法政府遂藉口教廷不答覆質問，下令大使回國。法使離羅馬前，聲明回國，並非絕交，法駐教廷使館將由代辦主理。

這時法國拉瓦教區（Laval）的熱益主教（Mons. Geay）和提雄教區（Dijon）的德諾爾特主教（de Nordez），受了教廷的責問。熱益主教在前教宗良第十三時，因品行不端，教廷促他辭職。德諾爾特主教則因思想不純，屬下司鐸不願再受他的節制。庇護第十下令，著兩主教來羅馬，聽候處置。法國務總理龔白（Combes），忽聲明教宗沒有權力，直接管理法國主教，兩主教不必赴羅馬。墨里德瓦照會法國政府，說明兩方所訂的條約，沒有這類的條文，況且教宗直轄主教的教權，屬於教會的本質，決不能讓與他人。但是法國政府，仍舊逼迫教宗收回成命，以任命和廢除法境主教之權，屬於法國政府，教廷堅持不可。法政府於一九〇四年七月三十日，乃與教廷絕交。逼迫教廷駐法大使即日離開巴黎。教廷公佈一白皮書，敘述一切經過。

次年十二月十一日，法國國會通過政教分離法，沒收教會財產，全國教堂充爲國有。一時巡警稅吏，橫行全國，衝入法國六萬教堂，把堂內席捲一空。鄉間教民紛起自衛，通國騷然。庇護第十於一九〇六年二月十一日，向法國頒佈通諭，嚴重抗議。㈣

在頒佈通諭的前一晚，庇護第十入聖伯鐸祿殿，在聖伯鐸祿的陵墓前，跪禱良久。次日，向國務卿樞機說：「我們一眼看著十字架上的耶穌罷」！

眼睛看著耶穌，他深知自己的職責，世上的威權，不能叫他膽怯。教宗在這封通諭裡，措辭的森嚴，不可復加：

「我們抱著我們宗座的職責，深知我們負有嚴重的任務，爲維護教會神聖不可侵犯的權利，使這種權利，完整無損，能夠抵抗任何的攻擊。因此我們對於法國的政教分離法，應嚴加申斥，予以譴責。這種分離法，既重重地侮辱了天主，承認國家不敬奉天主的謬說，又違背性律，毀壞國際條約，侵犯教會的神聖組織，掠取教會合法取得的財產，這種財產，且有雙方條約的保障。政教分離，也輕侮教廷的尊嚴，凌辱教宗本人，侮辱全法國的主教。

因此我們正義填胸，盡力抗議。凡是關於這次政教分離法的起草、投票、公佈，我們都嚴重予以抗議。我們同時聲明，這種法律，絕對不能束縛教會不能割棄的權利。這種權利，將永存不變。」

法政府似乎認爲這種抗議，在理論上教廷不能不說；在實際，不能阻止法政府法律的效力。法國教會既弄得一貧如洗了，以後的生存，不能不仰給政府。法政府乃頒佈宗教儀禮社團組織法，凡加入這種社團的宗教團體，可領政府的津貼，因而便受政府的統制。法國公教界意見分歧，有人主張參加，有人主張拒絕。一九〇六年五月三十日，法國全國主教在巴黎開會，一致議決不接受政府的宗教儀禮社團法。大會委派代表，往報教宗。教廷各部人員，有以爲這項決議，足以毀滅法國教會，寧可暫時妥協，庇護第十靜默不言，長久祈禱。到了八月十日，乃向法國主教頒發第二次通諭，㈤諭令拒絕法政府的宗教儀禮社團法。教宗說：

「若要別樣做，那就是出賣我們的職責，預備法國教會的喪亡！」

「可敬的神昆們，爲你們於今沒有別的生路，只有著手研究按照民法所給每個國民所有的權利，籌備教儀的費用。在這樣重大的事情上，我們一定不使你們空望我們的接濟，肉體雖遠，我們的心靈同你們常在一起。我們要盡用我們的權威，爲幫助你們，扶助你們。」

法政府總理格肋孟梭（Clemenceau）向國會演講說：「我們預料到一切的事，就有預料到庇護第十竟拒絕了宗教儀禮社團！」法教育部長白里安（Briand）爲政教分離法案向國會的提議人，曾五次託人向教廷轉送宗教社團法，希望教宗接受，庇護第十五次加以拒絕。白里安以前曾宣言教廷必定妥協，因爲「必不能拒絕四萬萬法郎的教儀費。」庇護第十竟一手拒絕了。而且在一九〇八年十一月十八日，又勸告法國主教們：

「一些政客爲奴役教會，他們故意獻些錢，爲減輕你們的飢餓，爲減少你們的痛苦；你們一概不要接受，一分也不取。在你們的憂苦中，雙眼緊望著耶穌。」㈥

法國的主教神父，一致服從教宗的指導。自動退出主教府，退出本堂司鐸住宅，住在貧寒的民房裡。

一九〇六年二月二十五日，教宗爲表示直接管轄法國主教，也爲表示同法國教會緊相連接，親自在聖伯鐸祿殿祝聖新任命的十四位法國主教，後兩天，教宗接見十四位新主教，向他們訓話，指示他們在那種環境裡該有的精神。

「……我囑咐你們在最近的法國主教會議裡，對於一切問題，發表你們的意見時，你們應該注意以下幾點：

1. 效法耶穌的精神，撇開一切人情的顧慮。
2. 記住生來是爲爭鬥的。我來不爲妥協，是爲提刀攻擊。（聖經語）
3. 考慮法國完善的公教人的意見。
4. 保全正義的原則，維護教會的權利。——即是天主的權利。
5. 不單要記住天主的審判，也該記住全世界的輿論。假使你們有缺於你們的職責，你們對於全世界輿論，也要負重咎。

我最後告訴你們，我心裡真羡慕你們的境遇，我很想同你們一齊去分受你們的痛苦，分受你們的憂慮，爲的常在你們身邊，可以安慰你們……」㈦

一九〇九年四月，教宗又爲表示自己反對法國政府的法令，並不是不愛法國，因此舉揚法國的民族英雄若翰納，列入聖品。法國教民四萬，來羅馬參與列聖品的大典。四月二十日，教宗接見他們，作訓話說：

「……對於那些誣告教會爲民族仇敵，一心向教會宣戰的政客；對於那些結黨營私，以魔鬼的仇恨侮辱教會的狂人；對於那些用巧辯欺騙民眾，以教會爲自由和文明進化的阻礙，自稱學者的學術冒牌人；你們常可以慷慨地答覆他們，說明公教教會，今日統治全球教會，爲人心的主人，爲耶穌基督的淨配……」㈧

教會不怕反對人的誣告，也不畏政權的攻擊。法國的天主教會，拒絕了四萬萬法郎的津貼，在貧苦中。它的精神更純淨了，更超性化了。法國政府，漸漸地被迫著往後退，逐漸修改了限制教會權利的法律。今年庇護第十列登聖品，法國全國主教會議，組織全國朝聖團，到羅馬參加列品大典，敬禮聖庇護第十爲法國教會的再造人。

義大利在第一次歐戰時的首相奧龍提，曾評論這次法國的政教之爭，他說：從法王路易十四，拿破崙第一到法國務總理龔白，常是爭著統制教會。惟有庇護第十收回了法國教會的整個統治權，完全不受法國政府的束縛。爲爭取這種自由，他犧牲了幾萬萬的法郎，但是所得的，遠遠超過了所付的代價。㈨

註：

(一) P. G. Monetti-Leone XIII. Roma 1937. V.II. P.119.

(二) René Bazin-Pio X. P.187.

(三) René Bazin-Pio X. P.190.

(四) "Vehementer Nos" Acta Pii X. V.III. P.35. sy.

(五) "Gravissimi Officii Munere" Acta Pii X. VIII. P.181-185.

(六) Acta Pii X. V.IV. P.306.

(七) Mery Del Val-Pio X. P.50.

(八) Acta Apostolicae Sedis. V.I.(1909) P.410.

(九) Orlondo Emanuele.-1 mieirapporti di governo con la Santa Sede. Milano 1944. P.12.

二七、時髦主義

法國政教之爭，正爭得最激烈時；教會內部發生了一種思想戰，來勢的兇猛，似乎要推翻教會兩千年的信仰。庇護第十在這種思想戰爭裡，大顯他的果敢精神，因著他的果敢，不妥協，終歸於把來攻的思想，打的落花流水，連根斬斷。這種被斬斷的思想，即是那時風靡一時的時髦主義（Modernisme）。

十九世紀的末葉，歐洲的思想界，已經跑過了科學萬能的迷夢，研究哲學的興趣，重新復起。教會的修院和大學，因著教宗良第十三的提倡研究哲學，青年的司鐸們，有的可與當代的哲學家並駕齊驅。在這班青年司鐸哲學家中，有人想把當時的科學思想，溶貫在教會的神學裡，造成一種新的宗教哲學。他們的宗教哲學，便造成了時髦主義。

這派學者，他們第一主張宗教學術的研究，宜採取現代科學方法。對於聖經，宜用最新的考據學；對於教義，宜用最新的心理學；對於中古的士林哲學，宜加用現代的哲學思想。但是結果，他們不但是錯用了現代的科學方法，並且錯用現代的學術思想，誤解了教會的教義。

聖經考據學，最初由誓反教人發起，多用為攻擊公教。公教學者因著這種刺激，乃急起直追，用考據攻誓反教的考據。結果公教的聖經考據學駕乎誓反教以上。但是在公教學者還沒有收得成效以前，時髦主義派的人，捧著誓反教的聖經考據，認為科學方法所得的金科玉律，他們也就以聖經所傳的耶穌，作為初期教民的信仰心理所造成的耶穌，與歷史不符。於是他們便把耶穌分成兩人：一個稱為歷史的耶穌，一個稱為信仰的耶穌。

宗教信仰，在他們的看來，按著現代心理學的主張，該稱為人心的一種無意識的感覺。信仰不屬於理智，也不屬於意志，乃屬於一種特別的感官，處在人心的隱密處。人的信仰，不能用理智去解釋，也不受意志的支配，只是一種盲目的情緒。人與神相交時，人在內心感到神的存在，他覺得自己面對著神。可是這一切不能用言語去形容。

信仰若是人心的一種最深的感覺，宗教信仰便是每個人切己的私事，用不著教會的組織，不必有一定的宗教儀式。更不能有一成不變的教義。

大家可以看到，按著這種主義去講，公教教會要連根被推翻。聖經被撕碎了，教義被抹殺了，教會的組織被拆毀了，那還有甚麼公教會呢？

時髦主義的學者，當然不這樣打開窗子說亮話。他們用著迷人的言語，假著學術的外衣，在各種動人聽聞的文章裡，夾雜著這些學說。那時法國有羅雅思司鐸（Loisy），英國有戴肋爾司鐸（Georgo Tyrell），義大利有波納友提司鐸（Bonaiuti），德國有者白（Gebert）、史尼增（Schiutzer）等人，作爲這種主義的代表，學名鼎鼎，有風偃眾草之勢。㈠

庇護第十在威尼斯時，已經很擔心這種思想的影響，在視察教務時，特別注意本區司鐸的思想趨勢，既登教宗位，立時留心時髦主義在各國的情形。剛過了四個月（一九〇三年十二月十六日），下令申斥羅雅思，驅逐他於教會以外，教廷教義部即開始收集時髦主義各方面的材料，研究他們的思想系統，預備整個地加以禁絕。

一九〇七年四月十五日，教宗召開御前會議，訓話時，沈痛地聲明時髦主義的惡毒，乃是一切裂教的總合。教宗說：

「……你們看的清楚，我們維護天主託給我們的遺產——教義，我們應該竭盡智力。因此我們不能不焦心憂慮，看著這種思想的攻擊。這種攻擊，不是一種裂教的攻擊，乃是一切裂教的總合，含有一切裂教的毒素，它企圖連根掘翻信仰的根基，消滅耶穌的教義。」㈡

七月三日，教義部頒佈部令，禁絕六十五條主張。㈢這六十五條主張，都是摘自時髦主義。全歐輿論，一時嘩然，同情和支持時髦主義的人，憤憤不平，一則說教義部的部令，淺薄無據。所禁止的主張，既係顯然違背教義的思想，絕不是時髦主義的主張。再則說教廷取締思想，束縛學術界的自由，頑固不化，阻礙文明進步。

八月底，時髦主義的巨頭，義大利公教小說家福加匝洛（Fugazarso），民主政治運動主腦人慕里，以及波納友提和法國色巴提葉（Sebatier）等，聚會於義國北部哥莫湖畔（Lagso di Como）。羅雅思和戴肋爾俱派代表參加。會議的結論，認爲庇護第十來自鄉間，不識學術，誤解了他們的思想，徒招人的訕笑。

但是，九月八日，庇護第十頒佈了「牧主之羊」通諭。㈣時髦主義的信徒都瞠目不知所對，這次不能說教宗不懂他們的思想了。

爲預備「牧主之羊」通諭，庇護第十後來告訴威尼斯修院神師說：「第二部份是我自己親筆寫的，第一部份是由三個人預備的。三個人中有一個是時髦主義派，免得人家批評通諭裡所說時髦主義，是我們所捏造的。」

通諭的第一部份，詳細述說時髦主義在哲學上和神學上的主張，據理辯駁，第二部份條陳這種主義的源由，指定預防和剪除的方法，加以禁絕，通諭長至九十三頁，在歷代教宗的文件裡，可算爲最長的一種。

時髦主義的學說，有三個立足點：一、懷疑論（Agnosticisme），二、內心論（Immaneutisme），三、進化論（Evolutionalisme）。

懷疑論以人的理智力，不能超越現實的現象以外。感官以外的對象，或有或無，人的理智不能知道。即使有，人的理智也沒法認識這種對象的本性。宗教所信仰的神，爲一種超乎感官的對象，人無從知道神的存在。宗教的神學，不能有學術的價值。

可是信仰一事，不能因此便視爲幻想。一切的人，內心常感到一種信仰的需要。這種信仰的需要，不能用理智去解釋，只能說是內心的一種宗教感。宗教信仰既是內心的感覺，宗教信仰更是一種宗教情感，情感屬於主觀，因此信仰也是每個人主觀的感覺，沒有所謂客觀的信仰，那麼便沒有信仰的教義了。

信仰既是主觀的，主觀隨人隨時候而變；信仰便有隨時代的進化。教會所有的教義，不是客觀不變的真理，乃是教徒的主觀宗教感情的結晶。主觀的宗教感情有變動時，它所結晶而成的教義，也隨著有變動。教會謂神的啓示，即是人內心的宗教感，直接與神相接時的感觸，更不能說是千古不變的超性真理。

教徒的宗教生活，不宜用外面的儀式或經文作表示；外面的表示，多屬虛文僞儀。宗教生活應該完全蓄在內心，在於內心的宗教情感與神相接合。

庇護第十在通諭的開端，便痛惜這種思想的主動人，沒有公教的學術修養，僅僅喜好外間新奇的學說，有志復興教會的學術，結果反爲摧殘整個教會。最可痛心的，是這些人都是公教的信徒，或是司鐸，或是教友。他們在講論學術時，從不知道研究教會以往的學術遺產。教會對於懷疑論，在「凡蒂崗公議會」時，已經予以明瞭的辯駁，而且已經明令禁止。

庇護第十乃逐條把時髦主義的主張，舉出錯誤，說明與教會學理的衝突點。

人的理智超乎感官。感官的對象，爲現實的現象。理智的對象，爲現象以上的觀念和概念。人由具體的現象，能夠推論抽象的理論。因此人由宇宙的萬物，能夠推到天主的存在。所以「梵蒂崗公議會」規定，誰若說藉著受造的事物，人的理智不能確實知道一位造物的天主，即該受棄絕。(五)

創造萬物的天主，必定不能跟造物站在同一的平線上；不然就不能是創造者。人是同萬物站在本性界，天主則立在超性界，本性界和超性界，一下一上，互相分離，不相衝突。因此，天主用聖寵提拔人到超性界，用啓示訓告人超性的事理，並不是摧毀人的理智。所以信仰和理智，不能互相衝突。

懷疑論既不能成立，內心論更不能解釋宗教信仰。天主是一實有體，實有體不會隨著每個人的感覺而變換。宗教生活，爲人的生活的最高部份，決不能是一種盲目無意識的感情生活，宗教生活，基於信仰，信仰是理智和意志的活動。

進化論只可以用之於宗教的一部份外在的組織。例如公教的宣傳，公教的儀式，公教的學術，由簡而繁。但是對於信仰的本體，進化論則不能適用。公教教會是由天主自己所創立。關於信仰，關於內部的組織，天主已經決定。天主所定，人不能任意改變。因此聖經和教會，都源之於天主。若是把聖經和教會看成純粹的人造物，那就推翻了公教的根基，教會已經不是天主耶穌所立的教會了。

庇護第十在九十三頁的通諭裡，對於時髦主義所有的主張和結論，層層分析，細加辯駁，最後諭定全球教會的主教司鐸，在接受各種職位之前，都該宣誓，痛絕時髦主義。大學和修院的教授，學年開始時，也同樣宣誓。

戴肋爾本人，一九〇七年九月三十日，在倫敦泰晤士報發表一篇文章，表示自己對於這封通諭的印象說：

「時髦主義者，沒有人以這封通諭爲奇事，所奇的，則是這封通諭所表示的勇氣和誠實。這封通諭不用素來的外交式和雙關式的辭句，很明瞭地把士林哲學的辯證所有的結論，暴露於全球。」

於今不能再有雙關的騎牆教徒了！信從時髦主義，就不信公教信仰；信從公教，就不信時髦主義。庇護第十還怕通諭所指令的不太明顯，又於同年十一月十八日，頒發一封「自諭」，聲明今後凡有教徒，繼續信從時髦主義者，即自遭棄絕，摒出教會以外。

時髦主義的主動人，繼續怒罵庇護第十爲頑固，爲愚昧；可是他們被迫著天天往後退，看著信從的人減到幾乎絕跡。到庇護第十去世時，來勢極兇的時髦主義，已成了思想歷史上的陳舊品了。本篇第十五因此可以減輕防閑這種思想的條例。

註：

（一）E. Magnin-Un domi-siecile de pensee Catholique. Paris 1937.P.50- 62.

（二）Acta Pii X. v.IV. P.268.

（三）"La mentabili"Acta Pii X. v.V. P.76.

（四）"Pascendi Dominici Gregis."Acta Pii X. v.IV.

（五）Concilium Vaticanum. Can. I. de revelatione.

二八、激勵聖職人員

在時髦主義的思想戰裡，庇護第十最感到痛心的，是這種主義的主腦人多是司鐸。這班人，在教宗禁絕時髦主義以後，他們不願捐棄自己的私見，寧願脫離教會，終身作教會的叛徒。同時，有的司鐸們，缺乏愛德，捕風捉影，指驢爲馬，誣告同輩爲時髦主義者，尤以義大利爲甚，全國教會，一時騷然。

一九〇八年庇護第十，舉行晉陞司鐸的金慶，乃乘機向全球的司鐸們，公佈一勸告書。

(一)

那時正是七月天氣，教廷聖部已開始暑假，教宗抽出暇時，每天慢慢草寫這封勸告書，每早把所寫的草稿向國務卿誦讀，詢問意見。墨里德瓦樞機述說：

「那封勸告司鐸書的妙文，教宗於一九〇八年八月四日頒發，爲紀念自己的晉鐸金慶，可作爲司鐸修德的正確的完善指南。勸告書的全文，由教宗抽暇親筆寫成。大約費時十五天。每天慢慢的寫，每天向我念著，叫我加以指點。這封勸告書眞是由他那一顆大心裡流露出來的。」(二)

庇護第十不用教宗發令的口式，向司鐸們下命，他用父親的口氣，向神子司鐸們訓話。教宗知道全球有許多德表可欽的司鐸，心中引以爲幸，但他知道有些司鐸，不足爲人德表。教宗特別願意勸告這些人：

「向這輩人，我們用這封書，開懷瀝陳我們的心情，有如一個父親，看見兒子抱病，滿心憂急。因著這種熱切的愛情，我們願意在主教們的勸告上，加以我們的勸諭。這些勸諭，雖爲招回走入歧路的人，爲警醒癱瘓不動的人，但我們希望對於其他的人，也可以有所激勵。」

庇護第十作司鐸已五十年了，經歷了教會的各種職位，他知道一位司鐸應當怎樣纔真正配稱爲司鐸。真正司鐸的條件，即在於是有聖德的人。

我們希望在這一點上，「務當以昨死今生之精神，易以新我。新我者，按天主之典型，依仁義之真諦而締造者也。」（致伊法所人書　第四章第二十三－二十四節）。

司鐸的職責，在於執行聖事。聖事的高妙，不能由染罪污的人去執行。

我們司鐸們的職責，在代表基督，在執行他委託的使命，完成他所定的目的。凡是一種深摯的友情，都要求朋友們同所好惡；那麼我們既是基督的好友，我們應該懷有同他一樣的心情。基督乃是「聖善純正，無玷無污。」（致希伯來人書　第七章第二十六節）。

司鐸的聖德，在那一點呢？在效法耶穌。

「聖德只由於對基督的認識而成。這種認識，最爲寶貴。一位司鐸若缺少了這一點，他就缺少了一切。就使他有高深的學識，——我們本人盡力提倡司鐸的學識——有不凡的才能，他或者也能有時爲教會爲教友有些作爲，但多次他要成爲教會痛心的原因。但若一位身有聖德的司鐸，即使居在教會最低的位置，他在教民中，可以提倡可以成就許多事業，歷史上多有前例。我們只看若翰維也能，這位成全的本堂司鐸，我們很欣幸列他入真福品。」

五十年來，庇護第十每天勉力成全自己，他有每天修德的經驗，他便勸告司鐸們特別多加祈禱：

「一個誠心希望修德，又希望救人的人，有許多機會，使他舉心向天主。內心的憂慮，德行的貧乏，慾情不斷的衝動，勞苦的少有成效，日常所有的缺德失行，心中對天主審判的畏懼：這一切的事，都是叫我們在天主前哀號的動機，使我們求得聖寵，加增功績。

我們不單是該爲我們自己哀號天主，在罪惡橫行的人世裡，我們特別有祈禱感動天主慈心的職責。在由彌撒聖祭廣施恩寵的基督前，呼號不絕：「上主，求赦爾民，求憐爾民。」

聖寵是修德的基本，但是每個人的志氣，也是修德的應有條件。人不自助，不得天助，修德要由人自己去做，修德的方法，第一是每天行默想。

「爲修德進業，最有效的方法，是每天留出少許時間，默想天主的大道。一位司鐸輕忽默想，不單不免有懶惰的大過，尚且將害及自己的靈魂。」

人不知而不行，修德不能是盲目的衝動，況且司鐸還該指導他人修德。因此應該每天閱讀聖書。

可是知而不行，仍舊不能修德；司鐸每晚在天主前，自行反省，省察一天的得失。

每天的檢討反省，而不能完全生效，因爲時久必怠。每月每年便該有反省日和反省週。司鐸們每月每年，避去外事，默想修德。

庇護第十警告全球的司鐸們，在現代教會受人訕笑攻擊的時候，司鐸更該多德多善，每個都該有冰清玉潔的貞操，有誠心聽命的服從，有捨己救人的愛德，有不願後人的勤奮。彼此同心同德，互相扶助。彼此結社集會，切磋學術。

教宗最後安慰天下的司鐸們，告訴他們：他自己常把他們放在心裡，每天舉心向天，爲他們求聖化的大恩，也下令修士修女和教友們，同他一心，爲司鐸們祈福求恩。

修院教育，爲司鐸的德學根基。庇護第十登基後的第二年，即整頓了羅馬修院，擴大院舍。一九〇六年，頒發通諭，㊂勸諭義大利的主教，採用總修院制。歐戰爆發時，留學羅馬的各國修生，多被本國政府徵入軍隊。他們離開羅馬時，入見教宗，請求祝福，庇護第十看著這些修生，眼中不禁流淚，好似當日多少父母們，哭送自己的兒子上戰場。

註：

（一） Exhortatio ad Crerum Catholicum. "Haeret Animo." Acta Pii X. v. IV.

（二） Mery Del Val-Pio X. P. 62.

（三） " Pieno l'animo." II, Febraio 1906. Acta Pii X. v. III.

二九、日領聖體

庇護第十最引人欽佩的德性，是他的純潔天真；他確實是老來不失童心！他保存童心的妙訣，是他誠心敬禮耶穌聖體。

登位作了教宗，他的行政大綱，是「因著基督整頓一切。」爲執行這個政綱，首先該引人歸向耶穌，他因此極力提倡勤領聖體，提早初領聖體的年齡。

在教會初起時，教友參加彌撒聖祭，無論老少，都恭領聖體，而且還恭捧聖體回家，分送不能前來參與彌撒的信友。後來因爲產生流弊，有失恭敬，教會漸漸禁止教友，捧送聖體，年齡過小的小孩，也不許領取。中世紀時，教友的情緒趨於恐懼天主，似乎要敬而遠之。於是他們不敢屢次多領聖體了。後來在十六世紀時，出了楊森尼（Jansenius）的謬論，以爲天主，只有心淨無罪的人，纔可接近，教友們已經不敢屢領聖體，因著這種謬論的影響，領聖體的次數，越更稀少了。幸而出了幾位聖人，極力攻擊這種謬說，引著人的親近耶穌，耶穌聖心的敬禮，也就是爲糾正這種錯誤而興盛的。

庇護第十一生在民間服務，很明瞭現代社會的長短。物質文明日日長進，人們求樂的心也天天換花樣。人的慾情，時刻都受刺激；另外是一輩青年男女，既沒有舊日家庭的節制，他們多是順隨慾情的衝動，衝破道德的藩籬。爲想幫現代教民抵抗社會的惡影響，爲加強青年人的意志，唯有引導他們，多領聖體。

一九〇五年十二月二十日，教廷會議部頒發部令。㈠訓令今後若是教友內心沒有重咎，又具有教會爲領聖體所定的條件，他們願屢次領聖體，或每天領聖體，即應滿全他們的希望，司鐸們勿加阻礙。又訓令全球主教司鐸提倡多領聖體，說明耶穌建立聖體，志在愛人，助人得救。領聖體不應看作心淨者的酬報，應看爲醫治肉慾的良藥。領聖體的人，痛悔前罪，往領聖體，希望耶穌助他改過。

會議部部令的第七款，訓令修會會長，對於修士修女和修生，應給以多領聖體的便利。部令頒發後，主教中有向會議部請求解釋者，已經初領聖體的兒童，是否也可以多次再領聖體。會議部於一九〇六年二月十四日答覆，應許多領，同年九月十五日，會議部奉教宗命，又頒佈部令，凡兒童在初領聖體後，不僅是應許多領聖體，而且應該鼓勵，多次往領。以往限制兒童只在大聖節時，往領聖體的習慣，宜早廢除。

當時的習例，兒童初領聖體，須年滿十二。聖體既是防制情慾的良藥，現代社會裡的男女兒童，在十二歲以前，已經多受外間的刺激，情慾萌動。庇護第十於一九〇一年八月八日，由教廷聖事部頒發部令，規定兒童初領聖體的年齡，在開始理智生活的年歲。㈡一個兒童，若能知道辨別聖體不是尋常的麵餅，聖體內有耶穌，該當恭敬，即可以初領聖體。這樣初領聖體的年齡，大約在七歲或八歲。

一次，一位英國太太帶著自己的小孩，覲見教宗，太太同教宗談話時，小孩站在一邊等著，迨後他慢慢走近母親，而且雙手放在教宗膝上，庇護第十玩著小孩的金髮，問他幾歲了。他的媽媽答說：

「聖父，四歲了，再等四年，就可以初領聖體了。」

教宗看著小孩一雙靈活的眼睛，便笑問他：

「領聖體時，你領甚麼？」

「領耶穌」小孩爽快地答說。

「耶穌是誰？」

「耶穌是天主」

庇護第十對英國太太說：「好了！明早你把小孩帶來，我親自給他送初次聖體。」

英國太太抱著小孩，喜的滿眼含淚，四歲的小孩子，從教宗手裡初領了聖體。

那時全球的兒童，都很感激教宗，初領聖體的兒童們，結隊進凡蒂崗。女孩們，白衣白紗；男孩們，白衣白褲；他們看著教宗的白袍，似乎教宗是他們的同輩。庇護第十的精神，純淨誠樸，確實像小孩的清潔童心。

一九一二年，各國初領聖體的兒童，簽名賀教宗主保聖若瑟節，法國簽名的兒童，多至一十三萬五千三百三十人，一個月後四百法國初領聖體的兒童，來羅馬覲見教宗，庇護第十在西斯篤殿接見，向他們訓話，（操法語），分贈每人一塊銀質紀念章。教宗出殿時，四百小孩齊聲喊著：「親愛的聖父，我們要再來看你！」

庇護第十在教宗任內所有的快樂，就在接見這班白衣潔心的兒童，一次接見傳信部次長勞冷提教卿（Mons. Laurenti）談到初領聖體的部令，教宗正色說：「這次部令，是天主啓示我的！」

註：

（一）"Sancta Tridentina Synodus" Acta Pii X. v. II. P.250-256.

（二）"Quam Singulari amore" Acta Apostolicae Sedis. v.II(1910) P.577-583.

三〇、淡樸

庇護第十被選教宗的當天，收到一支金質鑲嵌寶石的胸佩十字，他以爲是賀禮，第二天便佩在胸前，表示看重人家的禮物，過了些時，忽然接到一張清單，他纔知道那支金質十字，是供應教廷的聖物店送來賣的，馬上把十字取下，吩咐近侍說：

「難道想我願意花一筆大款，爲買一支十字架嗎？前任教宗留下來的有好幾支呢！而且我從威尼斯帶來的已經夠好了。把這支送回去罷！」

他的臥室裡，唯一的貴重物，是一張舖地的狐狸皮，這張皮是前教宗良第十三的遺物。從梵蒂崗宮到宮內花園。要走過一條很長的走廊，走廊裡有博物館，上午遊人雜沓，下午館役灑掃。教宗出遊花園時，經過長廊，或者多塵，或者多風。庇護第十又不肯乘轎，常要步行。醫生因此以長廊爲慮。國務卿乃請工程師，計劃在長廊地基，穿一隧道。教宗乘電梯下樓，登馬車，由隧道直入花園。但是庇護第十不許動工，怕費教廷的錢，爲求一己的享受。國務卿多方勸說，也不見效，最後告以是自己的私友，請許獻金爲教宗穿隧道，庇護第十纔准動工。

每天午飯後，庇護第十常在窗前小立，眺望羅馬城外的遠山。一次，近侍乃獻上一支德國新製的望遠鏡，眺望遠景，近在目前。教宗微笑說：「東西太好，錢必太多，不必買罷！」國務卿自己出錢買下，乘機獻於教宗。

庇護第十家中的親人，除以前常跟他的三個妹妹和一個甥女外，別人都留在本鄉，勞苦度日。弟弟安琪洛充一小鎮郵局局長，每次來羅馬時，教宗送給他路費。外甥葆阿林司鐸，每年數次來羅馬，在凡蒂崗宮住宿數日。他很得教宗的歡心，教宗喜歡同他談笑，一次，八月的大熱天，午後坐談，教宗忽說口渴，外甥立身便走，下樓取水。教宗忙止住道：

「由一位教卿去拿水，手下人一定不饒你。」

「那麼按鈴叫侍者來。」外甥答說。

「算了罷！算了罷！叫侍者來，侍者要去叫侍長，侍長要來問願意喝啤酒呢？喝檸檬汁呢？喝菓子露呢？……我計算了一下，還不如讓口渴一直到晚餐罷，省的多些麻煩。」

甥女智爾達（Gilda）在威尼斯時，已得舅舅的愛惜，到羅馬後，有貴族男子，向她求婚。教宗說生身是農家女，更好還是作農家婦。把她送回鄉，在那裡後來跟鄉人成了婚，夫婦終生歡洽。

妹夫葆阿林，一次領著第二個兒子，來羅馬晉見，向教宗說：「希望小兒能夠在梵蒂崗找一位置。」庇護第十答說：「我告訴你一樁事；你的兒子更好是回家，做他自己所做的事。」妹夫只得把兒子又領回去。

一個美國富翁，給教宗的妹子們送一輛汽車，妹子們去請問教宗。庇護第十說：「人家都沒有汽車，教宗的妹子坐著汽車逛羅馬，不大適宜。」甥女智爾達說：「那有甚麼不好呢！車子是人送的。」教宗說：「只有一點，就是要使我很不高興！」當天那輛汽車便不見了。

一次，弟弟安琪洛上書教宗說兩個孤兒外甥，在學年年終時，沒有學費。庇護第十回信吩咐他說：「爲這一年，算了罷！我給你錢，免的不好看。下一學年，你可不要再送外甥到那間學校去！那間學校，是爲貴家子弟的；爲我們貧家人，應該另找學校。」

待自己，待親人，庇護第十終生常是徹底的樸素。高居教宗尊位，他的精神，尚是黎葉色赤足上學的童子的精神，安貧樂道。

因爲他不愛錢，所以慷慨施捨。他作教宗的一種快樂，就是能夠在救濟別人時，手中不像以往的那樣拮据了！但是他絕對不動教廷的款項。作爲一己救貧之私用。他人捐獻的款項，則必定按照捐獻人的宗旨，一文也不用到別處。一九〇八年，義大利南部加拉布里亞區（Calabria）遭了一次大地震，災情十分嚴重，庇護第十撥發了大批救濟費，又發動各方的善捐，每日的捐款，由國務卿進呈。教宗案頭，設一出入帳簿，親筆登記捐款出入數目。在地震救濟事業完竣後，捐款留有餘錢，有人請撥作他項費用。庇護第十答以分文不能他撥，命令拿餘款建造一孤兒院，收留地震災區的孤兒。

庇護第十最不喜歡教士吝惜錢財，尤其憎惡愛財的教士。義大利奪取教宗國土時，沒收了教會的財產，教士都很清貧。惟有西西里的一個教區，保留產業，義大利國王握有舉薦該區主教的特權。一次，義大利政府的宗教事務部長奧龍提，托人轉報教宗，告以西西里保留產業的教區的主教，輸財養家，弄得教民怨聲載道。庇護第十立時差人轉告奧龍提部長，請義王這次放棄舉薦權，教宗即改派主教。義王同意。教宗電召該區主教來羅馬，逼令辭職，派一許有神貧願的方濟會修士繼任主教。

主教司鐸，爲教區的建設，講求津貼時，庇護第十常要他們自己先行籌款，他再加補充。德委索教區一位本堂司鐸，用罄了自己的積蓄，修建了一座聖堂，沒有欠人分文。但爲購置堂中的聖物，他已是兩袖清風了，乃上書教宗。庇護第十高興說：「這樣才是很好！」立刻吩咐撥給所要的款項。

義大利那時有一位司鐸，專辦貧苦孤兒的教育，這位司鐸名叫瓜能拉（Guanella），有聖人的聲譽，他在羅馬修蓋聖若瑟堂，聖若瑟是庇護第十的本名主保，瓜能拉便請求教宗津貼，庇護第十吩咐他說：「你先去募捐，你募得多少，我就再賜你多少。」過了八天，瓜能拉晉見教宗說已募到四萬呂耳，教宗就賜他五萬呂耳。教堂動工後，瓜能拉又去見教宗。

「聖父，爲完成聖若瑟堂，還要一點款子。」——他輕輕地向教宗說。

「我早就想到了，還要多少呢？」教宗爽快地問說。

「至少十一萬呂耳，工程師是這樣說。」

「好罷！好罷！你去找白肋散蒙席（秘書），說是我叫他給你所需的款子。」

「聖父，感謝至極了！」

「慢點致謝！你這好人，堂裡有沒有正中的祭壇？」

「聖父！還沒有！」

「那麼，你就告訴白肋散蒙席，把智奇王爵（Prince Chigi）獻與教宗的祭壇，轉賜給你。」

瓜能拉叩首謝恩，歡喜地退出宮門。庇護第十很喜愛這位慈業家，屢次召他入見。瓜能拉司鐸對於教宗，懷著十二分的敬心，每次入宮晉謁，必要先去辦告解，使良心潔淨無瑕。這一定是聖人識聖人！

一次，教宗召見他，他趕入聖伯鐸祿殿，找司鐸辦告解，可是聽告解的司鐸都已經走了，他便走入附近的聖衣會聖堂，向一位老修士辦告解，老修士長篇大論，向他訓話，諄諄不絕。他看著鐘錶，時間已到，只得說明要入宮面聖，請即赦罪。告解畢，跑進凡蒂崗，進了宮門，氣喘汗流。幸而尚早到兩分鐘，引入教宗書房，教宗笑說：「見教宗以前，也可以不必辦告解。下一次辦告解時，要稍微從容一些。」瓜能拉心中又驚又怕，誰也不知道他是趕辦了告解來的。他越信庇護第十燭照隱密，以後更是每次來見，必辦告解，而且還辦的更週到。(一)

葡萄牙在一九一一年政變，新政府反對教會，沒收了教產。阿波多教區（Oporto）主教來羅馬覲見教宗，述說全國教會的困難，代全國主教講求救濟。庇護第十怦然心動，問需款多少，答需一百萬呂耳。教宗開開抽屜，說一時沒有這批大款，希望明天可以湊集。第二天湊集了一百萬，教宗吩咐「中常侍」數數鈔票，同時教宗接見一客，客去後，教宗喚「中常侍」說：「剛出去一百萬，就進來一百萬。」教宗手中拿著來客所獻的一百萬呂耳的支票。因此，一天他對一位來見的羅馬貴族太太說：「爲救濟人，從這邊進錢，從那邊出錢，我自己也不知道錢是怎樣來的。」

那時已經有人傳說他顯行靈蹟，稱他爲聖人，一次，在接見時，一位老太太吻教宗的手說：「聖父，你老人家真是一位聖人！」教宗微笑說：「老太太，你說錯了一個字，我是撒爾多（Sarto）不是「散多」（Santo聖人）」。

羅馬有一個青年女學生，害骨膜炎，兩年不能步行，學校的修女，早聽說教宗顯靈，便向宮中的近侍，討了教宗的舊襪子。修女把襪子給女學生穿上。穿了一夜，骨膜炎完好了。庇護第十後來聽到了這樁事，笑向人說：「這也真可笑。我天天穿襪子，我的腿常有潮濕病，常常發痛。人病穿我的襪子，腳痛就好了，這不可笑嗎？」(二)

但是人家又說其他的靈跡，庇護第十便打斷來人的話說：「那是教宗的神權，跟我自己沒有關係。」

有時同妹妹們和秘書等閒談，談到這一點，笑說：「人家以為我閒空沒有事做，有暇去作靈蹟呢！」

在這種滑稽的話語裡，藏著極深的謙遜，這種謙遜的表現，很樸素，不虛張作偽。

註：

（一）羅馬教區列品案件 第一〇五頁（Ord. Rom.）Maria Sarto作證。

（二）教廷列品案件 第一二三頁，（Ap. Rom.）Bressan作證。

三一、愛人靈跡

在滿杜亞和威尼斯時，庇護第十常是來者必見，待富人很和氣，待窮人更和氣。位居教宗，接見時有教廷宮中的儀節，不能是來者即見；而且也沒有充分的時間。

但是每天接見的人，仍舊很多，在這些接見裡，更顯出他的良善愛人。

一次，接見羅馬方濟會聖安義學院的教授司鐸們，教授中夾著一個管廚房的修士。教宗見到他笑說：

「你怎麼也在這裡，你不是一個博士罷！你不要教書……你管廚房？好極了！天主降福你！你這些同會會友，他們是神父，要教書，要誦日課經，要講道；你給他們要好好預備飯，不要塞在胃裡，難於消化。」

又一次，一批方濟會入見，一個修士呈上一包念珠，請求降福。庇護第十看見裡面有還沒有結上鍊子的，便說：「沒有結鍊的念珠，不能降福。」但是一眼看到那個修士的狼狽的情形，便又問修士說：

「你知道結念珠的鍊子嗎？……你知道結！那就這樣辦。你結完了一串念珠，便在上面作十字聖號的降福，我許你的降福，能夠有我所給的一切大赦。這樣，你可以高興了。」剛走了幾步，似乎想起了一事，再叫回來，吩咐那個修士說：「你說你是西西里人？我們先說清楚，我給降福念珠的權，只限於這幾串沒有結鍊的念珠；不然我們要弄出兩位教宗；一位在羅馬，一位在西西里！」

在一隊覲見的人裡，有一個兩眼靈活的小孩，頭上金髮，卷卷覆額好似一個小姑娘，教宗摸著他的金髮，問說：

「你叫甚麼名字？」

「我叫小裘里阿！」小孩很爽快地答說。

「啊，小裘里亞（陰性，女孩名）！」教宗故意地裝作沒聽清楚。

「不是！小裘里阿（陽性，男孩名）！」小孩抗議說，

「聽到了，你叫小裘里亞。」

小孩急了，而且很生氣，以爲教宗侮辱他，他把上衣一掀：

「你看，我穿長褲呢！」（外國女人不穿長褲）

教宗和旁人都轟然大笑。教宗按著小孩的頭，很親熱地祝福了他。

姪孫們來看時，教宗喜歡同他們玩笑，雙手握拳，一手藏著東西，口中唱著威尼斯的民

歌，叫姪孫們猜東西在那個手裡，猜著了，得賞。一九〇九年九月間，一個九歲的小外甥若瑟葆阿林，由羅馬的三個姨母，領見教宗，正在談笑時，近侍通知御醫請見，教宗即命引進。

「大夫，你看，我這個外甥有點病呢！」教宗認真地說。

小孩睜開兩隻眼，滿臉通紅，他從沒有聽到自己有病，但是不敢作聲。

「真的，我看他身體不大好。」醫生注視著小孩說。

「呵，你看，我說的對！大夫，看來他有甚麼病呢？」

「真的！真的！……」醫生吞吞吐吐不知該怎麼說。

「我說他的病罷！」——教宗鄭重地說——「他的病，是吃過了飯，肚子再不覺得餓！」

小孩忽然一跳，兩手鼓著掌，用威尼斯土話說：「我也知道，我吃了飯，肚子不再餓。」

大家聽到小孩的土腔，開心大笑，教宗更是笑的痛快，拿一元錢賞給小孩。

在滿杜亞昔日的猶太舊友，屢次來凡蒂崗覲見。一次，託付他在回去時，給握洛納城（Verona）一位老神父帶去教宗的降福，猶太人說：「一個猶太人似乎不適宜帶教宗的降福」。庇護第十笑說：「紙包雖然壞，裡面貨物仍舊好！」

莫車尼樞機爲教廷宮長，性急燥，病重，吩咐家僕不要許人入見，庇護第十引白肋散秘書往探病。樞機聽見房外有人聲，高聲罵家僕，開門時，忽見教宗步入，他又愧又慌，教宗笑道：「樞機精神真太累了，請多加靜養。」

一次，弟弟安琪洛面請教宗，允他的神師來羅馬朝聖，他的神師是一方濟會士，會長不許遠行，教宗說：

「這種允許，我不能給；我並不是方濟會總長。」

「呵，怎麼，我以爲你有一切的權柄！」弟弟很驚訝地說。

「有是有，但我不高興亂用。一個修士，該請命他的長上。」

教宗打發弟弟，到方濟會總院，問請總長的允許。

一次，在覲見的人中，有一個窮苦的工人，右臂癱瘓不能動，教宗走近時，工人喊說：「聖父，叫我的右臂可以動罷，使我能夠作工餬口。」庇護第十摸著他的右臂說：「呵，你依靠天主罷！」當時右臂即能動了。(一)

愛爾蘭有一個年輕女孩，滿頭生瘡，女孩對母親說：「你若領我去見教宗，我的瘡一定好。」三番兩次地說，母親終究把她引來羅馬。母女兩人入覲教宗，女孩苦求醫治頭瘡。庇護第十按手頭上，舉手降福，微笑而去，女孩忽抱著母親說：「媽媽！我好了。……」回

到旅館，打開綳布，滿頭濃瘡已淨。(二)

一個修女，在接見時，舉著生著毒瘡（Cancer）的手，苦求靈跡，庇護第十說：「我可以作甚麼呢？」慢慢舉手降福，修女回院時，解開綳布一看，不見毒瘡的痕跡。(三)

一九一三年，一個婦人在覲見時，哀求教宗賞她女兒病好，她的女兒多年害著癱病，庇護第十說：「我怎麼能夠！上有天主可顯靈跡。」

「聖父能夠賞我女兒病好，只要聖父願意。」婦人繼續哀求。

「我不能夠！只有天主可以顯靈！」

「聖父是耶穌在世的代表，一定可以顯靈！」

「你依靠天主罷！天主要使你的女兒病好！」

女兒當時即站起身來，能夠行走，旁人都大驚失色。(四)

庇護第十常說這些奇跡，是教宗神權的效力，跟他自己無關。一位聖人若說顯靈是自己的效力，已經不是聖人，已經不能顯靈了。

當時傳說庇護第十的靈跡，數目不少。天主特別俯聽他爲救人的祈禱！

註：

(一) 威尼斯列品案件 第一六五〇頁（Ord. Ven.）Starmusch作證。

(二) 羅馬教區列品案件 第一六〇九頁（Ord. Rom.）Cagiano de Azevedo樞機作證。

(三) 教廷列品案件 第八五六頁（Ap. Ven.）Chiacchiole司鐸作證。

(四) 德委索列品案件 第一六二頁（Ap. Tres.）Bacchion蒙席作證。

三二、歐　戰

一心愛人的人，不能忍心看著人們的自相殘殺。庇護第十便因歐戰而憂死。

歐洲的風雲，那時一年比一年緊。庇護第十早已看到大戰將臨，在談話中，常說到「大戰」。在大戰前三年，和國務卿談論天下大事，時常提出將來的大戰，而且說明，不能過一九一四年。

一九一三年五月三十日，巴西駐教廷公使寡握（Bruno Chaves）向教宗辭行。教宗對他說：「公使算是幸運，能夠平安回故鄉，不要在這裡看大戰。」公使以爲教宗說著當時巴爾幹半島的變亂。教宗答說：「巴爾幹半島的變亂，只是大戰的開始，我無法阻止這次大戰，將來也受不住這次大戰。」

庇護第十身體壯健，十年沒有抱過病。當選教宗的第九週年時，戲向近侍人員說：「各處都只住了九年，於今做教宗已經九年了，該往甚麼地方去呢？」

最後一兩年，時常有腳氣病，行走不便。一九一三年，遭過一次風寒，臥床最久，每天對國務卿說：「若不是爲著那班頂頂有名的醫生，我早就起來了。」

一九一四年五月二十五日，舉行御前會議，教宗訓話，慨嘆各國執政者擬定的和平方策，不能收得成效。

六月二十八日，教宗接到駐奧大使急電，報告皇儲被刺。當即憂形於色，對國務卿說：「這就是大戰！」按例，那天爲聖伯鐸祿殉難節前夕，教宗往聖伯鐸祿殿，朝拜宗徒長的陵墓。教宗便接著說：「我們也去爲被刺的人祈禱。」

同時急令教廷駐歐洲各國的大使，勸告各國政府，考慮戰爭的災禍，千萬莫要動兵。但是八月初，八國的軍隊，都已經兵火相見了。

八月二日，庇護第十向全球教會，頒發勸諭。㈠諭定全球各本堂，舉行特別祈禱，呼籲和平。教宗說：

「當整個歐洲幾乎都捲入戰爭的漩渦裡；想著來日的危機，來日的死傷，來日的後果，誰不心中憂傷恐懼？何況我們爲萬民之父，難道能夠不多加憂急，能夠不特別傷痛，掛慮著我們心中所愛的民族的生命和救贖！」……

奧匈帝國駐教廷大使，覲見教宗，請求祝福奧國的軍隊，教宗肅然變色說：「我們不祝福砲火，只祝福和平。」

歐洲各國留學羅馬的修生，都被徵召入伍，離開羅馬以前，覲見教宗，請求降福，庇護第十眼見這輩同一信仰的青年，將分在兩個軍隊裡，互相殺戮，心中有似火焚，兩眼含淚訓告他們說：「不要污辱你們的信仰。在戰地上，莫要拋卻仁愛和慈悲！」

戰爭的凶信，接二連三地送到凡蒂崗，教宗沈憂積鬱，精神不支。八月十五日，聖母升天節，突覺熱度增高，宮中人以爲是精神過倦，天氣過熱，國務卿樞機那時也因天熱，身抱小病，八月十八日，派國務院常務次長代見教宗。教宗囑咐次長轉告國務卿說：「請樞機安心休息。因爲樞機身體不好，我身體也就更不好。」妹子等往看教宗並不見有甚麼重症。可是當天晚晌，教宗病熱劇變，通身發熱，一夕不能安眠。次日，清晨，召醫檢驗，醫生斷爲肺炎。宮中人立時相顧失色。

午前十點，氣喘危機加重，白肋散秘書問教宗說：

「聖父，大約更好領受告解赦罪罷！」

教宗伸舉兩手，握置胸前，領受赦罪祝福。這時國務卿也力疾入見，教宗緊握樞機兩手，連續說：「樞機，樞機。」白肋散秘書近前問說：「聖父，更好於今也領聖體。」教宗知道秘書素日在病人危機未到時，即行臨終聖事，乃說：「似乎還沒有到這地步罷！」國務卿勸稍待，因按例，教宗領臨終聖體時，由樞機們陪侍，禮儀隆重，那時樞機們都未趕到。白肋散秘書則復請說：「聖父，請領聖體。」

「我都在天主手中，你看怎麼好，就怎麼做。」教宗吩咐說。

立時，教宗的聖祭侍者蔡比尼主教（Mons Zampini）捧來聖體，由近侍與家人等侍立，教宗熱誠恭領。隨即傅聖油，舉行臨終聖事。教宗忽然失去知覺，閉眼，似已斷氣，醫生扶教宗上身起坐，教宗開眼，且能開口，少進咖啡。

十二點半，教義部樞機會議畢，樞機等入見。羅馬各聖堂各修院，顯供聖體，誦經祈禱，聖伯鐸祿殿大鐘，繼續敲打，鐘聲悠長，全城都知道教宗已入彌留時了。

國務卿樞機侍立教宗側，教宗握執他的兩手，雙眼注視，口不能言。握久了放鬆，放鬆了再握緊，歷時四十分鐘，墨里德瓦述說：

「倆人互相注視，彼此眼睛傳話，我十二分地切望能夠明瞭教宗那時的思慮，能夠聽到他的聲音。

「教宗或許在想著以往的十一年我們過從親密，彼此共同甘苦？或許想安慰我那時隱藏心中的苦痛，向我訣別？只有天主可以知道。」㈠

最後，教宗手無氣力地放開，頭臥枕上，伸手降福兩個流淚的妹子，兩個外甥和一個甥女，以及近侍的人們。閉口安息，有似入睡。白肋散秘書於下午六點半，走近教宗身旁，細聲說：「聖父，願意我們一齊念句短經，也爲希望病好嗎？」教宗點首。秘書念說：「耶穌瑪莉雅若瑟，賜我於你等中，得安死之恩。」

教宗開眼微笑，似說短經並不是求病好。近側德基樞機（Card. Tecchi）說：「你看，精神全在，尚能滑稽呢！」秘書乃念說：「耶穌聖心，我倚恃爾。」教宗說：「再念，這樣很好。」秘書說：「我再給聖父赦罪。」教宗答說：「是」，敬領赦罪降福。

熱悶的八月天，這時已近傍晚，羅馬吹著海風，全城清涼，可是國務卿樞機說：「這一天，真是長得無限。」教宗臥著，無力地喘息著，教廷的樞機等，都靜待地守著。半夜十二點，教宗失去知覺。醫生吩咐大家稍事休息，危機尚不急迫。身旁只留醫生和近侍四五人。深夜一點時，大家忽被叫醒，教宗已臨危了。一點十六分，教宗氣斷。(二)

庇護第十駕崩。

遺囑上說：

「我生於貧窮，活於貧窮，我相信也死於貧窮。……請我的繼任人，給我兩妹妹些許養老金。」

貧賤不屈，富貴不驕，終生克己愛人，輕財愛天主，真不愧為二十世紀的聖人。

一九五三年聖誕前夕脫稿於羅馬

註：

(一) Mery del Val-Pio X. P.121.

(二) Don Cojazzi-Umanita' di Pio X. cap." La morte nel Diario di Mons.Bressan."